빛나지 않아도 인생은 사라지지 않는다!

터너 하우스

안젤라 플루노이Angela Flournoy 장편소설

| 문동식·엄성은 옮김 |

시그니처
SIGNATURE

"나의 부모님
프랜신 던바 하퍼
그리고
마빈 버나드 하퍼에게.

내가 이룰 수 있는 것 이상을 보았으며
내가 상상할 수 없을 만큼 사랑하였던
엘라 메이 플루노이를
사랑으로 추모하며."

큰방에서 생긴 소동

프란시스 터너와 비올라 터너 부부의 아이들은 자그마치 열
세 명이다. 그 아이들 중 나이가 많은 여섯 아이는 애로우 거리
에 있는 자기네 집 큰방에 지난 밤 유령이 나타났었다며 난리
법석을 피웠다. 유령이 차차를 큰방 2층 창문 밖으로 끌어내리
려 했다고 말이다. 큰방은 사실 그렇게 크지는 않았다. 방이라
고 하기에도 좀 그랬다. 다른 집 같았으면 그럴듯한 저장창고
나 혹은 엄마의 비좁은 바느질 방쯤으로 사용되었을 게 분명했
다. 하지만 터너 가족에게는 달랐다. 그들에게 큰방은 북적거
리는 집안에서 유일하게 홀로 독차지할 수 있는 일인용 침실이
었다. 몹시 희귀하고 탐스러운 공간 말이다.

1958년 여름, 열네 살 장남 차차는 깡마른 다리와 쉰 목소리
를 한 채 사춘기의 한복판을 지나고 있었다. 마음에 드는 여자
가 앞에 나타나기라도 한다면 행여 자신한테 무슨 냄새라도
나지 않을까 코를 박고 킁킁거리는 시기가 온 거라며, 비올라
는 그걸 '자기 냄새 맡기'라고 불렀다. 침을 흘리고 오줌을 싸
며 발로 차거나 이불을 독차지하려 바동대는 동생들과 여름 내

내 한 침대를 쓰느라 죽을 지경이었던 차차는 어느 날 밤 잠에서 깨어 동생들의 팔다리를 뿌리치고 복도 건너편 방으로 기어들어 갔다. 그는 먼지가 켜켜이 쌓인 상자에 등을 기댄 채 맨바닥에서 움츠리고 잠을 청했다. 새로운 전통은 그렇게 시작되었다. 프란시스의 말처럼, 그때부터 터너집안에서는 한 아이가 자라 성인이 되어 집을 떠나면 그다음으로 나이 많은 아이가 문지방을 넘어가 큰방의 새로운 주인이 되었다.

위로 여섯 아이의 주장에 따르면 큰방이 침실이 된 바로 그해 여름, 유령이 나타났다는 거였다. 당시 나이가 가장 어렸던 여섯째 로니가-나머지 일곱 명의 아이들은 아직 태어나기 전이었으므로-그 유령을 본 첫 목격자였다. 그 아이는 이제 막 혼자서 화장실을 가기 시작했는데, 하필 형이 목숨을 건 사투를 벌이고 있는 바로 그 순간 화장실로 향하고 있었던 것이다. 세 살 어린아이의 말을 곧이곧대로 믿기는 어렵지만, 로니는 창백한 젊은 남성이 차차의 잠옷 옷깃을 움켜쥐고 그를 침대에서 강제로 끌어내서는 큰방 2층 창으로 내몰던 장면을 아직도 또렷이 기억했다.

"차차가 몰래 밖으로 나가! 차차가 백인 소년과 몰래 밖으로 나가!" 로니는 소리를 지르며 그의 작은 발로 마룻바닥을 연신 찍어댔다. 그 소리에 퀸시와 러셀이 복도로 뛰어나와보니 놀랍게도 차차가 정체불명의 존재를 향해 팔꿈치와 주먹을 마구 휘

두르고 있었다. 뜻밖의 저항에 부딪힌 유령은 차차의 옷깃을 놓아주고는 방어 자세를 취했다.

퀸시는 훗날, 유령이 청색의 전기적인 빛을 내뿜고 있었으며 차차의 주먹이 몸에 닿을 때마다 망가진 램프처럼 깜박거렸다고 주장했다. 일곱 살 러셀은 기절했다. 로니는 꼼짝도 못 한 채 그 광경을 지켜보고 있었다. 잠시 후 발을 타고 오줌이 흘러내리자 그의 눈이 휘둥그레졌다. 퀸시가 부모님의 침실로 달려가 잠긴 문을 두드렸지만 문은 끝내 열리지 않았다. 비올라와 프란시스 터너는 평범한 아이들의 악몽이나 침대를 적시는 소동 따위에는 잠을 깨는 법이 없었다.

마침내 열두 살이었던 장녀 프란시가 난장판이 된 복도로 뛰어나왔다. 그때 차차는 유령을 향해 마지막 펀치를 날리고 있었다. 나중에 그녀는 유령의 피부가 해파리처럼 반투명이었고, 그 눈동자는 거대하고 어두운 디스크 같았다고 말했다.

"그를 놓고 도망가, 차차 오빠!" 프란시가 소리쳤다.

"유령 따위가 날 쫓아낼 순 없어!" 차차는 물러서지 않았다.

울고 있었던 로니를 제외한 복도에 있는 네 명의 터너 아이들은 아무런 말도 할 수 없었다. 그들은 남부 아래쪽에 살던 사촌들로부터 유령에 관한 장난스러운 이야기를 많이 들었다. 유령이 사람들을 밀어 우물에 빠뜨린다거나, 교수형에 처해진 사람들을 공중에서 춤추게 한다는. 그런데 그런 유령이 자기 영역을 지키려는 열네 살짜리와 몇 분 동안이나 싸우고 있다는 것이 황당하기까지 했다. 프란시는 위기 상황에 직면했을 때도 좀처럼 신중함을 잃지 않는 성격의 소유자였다. 이 초자연적인 상황을 충분히 보았다고 생각한 그녀는 차차의 방으로 돌진했고 그의 늘어진 옷깃을 움켜잡아 복도로 끌어내렸다. 성공적이었다. 차차는 조금 전 로니가 지렸던 오줌 위에 안전하게 착륙할 수 있었다.

"유령이 나를 방에서 내쫓으려고 했어!" 차차는 견딜 수 없는 모욕이라도 당한 듯 눈썹을 치켜세우고 입술을 벌린 채 분통을 터뜨리고 있었다.

그 순간, 귀에 익은 목소리가 복도 전체에 울려 퍼졌다.

"이곳 디트로이트에 유령 따위는 없다!"

갑작스러운 소리에 깜짝 놀란 아이들이 돌아보니 복도 끝에 프란시스 터너가 서 있었다. 그랬다. 그것이 프란시스 터너가 아이들의 삶 속에 존재하는 방식이었다. 자신만의 시간에 갑작스럽게 나타나 일순간 방 안의 공기를 가득 채우는 조용한 권위가 그에게는 있었다. 그는 아이들의 깡마른 갈색 다리를 넘어 큰방의 문을 열고 안으로 들어갔다. 프란시스가 차차를 큰방으로 불렀다. 창문은 열려 있었고, 차차의 침대에서 빠져나온 베이지색 시트가 여전히 2층 높이의 창문에 걸려 있었다.

"침대 밑을 봐라." 차차가 침대 밑을 살펴보았다.

"서랍장 뒤도 보고." 거기에도 아무것도 없었다.

"그럼 이제 시트를 원래 위치에 돌려놓으렴."

차차는 시키는 대로 했다. 침대 시트를 원래있던대로 정돈하는 동안 등 뒤에 선 아버지의 따가운 시선이 느껴졌다. 일을 끝낸 후 침대에 걸터앉은 차차는 누가 시키지도 않았는데 연신 목을 문질렀다. 프란시스 터너가 그 옆에 앉았다.

"이곳 디트로이트에 유령 따위는 없어." 그는 차차를 보지 않고 말했다.

"유령이 저를 방 밖으로 내쫓으려 했다고요." 억울한 표정이 역력했다.

"대체 여기서 무슨 일이 있었는지는 모르겠지만, 유령은 아니야."

얼음처럼 차가운 목소리였다. 차차의 입이 벌어졌다가 다시 닫혔다.

"너 혼자 잘 수 없어서 이러는 거라면, 복도 건너편으로 돌아갈 것을 제안한다."

그렇게 말한 후 프란시스 터너는 자리에서 일어나 아들과 마주하고 섰다. 프란시스 터너는 손을 뻗어 차차의 옷깃을 열고는 후두 밑에 있는 붉어진 피부에 가만히 집게손가락을 가져갔다. 일순 프란시스의 얼굴이 심하게 일그러졌다. 차차는 그 순간 아버지의 눈에서 참된 공황의 망령을 보았다.

"하루 이틀 지나면 사라질 거다." 그는 말했다.

다른 아이들은 쭈뼛거리며 복도 벽에 줄을 지어 서 있었다. 다섯 번째 터너 아이이자 몸이 유난히 허약했던 말린이 그제야 여자아이들 방에서 나왔다.

"프란시와 퀸시, 로니가 어지럽힌 것들을 치우거라. 그리고 모두 자러들 가거라. 내일 아침 누구한테도 졸려 죽겠다는 말 따위는 듣고 싶지 않으니까." 말을 마친 후 프란시스 터너는 침실로 돌아가 문을 닫았다.

혼란은 이내 정리되었다. 그러나 어린 로니 조차도 그날 밤만큼은 바로 잠자리에 들 수 없었다. 어떻게 창문의 커튼이 얇은 폐처럼 바람을 쉬이익 내뿜고 있는데 잠들 수 있단 말인가? 아이들은 차차의 방에 몰려들었다. 그들 대부분은 특별한 날 특권을 얻은 첫 방문객이었고, 그날 밤 각자 자기가 본 장면에 관해 이야기하기 시작했다. 유령의 모습이 어떠했으며, 유령이 차차와 싸우는 동안 무슨 말을 했는가에 대해 의견이 분분했다. 퀸시는 복도에 서 있을 때, 그 유령이 자신을 향해 윙크를 날렸다고 주장했다. 그건 이 큰방이 자신의 방이어야 함을 의미하는 것이라며. 그러자 프란시는 유령은 눈꺼풀이 없었으며, 그래서 애초에 윙크 따위는 할 수 없었다고 맞받아쳤다. 말린은 자신이 나머지 사람들과 함께 복도에 있었다고 우겨댔지만 모두는 그녀가 유령 쇼에 늦게 나타났다며 놀려댔다. 결국 그들을 합의에 이르도록 한 유일한 사실은 그 유령이 진짜라는 것과 유령과 함께 사는 것이야말로 큰방을 독차지하기 위해 지불해야 할 대가라는 것이었다. 차차를 포함해서 모두는 그럴만한 가치가 있다고 생각했다.

마치 물려받은 옷처럼, 해가 지남에 따라 유령의 유산은 퇴색해갔다. 흔한 일이었고 당연한 일이었다. 몇 년 동안 유령의 출현과 차차의 승리는 잊을 수 없이 생생한 푸른빛의 진실이었다. 그 이후 큰방에서 거주한 그 누구도 창문을 가볍게 두드리는 소리조차 들을 수 없었다. 차차와 경쟁할 기회가 더는 없었지만 그건 중요하지 않았다. 최초의 사건이 너무나 놀라웠기 때문에 굳이 반복할 필요가 없었다. 차차는 나이가 많은 여섯 명의 아이들 사이에서 존경의 대상이 되었다. 그는 유령을 향해 주먹을 날린 유일한 사람이었으니까. 그리고 어쨌든 지금까지 살아있으니까.

그 일 이후 아이가 한 명씩 더 태어날 때마다 이야기의 신비감도 조금씩 사라져갔다. 열세 번째이자 마지막 터너 아이인 레일라가 태어났을 때는, "이곳 디트로이트에 유령 따위는 없다"는 프란시스 터너의 말은 이야기의 원본 격인 차차의 유령 이야기보다 가족 사이에서 더 유명해졌다. 그 말은 터너 어휘집에 등재되어 다른 사람의 주장을 논박하는 방법으로 자리 잡았다. 어떤 주제를 더는 논하지 말라는 강한 거부의 뜻으로 사

용된 것이다. 프란시스 터너가 실은 유령의 존재를 믿었다고
확신했던 여섯 아이는 특히 이 표현을 입에 달고 살았다. 레일
라가 자라서 10대가 되었을 무렵 이 문구는 '말도 안 되는 소리
하지 마'라는 비난의 의미로 다시 바뀌어 있었다.

"폴슨 선생님한테 A를 받아오면, 아빠가 오리건으로 트럭 여
행 갈 때 날 데려갈 거라고 했어."

"오-리-건? 말도 안 되는 소리 마! 이곳 디트로이트에 유령
따위는 없다고!"

— * * * —

차차는 에이틴휠러-바퀴가 18개 달린 대형 트럭-를 타고 러
스트벨트라고 불리는 오래된 공업지역을 오가며 크라이슬러
자동차를 실어 날랐다. 그 일이야말로 아버지로부터 상속받을
수 있는 최선의 것이었다. 그가 스물다섯 생일을 맞았을 때, 프
란시스는 그를 트럭 야드에 데려가서 노조 위원장에게 소개했
다. 디젤 연료의 고약한 냄새와 디트로이트에서 세인트루이스
로 향하는 밤샘 운전의 세계로 차차를 끌어들인 것이었다. 그
는 형제들에게 그들이 군에서 받은 훈장보다 자신이 크라이슬
러에서 받은 것이 더 많을 거라는 농담 섞인 말을 하곤 했다. 형
제들은 차차의 이런 농담을 달가워하지 않았지만 그의 말은 사

실이었다. 그는 회사 내에서 가장 적은 사고 기록으로, 가장 빠른 업무 처리로, 가장 깨끗한 차로, 리더십으로, 그리고 신뢰도를 바탕으로 삼십 년 넘게 각종 기록을 보유하고 있었다. 어느 날 갑자기, 어린 시절 만났던 그 유령이 다시 나타나 그를 죽이려 하기 전까지 말이다.

차차는 SUV를 한 트럭 싣고 어둠 속에서 폭풍우를 뚫고 시카고로 향하고 있었다. 한 대에 5톤씩이나 하는 기름 킬러 SUV 차량을 마치 장난감처럼 두 줄로 이어서 가득 실은 그의 트럭은 가히 장관이었다. 그중 한 대는 금속 돌출부에 결박된 채 트럭운전석 바로 위에 실려 있었다. 경찰 보고서에는 앤아서를 지나 M-14에 도달했을 때 사슴이 고속도로로 뛰어들었고, 그 바람에 승용차 한 대가 차차의 차선으로 넘어 들어왔으며, 차차는 그 차를 피하려고 갓길로 핸들을 틀었다가 길옆 도랑으로 추락했다고 적혀 있었다.

"그가 나를 도로 밖으로 밀어냈어." 차차가 병원에서 깨어났을 때 제일 먼저 내뱉은 말이었다.

"누가 당신을 길 밖으로 밀어냈는데요, 여보?" 그의 아내 티나가 물었다. 그녀는 깁스를 한 그의 팔에 가만히 손을 얹었다.

"그가 돌아올 줄 알았어."

"누가요, 오빠?" 이번엔 레일라가 물었다.

차차는 깁스가 안 된 손으로 침대를 짚으며 방에 누가 있는

지 확인하기 위해 일어나 앉으려 했다.

"그냥 앉아 있어요." 티나가 말했다. "여기 리모컨 있으니까."

티나가 리모컨 버튼을 누르자 침대가 움직이기 시작했다. 전동식 침대가 움직이는 그 몇 초 동안의 어색한 순간, 차차는 지난밤을 떠올렸다. 그는 왼쪽 차선에 있던 차가 갑자기 자기 차선으로 들어오는 것을 보았다. 그 차를 피하기 위해 그 역시 핸들을 꺾어야 했다. 거기까지는 사실이었다. 그러나 갓길로 피했을 때, 그 익숙하고 깜빡거리는, 어릴 적 큰방에서 보았던 무서운 푸른빛이 그의 차를 가득 채워왔던 것이었다. 그는 운전대를 꽉 잡고 어깨를 앞으로 내밀어 도로를 보려고 노력했던 것이 기억났다. 하지만 도로로 올라가는 길을 볼 수 없었다. 그대신 수십 년 전 자신의 잠을 깨웠던 커튼의 팔랑거리는 소리와 비슷한 소리를 들을 수 있었을 뿐이다. 한 무리의 나방이 내는 소리를. 차차는 그 후로는 아무것도 기억할 수 없었다. 차차의 오래된 유령은 그를 발견하고 단 몇 초 만에 그를 거의 죽음으로 몰아넣었던 것이다.

그의 트럭은 갓길 옆 나무들을 긁으며 백여 미터를 더 미끄러졌다. 트럭의 육중한 무게를 감당할 수 있을 만큼 커다란 나무를 들이받고서야 가까스로 멈춰 섰다. 안전벨트는 사고가 났을 때 마땅히 해야 할 역할을 하지 못했다. 차차의 몸은 차 안에서 자유롭게 나뒹굴었다. 처음엔 지붕 쪽으로 솟구쳤다가 다시 아래로 떨어진 다음 운전석 옆문에 부딪혔다. 갈비뼈 여섯 대가 나갔고, 왼팔과 쇄골이 부러졌다. 그리고 노년을 시작하기에 적당한 나이라고 판단한 듯, 왼쪽 엉덩이뼈도 부서졌다.

병원 침대에서 몸을 일으켜 앉으니 차차는 방 안 목소리의 주인이 누군지 좀 더 명확히 알 수 있었다. 그의 어머니 비올라가 휠체어에 앉아 그를 쳐다보고 있었다. 그녀의 목 근육은 긴장된 것처럼 보였다. 마치 신생아처럼 머리를 지탱하는 것이 힘겨워 보였다. 자신이 깨어나기까지 그녀가 얼마나 오랫동안 기다렸을까 궁금했다. 아마 애로우에서 가장 가까이 살고 있는 레일라가 어머니를 모셔왔을 것이다. 그녀에게 불필요한 고생을 시킨 것 같아 마음이 불편했다. 아들 처키와 토드는 화장실 문에 기대어 있었다. 둘째 동생 프란시도 보였고, 트로이는 아직 경찰복을 입고 있었다. 그리고 전문가처럼 보이는 백인 남성 한 명이 문 옆에 서 있었는데 아마 의사일 거라고 차차는 짐작했다.

"누가 널 찾았다는 거니, 차차?" 비올라가 물었다.

그녀의 목소리는 지난번 들었을 때보다 더 약해져 있었다.

"유령이요, 어머니. 기억하세요?" 차차가 물었다. "그때 큰방에서 보았던 것과 같은 푸른빛이었어요."

"차차 오빠, 지금 진통제를 너무 많이 맞았어요." 프란시가 그렇게 말하고는 비올라의 어깨에 손을 올린 채 불안한 눈빛으로 병실 안을 둘러보았다.

"프란시, 날 미친 사람 보듯 하지 마. 그때와 똑같은 유령이 내 트럭에 있었다고."

"아버지." 처키가 끼어들었다. "그만 하세요, 지금은." 처키와 그의 동생도 긴장된 표정이었다. 어쩐지 경찰이나 선생님 앞에서 짓는 가짜 미소처럼 보였다.

그때 출입구에 서 있던 남자가 목청을 가다듬었다. 어쩌면 그의 지나치게 뻣뻣해 보이는 와이셔츠와 의사라면 결코 보이지 못했을 인내심 때문이었을까, 차차는 그가 의사가 아님을 깨달았다. 그는 보험사 직원이었다. 이런, 젠장! 밀턴 크로포드는 불쾌한 사람이 아니었지만, 유머 감각이라곤 없는 사람이라는 것쯤은 금세 눈치 챌 수 있었다. 그는 쓸데없이 '사실'이라는 단어로 말을 시작하는 습관이 있었다.

"사실, GM생명신탁은 사고가 나기 전 직원들의 정신 상태를 심각하게 받아들입니다." 그가 말했다.

"당연히 그렇겠죠." 차차가 맞장구를 쳤다. "하지만 조금 전에 당신이 들은 얘기는 사고 전의 내가 아니라 수술 후의 내가 지껄인 소리였어요. 여기 이렇게 누워서 이 주사액이 몇 시간 동안 내 혈류로 들어간 후에 한 말이라고요."

"무슨 말인지 이해합니다, 터너 씨. 하지만 방금 설명한 내용은, 그러니까 유령을 보았다는 이야기는, 보고서에 포함되어야 합니다. 사실, 아무것도 아닐 수 있지만 저는 여기서 이루어진 모든 대화를 기록해야 할 의무가 있어서요."

"하지만 저희 오빠가 당신에게 한 말이 아니잖아요." 레일라가 말했다. 그러고는 자신의 양손으로 엉덩이 윗부분을 짚었다. "죽었다 살아나다시피 한 건데 내일 다시 오시면 안 될까요?"

"레일라, 차차 오빠가 알아서 할 거야." 프란시가 말했다.

"아니요. 레일라 말이 맞아요." 트로이가 끼어들었다. "우리 형은 당신이 여기 있는 줄도 몰랐어요. 그러니까 지금까지 한 말은 어디까지나 가족 간에 있었던 대화라고요. 그런 말에 책임을 물을 수는 없는 거 아닌가요?" 트로이는 경찰이 된 이후 부쩍 변호사의 말투를 흉내 내는 일이 잦았다.

차차가 목청을 가다듬었다.

"보세요, 밀턴 씨. 지금 한 가지 확실한 건 제가 몹시 피곤하다는 겁니다. 보고서에 포함해야 한다면 자유롭게 그렇게 하세요. 당신 말대로 '사실' 별일 없을 테니까."

사실 그 말은 별일 없지 않았다. 의료휴가 3주가 지난 후, 밀턴 크로포드의 상사라고 말하는 틴 데일의 편지가 도착했다. 크라이슬러는 회복 기간 동안 차차에게 정상 임금을 제공하겠다고 했지만 거기에는 조건이 달렸다. 회사가 제공하는 심리치료사를 만나서 사고원인에 대해 그의 과실이 있었는지 상담을 받아야 한다는 내용이었다. 차차는 모든 운전자가 사고 후 마약이나 알코올 검사를 받아야 한다거나, 혹은 젊은 운전자들이 잠을 쫓기 위해 복용하기도 하는 코카인 검사에 응해야 한다는 건 알고 있었다. 그러나 심리적 평가를 받아야 한다는 소리는 들은 적이 없었다.

"그들은 당신이 미치지 않았다는 걸 확인하고 싶어 해요." 티나가 말했다.

그녀는 안방 욕실에서 무릎을 꿇고 앉아 목욕물을 받고 있었다. 차차는 욕실 문 앞 1인용 소파에 앉아 있었는데, 자신에게는 꽉 끼는 티나의 오래된 목욕 가운을 입고 있었다. 사고 이후 티나의 자주색 가운이 그가 제일 애용하는 옷이 되어 있었다.

"유령을 보는 건 미친 게 아니야."

티나가 차차를 돌아보았다.

"당신과 당신 가족들은 그렇게 말하겠죠. 하지만 언젠가는 터 녀집안 사람들이 정상이라고 생각하는 것이 반드시 그런 것만은 아니라는 걸 깨닫게 될 거예요. 전혀 그렇지 않다는 걸요."

· 1장 ·

첫 번째 주

(2008, 봄)

불룩해지는 배
그리고 웨딩드레스까지

레일라는 자신의 속옷 한 움큼을 아무렇지 않게 집어 들고는 쓰레기봉투에 밀어 넣었다. 다음에 무슨 물건을 싸야 할지 결정하느라 너무 정신이 없는 나머지 자신의 일거수일투족을 지켜보고 있는 낯선 남자 앞에서도 당황할 겨를이 없었다.

시(市) 집행관은 어쨌거나 관심이 없어 보였다. 그는 그녀의 방 벽에 기대 서서 자신의 스마트폰을 만지작거리고 있었다. 다른 집행관 한 명은 밖에서 기다리고 있었다. 레일라는 앞쪽 창문을 통해 그를 쳐다보았다. 그는 쓰레기통 근처 도로경계석 위에서 두툼한 손을 엉덩이에 올린 채 카프레이즈 종아리운동을 하고 있었다. 그녀는 항상 이런 일을 하는 사람들은 우락부

락한 근육에 거친 입을 가진 더 위협적인 모습일 거라고 생각했다. 하지만 자신의 집으로 쳐들어온 두 남자는 덩치만 컸지 부드러운 인상에 아이 같은 얼굴을 하고 있었다. 마치 덩치 큰 초콜릿 천사 같았다.

실제로 퇴거당하는 오늘 같은 일은 전엔 결코 없었다. 30일 짜리 고지를 몇 차례 받은 적은 있었지만, 그것도 고지서가 나오기 7일 전 항상 철회되었다. 그런데 이번엔 7일 전 고지도 없었다. 레일라가 자신이 퇴거당할 거라는 사실을 알기도 전에 집행관들이 문을 두드렸다. 물건을 챙기는데 2시간이 주어졌고, 뒤에 남겨진 것은 무엇이 되었든 간에 집 밖의 쓰레기통에 던져질 운명이었다.

습기 탓에 그녀의 난파된 거실은 후덥지근했다. 4월의 끝이었지만 6월처럼 느껴졌다. 벽에 기대 있던 집행관은 한 번씩 뒷주머니에서 회색 손수건을 꺼내 이마를 훔쳤다. 그는 그녀를 보지 않는 척했지만 레일라는 잘 알고 있었다. 그녀가 갑자기 접시를 던지거나, 형제나 친척 같은 지원군을 불러와서 반격을 가하거나, 아니면 화장실로 뛰어 들어가 바리케이드를 칠 때를 대비해 만반의 준비를 해놨다는 것을. 그는 아마 총을 가졌을 것이다.

지금 그녀가 할 수 있는 일은, 자신의 물건에 손을 얹고 잠시 생각을 한 뒤 자신의 폰티악으로 옮길지 말지를 결정하는 것뿐이었다. 가구는 부피가 너무 컸고, 냉장고에 있는 음식들은 차 안에서 유통기한이 만료될 것이며, 믹서나 보석상자, 토스터기 같은 작은 물건들은 가져가기엔 너무 터무니없이 느껴졌다. 그녀는 어느 선에서 끝내야 할지 감을 잡을 수 없었다. 집 없는 노숙자가 어디서 토스트를 만들어 먹을 수 있단 말인가? 꼭 필요한 몇 가지 옷들, 위생용품과 화분 몇 개, 그리고 냄비 외에는 거들떠보지 않았다. 대신 화재 발생 후 TV에 등장하는 사람들이 가지고 나오지 못해 울부짖던 물건들이 무엇일까를 떠올렸다. 41년 동안의 사진 몇 장, 출생증명서, 사회보장카드, 그녀의 스물한 살 딸과 18개월 된 손자의 사진, 그리고 프란시스 터너의 사망 기사.

두 번째 집행관은 레일라가 다른 상자를 들고 밖으로 걸어 나오자 하던 카프레이즈를 멈추었다. 레일라는 이웃 사람들이 블라인드 틈 사이로 자신을 쳐다보고 있다는 것을 알았지만, 돌아서서 그것을 확인하고 싶지 않았다.

"저도 도와주고는 싶지만, 우리는 당신 물건에 손을 댈 수가 없어요." 밖에 서 있던 집행관이 말했다.

레일라는 어깨를 사용해 상자를 차 뒷좌석으로 밀어 넣었다.

"당신이 무슨 생각을 하는지 압니다. 그러니까 우리가 당신 물건에 손을 댈 수 없다면 마지막에 남은 물건들을 어떻게 내다 버릴 수 있는지 궁금한 거겠죠?"

그녀는 못 들은 척했다. 그리고는 자신의 차에서 한두 걸음 뒤로 물러서서 혹시라도 귀중한 물건이 차의 창문을 통해 들여다보이지 않는지 확인했다.

"그 부분은 다른 사람들을 고용해서 처리합니다." 그가 말했다. "우린 개인적으로 당신 물건은 아무것도 만지지 않아요. 대청소도 직접 안 하고요."

집행관은 그렇게 말하고는 웃음을 지었다. 이 몇 개가 누런색이었다. 어쩌면 그는 보기보다 나이가 더 많을지도 모르겠다고 레일라는 생각했다.

그녀가 다시 아파트 안으로 돌아왔을 때, 다른 집행관은 다리를 벌린 채 땀투성이가 되어 그녀의 소파 위에 앉아있었다. 그는 레일라를 보더니 자리에서 일어나 다시 벽에 기대어 섰다. 그때 딸 브리엔이 전화를 걸어왔다. 그날 아침 레일라는 세 번째로 딸의 전화를 무시했다. 그녀는 방을 살펴보았다. 뭘 가져갈까, 뭘 가져갈까, 뭘 가져갈까? 그녀가 아파트를 황야처럼 보이지 않게 하려고 사들인 물건들이 지금은 모두 쓰레기처럼 느껴졌다. 바로 그거야. 그녀는 생각했다. 지금과 같은 최악의 상황에서 최소한의 존엄성을 지키는 유일한 방법은 한 시간 반을 남겨둔 지금 집을 떠나는 것이라고. 그녀는 복도 벽장 문 옷걸이에 걸려있던 가죽 재킷을 낚아챘다.

— * —

그날 밤, 그녀는 얘로우의 빈집으로 가 큰방에서 잠을 잤다.

터너집안의 막내로서 그녀는 형제들을 피해 큰방의 작은 공간으로 들어가 위안을 찾아야 할 필요를 느끼지 못하고 자랐다. 그래도 오빠 트로이가 해군 복무를 위해 집을 떠났을 때, 그녀는 집안의 전통대로 얘로우 집에서의 마지막 나날들을 그 좁은 트윈 침대에서 보내기로 마음먹고 있었다. 하지만 그녀가 짐을 싸기도 전에 비올라가 큰방을 바느질 방으로 차지하고 있다는 사실을 알게 되었다. 열세 명이나 되는 아이를 키우느라 비올라 터너는 자신을 위해선 너무나 작은 것들만 요구하고 살아왔다. 그러니 누가 그녀의 이러한 사치를 거부할 수 있겠는가? 레일라 역시 그럴 수는 없었다. 성장한 형제들이 분가해 나가면서 먹여 살려야 할 머릿수가 줄었고, 프란시스의 회사 노조가 오랜 시간 사측과 싸워 왔던 임금협상에서 승리하게 되면서 집안 사정은 전보다 훨씬 나아졌다. 프란시스와 비올라 부부는 나이가 들면서 점점 더 쇠약해졌지만, 집안의 막내였던 레일라는 터너 가족이 한창 경제적 여유를 즐길 수 있을 때 태어난 아이였다. 그녀는 성인이 되어 집에서 독립할 방법을 찾을 때까지 소화제 펩토비스몰과 정확히 똑같은 핑크색으로 칠해진 여자아이들의 방에서 생활했다.

차차가 교통사고를 당한 지도 거의 1년이 지났고, 비올라가 차차 오빠와 살기 위해 이 얘로우 집을 떠난 지도 6개월을 넘어서고 있었다. 비로소 레일라는 실로 오랫동안 허락되지 않았던 큰방에 대한 권리를 주장할 수 있게 되었다. 패배로 얼룩진 하루 중에 있었던 하나의 작은 성과였다. 그녀는 자신의 휴대전화를 손전등으로 사용해 좁은 계단을 올라가서는 복도를 내려다보았다. 졸린 눈과 앙상한 무릎을 가진 어린 자신이 큰방을 차지하고 있던 언니 오빠들의 모습을 엿보던 순간이 떠올랐다.

그녀가 차를 몰고 얘로우 집을 찾았을 때 포치에는 등이 켜져 있었다. 그건 차차가 여전히 전기요금을 내고 있음을 의미했다. 안도감이 밀려왔다. 집 열쇠를 가지고 있는 자신이 침입자의 범위에 포함되지 않듯이, 전기가 살아있는 집이 버려진 집으로 분류되어선 안 된다고 생각했다. 우선 집을 철저하게 수색해야겠다고 마음먹었다. 제발 그런 일이 없기를 바랐지만, 조카나 혹은 마약중독자가 지하실에 숨어들기에 충분히 따뜻한 날씨였으니까. 하지만 너무 피곤했기 때문에 그 생각을 접기로 했다.

아파트를 나온 후, 레일라는 어디로 가야 할지 몰라 도시를 맴돌았다. 이번엔 차차나 가까운 자매 중 한 명에게 얹히기 싫었다. 대책을 마련하기 위해 머리를 쥐어짜기 시작했다. 새로 머물 곳을 위해 재빨리 돈을 구할 묘책이나 저렴한 임시 거처라도 생각해내기 위하여. 하지만 아무 생각도 떠오르지 않았다. 결국 그녀는 해가 질 때까지 기다렸다가 동쪽으로 차를 몰아야 했다.

큰방에도 단점은 있었다. 방이 욕실 바로 옆에 있었는데, 화장실로 향하는 물이 오래된 파이프를 지날 때면 항상 벽에선 누군가 두드리는 것 같은 시끄러운 소리가 들렸다. 큰방의 하나뿐인 창문은 나날이 쇠퇴해가는 동네의 길가를 바라보고 있었다. 레일라는 그 창을 통해 유탄에 맞을 수도 있다고 생각했다. 그런 위험뿐 아니라 간헐적으로 들리는 자동차 경적소리, 부엉이의 우는 소리, 고함 소리, 그리고 도둑고양이의 울음 때문에 잠을 자기도 어려울 것 같았다. 그러나 올해 들어 처음으로 진짜 봄처럼 느껴지는 밤이었다. 레일라는 사람들이 오래된 터너 주택을 향해 총질을 해대는 것보다는 좀 더 의미 있는 할 일이 있을 거라고 생각했다. 더구나 그녀는 치명적인 마약이 이 지역을 위협했던 80년대에도 이곳에 살고 있었다. 레일라는 자신이 얘로우의 최악을 보아 온 장본인이라는 생각이 들었다. 생각이 여기에까지 미치자 갑자기 졸음이 밀려왔다. 레일라는 신발을 벗지도 않고 재킷을 몸에 걸친 채, 오래된 트윈 침대에 쭈그리고 누워 잠이 들었다.

늦잠을 자고 말았다. 원래 주변에 사는 직장인들이 하루의 시작을 위해 분주히 움직이기 전, 그러니까 오전 5시에는 얘로우

집을 떠날 계획이었다. 그녀는 옷을 갈아입는 수고를 하지 않고, 빈집의 좁은 계단을 서둘러 내려갔다.

태양 빛이 앞방을 비추며 집안으로 쏟아져 들어오고 있었다. 그녀는 걸음을 멈추었다. 아무도 가져가려 하지 않던 큰방의 오래된 침대와 옷장을 제외하고 집안의 모든 가구가 각각의 형제들에게 분배되었음은 알고 있었지만, 그녀는 벽이 이토록 헐벗었을 거란 생각은 미처 하지 못했었다. 수십 개의 타원과 직사각형 모양의 윤곽이 노란 벽지에 뚜렷한 자국을 남기며, 한때 그 자리에 액자가 걸려 있었음을 강조하고 있었다. 얼마 전까지만 해도 프란시스와 비올라 터너의 자녀 모두가 앞방의 벽에 걸린 사진 속에서 웃고 있었다. 네 세대에 걸친 거의 백 명의 얼굴들. 어떤 얼굴은 머리를 앞으로 내리고 있었고, 어떤 얼굴은 제리 컬을, 또 어떤 얼굴은 대머리였으며, 대머리보다 훨씬 많은 수의 남자들이 탈모가 시작된 모습을 하고 있었다. 사각모에 간호사복, 불룩해지는 배, 그리고 웨딩드레스까지.

앞문 맞은편, 마루가 움푹 파인 곳은 비올라의 안락의자가 놓였던 자리였음을 표시했다. 레일라는 그녀의 어머니나 언니가 두피에 기름칠을 하고 머리를 빗겨주는 동안 애로우 거리를 오가는 사람들과 자동차들을 바라보며 오후 내내 그 의자의 앞머리에 앉아 있곤 했다. 잠깐이었지만 그 기억은 그녀를 편안하게 해 주었다. 마치 여기로 돌아온 것이 올바른 선택이었음을 알려주려는 듯.

그때 문을 두드리는 소리가 들려왔다.

"작은 레일라, 너니?"

소리를 한껏 죽인 목소리였다. 얼룩덜룩 검버섯이 피어오른 벗어진 머리와 다초점 안경을 낀 얼굴이 현관문 위에 있는 작은 창문에 바짝 붙어서 안쪽을 들여다보고 있었다. 맥네어 아저씨였다. 그의 시야에서 벗어나기에는 너무 늦어 버렸다.

그녀는 잠을 떨쳐내기 위해 눈을 비비고는 문의 자물쇠를 풀었다. 문이 열리자 레일라의 시선은 쇠약해진 한 쌍의 무릎뼈에 집중되었다. 그것들은 구운 감자처럼 보였다. 늙은이의 얼굴이 그녀 위에 어렴풋이 나타났다. 그는 정맥이 보이는 팔 하나를 현관 천장에 댄 채로 플라스틱 상자 위에서 위태롭게 균형을 잡고 있었다.

"맥네어 아저씨, 다치시기 전에 내려오세요." 레일라는 한 손을 그에게 내밀고, 다른 손으로 그의 팔꿈치를 잡았다.

"맨 처음에만 떨어졌어." 그가 말했다. "물론 아프긴 했지만."

"그것 보세요. 뭐하고 계신 거예요? 집에 도둑이라도 들었는지 확인하고 있으신 거예요?"

"설마 그럴 리가. 가져갈 만한 게 뭐가 남았다고."

두 사람은 키득거렸다. 그는 헐렁한 반바지를 곧게 펴고 상자를 한쪽 구석으로 치웠다.

"네 오빠 차차가 여기 와서 현관과 마당을 살펴달라고 부탁했어." 맥네어가 말했다. 그는 균형을 잡기 위해 현관 레일에 손을 얹고 있었다. "그래서 가끔 청소도 하고, 괜찮아 보이는지 확인도 할 겸 들르는 거지."

노만 맥네어와 레일라의 아버지는 32년 동안 크라이슬러의 같은 운송부서에서 근무했다. 프란시스 터너가 1990년에 세상을 떠났을 때, 맥네어는 가장 친한 친구의 미망인을 위해 집안일을 도왔다. 맥네어는 진지한 노인네인 척했지만 날씨가 따뜻해지자마자 갈대 같은 다리를 드러내놓고 거위처럼 여기저기 돌아다니는 것을 즐기는 사람이었다. 레일라는 그에게 겉으로는 보이지 않는 엉뚱한 면이 있을 거라고 생각했다. 프란시스 터너는 한 번도 반바지를 입은 적이 없었다.

"몇 주 전에 바우던 부인이 뉴올리언스에서 돌아와 보니, 누군가 그녀의 거실에 앉아 있더란다." 맥네어가 말했다. "마약 중독자가 말이야. 그곳에서 마치 집세를 내는 사람처럼 살고 있었다지 뭐냐. 그녀의 음식을 먹고 장거리 전화를 하면서 말이야. 지하 창문을 통해 들어왔대." 그는 이 사이로 휘파람을 불며 머리를 흔들었다.

"그 소리를 들으니 이 집이 갑자기 걱정되어서. 커튼이 항상 닫혀있으니까 창문을 통해 집안을 들여다볼 생각을 한 거지. 혹시 또 모르니까."

"저와 같은 생각을 하셨네요." 레일라가 말했다. "일하러 가는 길에 잠깐 들렀어요. 저도 걱정이 되어서. 모든 것이 괜찮아 보이네요."

맥네어 씨는 그 이야기를 잠시 생각해 보더니 고개를 끄덕였다. 레일라의 전화가 울렸다. 브리엔의 전화일 것이 뻔했다. 그녀는 통화거절 버튼을 눌렀다.

"그래, 그럼 문단속 잘하고 가렴. 요즘 마약 중독자들이 겨울잠에서 깨어나서 슬슬 활동할 때가 되었거든. 조심해야 해. 그들이 뭘 훔쳐갈지는 하나님만 아실 테니."

노인이 눈썹을 모으며 어딘가에 집중하듯 길가를 내다보았다. 레일라의 차가 두 사람이 서 있는 곳 길 건너에 주차되어 있었다. 좁은 공간에 구겨 넣어진 그녀의 삶이 차창 너머로 들여다보였다. 맥네어 씨도 저 잡동사니들을 보았다면, 그는 너무 정중하거나 아니면 당황해서 말을 꺼내지 못했을 것이다.

"난 이만 내 갈 길을 가는 게 좋겠구나." 그가 말했다. "엄마에게 말해주렴. 맥네어가 안부를 전하더라고."

뽀루지 같은 민들레가 동쪽 지역을 노란색으로 물들이고 있었다. 새로 도착한 봄은 허물어져 가는 동네에도 나름의 낭만을 가지고 온 듯했다. 빈민가도 아름다움을 간직할 수 있었다. 새로운 생명을 탄생시킬 수 있는 거리에는 아직 희망이 남아있는 거라고 레일라는 생각했다. 터너 가(家)의 양쪽에 있는 빈터 여기저기서 잔디의 새싹이 올라오고 있었다. 한때 그 자리에 있던 집들은 화재로 사라진 지 오래였지만, 머지않아 돼지풀과 애기괭이밥 그리고 제비꽃들이 황폐한 그 자리를 채워 줄 것이다. 원래 애로우 거리에서 마지막 세 번째 집이던 터너 하우스는 최근 몇 년 사이에 모퉁이 끝 집이 되어버렸고, 민트색으로 칠해진 집의 외벽과 벽돌 프레임은 이 거리에서 가장 신뢰할만한 랜드 마크가 되어 있었다.

레일라는 반다이크 도로를 타고 동쪽 지역을 벗어나 8마일 로드를 거쳐 우드워드 애비뉴를 통해 펀데일 시내에 도착했다. 그녀는 커피숍과 애완동물 가게가 즐비한 이곳이 딸과 아이가 함께 살기 좋은 곳이라고 생각했다. 꽤 많은 동성애자들이 거주하는 동네였지만 근처 공원을 조깅하는 근육질의 건강한 백인 남자들은 그녀가 이곳에 오는 동안 거리에서 본 사람들과는 완전히 대조적이었다. 8시 45분에 그녀는 브리엔의 아파트 주차장으로 들어섰다.

손자 바비가 자신의 통통한 팔을 레일라를 향해 뻗었다. 브리엔이 바비를 그녀에게 건넸다.

"어제 무슨 일 있었어? 여러 번 전화했었어."

"미안해."

"건너에 사는 올가 아주머니에게 아이를 봐달라고 부탁해야 했어. 하루 종일 아이를 돌보기에 아주머니는 나이가 너무 많다고."

"날짜를 잘못 알고 있었어. 그래서 어제 네가 쉬는 날인 줄 알았어. 오늘 일을 하고."

브리엔이 머리를 절레절레 흔들었다.

"아무래도 아이를 봐줄 사람을 따로 구해야 할까 봐."

레일라는 아무 말도 하지 않았다. 그녀는 아이의 뺨을 무는 척했다. 그러자 바비는 웃으며 아래쪽 치아 두 개를 과시했다.

브리엔은 레일라보다 진한 피부색에 키가 작았지만 그녀처럼 큰 가슴을 가지고 있었다. 그녀는 아빠의 슬림한 엉덩이를 물려받았다. 반면 레일라는 사람들이 '며칠 동안 봐야 하는 엉덩이'라고 말하는 큰 엉덩이를 소유하고 있었다. 브리엔이 손을 뻗어 레일라의 머리를 뒤로 넘기며 다듬었다. 그 행동이 마치 엄마 같아서 두 사람의 역할이 바뀌기라도 한 것 같았다. 레일라는 자신도 모르게 몸을 움츠렸다.

"늦잠 잤어? 머리도 못 만졌게. 욕실 싱크대 아래에 젤이 있으니까 써요. 필요하면."

브리엔은 기저귀 가방을 레일라에게 건네고 자동차 문에 열쇠를 꽂아 돌렸다. 그녀의 붉은색 간호사복에는 작고 검은색 삼각형이 아무런 의미도 없이 그려져 있었다.

"난 네가 그런 모습으로 일하러 간다는 게 믿을 수가 없다." 레일라가 말했다. "너 꼭 닌자 같아."

"내 옷? 내 옷에 무슨 문제 있어?" 브리엔은 돌아서서 셔츠와 바지가 혹시 뜯어졌는지 아니면 얼룩이 있는지 확인했다.

"아니야. 그냥 너무 촌스러워서. 하기야 간호사가 클럽에 가는 것처럼 보일 필요는 없겠지만 말이야."

"겨울 가죽 코트를 입은 여자가 할 말은 아니지." 브리엔은 레일라의 코트 자락을 잡아당겼다. "오늘 24도까지 올라가는 거 알아? 엄마 보고 있기만 해도 덥다고."

"어제는 덥지 않았어." 레일라는 말했다.

그녀는 오른쪽에 안고 있던 바비를 반대쪽으로 옮겼다. 브리엔은 그녀의 유니폼과 같은 색 립스틱을 바르고 있었다. 레일라는 딸이 일하는 요양원의 노인들이 종일 브리엔 주위를 맴돌면서 모종의 계획을 세우고 있는 모습을 상상했다. 주간 TV나 시청하면서 절망적인 마음으로 기다리다가 자신들의 허약한 몸 위로 그녀의 작은 손이 닿았을 때, 그들의 깨어나는 감각의 모습을.

"어쨌든." 레일라가 말했다. "네가 정식 간호사 자격증을 따면 내가 간호사복 한 벌 사줄게. 실무 간호사는 그런 옷을 입어도 될지 모르지만 진짜 간호사는 밝은색을 입는다고. 케어베어나 조개껍질 문양 아니면 예전에 간호사들이 입었던 멋진 민트 그린색 말이야."

브리엔은 입술을 깨물었다.

"진짜 간호사? 그럼 지금 난 가짜 간호사인가?" 브리엔이 말했다. 그리고는 이 사이로 공기를 들이마셨다. "나한테 왜 이러는 거야, 엄마? 어제 나타나지 않은 사람은 엄마라고."

"널 어쩌려는 게 아니야. 그냥 그렇다는 얘기지. 넌 무슨 말을 못 하게 하니."

"빨래를 못 해서 그래. 이게 유일하게 남은 깨끗한 옷이라고." 브리엔은 다시 한번 레일라를 자세히 쳐다보며 그녀의 상태를 위아래로 살폈다.

"우리 둘 다 피곤한 것 같다." 그녀가 말했다. "하지만 베이비시터에 대해 한 말은 진짜야. 엄마가 하고 싶지 않다면 다른 방법을 찾을 거야. 엄마가 전화를 안 받을 때마다 아이를 이웃 사람들 아무에게나 맡길 수는 없으니까."

레일라는 억지웃음을 지었다.

"난 그 애의 할머니야, 브리엔. 나를 해고라도 하겠다는 거니?" 브리엔은 눈썹을 치켜세웠지만 더 이상의 말을 하지 않았다. 그녀는 이내 차에 올라타고는 그대로 떠나버렸다.

레일라는 바비와 함께 브리엔의 아파트 근처 공원으로 걸어갔다. 그녀는 시멘트로 지어진 파빌리온 근처 그늘진 벤치에 아이를 앉히고 재킷을 벗었다. 전에도 궁지에 몰린 적이 있었지만 이렇게 육체적으로 불편한 상황은 처음이었다. 어제 갑작스럽게 이삿짐을 싼 탓인지 그녀는 온몸이 쑤셨고, 피부는 땅겼으며, 머리는 깨질 듯 아팠다. 그녀는 일어서서 가볍게 제자리 뜀뛰기를 하고 스트레칭을 했다. 그녀의 손이 위쪽을 향하고 있을 때, 근처에 있던 스케이트 보더들이 그녀의 잘록한 허리와 어설프게 맞는 청록색 폴로셔츠 사이로 터져 나올 것 같은 가슴을 쳐다보고 있다는 것을 레일라는 알고 있었다. 허벅지를 편 채 허리를 구부려 머리를 발가락 쪽으로 내리며 구경꾼들에게 뒤태를 보여주었다. 스키니 청바지의 신축성을 시험하듯. 그때 그녀의 휴대 전화가 뒷주머니에서 진동했다. 갑작스러운 자극이 중력과 합쳐져 그녀는 하마터면 앞으로 넘어질 뻔했다. 균형을 잡기 위해 앞으로 한 발을 내디디고 일어서서 전화를 꺼내 들었다.

브리엔으로부터 문자메시지가 와 있었다.

잠시 후 또 하나의 문자 메시지가 도착했다.

「10분이나 늦었어.」

「그리고 난 진짜 간호사야!」

허! 레일라의 입에서 짧은 탄식이 흘러나왔다. 그녀는 온통 대문자로 보내진 브리엔의 문자가 고함을 지르는 것과 같은 뜻이란 걸 알고 있었다. 예전에 실수로 직장동료에게 대문자로 된 문자를 보낸 적이 있었는데, 최신 트렌드에 능통했던 그 동료는 공격적인 행위라며 레일라를 힐난했었다. 정규간호사 이야기를 꺼낸 것은 바보 같은 짓이었지만 딱히 딸에게 할 말이 없지 않은가? 보통 레일라가 대부분의 대화 주제로 삼곤 했던 것은 차차 오빠 집에 계신 어머니의 안부였다. 하지만 퇴거 통지서를 받고 아파트를 나온 이후로는 비올라를 피하고 있었기 때문에 특별히 새로운 얘깃거리가 없었다. 그녀는 딸 브리엔에게 자신이 집에서 퇴거당한 사실을 말할 수 없었다. 딸이 알게 되면 자신과 같이 살자고 할 것이고, 적어도 그래야 한다는 의무감 때문에 심한 부담을 느낄 게 뻔했기 때문이었다. 지금은 다른 생각 않고 직장과 학교로 다시 돌아가는 것에 집중할 때였으니까.

실무 간호사. 브리엔이 그랬다. 딸의 일이 보잘것없는 건 아니었지만 여기서 멈추기에는 너무 어린 나이었다. 실무 간호사는 자격증이 있었지만 쉽게 고용되고 해고되었다. 레일라는 브리엔이 보다 안정적인 직업을 가지기를 희망했다.

"선택의 여지가 없는 여자는 남자가 와서 자신을 망치길 기다리고 있는 거야."라고 비올라는 말하곤 했었다. 그녀의 말은 옳았다. 레일라는 얘로우 가에서 똑똑하고 재능 있는 많은 여자들이 포치에 앉아 재미있는 일만을 기다리다 잘못된 남자를 만나 인생을 망치는 것을 수없이 목격했다. 꼭 임신만을 뜻하는 건 아니었다. 눈에 멍이 들고 신용을 망치고 여성보호센터 신세를 지거나 아니면 더 나쁜 일을 겪는 것을 보아왔다. 레일라 또한 별반 다르지 않았다. 브리엔의 아빠 버넌 그린은 졸업

후 군에 입대할 계획이었다. 당시 두 사람은 새로운 많은 것들을 함께 경험할 수 있는 기회라고 여겨 결혼했다. 하지만 레일라는 결혼한 지 3년 만에 버넌에게 얻어맞았다. 처음이자 마지막이었다. 눈은 시퍼렇게 멍들었고, 그 일이 일어난 지 24시간도 안 되어서 그녀는 브리엔을 데리고 애로우로 돌아왔다. 거기까지였다. 그녀는 더 이상 나아가지 못했다. 그건 버넌도 마찬가지였다. 레일라가 8년 전 마지막으로 보았을 때, 그는 하퍼에 있는 24시간 편의점 앞에서 진눈깨비를 맞으며 졸고 있었다. 그 당시 레일라가 더 열심히 버넌을 밀어붙였더라면 그런 모습으로 있지는 않았을 것이다.

브리엔은 항상 자기가 혼자인 것처럼 행동했다. 마치 싱글 맘으로 산다는 것이 견딜 수 없는 짐을 끌고 홀로 길을 가는 노새라도 되는 것처럼. 그것은 그녀가 고집스럽기 때문이라고 레일라는 생각했다. 레일라는 자신이 혼자라고 생각하지 않았다. 집으로 완전히 돌아오기 전에도 중서부에 살고 있었기 때문에 브리엔은 프란시스 터너의 축복과 사랑을 받을 수 있었다. 프란시스의 축복이 공식적인 어떤 영적 의미가 있는 것은 물론 아니었지만, 그렇다고 점점 늘어나는 터너 후손들의 수를 고려할 때 모두가 경험할 수 있는 것도 아니었다. 인생의 마지막 몇 년 동안, 프란시스는 대부분 시간을 뒤쪽 현관 포치에 앉아서 보냈다. 온화한 얼굴로 토마토 밭을 지켜보며 자신이 응원하는 팀이 게임에서 지는 소식을 라디오로 들었고 가끔은 파이프 담배를 꺼내 피우곤 했었다. 그때 프란시스의 품에는 브리엔이 안겨 있었다. 프란시스는 아기의 재롱을 유도하거나 웃게 해줄 만한 재주를 가지고 있지는 않았지만, 말 대신 그들에게 자신의 심장 소리를 들려주었다. 아기들의 작은 머리를 자신의 가슴에 대고 조용한 일상을 보냈던 것이다. 그럴 때면 아무리 까다로운 아기도 심하게 우는 법이 없었으며, 기저귀를 적시는 일로 프란시스와의 시간을 단축하지도 않았다. 레일라는 뒷문에 서서 브리엔이 프란시스의 품에서 자고 있는 모습을 보면서, 몇 년 더 부모와 가까운 곳에 살아도 좋겠다는 생각을 했다. 프란시스는 차차 오빠가 태어난 이후 얼마나 많은 아이들을 저렇게 안아줬을까? 심장박동 소리만으로 그들과 대화를 나누면서.

브리엔의 상황이 레일라와 같지 않다는 것도 엄연한 사실이었다. 아이들을 안아주던 프란시스 터너는 죽었고, 비올라 터너는 자신의 신변 보호를 위해 애로우 집을 떠나 큰아들과 교외에 살고 있었다. 물론 레일라도 이에 동의했다. 레일라를 키워주고 레일라가 브리엔을 키우는 것을 도왔던 애로우가의 사람들은 이제 죽거나 죽어 가고 있으며 아니면 먼 곳으로 떠나자기 가족을 돌보고 있었다. 그리고 레일라에게는 집도 여분의 돈도 없는 형편이었다. 그녀는 딸과의 화해를 위해 문자로 답하는 것이 가장 좋을 것이라고 생각했다.

그녀는 이렇게 썼다.

「그럴 생각은 없었어. 미안해.」

짧은 시간이 지나갔다. 브리엔이 답장을 보내왔다.

「알아. 나도 그냥 짜증이 났어. 화내서 미안해.」

하늘에 구름이 몰려오는가 싶더니 레일라는 이마에 작은 빗방울이 떨어지는 것을 느꼈다. 그녀는 바비를 공원 북쪽으로 몇 블록 떨어진 펀데일 도서관에 데려가기로 했다. 그녀는 보통 바비를 돌볼 때 자신의 아파트로 데려갔었다. 거실에는 바비의 장난감을 모아둔 곳이 마련되어 있었다. 지금은 모두 아파트 쓰레기통에 버려진 상태일 것이다. 괜히 차에 실었다가 훔칠만한 가치가 있는 물건처럼 보일까 두려워 그냥 아파트에 두고 나왔기 때문이다.

정족수

The Turner House

    차차는 자신이 정신과 의사를 방문한 최초의 터너집안 사람이라고 확신했다. 그의 첫 방문은 의무적이었다. 완전히 낯선 사람과 유령에 관한 이야기를 나눌 것을 요구하는 밀턴 크로포드의 상사 틴 데일의 편지가 3주 동안이나 부엌 카운터에 그대로 놓여있었다. 차차는 앨리스 로스먼이라는 의사에게 모든 것을 말해야 하는 상황을 떠올리며 그녀를 상상해 보았다. 밀턴 크로포드 만큼이나 유머 감각이 없는 너무 마르고 창백한 백인 여의사가 자신처럼 덩치 큰 흑인 남자와 사무실에 단 둘이 앉아있는 상황을. 그녀는 그 상황을 아무래도 불편해할 것 같았다. 그녀의 불편함은 불을 보듯 뻔했지만, 사실 더 끔찍한 건,

자신이 진보적이라는 것을 보이기 위해 유령을 본 예순넷의 흑인 트럭 운전사를 이해하는 척할 수도 있다는 사실이었다. 본인이 공평한 사람이라는 것을 증명하기 위해 자신의 수준에 맞춰 적절한 경의를 표하면서, 모든 걸 너무 쉽게 공감하려 할지도 모른다는 의구심을 떨칠 수 없었다. 1970년대 들어서 흑인 인권운동이 활발해진 이후, 노조 모임에 나가면 이런 유형의 사람들을 많이 볼 수 있었다. 겉으로는 자신이 공명정대한 사람인 양 행동하고 말하지만 이런 사람들의 상당수는 대놓고 인종차별을 외치는 자들보다 흑인들을 더 하찮게 여긴다는 것을 차차는 잘 알고 있었다.

단도직입적으로 말하자면, 앨리스 로스먼은 흑인이었다. 적어도 보기에는 혼혈도 아니었다. 그녀는 차차보다 더 검은 피부색과 곱슬한 머리를 갖고 있었다. 그녀는 분명 오해의 소지가 있는 성을 가진 흑인 여성이었다. 40대 중반처럼 보였는데, 터너의 열 번째 아이 버니스와 같은 또래였다. 버니스는 톨레도에 살고 있는데 얼마 전 같은 남자와 두 번째 결혼식을 올렸다. 디트로이트 방문을 꺼리는 남편은 조용한 성품의 머리가 벗겨진 버스운전사였다. 크라이슬러가 젊은 흑인 여성 의사를 고용한 것이 차차는 이상하다고 생각했다. 어쩌면 앨리스의 남편이 백인일지도 모르겠다고 생각했다. 남편이 회사의 높은 자리에 있으면서 그의 흑인 아내를 통해 사고를 낸 운전사가 미첬다는 처방을 내리게 하고는 크라이슬러가 돈을 아끼도록 하는 건 아닌지 의심이 갔다.

"앨리스라고 불러주세요." 그녀가 말했다.

그녀는 그를 찰리라는 완전한 이름으로 불러야 하는지 묻지 않았고 차차도 그녀에게 다르게 말하지 않았다.

"보고서에 의하면 당신은 열세 명의 형제 중 장남이네요. 그것에 대해 말해주시겠어요."

차차는 그녀의 질문을 정신과 의사들이 쓰는 일종의 속임수라고 생각했다. 집안일로 큰 스트레스를 받는 사람으로 만들기 위한 우회적인 방법. 그러면 그녀는 그의 환각을 뒷받침할 거대한 가족에 대한 책임감과 압박감을 손에 쥐게 될 것이었다. 그는 신중하게 시작했다.

"그렇습니다. 열세 명입니다." 그가 말했다. "하지만 디트로이트에는 여섯 명 정도밖에 없습니다. 나머지는 이곳저곳에 흩어져 각자 잘살고 있죠."

앨리스 로스먼은 차차가 보기엔 호텔 가구라고 생각되는, 청록색의 안락의자에 등을 대고 펜으로 메모장을 두드렸다.

"이름이 뭐죠? 형제들이요."

"프란시, 퀸시, 러셀, 말린, 로니, 앙투아네트, 마일즈, 도날드, 버니스, 산드라, 트로이, 그리고 레일라입니다." 차차는 말했다. 그의 운율을 담은 대답은 리스트를 읽는 것이 아니라 마치 노래 같았다. 어릴 적 모습이 떠올랐다. 아마 그가 열두 살 때쯤이었던 것 같다. 그때는 형제가 여섯 명이었는데, 지하에 내려가 불을 끄고 '어둠 속 숨바꼭질'을 하곤 했다. 그는 술래를 위해 노래를 만들었다. 당시 차차에게는 이미 조금 낮게 느껴졌던 퀴퀴한 지하실에서 그 노래를 나지막하게 부르며 조심조심 숨어있는 형제들을 찾아 나섰더랬다. 누군가 숨어있는 장소를 발견했다고 생각되면 그 앞에 서서 찾은 사람의 이름을 노래로 반복했다. "어서 나와, 퀸시, 퀸시, 퀸시. 어서 나와, 퀸시, 퀸시, 퀸시." 그러면 기꺼이 밖으로 나오거나 웃음이 터져서 정체를 들켜버리곤 했다. 그 후로도 새롭게 태어난 동생들의 이름을 추가해 가며 노래를 불렀지만, 술래잡기에 흥미를 잃을 나이가 되면서 그 노래도 함께 잊어버렸다. 그는 이 기억을 앨리스 로스먼과는 공유하지 않았다.

이름을 들은 뒤에 그녀는 그들의 별명과 별명에 대한 간략한 설명을 듣고 싶어 했다. 그게 가능하다면 말이다. 차차는 그의 여동생 프란시가 아버지 이름에서 따온 것이라고 설명했다. 첫째였던 자신의 이름을 부모님 결혼식 때 주례를 맡아주신 목사님 이름에서 따온 터라 둘째 아이 이름은 아버지 이름에서 가져오게 되었노라고. 그녀는 개인으로서의 차차보다는 터너 가족과 관련 있는 일련의 질문을 계획한 것 같았다. 어쩌면 자신이 그녀와의 대화를 더 편하게 여길 수 있도록 계획한 것일지도 모른다고 차차는 생각했다. 자녀를 둔 형제가 누구인지, 누가 학교에 있었는지, 자주 방문했는지, 누가 군대에 가있었는지, 누가 감옥에 갇혔는지를 알고 싶어 했다.

"실례지만, 아무도 감옥에 간 형제는 없어요!" 차차가 되받았다.

앨리스 로스먼은 이 마지막 실책을 끝으로 비올라와 프란시스의 추억에 관한 질문으로 이야기 주제를 바꾸었다. 그런 다음에는 혼자가 된 비올라로, 그 다음에는 차차의 아들 처키와 토드에게로. 시간이 거의 끝났을 때, 그녀는 마침내 크라이슬러를 언급했다.

"그들은 제가 당신에 대해 빠른 결정을 내리기를 바라고 있어요." 앨리스가 말했다.

"하지만 좀 미루면 어떨까요? 다음 주에 다시 만나서 얘기를 더 나누고 싶어요. 아침 일정을 조정하면 한 10시쯤이 좋을 것 같은데, 어떠세요?"

"좋습니다." 차차가 대답했다.

그냥 앉아서 이야기하는 것이 나쁘지 않았다. 대화를 이끌어야 한다는 부담 없이, 하고 싶은 말만 골라서 하는 것이 편하게 느껴졌다. 자신의 삶에 대해 알지 못하는 사람에게 이런저런 이야기를 하는 것도 새롭고 흥미로웠다.

그로부터 3주 후, 앨리스 로스먼은 차차가 사고에 대해 개인

적 과실이 없다고 선언했다. 적어도 정신적 문제에서는 말이다. 그들은 어떤 만남에서든 유령에 대한 이야기를 한 적이 없었다. 그녀에게는 문제를 정면으로 접근하지 않고도 자신이 찾고 있는 무언가를 더 쉽게 알 수 있는 능력이 있는 거라고 차차는 생각했다. 이게 사실이라면 차차 역시 본인이 직접 유령 이야기를 꺼내서 월급을 못 받는 사태를 만들 생각은 전혀 없었다. 그녀는 차차가 계속 자신을 찾아와서 이야기할 것을 권유했고, 그도 동의했다. 엉덩이 치료가 끝난 후 그는 회사로 돌아왔다. 운전은 더 이상 하지 않고 신입 운전기사를 훈련시키는 일을 맡았다. 그리고 그때부터는 자기 돈을 내고 상담을 받기 시작했다.

상담을 받기 시작한 지 넉 달째 되는 날, 차차는 대기실에 앉아 땀을 흘리지 않으려고 애를 쓰고 있었다. 이날은 마침내 그들이 유령에 대한 이야기를 하기로 약속한 날이기 때문이었다. 크라이슬러의 공식 상담이 끝났으므로 뭔가를 숨겨야 한다는 압박은 더 이상 느낄 필요가 없다고 앨리스가 말했다.

그녀의 사무실 문이 열렸고, 대기실에서 기다리던 차차는 새로운 인공 엉덩이를 보조해 줄 지팡이에 의지해 자신의 백 킬로그램이 넘는 몸을 일으켰다.

"좋은 아침이에요, 찰스. 들어오세요."

앨리스 로스먼의 사무실에는 전형적인 가죽 소파가 없었다.

그 자리를 자주색 스웨이드 팔걸이 소파가 대신했는데, 앨리스는 그 소파를 '실신 소파'라고 불렀다. 빈티지 스타일로 커버를 다시 한 거라고. 차차는 술배가 나오고, 특히 엉덩이 수술을 받은 자신이 그 소파에 누울 일은 절대 없을 것이라고 생각했다. 처음 방문했을 때 그는 대기실에 있는 평범한 낡은 팔걸이의자를 사무실로 끌고 들어갔었다. 앨리스는 그것에 대해 아무 말도 하지 않았다. 그래서 방문 때마다 같은 방식을 취했다. 차차는 언제쯤이면 그녀가 팔걸이의자를 다시 밖으로 빼놓지 않고 그냥 둘까 생각했다. 그녀의 사무실에는 의자와 실신 소파 모두를 위한 충분한 공간이 있었으니까.

"어머니는 어떠세요?" 앨리스가 물었다.

"어깨 수술 때문에 약을 많이 들고 계시지만 병원에 계실 때보다는 말씀을 많이 하세요."

최근에 비올라의 어깨 신경이 문제를 일으키기 시작했다. 반복된 뇌출혈로 인해 휠체어를 타게 되셨고, 혼자서는 거동이 어려워져 결국 애로우에서 이사를 나오셨다. 뇌졸중이 일어나기 전에는 담석으로 고생하셨는데, 차차는 어머니가 내년 겨울을 넘기지 못할까 봐 두렵다고 앨리스에게 말했다.

"그건 아무도 몰라요, 찰스. 당신 어머니는 투사이신 것 같은데요."

"저 역시 그러길 바랍니다. 우리가 할 수 있는 일은 기도하는 것밖에 없겠죠."

차차는 그렇게 말했지만 이미 한평생을 보내신 노모를 위해 며칠만 더 시간을 달라고 기도하는 건 염치없는 짓이라고 생각했다. 티나는 죄악이라고 할 게 분명했다.

"그래요, 오늘은 유령에 관해 이야기하는 날이죠, 그렇지 않나요?"

"그러네요."

그는 사실 그녀와 유령에 관한 이야기를 하고 싶지 않았다. 상담이 의무적이었을 때, 그러니까 그가 앨리스를 잘 알기 전에는, 유령에 관한 그녀의 생각이 무엇인지는 중요하지 않았다. 지금은 상황이 달라졌다. 차차는 비로소 그녀와 이야기 나누는 것이 편안해졌다. 그런데 그녀가 자신을 미쳤다고 판명해 버리면 어떻게 되는 건가? 자신이 미치지 않았다는 사실을 알고 있는데도 말이다. 그런 결과를 받아든다면 치료를 계속 이어갈 수 없을 것 같았다.

"처음 유령을 봤을 때부터 시작할까요?" 그녀가 말했다.

그녀는 책상 서랍에서 새로운 노트를 꺼냈다. 그는 큰방에서 일어난 그날 밤 일에 관해 이야기했다. 창문에 걸려 있던 커튼, 자신을 구하러 왔던 프란시, 아버지의 해산명령까지. 앨리스는 고개를 끄덕였지만 아무 말도 하지 않았다.

"뭐죠? 저를 안 믿으시는군요? 보세요, 이게 우리가 맨 처음부터 이것에 관해 이야기하지 말아야 했던 이유에요."

"전 아무 말도 하지 않았어요, 찰스. 하지만 상상이라고 생각해 본 적은 없나요?"

"여섯 명이요? 난 여섯 명이 동시에 똑같은 것을 상상했다는 소리를 들어본 적이 없어요."

"아니, 있어요." 앨리스가 말했다. "아이들이 밤늦게까지 앉아서 유령 이야기를 하다가 자신들이 진짜 유령을 봤다고 생각하는 거죠. 자주 일어나는 일이에요. 살렘 마녀재판에서 벌어진 일이 그런 거 아닌가요?"

"나는 마녀에 관해서는 아는 게 없어요, 앨리스. 하지만 유령에 대해서는 좀 알죠. 그리고 그건 한 번이 아니었어요. 다시 돌아왔거든요."

"그래요, 보험 보고서 기억나요. 제가 잠시 악마의 변호사 역할을 해볼게요. 일부러 반대의견을 내는 사람이요. 당신은 비가 내리는 밤에 운전을 하고 있어요. 유령을 본 것 같고요. 많은 사람들이 수면 부족, 번개, 아니면 너무 많은 양의 카페인을 섭취했기 때문이라고 생각할 수도 있어요."

차차는 자신과 앨리스의 대화에서 이런 식의 스파링을 좋아했다. 그녀는 차차의 여자 형제들처럼 그의 말을 바로 되받아쳤다. 문제는 그녀가 마지막에 가서는 모든 것을 액면 그대로 순순히 받아들인다는 거였다. 중요한 성격 결함이라고 차차는 생각했다.

"찰스? 그 두 번 말고도 유령을 본 적이 또 있었나요?"

그는 앨리스가 자신의 이름을 너무 자주 사용하는 게 싫었다. 그들의 대화를 공식화하는 방법이면 상관없었지만, 그를 낮추는 행동이라고 느껴지기도 했었으니까.

"나를 절대 믿지 않을 거면서 유령 이야기를 하기 위해 이렇게 오랫동안 기다린 이유를 모르겠군요."

"내가 믿고 안 믿고는 중요하지 않아요, 찰스. 저는 그저 그 두 사건 말고도 또 유령을 본 적이 있는지 궁금해요."

과학적인 사고를 하는 사람을 믿게 하려면 초자연적인 현상과 몇 번 마주쳐야 하는 걸까? 3번? 아니면 12번 정도?

"열네 살과 예순네 살." 앨리스가 말했다. "꽤 긴 시간차가 있다고 생각하지 않아요?"

차차에게는 50년이라는 세월이 그렇게 긴 시간처럼 느껴지지 않았다. 단지 처음 유령을 봤을 때에는 없었던 아내와 두 아이 그리고 손주 하나가 생겼을 뿐이니까.

"당신은 신을 믿나요, 앨리스?"

"글쎄요, 나는 보통 내 신앙에 관해선 이야기하지 않아요. 하지만." 앨리스는 펜을 패드 위에 올려놓았다. "저는 무신론자예요, 찰스. 그런데 그건 왜 묻는 거죠?"

"무신론자요?" 차차는 무신론자에 관해서는 아는 게 전혀 없었다. 그의 아들 처키가 열세 살이 되었을 때 그는 자신이 무신론자라고 선언한 적이 있었다. 하지만 티나는 기도를 통해 그에게서 그 생각을 몰아내 버렸다.

"신을 한 번도 믿은 적이 없어요?"

"신을 믿는다고 생각한 적이 있었던 거 같아요." 앨리스가 말했다. "하지만 지금 생각해 보면 진심으로 신을 믿었다고 생각하지 않아요."

"그렇군요."

"왜 묻는 거냐니까요?"

그녀는 의자에 등을 기대었지만 팔은 책상 위에 그대로 두었다. 마치 공격을 허락한다는 듯. 앨리스는 정확히 말하자면 차차의 친구는 아니었지만 그가 전에 만난 그 누구와도 달랐다. 그녀와의 친밀함을 내던지고 싶지 않았다.

"모르겠어요." 차차가 대답했다. "성서에는 유령들이 깔렸어요. 물론 성령은 말할 것도 없고. 천사와 악마까지 모두요."

"그게 어떻게 제 질문에 대한 대답이 되는지 잘 모르겠는데요." 앨리스가 말했다.

"그걸 이제 설명하려고 하잖아요."

"어머, 죄송해요. 그럼 이제 설명해 주실래요?" 앨리스가 말했다.

"애로우집에서 유령을 처음 본 후에도 파란색 빛이 내 침실을 채우는 것을 봤어요. 그리고 가끔은 누군가가 나를 지켜보고 있다는 느낌을 받았고요. 하지만 그때마다 난 침대에서 일어나 바닥에 무릎을 꿇고 기도를 했어요. 15분 정도 그렇게 기도를 하고 나면 모든 게 다시 정상으로 돌아왔고요."

앨리스는 노트에 간단한 메모를 했다.

"그래서 50년 동안 그렇게 지내신 거예요?"

차차는 나이가 들수록 침대 밖으로 나와 무릎을 꿇고 기도를 하지는 않았다. 기도는 티나가 했다. 어떤 날에는 30분 동안이나 옷장에서 문을 닫고 불을 끈 채 나오지 않았다. 하나님께 그만큼 더 가까이 가려 했다. 그러나 그가 무릎을 꿇고 기도를 하지 않았다는 것이 유령이 그를 방문하지 않았다는 뜻은 아니었다. 차차는 일곱 살 때 부엌 청소를 담당했었다. 그는 저녁 식사 후에 남겨진 접시를 닦고 바닥을 쓸고 카운터를 닦았다. 어쩌다 늑장을 피워 너무 늦게 부엌에 내려가 불을 켜는 날이면 카운터를 가로질러가는 바퀴벌레들이 득실거렸다. 그중에는 엄지손가락만 한 놈들도 있었는데 다들 어둠 속에서 각자의 영토를 찾고 있었다. 처음에는 너무 징그러워 속이 메슥거리기까지 했지만 잠들어 있는 부모님과 동생들을 깨우고 싶지는 않았다. 그는 침묵 속에서 벌레들과 싸우는 법을 배워야 했다. 유령도 그와 비슷했다. 언제나 평범하지 않은 모습으로 주변에 있었지만 더 이상 귀찮은 존재는 아니었다. 물론, 그를 죽이려 했을 때를 제외하고는.

"잘 모르겠어요." 차차가 말했다. "어쩌면 지난 세월 동안 유령을 몇 차례 봤을지도 몰라요."

"그리고 당신은 아무에게도 다시는 말하지 않았고요? 심지어는 당신의 아버지에게조차도요?"

차차가 웃었다.

"아니요. 특히 아버지에게는요. 아버지는 이 도시에 어떤 유령도 없다고 말씀하셨어요. 전 그의 마음을 바꿀 생각은 없었어요."

앨리스는 그가 마지막으로 한 말을 곱씹으며 아랫입술을 깨물었다. 그를 향한 어떤 계획을 세울 때마다 그녀가 보이는 습관이라는 걸 차차는 알고 있었다. 입술 깨물기. "당신의 형제들이 어머니 부양에 일조한다고 약속해 놓고 막상 지키지 않으면 그들에게 책임을 물어야 해요. 그게 공평하니까요. 아니면." 입술 깨물기. "제 생각에는 취미를 이용해도 좋을 것 같아요, 찰스. 활동적인 거요. 수영처럼."

"제 생각은 이래요." 그녀가 말했다. "앞으로 몇 주간 더 세심한 주의를 기울일 필요가 있다고 생각해요. 어떤 형태로 이 문제가 나타나고 있는지 알아 보세요. 말하자면 패턴을 생각하는 거예요. 나타나면 어떤 느낌이 들죠? 그날 뭘 먹었나요? 그런 것들을 메모해 두세요. 그러면 앞으로 어떻게 대처해야 할지 더 잘 이해할 수 있을 거예요."

"그러죠." 차차가 말했다.

"좋아요. 그리고 나중에 준비가 되면, 어머니 집에 들러서 그 방에서 시간을 한 번 보내 보세요. 뭔가 그 방에서 진짜 다시 튀어나올지도 모르잖아요."

"그럴 수도 있겠군요." 차차 말했다. 하지만 그는 그 유령에 가까이 다가가기 위해 어떤 것도 하고 싶지 않았다. 새 캐딜락을 동쪽 우범지역에 밤새 세워놓는 것처럼 무모해 보였다.

— * * —

애로우가의 집은 높고 옆으로 좁았던 반면에 프랭클린 빌리지의 차차와 티나의 집은 낮고 둥글었으며 넓게 자리하고 있었다. 식당과 거실이 연결된 주방은 건물 중앙에 위치하고 있었다. 거실은 5개의 침실과 3.5개의 욕실, 차고, 그리고 지하실로 이어졌다. 계속 가다 보면, 필연적으로 부엌이 다시 나타났다. 이런 형태의 집을 제안한 사람은 프란시스 터너였다. 노년이 되면 높게 올라가는 것보다 옆으로 이동할 수 있는 구조가 좋다고. 결국 70세도 채 못 산 사람의 낙관적 조언이 되었지만 말이다. 지금 비올라를 모시는 상황에서 차차는 그의 아버지의 지혜를 높이 평가했다. 그는 상당히 싼 가격에 땅을 샀다. 이전

집은 화재로 파괴되었고, 주인들은 건물을 재건하지 않기로 결정했다. 단층집은 이웃집들에 묻혀버릴 수도 있다는 걸 알았기에, 그는 시간을 들여 레이아웃을 계획했다. 낮은 집의 단점을 보완하기 위해 널찍한 뒷마당 데크, 커다란 돌출형 창문들, 넓게 퍼지는 진입로와 같은 다른 포인트를 살렸다. 이웃 몇 집엔 차압용 딱지와 판매용 표지판이 걸리고 있었지만, 차차의 집은 아직 막다른 골목의 중심부에 굳건하게 서 있었고 곧 융자 없는 자유로운 집이 될 전망이었다.

"러셀이 어머니 방에서 나오지 않고 있어." 차차가 말했다. "무슨 얘기를 하는지 문 뒤에서 엿들으려 했는데 속삭이는 통에 아무것도 들리질 않아, 젠장." 그는 입구 통로에서 부엌 쪽으로 몸을 기울이고 있었다.

"차차, 제발요. 러셀은 장례식장에서도 속삭이지 못할 사람이란 건 당신이 더 잘 알잖아요." 티나가 말했다.

주방 여기저기에 닭고기가 얹어진 쟁반들이 놓여 있었고 그녀는 한 쟁반에서 다른 쟁반으로 옮겨가며 한 손으로는 조미소금을, 다른 손으로는 마늘 가루를 닭에 뿌리고 있었다.

"내가 바라는 건 적어도 가족회의 시간에 맞춰 러셀이 밖으로 나오는 거야." 차차는 티나가 혹여 일을 시킬까 두려워하는 사람처럼 부엌으로 안 들어오고 언저리를 맴돌고 있었다.

"주말에 말도 없이 나타났으면 쓸모라도 있어야지."

"올 거라고 이메일을 보냈다고 몇 번 말해요." 티나가 말했다.

"쟤는 시간마다 메일을 한 통씩 보내는 아이야. 어떻게 그 많은 정크메일을 다 보고 중요한 메일이 있는지 알 수 있겠어?" 그는 부엌을 통해 거실로 들어가 밀린 영수증 정리를 하며 바쁜 것처럼 보이려 노력했다.

"'이번 주말 디트로이트에 가요'가 메일 제목이었어요. 그걸 어떻게 못 봐요."

"그건 하나님이 디트로이트에 오신다는 말일 수도 있어. 그걸 보고 뭘 알아. 걔가 보내는 이메일 절반은 항상 뭘 하지 않으면 지옥에 간다는 내용이야. 그리고는 밑에다가 성경 말씀 몇 줄 적어 놓고 '하나님을 사랑하신다면 여기를 클릭하세요.' 아니면, '이 편지를 공유하지 않으면 저주를 받게 됩니다.'라고 쓰여 있다고."

"그래서 공유해요?" 티나가 물었다. 그리고는 그를 올려다보았다. 그녀의 글러브 낀 손은 수술을 앞둔 의사처럼 앞으로 나와 있었다.

"당연히 안 하지! 그런 건 사람들이 중요한 데이터를 훔치거나 스파이웨어 같은 해킹 프로그램을 깔려고 할 때나 보내는 거라고."

티나의 얼굴은 의로운 어떤 것을 말하려고 준비할 때의 표정이었다. 눈썹이 올라가고, 턱이 조금 떨어지며, 주근깨가 퍼져 나가는 듯 보였다.

차차는 그녀가 성서의 어느 부분을 말할지 알고 있었다.

"사람 앞에서 나를 부인하는 사람은 하늘에 계신 내 아버지 앞에서도 부인할 것이다." 그녀는 차차를 향해 필요하다고 생각했던 것보다 더 진지하게 말했다.

그는 좀 더 영리한 말로 반격하려 했지만 떠오르질 않았다. 그때 러셀이 방에서 나와 식당으로 들어왔다. 그는 퀸시와 같은 직업군인이지만 형에 비해 열성적이지 못했다. 하지만 러셀은 언제 어디서든 누구와도 대화를 나눌 수 있다는 점에서 프란시와 가장 유사했다. 그는 방금 전에 만난 사람에게도 별명 붙이는 걸 좋아했다. 부모님의 관심을 끌기 위해 모든 터너 자녀들은 말하기를 좋아해야 했지만, 차차에게 러셀의 사교성은 유전학의 산물 수준을 넘어 낙관성을 항상 유지하려는 의지의 부작용쯤으로 보였다. 넷째인 그는 베트남에서 살아남았고, 30년 간 해병대에 있었으며, 식도암을 극복했다. 하지만 그의 가장 경이로운 점은, 교도소 강화 정책에 찬성하고, 큰 정부를 반대했으며, 자유주의적 공화당원으로 자란 첫째 아들에 대한 부끄러움은 이겨냈다는 것이었다. 러셀은 정치를 제외한 모든 주제에 박식했다. 차차와 비올라를 제외한 다른 가족들에게는 알려지지 않았지만 그는 비올라의 봉양에 필요한 가장 많은 비용을 책임지기도 했고, 이로 인해 그의 어머니는 그에게 특별히 마음이 약해지기도 했다.

"이 모든 닭고기가 주말 특별손님인 저를 위한 건 아니겠죠?" 러셀이 물었다.

"이번엔 아니에요." 티나가 대답했다. "교회 여성부에서 내일 피크닉을 주최해요."

"음, 제가 여성들이 잔뜩 모여 있는 부서를 얼마나 사랑하는지 아시죠!" 러셀이 능글맞게 말하면서 자신의 양손을 문질렀다.

티나는 카운터 반대쪽에 놓여있던 요리 주걱을 집어 들고는 그를 향해 휘둘렀다.

"형만큼이나 나쁜 거 알아요. 두 사람 모두 교회에 더 열심히 다녀야 한다니까."

그때 집을 향해 다가오는 자동차 소리가 들렸다. 차차는 문을 열기 위해 현관으로 걸어갔다.

말린, 프란시, 네티는 함께, 트로이는 또 다른 차를 타고 나타났다. 차차는 한 사람씩 양 팔을 벌려 안고 볼에 입을 맞추면서 그들을 반갑게 맞이했다. 트로이의 등을 치며 그와 인사를 나눌 때는 머리를 한 대 쥐어박을까 하는 충동을 억눌러야 했다.

"엄마는 어디 계세요? 방에요?" 말린이 물었다. "뭔가를 시작하기 전에 인사 먼저 하고 싶어요."

그녀가 복도로 방향을 틀자 러셀이 목을 가다듬었다.

"약 드시고 마침 잠이 드셨어." 러셀이 말했다. "방에 가서 괜히 깨우지 마. 우리 모임이 끝날 때까지."

말린은 거실 쪽으로 돌아서서 러셀을 바라보았다.

"알겠어. 하지만 엄마 안 보고 떠나는 일은 절대 없을 거야, 러셀 오빠. 믿어도 좋아. 그리고 엄마는 아기가 아니야, 오빠. 다시 자면 그만이지."

러셀은 금전적 기여를 통해 비올라의 호의를 얻었지만, 말린은 그녀가 어머니를 보고자 하는 의지와 어머니와 함께 있는 시간을 통해 어머니의 관심을 얻고 있었다.

"그건 그렇고." 네티가 말했다. "혹시 레일라 소식 들은 사람 있어요?"

"아까 전화했는데 집 전화는 계속 울리기만 하고 받질 않더라고. 선불폰을 또 새로 했는지 예전 번호는 통화가 안 되고." 차차가 말했다. 그리고는 식당 바 의자에 한 쪽 엉덩이를 걸터앉았다. 자신의 왼쪽 무릎을 조금 쉬게 하기 위해서였다.

러셀도 그랬다. 터너 남자들의 무릎은, 특히 왼쪽은, 나이가 먹을수록 신뢰할 수 없게 되는 게 특징이었다.

"그 아이는 왜 제대로 된 전화를 사지 않는 건지 모르겠어요." 네티가 말했다. "정부 기관의 추적을 피해 다니는 마약 딜러도 아니면서."

"누나는 신용이 좋아서 핸드폰 계약 같은 건 문제도 안 되잖아요. 안 그래요?" 트로이가 말했다. "하지만 다 알다시피 레일라는 고등학교 졸업 이후 신용이 좋은 적이 없었어요."

"우~" 말린과 네티가 한 소리를 냈다.

"오늘 무슨 일 있었어, 트로이 경관님? 기분이 별로이신 거 같은데?" 네티가 말했다.

"좋아!" 프란시가 말을 끊으며 끼어들었다. "오늘은 지금 모인 사람들이 다일 것 같은데. 여자 셋, 남자 셋. 이 정도면 충분한 거 아니야? 거의 정족수를 채운 거 같기도 하고."

"아, 그러세요. 프란시 여사님?" 트로이가 말했다. "더 공식적인 행사를 원하시면 회의록 작성도 하시는 게 어떠실지." 그는 냉장고로 가서 맥주를 꺼냈다.

"회의록 좋은 생각이십니다. 고맙다. 그리고 네 알콜 섭취량은 반드시 보고서에 기록하도록 할게."

"그만해, 트로이. 우리 이제 시작해도 될까요?" 말린이 물었다. "내일 아침 일찍 윈저에서 하는 중고장터에 가야 해서 오늘 빨리 끝나야 해, 난."

"중고장터?" 러셀이 비올라의 발음을 흉내 내며 물었다. "요즘은 벼룩시장이라고 하지 않아? 말린 소녀께서 이제 나이 드신 티를 내는 건가?"

"엄마는 중고시장이라고 하잖아요. 난 장터라고 했다고요.

알아들으면 됐지 뭘 그래요."

비올라는 더 이상 흥정과 영업에 필요한 에너지가 없었지만, 말린은 그녀와 함께 몇 년간 벼룩시장에서 옷 장사를 했었다. 지금은 그 일을 혼자서 도맡아 하면서 비올라의 치료비로 수익금의 절반을 차차에게 넘겨주고 있었다.

"자자, 여러분." 차차는 최대한 공식적인 목소리로 말했다. "그럼 회의를 시작해 볼까?"

"그래요, 제발." 말린이 말했다.

"마침내 어머니 집에 대해 은행하고 이야기를 해 봤어. 그 결과 알게 된 사실은, 내가 모르는 누군가의 조언을 듣고, 아버지가 돌아가신 직후 어머니가 애로우 집을 담보로 돈을 빌리셨다는 거야. 94년에. 그러니까 내가 어머니를 돌보기 시작하기 몇 년 전에 말이야."

"그건 제 조언이었어요." 네티가 말했다. "그리고 그때는 그게 최선이었고요. 언니 오빠들은 파산을 했거나 아이들 키우느라 바빴고, 정부에서 나오는 돈만으로는 엄마가 지내기에 충분치 않았으니까요."

일곱 번째 네티는 회계사무실에서 책임 관리자로 일하고 있었다. 공인회계사 출신은 아니었지만 돈에 대한 일반적인 관리를 잘하는 편이었다. 그녀는 다른 형제들에 비해 저축을 많이 하고 있었다.

"널 비난하는 건 아니야, 네티." 프란시가 말했다. "차차 오빠는 단지 사실을 말하는 거야."

"고맙다, 프랜시." 차차가 말했다. "그래서 어쨌든, 어머니는 4만 달러의 빚이 있고 이 집은, 얘로우에서는 가장 좋은 집 중에 하나지만, 단지 4천 달러의 가치밖에는 없다는 거야."

헉 하는 소리와 욕설이 거실을 가득 채웠다. 다시 태어난 크리스천으로서 욕설을 허용하지 않는 티나 입에서도 "이게 무슨 거지 같은 일이야?"라는 말이 터져 나왔다.

"나도 너희들과 같은 마음이야." 차차가 말했다. "하지만 얘로우가 그동안 계속 안 좋아지고 있다는 건 다들 알고 있었잖아."

"안 좋아진 건 알지만 아무리 그래도 4천 달러요?" 네티가 말했다. "그 걸로는 차도 한 대 못 사요, 오빠."

"맙소사. 리처드랑 내가 얼마 전에 사드렸던 가전제품도 그거에 반은 들었는데." 프란시가 말했다.

"나도 알아. 하지만 4천 달러는 우리가 받아들여야 할 숫자야. 그리고 오늘 모임은 돈에 관한 게 아니야. 우리가 뭘 할지 결정하자는 거지. 이 얘로우 집을 어떻게 할지를 말이야."

"하다니, 뭘요?" 말린이 물었다.

"아주 명확한 것 같은데." 그렇게 말하고는 차차는 뜸을 들였다. 너무 오래 시간을 끄는 바람에 사람들은 그의 입에서 무슨 말이 튀어나올까 다들 두려워하는 눈치였다.

"우리가 다른 옵션을 도출해 내지 못한다면, 우린 이 집을 공매해야 할 거라는 거야."

여기에는 소동이 없었고, 어떤 욕설도 없었다. 대신 모든 형제들은 하나같이 고개를 떨어뜨리고 식당 바닥에 있는 카펫과 친분을 쌓으며 머릿속으로는 자신의 자산과 소요될 경비를 생각했다. 모두는 공매가 무슨 의미인지 알고 있었다. 침체된 주택 시장 탓에 공매라는 개념은 이제 일상화가 되어 있었다. 집주인이 융자금 내기를 중단하면 은행은 집을 현 시가에 처분하고 집주인은 그 돈을 1원도 받지 못하는 대신 융자금을 더 이상 내지 않아도 되는 제도였다. 형제들은 각각의 죄책감에 대해서도 간단한 자체평가를 했다. 그들이 마지막으로 얘로우에 살았던 때가 언제일까? 그들이 마지막으로 방문했던 때는? 어떤 식으로든 또는 다른 방식으로 집에 보탬이 되었던 때는? 차차의 차사고 직후 말린은 이메일을 발송해 누가 엄마를 돌보기 위해 얘로우집에서 함께 살 수 있는지 물었다. 그녀 혼자는 벅찬 일이었다. 하지만 모두 각자의 융자금, 또는 자신의 손주, 또는 배우자로 인해 바쁘다는 핑계를 댔었다. 오직 로니 만이 어머니를 모시겠노라고 말했지만 가족들 모두는 그의 이주를 반대했었다. 그는 캘리포니아에 살고 있었는데, 얘로우로 돌아와 옛 친구들과 어울리며 무슨 짓을 할지 알 수 없었기 때문이었다. 돈이 없는 죄든 뭐든 어쨌든, 모두는 4만 달러의 융자금에 대해 나름대로의 죄책감을 느끼고 있었다.

"집을 팔아서는 안 돼요. 특히 4천 달러에는." 말린이 말했다.

"맞아요." 네티가 거들었다.

"우리가 오늘 이 집을 팔면 10년 안에 도날드 트럼프 같은 작자가 이 집을 사서, 타운하우스를 짓고 그걸 백인들에게 20만 달러에 팔아먹을 거라고요."

다들 충격을 받은 얼굴이었지만, 동의하지 않을 수 없는 말이었다.

"동부는 결국 그런 방식으로 흘러가겠지." 러셀이 말했다. 그는 바 의자 위에서 불안정하게 균형을 잡고 있었다. 바 의자가 그의 엉덩이에 비해 너무 작아 보였다.

"사람들은 집을 떠나고 있는데 정부는 다른 사람들이 그 집을 사는 걸 너무 어렵게 만들고 있어. 밀린 세금이나 그 밖의 모든 것을 지불해야 한다고 말하면서. 심지어는 공터도 똑같아! 새로운 사람이 들어와서 잡초라도 뽑아주면 감사해야 할 판국에 말이야. 그런데 백만장자가 한꺼번에 많은 땅을 사겠다고 제안하면 갑자기 바빠지는 거야. 정부가 그들을 위해 거래를 시작하지. 헐값에 넘겨버리는 거야. 너무 뻔한 스토리 아니야."

"그럼 너희들은 무슨 아이디어라도 있어? 응? 없잖아?" 차차가 물었다.

잠시 침묵이 흘렀다. 차차는 왜 자신이 이 이야기를 먼저 꺼냈는지 의아했다. 터너 가족 모임은 대부분 아무런 동의 없이 끝나는데 말이다.

　"엄마는 뭐라고 하세요?" 말린이 물었다. 그녀의 시선이 차차에게서 부엌카운터에 기대어 있던 티나에게 향했다가 다시 차차에게로 돌아왔다. "엄마는 어떻게 하고 싶어 하시는데요?"

　티나는 헛기침을 하고는 오븐에 있는 닭고기를 확인하기 위해 돌아섰다.

　"오빠? 엄마에게 모든 걸 알려주긴 한 거죠?" 찡그린 눈썹에 말린의 높은 이마가 접혀서 일련의 잔물결을 일으켰다. "제가 항상 말하잖아요, 엄마는 아기가 아니라고요. 엄마 집인데 제일 먼저 알려드렸어야죠."

　차차는 말린에게 자신이 비올라의 법적 보호자라는 사실을 상기시켜주고 싶었다. 그녀가 마지막 뇌졸중으로 쓰러지고 난 후 맡게 된 역할. 그리고 자신이 그녀 사후 그녀의 부동산에 대한 유언집행자라는 사실을. 법적으로 보았을 때 아닌 게 아니라 비올라는 아기나 마찬가지였다. 차차의 결정만이 법적으로 유효했다. 그러나 말린의 성격은 형제들 사이에서 악명 높았다. 아홉 살 때 처음 발현되었는데, 그녀는 자신의 소꿉장난 오븐을 깨뜨린 동생 로니에게 복수를 할 일념으로 일주일 동안 계획을 짠 후 마침내 온 가족이 보는 앞에서 왁스칠이 된 거실

바닥에서 양말을 신고 즉석 피겨 스케이트 공연을 하다가 로니를 머리 쪽으로 바닥에 떨어뜨려 열 바늘이나 꿰매게 했다. 차차는 지금 그녀의 원한을 사고 싶지는 않았다.

"좋아." 차차가 말했다. "어머니에게 물어보자."

비올라의 방은 훨씬 넓은 공간이 필요한 물건들로 가득 차 있었다. 애로우 집에 있던 물건들을 이 작은 방에 모아놓아야 했기에 벽에 가득 찬 사진들은 전형적인 도심의 피자가게나 그리스 식당을 연상케 했다. 사진에 찍힌 모든 대상이 실생활보다 조금 더 중요해 보였다. 풍부한 자연 채광 때문에 채택된 방은 비올라 이전에 차차의 둘째 아들 토드의 방이었다. 새로운 가구와 전문 카펫 클리닝에도 불구하고 사춘기 남자아이의 땀냄새와 더러운 운동양말의 고약한 악취가 신기하게도 아직 남아 있었다. 말린이 러셀과 함께 처음으로 들어갔고, 프란시와 차차가 뒤따라 들어갔다. 트로이와 네티는 출입구에 서 있었다. 티나는 부엌에 머물기로 했다.

비올라는 자신에게 부여된 임무와 무게를 말없이 짊어졌던 강한 여자였다. 하지만 아무리 그런 비올라라고 해도 자신의 자리가 비어가고 있음을 알게 되는 것은 힘든 일이었다. 형제들은 매일 어머니가 야위어 가는 모습을 지켜보고 있었다. 비올라는, 진정 육감적인 몸매의 소유자였다. 동네 사람들을 50년간 침 흘리게 했던 모래시계를 닮은 터너 피규어의 기원이었다. 이제는 몸의 굴곡도 사라진 지 오래고, 뇌졸중은 여전히 탄탄했던 그녀의 다리마저 시들게 했다. 그녀의 오른쪽 다리는 이제 움직이지 않았다. 너무도 오랜 세월 동안 지켜왔지만 그녀는 최근 6개월 사이에 망가지고 있었다. 말린, 러셀과 프란시는 좁은 방에 불편한 점을 못 느꼈지만, 비교적 엄마를 방문한 횟수가 적었던 트로이와 네티는 비좁은 방에 놀람을 감출 수 없었다. 차차는 비올라 방에서 침실 두 개 거리에 있었지만, 여전히 비올라 방 문을 통과할 때마다 충격을 느꼈다. 그의 마음은 특정한 시기 어머니에 대한 선명한 이미지를 가지고 있었고, 현재의 현실과 화해시키기가 어려웠다. 차차는 항상 50대 후반의 어머니를 상상했다. 열세 명의 아이들을 다 키우고, 여전히 큰 엉덩이에 풍만한 가슴을 자랑하던 그녀는 차차의 아들 둘을 양쪽 팔에 안는 것이 30대인 티나보다 쉬워 보였다. 이제는 침대에 누워 거의 잠을 이루지 못한 채 리모컨으로 TV 채널을 돌리고 있는 그녀의 모습은 익숙해지기 힘든 것이었다. 차차는 프란시스 터너보다도 오히려 비올라가 한순간에 이 세상을 뜰 사람으로 보았지 이렇게 시들어 갈 것이라고는 생각해 본 적이 없었다. 그녀는 리모컨을 내리고 자신의 자식들을 올려 보았다.

"벌써 내 생일인 거니?" 그녀가 말했다. "러셀, 오늘 내 생일 파티 할 거라고 왜 얘기 안 했니?"

그들은 그녀에게 다가가서 볼에 입을 맞추고 그녀의 종잇장 같은 손을 잡았다.

"엄마, 오늘 생일 아닌 거 아시잖아요." 말린이 말했다. "한 달도 더 남았다고요. 오늘은 그냥 가족 모임이에요."

"오, 세상에." 비올라가 말했다. "무슨 일로? 오늘은 또 뭐에 투표하는 거야? 그럴 필요 없다는 거 다 알잖아. 어차피 차차는 자기가 원하는 대로 할 건데, 뭐. 이 집에 민주주의는 없어."

차차는 얼굴이 뜨거워지는 것을 느꼈다. 형제들은 낄낄거렸고, 트로이는 콧방귀를 뀌었다.

"제가 언제요, 어머니." 차차가 말했다. "투표하면, 저는 그 결정을 따라요. 남자, 여자 한 명당 한 표예요."

러셀은 기계식 병원 침대 가장자리에 앉아 비올라의 더 이상 건강하지 않은 다리에 손을 얹었다.

"엄마 집에 관한 거예요." 러셀이 말했다. "지금 이 집의 가치보다 더 많은 빚을 은행에 지고 있어요. 정확하게 말하면 4만 달러예요."

"단도직입적으로 말할게요, 엄마." 프란시가 끼어들었다. "엄마는 우리가 이 집을 팔기 바래요, 아니면 계속 가지고 있을 방법을 찾길 원하세요?"

"그렇게 간단하지는 않아요." 러셀이 말했다. "그래서 엄마에게 상황을 자세하게 설명해 드리려고요."

"엄마도 이해하고 계신다고, 러셀 오빠." 말린이 말했다.

"러셀 오빠가 말 마저 하게 둬요, 언니." 네티가 말했다. "엄마 혼란스러워하시기 전에요."

"누가 혼란스러워한다고 그러니?" 비올라가 말했다. "너희들 아직 아무 얘기도 안 했잖아. 나도 빚이 얼마인지는 알고 있단다, 네티. 너 잊었니? 돈을 빌릴 때 나도 그 자리에 있었다는 걸?"

네티는 꾸지람을 받은 아이처럼 기억한다고 말했다.

"솔직히 난, 이 집을 잃고 싶지 않구나." 비올라가 계속 말을 이어갔다. "건강을 회복하는 대로 다시 애로우로 돌아갈 생각이다. 몇 달 후에." 비올라는 채널을 돌리더니 설교마라톤 방송에서 멈췄다. "왜 다들 나를 미친 사람 보듯 하는 거니? 정말이야. 몇 달이면 돼. 그러니까 그냥 기다리라고. 내가 이 방에서 그냥 죽을 줄 알았니?" 그녀는 채널을 좀 더 뒤지다 마침내 총소리 효과 가득한 오래된 서부영화에 정착했다. 그녀는 베개를 뒤로 기울여 하품을 하면서 더 이상 귀찮게 하는 걸 원하지 않는다는 자세를 취했다.

부엌으로 돌아왔을 때, 티나는 샐러드용 삶은 감자 한 무더기를 작은 사각형 모양으로 자르고 있었다. 터너 형제들은 식당에 있는 자신의 자리로 돌아와 앉았다. 그들은 비올라에게 명확하게 사실을 설명하지 못한 자신들을 비겁자라고 느꼈다. 비올라는 다시는 애로우에 살지 못할 것이다.

"그 집을 공매하면 4천 달러도 못 받을 거예요." 트로이가 말했다. 그는 이쑤시개를 들고 잇몸 여기저기를 찌르고 있었다. "가든 하이어 부인의 아들 있죠? 마약에 찌든 아들 말고 그 동생 데이빗이요. 걔가 옆집을 15만 달러나 주고 샀어요. 2003년에요. 그래서 말인데, 가족 중 누군가에게 우리 집을 공매하는 건 어떨까요? 서류상 가족으로 증명할 수 없는 사람한테요. 그러면 은행에서 빌린 돈 문제도 한 방에 깨끗하게 해결할 수 있고, 현재 가치만 지불하고 계속 집을 소유할 수 있는 거라고요."

차차는 트로이가 그의 여자 친구 질리안을 염두에 두고 하는 말이라고 생각했다. 그는 그게 내키지 않았다. 트로이와 그녀의 관계는 항상 불안했다. 질리안이 악의로 그 집을 태워버릴지도 모를 일이었다.

"만약 터너라는 성을 가지지 않은 사람이 그 집을 사야 한다면, 그건 라훌이어야 한다고 봐." 네티가 말했다. 그녀와 그녀의 사무실에서 회계 관련 일을 하고 있는 인도인 라훌은 15년 동안 네티와 동거를 하고 있었다. 여전히 정식 터너 가족은 아니었지만 터너집안 사람들에게 질리안보다는 더 큰 신망을 받고 있었다.

"라훌은 이미 디어본에 많은 재산을 가지고 있잖아요."

논쟁이 시작되었다. 트로이는 질리안이 구매자가 되면 안 되는 이유를 따졌고, 네티는 나머지 사람들이 말하기 꺼려하는 이유를 하마터면 털어놓을 뻔했다. 티나는 전체 계획이 정직하지 않게 들린다고 말했다. 그 말에 모여 있던 사람들의 눈이 휘둥그레졌다. 차차 역시 그러고 싶은 마음이 굴뚝같았지만 자신의 아내의 말에 동의할 수밖에 없는 상황이었다. 러셀과 프란시스는 기꺼이 집을 팔아도 된다고 했고 말린은 그 말에 눈물을 터뜨렸다. 결국 그들이 모두 동의할 수 있는 유일한 것은 저녁 식사를 하며 계속 이야기를 해 보자는 것이었다. 터너가(家) 사람들다운 결과였다. 저녁은 러셀이 사기로 했다. 트로이는 선약이 있었고, 말린은 비올라와 함께 있으며 오븐에 있는 티나의 닭요리를 돕겠다고 자원했다.

금요일 밤,
모터시티

The Turner House

　프란시스 터너의 정원은 그의 죽음 이후 금세 잡초로 무성해졌다. 그 집의 거주자들은 각자의 기억 속에 모종삽과 괭이를 집어 들지 않았던 나름의 이유가 있었다. 레일라는 브리엔을 돌보며 두 가지 일을 동시에 해야 했고, 비올라는 그저 "네 아버지가 살아계실 때 내가 화초들을 건드리는 걸 싫어하셨다. 그런데 내가 왜 이제 와서 그 일을 하겠니?"라고 말하면 그만이었다. 어느 누구도 좋은 반박할 거리를 찾지 못했다.
　얘로우에서 자주 발생하는 자동차 절도 사건과 마당의 상태를 걱정했던 여덟 번째 마일스는 돈을 투자해 집의 차고를 고치기로 했다. 그는 뒷문을 통해 접근할 수 있는 차고는 차량을 보호할 뿐만 아니라, 겨울철에 도로 위의 눈에 미끄러지지 않고 집 안으로 드나들 수 있는 방법을 제공할 거라고 말했다. 그래서 뒤뜰은 포장되었고, 알루미늄과 나무로 된 차고가 뒷마당에 설치되었다.

레일라는 길에 차를 세우는 위험을 피하기 위해 차고에 주차를 하기로 마음먹고 피셔 거리를 마주 보는 집과 터너 하우스의 경계선을 만들어주기도 하는 진입로로 들어가서 차에서 내려 뒷문으로 향했다. 그녀는 열쇠를 찾기 위해 핸드백을 뒤적거리며 골목의 어둠 따위는 그냥 무시하려고 노력했다. 이웃 나무들은 낮게 가지를 뻗고 있었고 설익은 뽕나무 열매들이 그녀의 발아래에서 터지는 것을 느꼈다. 맥네어 씨네 집처럼 자동화된 게이트를 위해 조금씩 투자할 걸 그랬다고 그녀는 생각했다. 일단 너무 불편했다. 차고 문을 통과하고 나면 차에서 내려서 문을 직접 닫은 다음 다시 잠그는 수고를 해야만 했다.

막상 차를 차고에 주차하고 나니 집으로 들어갈 용기가 없었다. 차고 안에선 창문을 통해 곰팡이 냄새와 습기 냄새가 났다. 작은 공간의 서까래에 매달린 다양한 의료용품들이 자신의 폰티악 주변을 노인 병동 분위기로 만들었다. 오래된 워커와 테니스 공, 해체된 병원용 침대, 거즈 박스와 큰 남성용 기저귀 박스. 프란시스는 이것을 다 사용할 때까지 살지 못했다. 그리고 비올라가 착용할 수 있는 여성용 기저귀 상자도 사방에 널려 있었다. 그녀는 전혀 졸리지 않았다. 지금 차에서 내려 집 안으로 들어간다면 얼마나 오랜 시간을 홀로 어둠 속에서 보내야 할까 생각했다. 너무 긴 시간이었다. 그녀는 후진으로 차고를 빠져나온 후 차에서 내려 다시 차고 문을 닫고는 뒤돌아섰다.

— * —

카지노 칩들은 캔디처럼 보였다. 먹어서 없애버리는 파스텔 색상의 사탕들. 그녀는 손바닥에 있는 칩이 부딪히는 소리와 건조하고 매끄러운 느낌이 만족스러웠다. 몇 달째 가지 않고 있는 도박중독자 모임에서 만났던 사람들은 빙글빙글 돌아가는 바퀴와 그 위를 돌아다니는 작은 공이 그들을 게임에 빠지게 하는 이유라고 주장했다.

"일종의 보너스를 얻는 기분이에요. 공이 보여주는 작은 공연 같은 거요."

항상 양복과 넥타이를 매고 모임에 왔던 백인 남성인 자크는 그렇게 말하곤 했다. 그러면 모임에 있던 다른 사람들은 일제히 고개를 끄덕였다. 자신들도 알고 있다는 듯.

레일라는 룰렛 테이블 아래쪽에 서 있었다. 그냥 바라만 본다고 자신에게 말했다. 만약 게임을 할 거였으면, 절대 여기 서 있지 않을 것이다. 룰렛의 회전판과 보드의 윗부분으로부터 너무 멀어서 다른 사람에게 칩을 놓아달라고 부탁해야 할 위치였다. 만약 게임을 한다면, 딜러에게 오렌지 칩을 요구할 것이다. 하지만 지금 그녀는 게임을 할 수 없었다. 마지막 남은 돈을 자신과 바비의 점심값으로 써버린 터였다. 더구나 해고수당을 받을 수 있을지에 대해서도 정확히 모르는 마당에 은행에 있는 183달러를 쓸 수는 없었다.

"베팅 끝났습니다." 딜러가 말했다. 그는 테이블 위로 통통한 손바닥을 뒤집어 흔들었다.

사람들은 자신의 의자에 등을 기대고 결과를 지켜보았다. 볼은 더블제로에 멈춰 섰다. 약간의 환호성이 있었지만 대부분은 낮은 신음소리를 내뱉었다.

"처음으로 제로에 돈을 안 걸었더니 나와 버리네." 레일라 옆에 있던 옅은 피부색을 가진 여자가 말했다. "밤새도록 제로에 돈을 나눠 걸었었는데." 그녀는 레일라를 쳐다보며 반응을 기다렸다.

"알아요. 저도 봤어요." 레일라가 말했다. "항상 그런 식이잖아요. 곧 걸릴 거예요."

"젠장, 저도 그러길 바래요." 그녀가 말했다.

그녀는 가짜 속눈썹 탓에 피곤해 보였다. 중년의 바비인형 같은 느낌이었다. 그녀는 인조 다이아몬드가 장식된 짙은 데님 재킷을 청바지와 매치해 입고 있었다. 낮은 힐의 갈색 카우보이 부츠와 함께.

"이제부터는 확실하게 제로에만 걸어야겠어요."

레일라는 그녀를 향해 소리 없이 웃었다. 그녀는 이 잘못된 동지애를, 칩만큼이나 즐기고 있었다.

그녀는 이곳에 오기 전에 뭔가를 먹기 위해 모터시티에 가는 거라고 스스로에게 말했었다. 수천 번의 룰렛 게임을 하고 얻은 공짜 뷔페티켓 25장이 있었기 때문이었다. 그녀는 또한 모터시티 VIP 카드를 가지고 있었다. 집도 없는 사람이 VIP가 되었다는 아이러니를 레일라는 생각하지 않을 수 없었다. 레일라는 주차요원에게 검은색과 자주색으로 된 카드를 내밀며 낯선 표정이나 경멸하는 눈빛을 예상했지만, 그는 아무렇지 않게 그의 차를 받았다. 오늘밤 모터시티에서 집 없이 도박을 하는 사람이 자신만이 아니라는 것을 그녀도 알고 있었다. 하지만 약간은 우울한 게 사실이었다.

한 판에 5달러를 거는 베팅이 낮은 테이블이었다. 카우보이 부츠를 신고 있는 여자는 25달러짜리 라벤더 칩을 제로에 나누어 걸었다. 제로가 방금 터진 상황이었기 때문에 리스크가 있는 베팅이라고 레일라는 생각했다. 하지만 그녀는 아무 말도 하지 않았다. 가짜 동료애는 고마워할 일이지만, 과도한 충고는 누구도 원하지 않을 테니까.

레일라는 자신이 도박 중독이라는 사실을 알고 있었다. 새로운 추락을 기록한 퇴거사건 전부터 그녀는 이미 그 사실을 받아들이고 있었다. 그 첫 번째 징표는 거의 4년 전이었다. 전화회사 동료였던 브렌다에게 월급날 갚을 테니 200달러를 꿔달라고 애걸복걸했었다. 그녀는 가족들 중 한 명이 아니라 브렌다에게 부탁을 했다. 돈을 어디에 쓸지 가족들에게 거짓말을 하고 싶지 않았기 때문이었다. 200달러는 1년 만에 천 달러가 되었고 그녀가 브렌다에게 돈을 갚았을 때 그녀는 돈을 빌릴 수 있는 또 다른 동료들과 친분을 쌓고 있었다. 몇 백 달러는 3층에서 근무하면서 그녀에게 호기심을 보이는 귀엽고 긴 레게머리의 20대 자말에게서. 60달러는 직원들에게 돼지고기 빵을 팔던 중년의 중국 여성 양에게서. 그리고 1,200달러는 드웨인에게서 빌렸다. 그는 불룩하게 나온 배와 왼쪽에 금니를 한 50살의 홀아비로 그녀에게 완전히 빠져있었지만 돈을 빌려준 대가로 아무것도 원하지 않는다고 했었다.

"아내 쉴라가 떠나서 돈을 쓸데가 없어요. 쓸 사람도 없고요." 그가 말했다. 하지만 드웨인이 문젯거리가 되었다. 그녀에게 돈을 빌려주고 몇 주 후, 드웨인이 주차장 그녀의 폰티악 옆에서 기다리고 있었다. 레일라가 차에 다가가는 순간, 그녀는 드웨인의 바지가 엉거주춤 흘러내려와 있다는 걸 깨달았다. 그는 자위를 하고 있었다. 드웨인은 해고되었고, 회사는 그녀가 빌린 돈에 대해서 문제를 삼기 시작했다. 지난 4, 5년 동안 그녀가 사람들에게 5천 달러 이상을 빌렸다고 했지만, 레일라는 뭔가 이상하다는 생각이 들었다. 아무리 생각해봐도 그녀가 빌린 돈은 3천 달러를 넘지 않았고, 드웨인의 돈을 제외하고는 모두 갚았기 때문이다. 조합대표는 말했다. "우리가 알게 되기 전에 여기저기서 돈을 빌리고 있다고 귀띔해 줬으면 좋았을 텐데." 그녀는 급여도 없이 한 달 이상의 직무 정지로 조치되었으며, 잘릴 것인지 안 잘릴 것인지를 기다리는 신세가 되었다.

레일라가 룰렛 게임을 할 때는 항상 그녀만의 규칙이 있었다. 안쪽과 바깥쪽 한쪽에 모든 돈을 걸지 않았다. 그녀는 테이블 여기저기로 돈을 분산시켰고 자신의 마지막 칩을 베팅하며 딜러에게 구걸하지도 않았으며, 볼이나 칩에게 직접 대화하듯 뭔가를 선포하지도 않았다. 그녀는 도박중독인 것처럼 보이지 않기 위해 이런 행동들을 하지 않았지만 자신의 중독에 대해서는 잘 알고 있었다.

"베팅 끝났습니다."

빨간 머리에 바지정장을 입은 테이블 책임자가 테이블에 있는 사람들을 딱딱한 눈으로 응시한 채 딜러에게 귓속말을 하고는 몇 걸음 물러섰다. 레일라에게는 이런 연출된 위협의 순간조차 익숙하고 편안했다.

볼이 27번에 내려앉았다.

"이런, 젠장." 제로에 분산해서 베팅했던 여성이 소리쳤다.

레일라는 항상 27번에 걸었다. 브리엔이 2월 27일 태어났고, 공교롭게도 그녀와 나이 차이가 가장 작은 트로이 오빠 역시 같은 날이 생일이었다. 레일라의 가슴이 빡빡하게 조여 왔다. 그녀는 뱃속 깊이 따뜻함을 느꼈다. 그녀는 너무 게임을 하고 싶었다. 그녀도 지금이 뷔페로 가야 할 적기라는 걸 알고 있었지만, 딜러에게서 눈을 뗄 수가 없었다. 딜러가 셔벗색 칩들을 모두 쓸어갔다. 왜냐하면 아무도 그녀의 번호에 베팅하지 않았기 때문이다.

그녀는 일어서서 재킷을 벗었다. 당장 테이블을 떠났어야 했다. 그러나 그럴 수 없었다. 도박을 하지 않으면서 테이블에 앉아 있는 것이 불편했다. 도박을 하지 않으면서 자리를 차지하고 있으려면 적절한 미소를 지으며 정당한 관심이 있는 척 행동해야 했다. 그녀의 겨드랑이에 땀이 차기 시작했다.

몇몇 칩이 27번 위로 놓여졌다. 너무 늦었다고 레일라는 생각했다. 그 여자가 자신에게 남아 있던 약 20개의 라벤더색 칩을 제로와 더블제로에 나누어 베팅했다. 그녀는 레일라를 올려다보고는 윙크를 했다.

"베팅 끝났습니다." 딜러가 말했다.

"이럴 줄 알았어! 내가 이럴 줄 알았어! 내가 이럴 줄 알았다니까!"

레일라 옆에 앉아 있던 그녀가 자신의 의자에서 튀어 올랐다. 볼이 더블 제로에서 멈춰 섰다. 레일라는 딜러가 옆의 여자에게 500달러 정도 되는 칩을 건네는 것을 보며 축하를 건넸다. 만약 그녀가 노련한 도박꾼이라면 모든 게 잘 풀릴 때 계속 게임을 할 것이다. 레일라는 자신도 그랬을 거라고 생각했다. 딴 칩들을 다시 야금야금 잃어가면서. 하지만 그녀는 딜러에게 20달러짜리 칩으로 달라고 요청하더니 자리에서 일어섰다.

"당신 거예요." 그녀가 레일라에게 파랑과 노랑이 섞인 20달러짜리 칩을 건넸다.

"나한테요? 왜요?"

"당신이 그랬잖아요, 내가 곧 맞출 거라고. 그리고 내가 맞췄고요."

"당신이 맞춘 거잖아요, 어쨌든. 전 받을 수 없어요." 레일라는 그렇게 말했다. 받을 수 있다는 걸 알고 있었지만.

"젠장, 안될 게 뭐 있어요." 그녀가 말했다. 그리고는 가까이 몸을 기울여 속삭였다. "룰렛은 관중 스포츠가 아니잖아요."

레일라는 손가락을 칩 가까이 가져갔지만 테이블에 앉지는 않았다.

"고마워요." 레일라는 지나가고 있던 칵테일 웨이트리스를 향해 손을 높이 흔들었다. "그럼 음료수라도 한 잔 사드릴게요. 그 정도는 저도 살 수 있어요."

두 사람 모두 웃었다.

"아니, 괜찮아요. 돈을 다시 잃기 전에 빨리 도망가는 게 좋겠어요." 그녀는 남은 칩을 디자이너 브랜드처럼 보이는 가방에 넣고는 환전소를 향해 걸어갔다.

카지노에서는 이런 일이 종종 일어났다. 큰 승리를 거둔 낯선 이가 그녀에게 돈을 건네는 일이. 일종의 증인이 되어준 대가였다. 하지만 그럴 때마다 그녀는 울고 싶었다. 왜냐하면 그녀는 속으로 그 돈을 너무도 원했으니까. 왜냐하면 자신은 한 번도 그런 적이 없었지만 오늘 처음 본 낯선 이가 자신에게 그토록 관대하였으니까. 왜냐하면 그녀는 자신이 느끼는 것처럼 그렇게 필사적으로 불쌍해 보였으니까. 왜냐하면 사실 자신을 울고 싶게 만드는 건 그렇게 어려운 일이 아니었으니까. 하지만 울고 싶다는 것과 정말로 우는 것은 분명 달랐다. 그녀는 어쨌든 20달러를 딴 셈이었다.

그녀의 마음은 이내 성공에 대한 거친 가능성을 향해 내달렸다. 빨간색 컨버터블 자동차가 행운의 슬롯 위에 얹혀 있었다. 그녀는 슬롯을 아마추어 같고 저속한 게임이라고 생각했지만 슬롯에서 돈을 너무 많이 따낸 나머지 카지노에서 그 차를 자신에게 그냥 줘 버리는 상상을 했다. 슬롯 앞에 램프를 설치해 그녀가 빨간색 스포츠카에 올라타서 내려오면 돈 보따리를 받아가는 꿈. 그게 아니라면, 최소한 몇 백 달러 정도라도 따서 주머니에 돈이 좀 생기는 것도 나쁘지 않을 것 같았다. 그 돈으로 호텔에서 잘 수도 있다고 생각했다. 그렇다. 근사한 호텔이 좋은 시작이 될 것이다. 그곳에서 하루 이틀 시간을 가지며 다음에 뭘 할지 생각해 보는 거다. 그녀는 이것이 자동차 시나리오보다 훨씬 더 실현 가능하다는 것을 알고 있었다. 그녀는 단지 빈틈없는 계획을 짜야 했다.

그녀는 뷔페에 좋은 재료가 떨어지기 전에 먼저 먹어야겠다고 생각했다. 그리고 돌아와서 칩을 오래 써야 한다고 생각했다. 최소 5달러는 베팅해야 하는 테이블에서 1달러씩 분산해서 베팅하는 것이 좋을 것 같았다. 레일라는 축 처진 콩 요리를 접시에 쌓아 올렸다. 주위에 알아볼 수 있는 사람이 여섯 명 정도 되는 것 같았다. 빨간 스톤 장식 모자를 쓴 음료수 기계 옆에 있는 여자는 분명히 본 적 있었다. 그녀는 항상 그 모자를 쓰고 슬롯머신을 하기 위해 옆으로 매는 패니 팩에 25센트를 수두룩하게 넣고 다녔다. 레일라는 GA(Gamblers Anonymous, 미국 도박중독 치료 단체) 모임에서 본 사람과 마주치지 않도록 음식에서 눈을 떼지 않으려고 의식적으로 노력했다. 패배자는 미끄러지는 동안 서로에게 들키고 싶어 하지 않는 법이니까.

레일라가 그 여자가 돈을 땄던 테이블로 돌아왔을 때, 공교롭게도 빈 좌석 모두가 건너편 크랩스(도박의 일종) 테이블이 훤히 보이는 위치에 있었다. 금요일 밤의 크랩스 테이블은 너무 활기찼고, 레일라는 자칫 산만해질 위험을 감수하기가 싫었다.

그녀는 짐이라는 이름의 나이 많은 흑인 딜러가 있는 5달러 룰렛 테이블을 선택했다. 이전에 짐의 테이블에서 놀라운 일이 일어난 적은 없었지만 부정적인 기억도 없었다. 그래서 그녀는 그와 함께해 보기로 했다. 돈이 거의 없을 때 자리를 차지하는 것은 예의가 아니라고 여겼지만 레일라는 돈을 불리기로 결심했다. 그것이 현실이 될 때까지 많은 현금을 가지고 있는 것처럼 행동할 계획이었다.

그녀는 검은색에 10달러를 놓고, 27에 2달러, 그리고 7, 8, 10, 11 사이 코너에 3달러를 베팅했다. 짐이 공을 돌려 8에 착륙했다. 아웃 베팅으로 10, 코너 베팅으로 24. 그녀는 54달러를 땄고 게임을 계속하기에 훨씬 합리적인 액수가 되었다. 그녀는 재킷을 벗었다.

레일라는 매 게임마다 가지고 있는 돈을 엄격하게 계산하지 않았다. 게임을 하는 동안 정확한 숫자는 중요하지 않았다. 그녀에게는 쌓인 칩의 느낌이 중요했다. 칩들을 손바닥으로 다 덮을 수 있는가, 손을 올려놓을 수 있을 만큼 쌓였는가. 그리고 칩의 색깔, 오렌지색, 아니 퍼시먼색 칩을 좋아했는데, 칩을 감쌌을 때 손가락 사이로 그 칩들이 보이면 기분이 좋았다. 실제 금액은 몇 게임 후 기다린 그녀에게 즐거움을 주는 숫자면 되었다. 그녀는 계속 안쪽, 바깥쪽, 때때로 검은색, 때로는 빨강, 몇 번의 코너, 몇 번의 스플릿에 나누어 걸었다. 그러나 27에 거는 걸 절대 잊지 않았다.

사람들이 테이블에 찾아왔다 다시 사라졌다. 그녀는 그들의 움직임을 응시했다. 새로운 얼굴과 체형 등, 그러나 특별한 사항들까지는 더 이상 기억하려 하지 않았다. 처음에는 테이블에서의 친분이 그녀를 유혹했다. 그것은 게임을 하는데 시동을 걸기 위한 수단이었다. 그러나 잠시 후, 본전이 떨어지지 않는다면, 그녀는 자신과 손, 그리고 칩 사이의 공간으로 빠져들었다. 그것에서 오는 고요함은 잠과 같았지만 꿈을 꾸지 않는다는 점에서 잠보다 더 좋았다. 도박에 몰입되어 있는 생각, 그리고 칩을 밀어내고 끌어당기면서 칩의 양을 본능적으로 파악하는 두 개의 손. 그녀는 GA 모임에서 이런 느낌을 한 번도 설명하려 하지 않았다. 왜 자신이 도박을 하는지에 대한 가장 단순한 이유조차 그들과 공유하지 않았다. 그들은 항상 살아있다는 느낌이나 무감각함에 관해 이야기했다. 흰 공이 그들을 어떻게 흥분시키는지, 또는 처음으로 슬롯 손잡이를 당기는 순간이 왜 오르가즘보다 더 좋은지. 레일라는 그녀가 룰렛 게임을 할 때 살아있다고 느끼지 않았다. 살아있다고 느끼는 것은 아니었지만 그렇다고 무감각한 것도 아니었다. 직관적으로 해야 할 일을 알 수 있는 것, 승리할 수 있다는 단 한 가지만을 생각하는 것, 그리고 드디어 승리자가 될 수 있다는 가능성, 그것이 그녀가 도박을 하는 이유였다.

"칩들을 20달러짜리로 좀 바꿔드릴까요?" 딜러가 물었다.

레일라는 그가 자신에게 말하고 있다는 것을 깨달았다. 그녀는 열 번 정도의 게임 만에 처음으로 테이블을 내려다보았다. 그녀의 손은 높이가 15센티쯤 되는 한 뭉텅이의 주황색 칩 위에 올려져 있었다. 300달러쯤 될 것 같았다.

딜러 짐이 그녀를 바라보았다.

"그래요." 그녀가 말했다. "20달러짜리로 100달러, 80달러는 5달러짜리로, 나머지는 그냥 다시 주세요."

그는 그렇게 했다. 레일라는 그의 수고에 대한 대가로 코발트 색 5달러짜리 칩 하나를 그에게 건넸다. 그녀는 호텔 방값을 치르기에 충분한 돈을 가지고 있었다. 지금 일어나야 한다는 것을 그녀도 알았다. 앞서 관대한 그녀가 했던 것처럼 칩들을 지갑 속으로 밀어 넣고 환전소를 향해 걸어가야 한다는 것을. 그러나 그녀의 시계는 오후 11시를 가리키고 있었다. 30분만 더. 그러면 600달러까지 돈을 불릴 수 있다. 600달러면 그녀는 일주일 동안 묵을 수 있는 장소를 찾을 수 있었다. 허름한 모텔이라면 2주도 가능했다. 자리를 뜰 때까지는 어느 정도 가치가 있는 금액을 소유하고 싶었다. 그럴 수 있을 것이다. 아니 그렇게 만들어야 한다. 그녀는 게임을 계속했다. 전력을 다해. 블랙에 60달러, 아직 안 터진 더블제로에 10달러, 세 번째 줄 12번에 40달러, 그리고 27번에 20달러를 걸었다.

게임을 할 때 마음이 어떻든 상관없이 그녀는 결코 부주의한 법이 없었다. 지갑은 무릎 위에 올려져 있었고 핸드폰은 앞쪽 주머니에 꽂혀 있었다. 20년도 더 전, 그녀가 버넌과 미주리 주 어느 강에 있는 선상(船上)의 카지노로 여행을 하고 있을 때 그는 그녀에게 그렇게 말했었다.

"당신 옆에 앉아서 밤새도록 게임을 같이 하던 녀석이 한순 간에 당신 지갑을 훔칠 수도 있어." 그녀는 고개를 끄덕였다. 결혼 생활 막바지였는데, 새롭게 문을 연 리버보트는 두 사람이 기억하는 즐거웠던 장소들 중 하나였다. 그들 중 누구도 돈을 따는 것에 관심이 없었지만 버넌은 사물을 이해하고 시스템을 파괴해서 각 부분으로 구분하는 엔지니어의 능력을 카지노에 서도 활용하기를 좋아했다. 여행 후 브리엔이 생겼다는 걸 알게 되었다. 두 사람은 더 이상 사랑하지 않았음에도 레일라는 그들 이 희망 속에서 그들의 딸을 창조했다는 사실을 믿고 싶었다.

"베팅 끝났습니다."

볼은 14번에 착륙했다. 그녀는 14번에 걸지 않았고 120달러 를 날렸다. 남아있는 180달러는 여전히 그녀가 은행에 가지고 있는 돈만큼이나 많았지만 그것으로 도대체 무얼 살 수 있겠는 가? 결코 많지 않았다. 600달러를 벌 수 있는데 180달러를 가 지고 자리를 뜬다면 그건 승자로 남는 게 아니었다. 그녀는 이 번에는 절반의 금액을 같은 곳에 걸었다.

그녀가 도박중독자가 된 것이 버넌의 잘못은 아니었다. 그녀는 결코 그렇게 말하지 않을 것이다. 이혼을 하고 몇 년 후 집으로 돌아왔을 때 그녀는 윈저에 있는 도박장에 드나들기 시작했다. 그때가, 그 느낌이 그녀를 발견한 때였다. 그때까지 그녀가 필요로 했지만 미처 깨닫지 못했던 평온함. 얘로우로 돌아온 후 자신의 인생에 가치 있는 어떤 것도 하지 못하고 혼자라는 사실에 지쳐갈 때 정신없는 카지노 한복판에 앉아 그녀는 깔깔한 칩을 만지며 그 고요함을 찾을 수 있었다.

"베팅 끝났습니다."

레일라는 내려다보았다. 그녀가 미처 반짝이는 빨간색에 애정을 표시할 생각을 하기도 전에 그녀의 20달러짜리 칩은 계속 사라져 갔다. 코발트와 주황색 칩이 남았다. 40달러 정도 되는 듯했다. 그녀의 시계는 11시 27분을 가리키고 있었다. 40달러는 돈이 없는 거나 마찬가지였다. 그래서 그녀는 그냥 게임을 계속했다. 27번에 두 번을 걸었고, 모두 잃었다. 그것으로 평온함도 함께 사라졌다.

그제야 그녀는 슬롯머신의 벨 소리를 처음 들은 것 같았다. 공기 중에 떠다니는 코를 찌를 듯한 담배 연기도. 모터시티에서 그녀는 시끌벅적하고 눈부신 금요일 밤의 일부가 되어있는 자신을 다시 한번 발견했다.

북부에서
(1944, 여름)

도시에는 그것만의 번영기와 잔인함의 시간이 있었다. 시골에도 잔인한 시간이 찾아오곤 했지만 그것은 도시에 비하면 평범한 수준의 것이었다. 진보에 대한 약속 아래 가려져 있지도 않았고, 그것이 드러날 때도 미묘하지 않았다. 프란시스는 걸음을 옮기며 높은 돔 지붕, 반짝이는 대리석 바닥, 여러 개의 복도를 바라보았다. 사람은 아브라함과 그의 아내 사라가 등장할 것 같은 마치 궁전 같은 이런 장소에 오면 자신이 작게 느껴진다. 그냥 희미하고 쉽게 날아갈 것 같은 빛. 미시간 중앙역에 있는 프란시스는 작은 가방, 신발 한 켤레와 함께 주머니 한쪽에는 15달러를, 다른 한쪽에는 목사가 준 편지를 가지고 있었

다. 그는 그가 받은 편지와는 다른 편지를 원했었다. 편지를 쓴
이는 주님의 합당하고 영리한 젊은이로 그를 소개하지 않았다.
그 편지와 함께 설교자로서의 삶의 기회도 없어졌다.

매튜스 목사님

나의 신자 프란시스 터너를 부탁드립니다.
그가 집을 구하고 도시의 여러 사업장 중 한 곳에서 일자리를 얻을
수 있게 목사님께서 도와주실 수 있을 것이라고 믿습니다. 그는 어
떤 종류의 일이든 할 수 있습니다.
저와 그, 모두 진심으로 감사드립니다.
우리 주님을 믿는 신앙으로,
찰스 윌리암 터프츠

신앙의 샘 선교사 침례교회, 아칸소

프란시스는 기차가 캔자스를 지나갈 때 편지를 열어 보았다.
이른 아침이었고, 창밖으로 보이는 하늘은 넓고 끝없는 검은색
으로 펼쳐져 있었다. '나의 신자'라는 문구는 전혀 개인적인 친
분이 있는 관계처럼 보이지 않았다. 마치 자신이 터프츠 목사
와 한 지붕 아래 산 적도 없는 그냥 가볍게 아는 사이인 것처럼

묘사되어 있었다. 그는 그것보다는 좀 더 따뜻한 말을 들을 자격이 있었다. 평범한 신자로서의 지위가 아니라 그보다는 좀 더 대우받을 수 있는 몇 마디 말을. 목사는 그의 친구에게 먼저 전화를 할 수 있었을 것이다. 터프츠 목사는 전화가 있었고 상대도 그러하리라고 프란시스는 확신했다. 이런 편지를 손에 쥐고 누군가를 만난다는 것은 그 낯선 사람 앞에서 자신을 낮추고, 그를 올려다보면서, 자신의 사정을 간청해야 한다는 것임을 의미했다. 그는 이런 편지에 의지하고 싶지 않았다. 개인적으로 모르는 사람한테는 특히. 그는 기차를 타고 오는 동안 그 편지를 주머니에 가지고 있었다. 사실 이런 일들은 비일비재했다. 헨리 포드가 처음으로 흑인 노동자와 그들이 제공하는 값싼 노동력에 아버지와 같은 관심을 가진 이후, 제조업자들은 믿을 만한 노동자를 공급받기 위해 북부의 목사들에게 의존했고, 그 목사들은 남부의 동료에게 도움을 요청했다. 그러나 그것은 전쟁 전이었다. 전쟁 최전선에 있는 도시에서 이런 소개장이 왜 필요하겠는가? 프란시스는 디트로이트에는 아칸소 주(州) 전체보다도 더 많은 일자리가 있다고 들었다.

자존심은 항상 터너가 사람들에게 두드러진 역할을 했다. 그 자존심의 원천은 차차나 레일라의 세대는 물론, 그들의 아버지 프란시스 이전 세대까지 거슬러 올라가야 비로소 만날 수 있는 것이었다. 공식적으로, 프란시스 터너 시니어는 1930년에 녹슨

못에 왼발을 찔려 죽었다. 그러나 그를 죽게 한 건 자존심이었다. 그는 자신이 소작하는 밭에서 걸음을 옮기다 못을 밟았다. 그의 신발은 너무 낡아서 부식된 금속이 거의 뼈까지 뚫고 들어오는 것을 막지 못했다. 그는 절뚝거리며 아내와 그의 여섯 살 된 아들이 있는 집으로 와 아내에게 상처를 씻고 붕대를 싸매 달라고 했다. 프란시스 시니어는 병원에 가라는 아내의 간청을 금전적인 이유와 자존심 때문에 듣지 않았다. 그 마을에는 어차피 의사도 없었지만, 프란시스 시니어는 발에 난 작은 상처 때문에 파인블러프에나 있는 의사를 부르는 것을 상상할 수 없었다. 의사가 자신의 집안으로 들어서려 할지조차 의심스러웠고, 동물처럼 들판에서 치료받고 싶지도 않았다. 그는 제멋대로이거나 이기적이진 않았지만, 남부의 흑인으로서 그가 가진 약간의 자존감이나마 잃는 것은 죽음보다 더 큰 패배라고 생각했다. 2주 후 신시아는 혼자가 되었고, 프란시스 시니어가 남긴 빚 때문에 집에서 쫓겨나야 했다. 그녀와 그의 아들은 단칸짜리 판잣집으로 집을 옮겼다. 2년 동안 돈을 긁어모은 후 신시아는 리틀록에서 입주 가정부 일을 찾았다. 그녀는 어린 프란시스를 홀아비였던 목사 터프츠에게 맡겼고 그럴 수 있을 때에야 돈을 보냈다.

터프츠 목사는 300명이 좀 안 되는 신자들의 교회를 이끌고 있었는데 자주 이발을 했고, 이층집에 살았으며, 토갈루 대학에 다니는 외동딸의 학비를 보내는 와중에도 5년마다 새 차를 뽑는 사람이었다. 그만의 자존심은 프란시스 터너에 비하면 자만심에 더 가까웠다. 세상이 자신을 다르다고 말해주길 열망했고 그것은 그의 설교연단으로 고스란히 옮아갔다. 목사에게는 세 명의 사제가 있었지만 그들 중 누구도 좋아하지 않았다. 하지만 그들을 내칠 수는 없었다. 그들은 나이가 많았고 존경받았으며 그가 이 마을로 이사를 오기 전부터 이곳에 있었다.

열여섯 살이 되던 해 여름, 프란시스는 그의 어머니 신시아로부터 받던 정성스럽게 접힌 돈과 사랑스런 작은 선물꾸러미를 더 이상 받지 못하게 되었다. 그때까지 그녀는 매달 한 번씩 일요일에 찾아왔다. 버스를 타거나 차를 얻어 타고 와서는 목사님의 현관 포치에서 프란시스와 함께 앉아 이야기를 나누곤 했다. 차를 타고 지나는 낯선 사람들이 보았더라면 일요일 방문을 허락받고 정식으로 교제를 시작하는 10대들로 오해했을 것이다. 운이 좋은 날엔 목사가 그들 모자와 자리를 함께 하기도 했는데, 자화자찬에 가까운 잡담들로 그들의 어색한 침묵을 대신했다. 그리고 그녀의 마지막 방문이 있었던 일요일, 그녀는 자신이 일하는 백인 가족이 남편의 일 때문에 댈러스로 이사를 가게 되었는데, 함께 가자고 하더란 말을 했다. 프란시스는 어머니가 그렇게 하겠다고 대답한 사실을 알고도 놀라지 않았다. 백인 가족은 7명의 아이가 있었고, 그는 어머니에게 있어 피와 물의 경계가 불투명해졌다는 것을 오래전부터 의심하고 있었다. 열여섯이나 된 그의 자존심은 실망감이 밖으로 노출되는 것을 허락하지 않았다. 그는 어머니의 매끈하고 넓은 얼굴과 자신도 물려받은 치켜 올라간 눈썹을 오랫동안 바라보았다. 사람들이 이사를 갈 때 목사가 예배에 모인 사람들에게 하던 말을 살짝 바꾸어 어머니에게 해 주었다. "엄마를 위해 기도할게요. 필요한 게 있으면 언제든 저에게 전화하거나 편지 주세요."

자존심은 그가 모셨던 신처럼 신비스런 방식으로 프란시스에게 작동했다. 그의 자존심은 좋은 직장과 무료 임대숙소를 구하기 위해 사용할 목적이었던 터프츠 목사의 편지를 무용지물로 만들어 버렸다. 그렇지만 낯선 이들에게 도움을 청하는 것은 그의 자존심이 허락할 일이 아닌 듯싶었다. 디트로이트 기차역에서 짐꾼에게 말을 걸어 청소부를 소개받았고, 헤이스팅스에 가면 싸게 방을 구할 수 있다는 정보를 얻었다. 그에게는 대화할 때 사람들을 편안하게 해주는 재능이 있었다. 그의 말 때문은 아니라고 터프츠 목사가 말한 적이 있었다. 프란시스 터너의 머릿속은 세련된 언어로 가득하지만 입은 아직 검둥이 시골 촌놈에 불과하다고. 하지만 사실은 외모의 영향이라고 생각했다. 프란시스 터너는 큰 키에, 다부진 체격, 그리고 방금 구워낸 옥수수빵 같은 빛나는 갈색 피부를 가지고 있었다. 어린 시절부터 그는 피부색에 대한 이야기를 많이 들었고 특히 중년의 아주머니들은 자신과 같은 피부색을 가진 소년을 믿음 직스러워했다. 장바구니를 들어주는 척하다가 도둑으로 변하지 않을 것 같은 피부였다. 그는 지나가는 흑인마다 질문을 던졌고, 드디어 파라다이스 밸리로 향하는 도시 전차에 오를 수 있었다.

협소한 공간에서 답답함을 피하는 가장 좋은 방법은 전에도 이곳에 온 적이 있는 것처럼 행동하는 것이다. 도시 전차는 처음이었지만, 기차에서 느꼈던 폐쇄 공포에 비하면 넓게 열린 창은 맘에 들었다. 헤이스팅스에 있는 많은 도시 흑인들 사이에서 프란시스는 자신도 그들 중 한 명이라는 것을 느끼려고 노력했다. 치킨 가게 앞에서 어슬렁거려도 봤지만 거기서 돈을 쓸 수는 없었다. 야채를 파는 카트에는 익지도 않은 토마토가 진열되어 있었다. 왠지 모를 서글픔이 밀려왔다. 그러다 그는 유혹을 뿌리치지 못하고 자두 하나를 샀다. 너무 시었지만 그래도 먹었다. 가난한 사람들과 그들보다 형편이 좋은 사람들, 쇼핑하는 커플과 아이를 끌고 가는 엄마들이 거리에 나와 있었다. 토요일이었다. 스무 살이 되기까지 술은 딱 한 번 마셔보았다. 열세 살 때 이웃이 만든 밀주를 마시고 목이 부은 적이 있었지만 오늘은 방을 알아보고 난 후 괜찮은 곳을 찾아가 술 한잔하면 좋겠다고 생각했다. 바에는 일하는 사람들이 있을 테니 어쩌면 거기서 일자리를 구할 수도 있을 것이다.

하숙집 방은 허물어지고 있었다. 잿빛의 썩은 나무가 검정색 페인트 사이로 보였고 기름기 가득한 종잇장들이 창문에 걸려 있었다. 포치는 마치 열두 명이 넘는 흑인들이 함께 올라서 있는 것처럼 기울어져 있었고, 집은 헤이스팅스보다도 좁고 포장 상태가 나쁜 길에 있었다. 쓰레기와 하수구 냄새가 진동해서 속이 메스거렸고 입안까지 따끔거렸다. 그가 문을 두드리자 옷을 한껏 차려입은, 입술이 도톰한 젊은 여자가 문을 열었다. 이런 곳에 있기에는 너무 매력적인 여자였다. 프란시스는 그녀가 매춘부일 것이고 이곳은 매음굴일 수도 있다고 생각했다. 어쨌든 그는 모자를 벗었다.

"군인이세요?"

"아닙니다. 아칸소에서 막 왔습니다." 그는 말했다. "군인한테만 임대하시나요?"

"그렇게 말한 적 없는데." 그러고는 그를 다시 흘끔 쳐다보았다.

"서 있는 모습이 꼭 군인 같아 보여서요. 옷은 아니지만."

프란시스는 서 있는 자세를 유지하려고 노력했다. 그는 자신이 알칸사스에서 왔다는 사실을 반복했다. 덧붙여, 충분한 돈을 가지고 있지 않지만 임대를 해 준다면 절대 임대비를 거르는 일은 없을 거라고 했다. 프란시스가 말하는 동안 그녀의 시선은 그의 입으로 내려갔다. 프란시스는 자신이 너무 촌에서 온 티가 나서 그러는 건지, 아니면 뭔가 호감이 느껴지는 건지, 그것도 아니라면 그 반대는 아닌지 생각해 보았다. 그는 앞니 사이에 틈이 있었는데, 대부분의 사람들은 이 모습을 좋아하거나 싫어하거나 둘 중 하나였다. 돈을 아끼기 위해 방을 나눠 쓰는 게 어떻겠냐고 그녀가 제안했다. 밤에는 프란시스가 방을 쓰고 낮에는 밤일하는 젠킨스라는 사람이 방을 쓰는 형식이었다. 낮 동안 짐은 그녀가 맡아 주겠다고 했다.

"내 말이 이상하다고 여기는 것 같은데 당신 같은 사람에게는 이런 경우가 최선이에요." 그녀는 서커스 리더가 관중에게 소개할 때 하듯 팔을 앞으로 휘저었다.

"수많은 사람이 버스나 기차를 타고 이곳으로 와서 일자리를 찾기는 하지요. 하지만 괜찮은 방을 구하는 건 그렇게 쉽지 않을 거예요. 기다려 보세요, 제 말이 틀린지."

프란시스는 그녀를 믿지 않았다. 작년에 있었던 인종폭동에 관해 신문에서 읽은 내용을 기억해냈다. 그때 흑인 아이를 강가에 던졌다는 둥 여러 소문이 나돌았지만 폭동의 가장 큰 원인은 주택공급 때문이었고, 그 이후 흑인들을 위한 주거공간을 마련하겠다는 정부의 발표를 기사로 읽은 적이 있었다. 혼자서 이런 생각을 했다. 무너져 가는 하숙집 주인이 해야 할 일 중 하나는 집을 찾기 힘들 것이라는 이야기를 하는 것이라고. 일자리만 구하면 더 좋은 방을 구할 수 있을 것이라고 확신했지만,

우선 가방을 그녀에게 맡겨 두었다. 일주일 치 임대료를 지불하자 그녀는 자신을 오델라 위더스라고 소개했다.

그는 흑인 상업지역인 보비엥 거리 쪽으로 걸어갔다. 그는 그곳이 흑인들이 밤에 노는 장소라는 걸 알지 못했다. 그는 양복을 입고 스트레이트로 머리를 빗어 넘긴 두 남자가 들어가는 바를 지나서 소매를 걷어붙이고 근사해 보이는 양복바지를 입은 남성이 들어가는 바로 따라 들어갔다. 바에 앉아서 터프츠 목사가 항상 마시던 스카치위스키를 한 잔 시켰다.

비올라가 전화를 기다리고 있을 것이다. 프란시스는 집에서 한 블록 정도 떨어진 맨로이 씨네 집에서 기다리고 있을 그녀를 상상했다. 맨로이 씨가 마음이 바뀌어 전화를 안 빌려주겠다고 하지 않도록 그녀는 얌전하게 있으려고 노력 중일 것이다. 안정이 되면 전화를 하겠다고 했지만 방도 반만 얻었고 아직 일자리를 구하지도 못한 터인데 안정된 것이라고 볼 수는 없지 않은가? 프란시스는 바를 둘러보며 다른 사람들처럼 위스키를 마셨다. 천천히 그리고 진지하게, 마치 온종일 위스키 생각만 했던 사람처럼.

남부에서
(1944, 여름)

찰스 터프츠 목사는 이웃 진 맨로이를 통해 비올라에게 메시지를 남겼다. 프란시스는 북쪽에 있는 자신의 지인에게 연락도 하지 않았으며, 더구나 그는 고마운 줄도 모르는 것 같으니 이 일로 더 이상 자신을 성가시게 하지 말라는 내용이었다. 진 맨로이는 터프츠 목사를 흉내라도 내듯 백인 말투로 메시지를 전달했다. 뉴욕 출신으로 알려진 터프츠 목사는 사실 노스캐롤라이나 출신이며, 이곳으로 이주해 오면서 현재의 말투를 만들었다는 것이 마을에서는 공공연한 비밀이었다. 비올라는 웃지 않았다. 그녀는 초라한 앞마당에 맨발로 서 있는 진을 뒤로한 채 집으로 돌아와 차차를 챙겼다.

프란시스가 리틀 록에 있는 기차역으로 가는 버스에 올라타고 이곳을 떠난 지 6주가 지났고, 동네 사람들은 이런저런 말을 꺼내기 시작했다. 비올라와 같이 사는 식구들도 예외는 아니었다. 그녀의 아버지는 일에 찌들어 소문에 신경 쓸 여유가 없었지만 엄마와 두 언니 그리고 네 명의 남동생들은 대놓고 수군거렸다.

"일자리를 못 구한 건가?"

"북쪽에도 전화는 있지 않아?"

"그래도 도망가기 전에 웨딩드레스는 입히고 갔네."

"기차역에서 직장이 있다는 증거를 못 내놓는 흑인들을 모아 전쟁터에 보내고 있다는 소문이 있어."

"터프츠 목사랑 설교하기로 되어 있었는데 도대체 이곳을 왜 떠난 거야?"

"의로운 일을 하고 싶어 하지만, 제 엄마를 닮아서 그냥 그럴 수 있는 위인이 못 되는 거 아닐까?"

이렇게 수군거리던 목소리는 비올라가 방에 들어서면 해변에서 물이 빠져나가듯 황급히 수그러들었다.

차라리 프란시스가 이곳 마을에 머물면서 바람기 많은 술주정뱅이가 되었다면 비올라의 가족은 쉽게 그들을 도와주었을 것이다. 하지만 프란시스는 떠났고, 비올라는 홀로 이곳에 버려져 있었다. 상황이 달랐다. 떠나고자 하는 욕망이 비올라와 그녀의 새신랑 사이를 갈라놓은 것이다. 부드롱그스가 버지니아에서 아칸소로 떠난 후, 이곳에서 가장 멀리 이사를 한 여성은 35킬로미터 동쪽에 있는 파인블러프로 간 게 전부였다. 비올라의 남자 형제들 중 둘은 클리블랜드로, 하나는 오마하로 이주를 했지만, 그들은 남자였고 그들의 삶은 따로 있었다.

더욱이 프란시스는 목회를 하기로 되어 있었다. 비올라가 열세 살 때 학교를 그만둔 지 얼마 되지 않아 교회에서 그를 만났다. 프란시스는 열다섯 살이었지만 이미 키가 제법 컸고, 빛이 났으며, 사려 깊었다. 그는 터프츠 목사의 설교 전에 오프닝 성서를 읽었는데, 구약성서를 거의 다 외우고 있다는 점이 비올라의 눈에 들었다. 신약성서를 외우는 것보다 더 인상 깊은 일이었다. 터프츠 목사는 키가 작은 편이었지만 목사 가운을 입은 그의 모습은 근사하고 인상적이었다. 비올라는 프란시스가 그보다 더 근사할 것이라고 상상했다. 터프츠 목사보다 겸손했으며, 때문에 잘난 척하는 설교는 하지 않을 거라고. 그렇게 어린 나이에 천직을 찾았으니 설교 말고 다른 걸 할 이유가 뭐가 있겠는가? 터프츠 목사처럼 대학 졸업장이 꼭 필요한 것도 아니었다. 그저 성서에 대한 진심과 소명이 있으면 되는 것이었다.

프란시스가 터프츠 목사로부터 소량의 돈과 추천편지를 받아가지고 와 그들이 디트로이트로 이사를 해야 한다고 했을 때 비올라는 안 간다고 우겼었다. "누군가가 이사를 하라고 했다

고 하루아침에 모든 걸 들어엎고 그냥 이사할 수는 없어요." 그
녀는 말했고, "이번에는 그래야 해."라고 프란시스는 중얼거렸
다. 두 사람은 터프츠 목사 집에 딸린 방에서 살고 있었는데, 1
층 부엌 뒤에 있던 그들의 신혼 방에서는 위층에서 터프츠 목
사가 움직이는 소리가 너무 잘 들렸다. 처음으로 그녀는 하고
싶은 말이 있어도 참아야겠다고 느꼈다. 새신랑의 자존심을 지
켜주어야겠다고. 이런저런 질문 따위는 목구멍에서 막아야 한
다고 생각했다. 어려운 일이었지만 그녀는 그렇게 했다. 프란
시스는 이틀 후에 디트로이트로 떠났다.

　기다려도 소식은 오지 않았다. 이번에도 허탕을 친 비올라는
진 맨로이의 집에서 자신의 집으로 돌아오는 중이었다. 저만치
서 언니인 루쎌과 올리비아가 포치에 서 있는 모습이 보였다.
루쎌이 4개월 된 차차를 안고 있었다. 조금 더 다가가자 올리비
아의 손에 쥐어진 흰색 봉투가 눈에 띄었다. 비올라가 뛰어가
봉투를 잡아챘다. 봉투는 봉해진 상태였고 발신인 주소는 쓰여
있지 않았다.

비올라에게,
난 디트로이트에 있소. 일자리와 잠자리를 구해 감사해 하고 있소.
돈을 모으고 있고 방법을 찾을 것이오. 보고 싶소.
프란시스 터너

프란시스는 7달러를 동봉했다. 7달러! 너무 적은 금액이었다. 오빠 언니들과 아버지가 소작하는 곳에서 일을 돕기 위해 비올라는 학교를 그만두었다. 남자들은 목화를 땄고 여자들은 자루를 들고 그들을 도왔다. 프란시스가 이렇게 적은 돈을 보내면서 오래 떠나 있을수록 그녀는 더 많은 밭일을 해야 했다. 그게 아니면 언니들이 몇 년 전부터 하기 시작한 백인들 하녀 노릇을 해야 했다. 그녀는 그중 어떤 일이 스스로의 자존감을 지키면서 아이와 많은 시간을 보낼 수 있는 일인가 생각해 보았다. 목사의 아내라면 밭일과 하녀가 되는 것 중 어떤 쪽이든 고민하지 않았을 거라고 그녀는 생각했다.

"살아는 있었구나." 올리비아가 말했다.

"그러게. 살아는 있네." 비올라가 말했다. "그런데 누가 죽었다고 해? 소문은 도망쳤다는 거 아니었어?"

"완전 떠난다는 말은 없는 모양이구나, 울지 않은 걸 보면." 루씰이 말했다. 그녀는 차차를 비올라에게 건네주고 둘을 안아주었다. "웃어, 비올라. 평생 기다렸지만 그런 편지라도 받아보지 못하는 여자들이 얼마나 많은데."

비올라도 그렇게 생각하려고 노력했다.

· 2장 ·

두 번째 주
(2008, 봄)

세상에 공짜는 없다

열두 번째 터너 아이 트로이는 해군 기초훈련 퇴소식을 제외하고는 흰색 유니폼, 초록색 잔디광장, 일렬로 서 있는 사람들처럼 영화의 한 장면을 연상케 하는 모습을 싫어했다. 근무 중 호출을 받고 출동할 때 이런 영화장면의 데자뷔가 떠오르면 항상 문제가 생겼다. 난폭한 범죄용의자를 체포해야 한다거나, 트로이를 점찍은 상사로부터 괴롭힘을 당하는 일이 일어나곤 했었다. 오늘 밤은 화이트칼라 범죄 영화의 한 장면을 재현할 만한 모든 상황이 갖춰져 있었다. 트로이의 신경은 이에 맞춰 곤두서 있었다.

"저쪽에 차를 세워." 데이빗 가든 하이어가 말했다.

트로이는 연못 옆 정자가 있는 공원 옆길에 그의 SUV를 세웠다.

"여기? 여긴 네 아파트에서 너무 가깝잖아." 트로이가 말했다.

"그게 어때서? 숲속으로 들어갈 필요는 없잖아. 거기 들어가면 핸드폰 신호가 잘 안 잡혀."

데이빗은 트로이가 본 적 없는 전화를 꺼내 들었다. 그의 새 스마트폰에 비해 형편없는 싸구려 플립폰이었다.

"이 전화 한 통화를 하려고 선불폰을 구한 거야?" 트로이의 목소리는 말이 끝나면서 갈라졌다.

"응." 데이빗이 말했다. "이 자식하고 마지막 거래를 했을 때는 공중전화를 썼는데. 얼마나 오래전 일인지 알겠지?"

추적할 수 없는 전화가 필요하다는 것이 트로이의 마음에 불안감을 더 키웠다. 그는 경찰이었다. 굳이 경찰이 아니더라도 텔레비전 범죄프로그램을 보는 사람이라면 누구나 알 수 있을 것이다. 선불폰이 필요하다는 것은 범인이 불법적인 일을 꾸미고 있다는 것을 의미했다.

지난 며칠 동안 애로우 집에 대한 그의 아이디어는 하나의 계획으로 만들어졌다. 비올라의 융자금을 갚아줄 4만 달러가 그에게는 없었지만 만약 집이 공매 매물로 나온다면 낯선 구매자들처럼 집값으로 지불할 만큼의 돈은 있었다. 4천 달러도 채 안 되는 돈일 거라고 트로이는 예상했다. 현 시가로 친척에게 공매하는 것은 당연히 불법이었다. 아니라면 누구든 여자가 드레스를 벗는 속도로 빚을 벗어 던지지 않겠는가. 트로이가 가족회의 때 차차에게 말했듯, 질리언 파머는 터너 가족과 그 어떤 법적 관계도 형성하고 있지 않았다. 그러나 문제는 가족들이 그와 질리언의 관계를 신뢰하지 않는 것임을 트로이도 알고 있었다. 트로이 역시 질리언과의 관계에 대해 반신반의 했지만 오히려 가족들의 동의를 얻지 못한다는 것이 공매를 진행하는 것에 대한 가장 큰 원동력이 되어주었다. 그도 한때는 가족들의 동의를 얻고자 기를 쓰고 노력했었다. 하지만 경찰이 되어 디트로이트로 돌아온 후로는, 제멋대로 하는 것도 나쁘지는 않다는 것을 깨달았다.

"이 친구랑 마지막으로 일한 지 백만 년도 더 되었다면서, 여전히 우리를 도와줄 거라고 믿는 거야?"

땅거미가 지고 어둠이 내려앉고 있었지만 트로이는 데이빗이 눈을 굴리는 것을 아직 볼 수 있었다. 데이빗의 진한 피부색과 깡마른 체격은 어릴 적에는 놀림감이었다. 하지만 지금은 나이를 예측할 수 없을 만큼 변해 있었다. 그는 25살로도, 또는 55살로도 보였다.

"큰돈이 도는 거래가 아니야, 트로이. 많아 봤자 4천 달러잖아. 그럼 이 자식에게 돌아가는 돈은 고작 몇 백 달러일 테고.

믿고 말고 따질만한 가치가 있는 일은 아니라는 뜻이야. 그냥 날 믿어."

데이빗이 선불폰의 전원을 켜자 차 안이 초록빛으로 가득 찼다. "이건 나보다 널 위한 예방조치야, 트로이. 샌디에이고에서 부동산 일을 하는 친구가 있는데, 가끔 고객들 신용을 조작해 주는 사람이 있었대. 연방수사국에서 그를 사기죄로 고소했는데 내 친구가 대배심원들 앞에서 증언을 해야 했었어. 십 년도 넘은 이메일, 전화 기록, 영수증, 돈거래, 모두 다 조사하고 소환했다고 하더라고. 그런데 내 친구는 현금거래만 했고 통화도 항상 이런 전화로만 해서 아무 혐의도 받지 않았다고."

트로이는 경찰이라는 직업에 대해서 애증이 엇갈렸지만 불명예를 당하고 싶지는 않았다. 3년 전이라면 그는 아마 경찰을 혐오한다고 했을 것이다. 특히 디트로이트에서는 911 전화에 반응하는 데에만 몇 시간씩 걸리면서 시민들의 존경을 받고자 하는 경찰이 싫었다. 하지만 이제 그도 '그들 중 하나'이다 보니 자원 부족이 늦은 반응 속도에 어느 정도 영향을 끼치고 있음을 부인할 수는 없었다. 그럼에도 불구하고 흑인이든 백인이든 이 도시에서 가장 나쁜 지역에 살고 있는 시민들의 안전과 평화를 지키는 대신 조금 더 나은 지역을 선택해 콜을 받는 동료들이 종종 있다는 것 또한 사실이었다. 프란시스 터너는 디트로이트 경찰을 싫어했다. 남쪽 경찰과 북쪽 경찰의 유일한 차이는 그들이 시민을 죽였을 때 북쪽 경찰은 어떻게든 사고인 것처럼 꾸미려 하는 것이라고 트로이에게 말한 적도 있었다.

"알았어." 트로이가 말했다. "전화해봐."

그는 안전벨트를 풀고 의자 등받이를 뒤로 젖혔다. 만약 그가 이 지역 순찰을 돌고 있었다면 이런 수상한 차에 플래시를 갖다 대거나, 적어도 천천히 지나가며 운전자에게 떠날 것을 권했을 것이다. 그는 자신의 담당구역이 이 곳 강가 쪽을 포함하고 있지 않아서 다행이라고 생각했다. 이 지역에서 일하는 경찰들은 캐나다에서 오는 중대한 마약 거래 현장을 목격하기도 하고 시신이나 총기를 강에 투척하려는 얼간이들과도 맞닥뜨리는 아주 폭력적인 환경에서 일하고 있다. 물은 저질스러운 인간들 중에서도 수준이 높은 저질들을 끌어들이는 힘이 있었다.

데이빗은 스피커폰으로 전화를 걸었다. 전화가 한 번 울리자 그는 전화를 끊었다. 트로이가 뭔가 말하려 하자 데이빗이 그를 막았다.

"이렇게 하는 거야." 그가 말했다. "한 번 울리고 끊으면, 그가 내게 전화를 하는 거야."

데이빗은 자신의 스마트폰을 꺼내서 게임을 했다. 솔리테어. 최신형 스마트폰에서 할 수 있는 수많은 드래그 드롭, 버블팝과 같은 인터액티브 게임을 마다하고 그는 솔리테어 카드게임을 하고 있었다. 트로이 터너는 사람을 볼 때 무엇보다도 그 사람의 잠재력을 높이 사는 편이었다. 이제 보니 어쩌면 그건 데이빗의 간소한 욕망 때문인지도 모르는 일이었다. 트로이와는 달리, 그는 모든 것을 원하지 않았기에 자신의 겸손한 목표 지점을 향해 천천히 갈 수 있었던 것이다. 케이블과 인터넷을 연결해 주는 작은 사업, 강가의 레노베이션 된 작은 로프트 아파트, 그리고 도심지역에 작은 아파트 몇 채면 충분했다. 트로이가 가지고 있는 것보다 많았지만 그가 원하는 것에 비하면 너무 작은 수준이었다.

— * —

며칠 전, 트로이는 소파에 앉아 질리언에게 다리 베개를 해주며 자신이 계획하고 있는 불법적인 공매에 대한 이야기를 자연스럽게 꺼낼 방법을 궁리하고 있었다. 질리언은 자신이 좋아하는 음식과 여행 프로그램을 보고 있었는데, 프로그램에서는 구겨진 남방과 바지를 입은 백인 남성이 방콕으로 보이는 한 지역의 해물 수프를 들여다보고 있었다. 중간 광고가 시작되었고, 이때가 질문세례를 피하며 질리언에게 말을 꺼내기에 적기라고 생각했다.

명확하게 설명하는 것이 오해의 소지를 줄여줄 수 있다고 생각한 트로이는 자신의 계획을 사실 위주로 전달했다. 증서나 서명을 위조한다는 이야기는 하지 않았다. 그녀 어깨에 손을 얹어 안마를 하듯 가볍게 톡톡 치면서.

"은행들 알잖아. 가족 족보까지 뒤져서 돈을 받아내려고 하는. 그래서 생각한 건데 자기가 공매를 받으면 어떨까 해. 물론 돈은 내가 내고."

질리언이 갑자기 벌떡 일어나 앉았다. 그녀의 어깨 위에 있던 손이 팅겨져 오르더니 그의 턱을 쳤다.

"무슨 개 같은 소리야, 트로이?"

"개 같은 뭐?"

"우리 조금 더 저금하며 살자고 얼마 전에 얘기했었잖아. 그런데 '우리' 돈으로 무슨 투기를 하겠다고?"

"투기가 아니야, 질리언." 트로이가 말했다. "우리 엄마 집이라고."

그는 과거에도 확실치 않은 일에 손을 댄 적이 있었다. 한번은 다단계 판매에 뛰어든 적도 있었다. 표면적으로는 조악한 품질의 핸드폰 액세서리를 판매하는 것이었지만 사실은 판매원을 모집해야 돈이 벌리는 구조였다. 그리고 또 한 번은 교외 대저택에서 하는 파티에 갔을 때 자칭 테크놀로지 전문가, 피트니스 전문가, 그리고 미시건의 신흥 와인 시장 전문가들에게 넘어가 이런저런 제품과 서비스를 지인들과 가족에게 강매하고 소량의 이득을 챙긴 일도 있었다. 그는 이런 일에 투자한 초기 투자금을 되찾은 적이 없었다. 하지만 와인 시장 투자가 엎어지고 난 후 그는 다시는 이런 식의 투자를 안 하겠다고 맹세했었다.

"지금 자기한테 너무 실망이야… 2월 이후로 적금통장에 돈을… 하나도 안 넣었잖아, 당신…. 내가 다 확인해 봤다고."

질리언은 말하는 사이사이에 깊은 숨을 마시며 말했다. 지난 연말 너무 격하게 싸우는 바람에 질리언의 천식이 심해져서 병원 신세를 진 적 있었다. 그 후 서로 싸울 때 소리를 지르지 않기로 약속했었다. 깊은 숨을 통해 질리언은 분노를 삭이는 방식을 택했다. 눈 피하기와 관심 없는 척하기는 트로이가 선택한 분노 해소 방법이었다.

"우리가 갚아야 하는 융자금에 비해서는 그렇게 큰돈이 아니야. 우리 엄마를 그 융자금에서 해방시켜드릴 최선의 방법이기도 하고. 공매를 하면 은행에서는 차액을 탕감하고 부채로 넘겨버리게 돼. 다음 달 1일부터 적금통장에 돈도 더 넣도록 할게."

"지난 2월에도 그렇게 얘기했잖아… 그런데 그러지 못했고… 차라리 그냥 얘기하는 게 어때… 같이 저금하는 거… 싫다고."

질리언이 미용사 자격증을 땄을 때 둘은 공동계좌를 개설했다. 그녀는 서른두 살에 승무원직을 그만두고 자신의 미용실을 갖는 꿈을 위해 준비를 시작했다. 적금은 괜찮은 동네에 상가주택을 사서 1층에 미용실을 내고 2층에 거주를 하겠다는 계획을 위한 방편이었다. 둘은 3년 전 트로이가 비올라와 살 때 코보센터에서 개최한 잡페어에서 만났다. 당시 트로이는 해군을 떠난 지 6개월이 되었고, 전 부인이 아이를 데리고 독일로 떠나버린 현실에 적응하는 상황이었다. 전 부인 카라와는 문제가 많았다. 세 번이나 바람을 피웠지만 트로이는 만회할 한 번의 기회를 더 받을 자격이 있다고 생각했다. 그렇지만 그 기회는 주어지지 않았다. 자녀 양육비를 감당하려면 20년간의 해군 복무로 나올 연금만으로는 모자라다며, 항상 계산이 빠른 네티 누나가 그를 잡페어로 보냈었다. 그가 연금을 받는 전직 군인임을 알고 난 후 질리언은 그를 디트로이트 경찰국에 있는 지인에게 소개했고 마치 트로이를 오랜 시간 알고 지낸 사이처럼 그를 부추겨 세웠다. 당시 경찰국에는 채용계획이 없다는 공고까지 붙어있었지만 트로이는 인터뷰하자는 전화를 받았다. 그 시절 질리언의 잠재력은 모공에서부터 나오는 힘이 느껴질 정도였다. 둘이 동거를 시작했을 때 트로이는 이번에는 더 잘해야겠다고 다짐했고 바람을 피우기 전에 차라리 헤어지겠다고 마음먹었다. 바람을 피우기 위해 늘어놓아야 하는 거짓말과 속임수를 감당하기엔 너무 나이를 먹었다고 생각했던 것이다. 아직 그 다짐은 지켜지고 있었다. 하지만 요즘 그는 질리언이 그녀의 잠재력을 발휘할만한 더 좋은 방법이 있지나 않을까 생각하기 시작했다. 거의 2년이나 미용사로 일하고 있었지만, 그녀는 지금 세 들어 있는 미용실의 임대비용을 감당할 만큼의 단골조차 확보하지 못한 어려운 실정이었다.

"그 돈을 다시 벌려면 내가 얼마나 많은 머리 위빙을 해야 하는지 알아?" 그녀가 말을 이어갔다. "정말 눈물 날만큼 많은 머리를 만져야 한다고. 그리고 당신 가족이 우리 두 사람을 갈라놓으려는 이유를 하나 더 추가할 필요는 없잖아. 만약 내가 그 집을 공매 받으면 당신 가족들은 날 증오할 거라고."

"그렇게 많은 돈이 아니래도. 한 2천 달러야…"

"금액이 중요한 게 아니야." 질리언은 텔레비전을 끄고 트로이의 얼굴을 뚫어져라 쳐다보았다. "그걸 왜 하고 싶어 하는 거야? 왜 우리 둘이? 형제들 열세 명 가운데 자기만이 그걸 할 수 있는 것처럼. 라훌이 할 수도 있잖아. 나보다 신용도 좋을 텐데."

트로이는 설득력 있는 대답을 할 수 없었고, 설득력 있는 이유를 듣지 못한 질리언은 그의 제안을 거절했다.

— * —

선불폰이 대시보드 위에서 깜빡거리며 진동했다. 데이빗은 스피커폰으로 전화를 받았다. 쌕쌕거리는 소리가 나더니 전화기는 몇 초 동안 조용했다. 기관지염 급(級) 헛기침이 이어졌다.

"데이빗. 오, 자네 맞아?"

데이빗은 마치 전화기 너머의 남자가 자신을 코앞에서 보고 있는 것처럼 자세를 똑바로 고쳐 앉았다.

"그래, 맞아. 데이빗. 오, 오랜만이야," 그가 말했다.

트로이는 이 별명을 놀려먹고 싶었지만 신호를 주기 전에는 아무 말도 말라는 데이빗의 사전 지시가 있었다.

"오래, 오래, 아주 오래되었지, 안 그래?" 그는 키득거리더니 목에 뭔가 걸린 듯 또 헛기침을 하기 시작했다.

"그래, 너무 오래되었어." 데이빗이 말했다. "작은 사업을 하나 시작해서 말이야. 알잖아, 말 안 해도."

"알지, 알아. 월급 주는 사장이 없으니 쉴 새가 없겠지!"

또 한 번의 키득거리는 소리, 또 한 번의 기침 소리가 이어졌다.

"그러게. 근데 내가 작은 도움이 하나 필요해서 말이야." 데이빗이 말했다. "그냥 서류 정리 같은 거."

상대방 전화가 카펫에 떨어진 것처럼 쿵 소리가 났다.

"잠깐만, 잠깐만 기다려, 데이빗. 오!" 전화기 너머의 남자가 말했다.

그는 옆에 있는 누군가에게 소리를 질렀다. "이 병신아 레몬 페퍼소스라고 했잖아! 버팔로소스는 완전 쓰레긴 거 몰라? 문 닫기 전에 빨리 가서 바꿔 와, 이 새끼야."

"어, 미안. 이제 얘기해 봐." 그가 말했다. "작은 일이라고?"

"그래. 내 친구가 엄마 집 때문에 걱정이 좀 많아. 어머님 건강이 많이 안 좋으신데 융자금이 좀 밀리셔서. 무슨 일이 벌어지기 전에 여자 친구 명의로 집을 공매하고 싶어 해."

꼭 필요한 사실들만 선택적으로 취합한 인상적인 상황 요약이라고 트로이는 생각했다.

"똑똑한 친구군." 남자의 목소리가 말했다. 그는 숨넘어가는 소리를 내더니 다시 숨을 들이마셨다. "근데 자기도 알다시피 요즘 주택융자금 문제가 많아서 은행들이 좀 까다로워졌어."

"그러니까 당신 같은 전문가가 필요한 거잖아. 안 그래?" 데이빗이 말했다.

"돈은 좀 들 거야. 그건 알고 있겠지?"

트로이는 코로 숨을 내뿜고는 상체를 푹 구부려 앉았다.

"당연하지." 데이빗이 말했다. "그건 걱정 마. 보상은 충분히 할 테니까. 그 전에 어떤 서류를 준비해야 하는지 좀 알려줘."

남자는 사기 기술을 발휘하기 위해 필요한 광범위한 서류 일체를 나열해 주었다. 비올라의 소셜시큐리티 카드, 질리언의 직업내역 등등. 혹시 모를 비상사태에 대비해 비올라는 모든 중요한 서류를 지퍼백에 담아 서랍장 맨 위 서랍에 보관하고 있다는 것을 트로이는 알고 있었다. 그것들을 가지고 오는 건 쉬운 일이었다. 남자는 공매에 부칠 집의 계약자 명의에 차차의 이름이 포함되어 있다면 그의 서명도 필요하다고 했다. 그 서명은 위조해야 했다. 다행스럽게도 차차의 서명은 10대 여자아이 것과 같이 선명하고 또렷했다. 그동안 차차에게서 수표를 받은 게 여러 번이었기에 트로이는 서명을 쉽게 위조할 수 있을 거라고 생각했다.

"이 서류들하고 어머님 서명, 그리고 엄지손가락 지문이 있으면 내 공증인이 모든 걸 공식적으로 만들어 줄 수 있어." 남자는 이 말로 마무리했다.

"엄지손가락 지문?!" 트로이가 소리쳤다. "도대체 왜?"

전화 상대가 조용해졌다.

"데이빗, 오? 그쪽에 무슨 문제 있는 건 아니지?"

데이빗이 한숨을 쉬었다.

"그럼. 문제없어." 데이빗은 그렇게 말하고는 트로이에게 조용히 하라는 뜻으로 손을 들어 올렸다. 트로이는 미친 듯이 고개를 저어대고 있었다.

"다 준비해서 다시 연락할게. 고마워. 신세 좀 질게. 나도 거기 요리 생각나네. 내 몫까지 먹어줘."

데이빗은 답을 기다리지 않고 전화를 끊었다. 그리고는 실내등을 켰다.

"계획대로 하고 싶으면 어머니 엄지손가락 지문을 받아내야 해."

"명백하게도." 트로이가 빈정거리는 투로 말했다. 그런데 어떻게? 자신이 직접 받아내는 것은 상상하기도 싫었다. 어머니의 야윈 손을 잉크 패드에 얹어 종이에 지문을 찍고 증거를 없애기 위해 물티슈로 그녀의 손에 묻은 잉크를 제거하는 일이라니. 그녀가 약에 취한 상태라고 해도 상상조차 하기 싫은 일이었다.

"그게 문제가 될 것 같아?" 데이빗이 물었다. 그는 손가락으로 무릎을 두드리고 있었는데 그의 손톱이 유독 하얘 보였다. '손톱 손질을 받는 걸까'라고 트로이는 생각했다. 손톱 손질을 받는 남자와 계속 친구 관계를 유지할 수 있단 말인가?

"방법은 찾으면 있겠지." 트로이가 말했다. "그냥 조금 이상해서. 딴사람도 아닌 엄마에게 그런 짓을 하는 건 좀 생각해봐야 할 것 같기는 해."

"너희 엄마 집 주인은 너잖아, 동부지역에 있는 아파트 반도 네가 주인이고."

"헛소리 집어치워! 내가 무슨 주인이야, 주인은."

농담인지 빈정거리는 건지 분명하지 않았다. 트로이는 다시금 데이빗의 성공에 관해, 그리고 둘의 삶이 얼마나 다르게 흘러가고 있는지에 관해 깨닫게 되었다. 둘이 처음 맡은 임무는 미 함선 칼 빈슨 호를 타는 것이었다. 1990년에는 평범한 초대형 항공모함이었지만 추후 오사마 빈 라덴의 시신을 아라비아

해까지 이송하면서 유명해진 모험이었다. 서로 다른 고등학교에 진학하면서 더 이상 어린 시절만큼 친하지 못했던 두 사람은 서로 같은 배에 타고 있다는 사실마저 배를 타고 3개월이 지난 후에야 알게 되었다. 어느 날 트로이는 갑판 식당에서 밥을 먹으며 하늘을 본 지가 언제인지 생각하고 있었다. 그때, 마치 오래전 헤어진 쌍둥이 같은 목소리가 들려왔다. 그 목소리는 어릴 적 자신이 알고 지낸 여자아이들이 많은 집안에 대해 말하고 있었다.

"정말 장난이 아니었어. 모퉁이에 있는 마트에 가다가도 흥분할 정도였으니까. 여섯 명이나 있었는데, 제일 큰 언니가 마흔이 넘었지만 여전했거든. 팜 그리어 저리 가라였지. 있잖아, 왜. 나이 먹을수록 무르익어가는? 커다란 엉덩이에 잘록한 허리."

주위에 있는 남성들이 휘파람을 불며 부러워했다. 트로이는 자리에서 일어나 목소리의 주인공을 찾았다. 데이빗의 얼굴을 알아볼 수 있었다. 잉크 같은 피부에 대조적으로 하얀 치아 그리고 로마인의 코를 가진. 하지만 고향에서 너무 떨어진 곳에서 만났기 때문일까. 그의 이름이 기억나지 않았다.

"그래서 그중에 한 명이라도 꼬신 적이 있었어?" 누군가 물었다.

"아니, 그러지는 못했어. 그런데 돌아가면 다시 시도해 볼 거야. 살이 좀 붙었다고 해도 기본 몸매가 있는 집안이니까. 막내가 내 또래였는데, 어릴 적에 그냥 손장난을 한 적은 있지. 근데 그 후로 결혼해서 다른 주로 이사를 갔어."

트로이는 처음부터 이 해군의 스토리가 자신의 누나와 동생들 이야기라는 것을 알 수 있었다. 저도 보는 눈은 있었을 테니까. 하지만 레일라에 대한 이 마지막 발언은 트로이를 건드려 한 번도 겪어보지 못한 분노를 불러왔다. 싸움이라기보다는 트로이가 일방적으로 데이빗의 얼굴에 펀치를 몇 번 가한 것이었지만, 이런 이유로 둘은 모함 내에서 30일간의 행동 제약과 30일간의 노동이라는 벌칙을 받았다. 30/30 벌칙의 후반 즈음 둘은 하루 네 시간씩 모함 우측에 페인트칠 작업을 하며 붙어 지내야 했다. 이 시간 동안 서로 간의 의견차는 집에 대한 그리움으로 묻혀버렸다.

데이빗이 시계를 보았다.

"질리언이 기다리고 있겠다. 나 떨궈주고 어서 집에 가 봐."

도움의 대가로 트로이가 술을 한잔 살 계획이었으나 데이빗은 빨리 가고 싶어 하는 눈치였다. 그래서 그를 집에 데려다주고 자신도 집으로 향했다.

— * —

디트로이트라는 대도시에 둘러싸인 작은 도시 햄트램크는

지난 10년 동안 여러 변화를 겪었다. 독일 농업공동체, 폴란드 이민자거주지, 그리고 한 잡지에 의하면 미국에서 가장 로큰롤을 사랑하는 도시였다. 하지만 이 많은 변화 속에 흑인들은 그 어디에도 포함되어 있지 않았다는 사실이 트로이는 실망스러웠다. 가끔 그는 자신의 임대주택 앞에 경찰차를 세우고 자신의 동유럽, 칼데아, 그리고 그냥 백인 이웃들에게 자신이 첫째, 유급을 받는 직장인이라는 것과 둘째, 법 관련 종사자라는 것을 상기시키곤 했다. 오늘 밤 그는 자신의 SUV를 세우고 현관문으로 다가가 열쇠를 꽂은 채 공기를 한 움큼 들이마셨다. 질리언이 만든 음식 냄새가 밖에까지 흘러나오고 있었다. 분명 우스터소스가 들어간 요리였다. 아마도 양고기 요리. 재즈 음악이 들렸는데, 그녀가 노래를 따라 부르고 있었다. 그녀가 따라 부르기에는 저음이 너무 강한 여성 보컬이었다. 아니타 베이커. 그는 어깨를 펴고 안으로 들어갔다.

트로이의 전처 카라는 살집이 많은 볼륨감 있는 여자였다. 큰 엉덩이에 굵은 허벅지를 가진. 질리언은 트로이가 만났던 여자들 중 유일하게 단단하고 길쭉한 몸매를 갖고 있었다. 트로이의 178cm 키와 거의 맞먹는 수준이었다. 코보센터에서 질리언을 처음 만났을 때, 트로이는 그녀가 모델 같다고 생각했었다. 샐러드에 파마산 치즈를 갈아 넣고 있던 그녀의 팔과 어깨가 움직이는 모습을 트로이는 넋을 놓고 보고 있었다. 승무원 일을 그만둔 후, 그녀가 화려함을 조금 잃은 것은 사실이었다. 립글로스 빼고는 화장기 없는 얼굴이 일상이었고, 머리도 묶고 있는 경우가 그렇지 않은 날보다 더 많았다. 하지만 머리에 위빙을 넣고, 스트레이트 시술을 하고, 샴푸를 하느라 종일 서서 일해야 하는 상황에서도 그녀의 자세는 변함이 없었다. 그녀는 조각상 같았다. 그녀의 매끈한 중간갈색 피부는, 탄탄한 몸매와 결합되어 처짐이나 반점 따위를 영원히 거부할 것처럼 보였다.

"카밀이 자기와 통화하고 싶대." 그녀가 말했다. "당신 노트북에서 내 메일을 확인하고 있었는데 전화가 왔었어. 내일 다시 걸라고 했고."

"아침에 통화해 볼게." 트로이가 말했다. 그는 거실 오토만의자에 앉아 운동화를 벗었다. 그의 아홉 살 난 딸 카밀과 전처는 프랑크푸르트 외곽에 있는 카이저슬라우테른이라는 지역 미군 부대에 살고 있었다. 그는 온라인 무료 통화를 하기 위해 딸아이에게 노트북을 사 주었다.

그와 질리언은 텔레비전 앞에 놓인 사이드 테이블에서 식사를 했다. 질리언에게 식탁에서 밥을 먹는 행위는 어릴 적 랜싱에서 살 때 자신의 부모와 매일 불편한 저녁 식사를 했던 나쁜 기억을 불러왔다. 그녀의 부모는 질리언과 그녀의 동생이 그날그날 학교에서 있었던 소소한 일상을 다 이야기해야지만 후식을 먹을 수 있게 했다. 식탁이든, 간이 사이드 테이블이든, 질

리언은 저녁 식사 때 항상 그녀의 하루를 세세하게 설명하곤
했다. 그녀는 가짜 DVD를 한 보따리 들고 미용실에 들어온 남
자에 대해 이야기했다. 한 손님이 그에게 100달러짜리 지폐를
건네고 거스름돈을 기다렸지만 남자는 돈을 들고 도망가버렸
다고 했다.

"그렇게 빨리 뛰는 노인네는 정말 본 적이 없어." 그녀가 말
했다. "그리고 DVD를 틀어보니까 아무것도 안 나오더라고."

트로이는 웃었다. 둘은 이런 것엔 익숙했다. 특히 사이가 좋
을 때는 유쾌한 대화가 끊기는 법이 없었다.

"카밀의 여름 비행기 표를 알아보기 시작하는 게 좋을 거야."
질리언이 말했다. "또 그 시간이 오고 있네."

그는 비운 접시를 들고 부엌으로 갔다. 이것이 둘 사이의 합
의사항이었다. 그녀는 요리를 하고, 다 먹고 난 그릇은 그가 치
우는 것. 카라도 그렇지만 전에 만났던 다른 여자들과는 이런
합의를 해본 적이 없었다. 물론 다른 여자들을 만나면서도 뒷
정리를 여러 번 했지만 그때는 당연히 해야 할 의무가 아니라
뭔가 호의를 베푸는 것처럼 여겼었다. 누가 시키지 않아도 설
거지를 하거나 빨래를 개는 것이 자존심 상하지 않고 자연스러
울 정도로 그는 이제 나이를 먹은 것이다.

"당신, 내 말 들었어?" 그녀가 소파에서 말했다. "비행기 표
가 비싸지기 전에 알아봐야 한다는 소리."

"그래." 트로이가 중얼거리듯 답했다. 그는 프라이팬에서 우스터소스와 양고기 찌꺼기들을 스펀지로 닦아내고 있었다. 매년 여름 트로이는 카밀을 데리고 와서 한 달 동안 같이 지냈다. 지난 3년 동안 아이를 실제로 본 유일한 시간이었다. 질리언도 아이가 오는 것을 기대했다. 그녀가 아이를 낳고 싶어 한다는 것을 트로이도 알고 있었지만 그는 아직 준비되어 있지 않았다.

비올라는 마지막으로 태어난 남자아이라며 트로이를 항상 럭키 보이라고 불렀다. 프란시스도 그와 시간을 보내려 노력했지만 형들이 여섯 명이나 더 있었다. 그들은 세인트클레어로 낚시 여행을 하고 라이온스 게임에 수없이 같이 가곤 했었다. 트로이가 열두 살이 되던 여름, 프란시스는 아침뉴스에서 이동식 수영장트럭을 보고 트로이와 친구 두 명을 위해 트럭이 있는 위치를 찾아냈다. 그는 트로이와 친구들을 웨스트사이드까지 데려다주었다. 하지만 막상 도착하고 보니 낯선 아이들과 함께 수영을 해야 한다는 게 왠지 불편했다. 그 사실을 눈치 챈 프란시스는 이렇게 말했었다. "이 도시 전부가 너희들 거야. 특히 너희들 나이에는. 그 누구도 너희가 이 도시를 즐기는 것을 막을 순 없어." 아이들이 에이틴휠러 대형트럭 뒤에 설치된 이동식 수영장에서 물놀이를 하는 동안 프란시스는 자신의 트럭에 앉아 파이프 담배를 비우고 라디오를 들으며 그들을 기다렸다. 다른 형제들 퀸시, 러셀, 로니, 마일즈나 듀크 때와는 달리 프란시스는 트로이의 신병훈련졸업식에도 참석했었다. 이 시간들은 트로이에게 충분하지 않았다. 왜냐하면 프란시스는 여전히 격식 뒤에 있는 인물이었기 때문이다. 여자문제나 학교폭력 아니면 형제간의 문제로 프란시스에게 달려갈 수는 없었다. 그럴 때면 그는 항상 미덥지 못한 말로 책임회피를 했었다. "그런 문제는 네 엄마가 더 잘 알아." 아니면, "차라리 차차에게 물어보는 게 좋겠구나. 다 늙은 아빠가 뭘 알겠니." 프란시스는 아이들과 시간을 보내는 방법을 터득했지만 자신의 심장을 나눠주는 방법은 모르고 있는 듯했다.

트로이는 카밀에게 보다 많은 것들을 주려고 노력했다. 비디오 채팅도 자주 하고, 깜짝 선물도 보내고, 아이가 좋아하는 독일어나 프랑스어 그리고 발레에도 관심을 보이려 했다. 적지 않은 노력이 필요한 일이었다. 또 하나의 아이를 감당하기에 트로이는 에너지도 돈도 모자란다는 생각이었다.

"여름학교 같은 데 보내면 어떨까?" 질리언이 말했다. "이제 하루짜리 캠프나 아니면 기간이 짧은 캠프 정도는 가도 되는 나이 아니야. 어퍼 페닌슐라에서 하는 일주일짜리 캠프가 있는데 생태계에 관해서 배우나 보더라고. 카라가 비용을 일부 부담할 수도 있고 말이야."

그는 손을 닦고 소파로 돌아왔다.

"오늘 데이빗을 만났어."

"그래? 무슨 얘기 했는데?"

"음…" 트로이는 다시 일어나서 맥주를 가지러 냉장고로 향했다. "그게 말이지. 웃기게도 엄마 집 얘기가 나왔어."

그녀의 시선이 냉장고로 향하고 있던 그의 등에 와 박혔다. 트로이는 그녀가 고개를 갸우뚱하며 어떻게 그 이야기를 다시 꺼낼 수 있는지 도저히 못 믿겠다는 얼굴을 하고 있을 것이라는 걸 알고 있었다. 이제 잠시 후 그를 반하게 했던 그녀의 그 매력적인 긴 목은 팽팽한 긴장감에 휩싸여 몸으로 기어들어갈 것이다.

"서류 준비 도와줄 사람을 소개해 주겠다고. 돈은 좀 들 거고. 그래서 카밀이 오는 일정을 조금 늦추는 게 어떨까 생각했어. 7월 말쯤으로."

그는 돌아서서 방금 전 상상했던 그녀의 모습을 확인했다.

"또 무슨 소리야, 트로이! 도울 준비가 뭐 있는데? 이 얘기 이미 3일 전에 끝난 거 아니었어?"

"그래, 그런데 생각할수록 이건 꼭 해야 하는 것 같아, 질."

그녀의 적대적인 자세를 무시하고 그는 소파에 앉아 그녀에게 가까이 다가갔다. 서로 가까워지고 싶어 하는 상황이라면 아직 싸움은 아니었다. 트로이는 그녀의 허벅지에 손을 얹었다.

"왜?" 그녀가 물었다. "왜 그래야 하는지 생각해 봤어? 가족들을 화나게 하면서까지. 그 집은 거의 쓸모가 없는데…도대체 왜?"

"왜냐하면 차차 형 같은 사람들은 항상 이용을 당해." 그가 말했다. "규칙을 어기는 게 두려워서 말이야. 사실 아무도 관심이 없다고. 그런 법이 만들어졌을 때도 우리 같은 사람들은 안중에도 없었고. 그런데도 그 법을 지키려고 해."

폭력적이고 파괴적인 범죄와 처음부터 편파적이고 약탈에 가까운 법을 살짝 어기는 것과는 차이가 있었다. 부동산 버블 문제가 터지고 난 후 지난 몇 달 동안, 신용이 나쁘지 않은 흑인과 히스패닉 주택 소유자들에게까지 은행들이 비우량담보대출을 권하고 있다는 이야기가 자주 기사화되고 있었다. 이웃에게서 도둑질하는 일은 분명 범죄이자 개탄스러운 일이었다. 하지만 몇 십 년 동안 서민들을 기만해온 주택제도를 살짝 비트는 것은? 이것은 다르다고 그는 생각했다. 하지만 차차와 티나는 그가 기억하는 한 항상 정의의 경찰처럼 살아왔다. 90년대 모든 사람들이 블랙박스로 텔레비전을 볼 때, 둘은 불법적인 케이블 TV를 보지 않았다. 보험이 없으면 집 앞에도 차를 끌고 나가지 못하게 했다. 몇 년 전에는 아들 처키가 실업 보험금을 받을 자격이 있었는데도 그걸 막아 경제적인 어려움을 자초하기도 했다. 일종의 터너가(家) 사람들의 약점이었다. 자립을 표방한 독선과 자아 억누르기. 트로이는 이런 것이 미치도록 싫었다.

"그 집에 돈과 시간을 투자한 게 차차 형만은 아닌 거 알잖아." 그가 말했다.

"해군에서 나왔을 때 엄마랑 그 집에서 살았는데, 형은 나는 물론 엄마를 보러 오지도 않았어. 일을 보기 위해서는 왔었지. 보일러를 보러 온다거나 그런 거. 근데 그게 다였어. 시간을 보내는 게 돈보다 가치가 덜한 건 아니잖아. 특히 형 돈은 조건이 따라 오니까. 어릴 적에 매일 아침 차차 형 집까지 버스를 타고 가면, 티나 형수가 차로 나랑 처키랑 토드를 학교에 데려다줬어. 그 쪽 학교 농구팀이 더 좋았는데, 그때 이미 케터링 고등학교는 똥통이었으니까. 아침마다 새벽 6시에 일어나서 형 집에 가면 티나 형수가 7시 30분에 일어나서 우릴 데려다주고. 그때 내가 원정경기 팀에 합류하게 되어서 새 팀 유니폼이랑 운동화가 필요했거든. 엄마 아빠는 돈이 없다고 형에게 이야기해 보라고 하셨어. 항상 그런 식이였지. 돈이 없으면 형에게 가보라고. 근데 그게 내 잘못은 아니잖아? 그때 난 열네 살, 열다섯 살밖에는 안 되었으니까. 유니폼하고 운동화를 사려면 100달러가 필요했거든. 그 돈을 주는 조건으로 형은 한 달 동안 날더러 새벽 5시까지 집으로 오라고 했어. 눈을 치우는 것도 다른 심부름을 하는 것도 아니었다고. 그냥 새벽 5시에 도착하면 형이 자기 편할 때 파자마 차림으로 문을 열어줬지. 그리고는 형은 다시 자러 가고. 자기 아들들은 위층에서 자고 있고! 도대체 뭘 위해 그딴 짓을 하느냐고? 해군에서도 꼭두새벽에 일어나면 뭔가 이유가 있어. 훈련이든 뭐든. 난 밖에 서서 숙제도 할 수 없었다고. 도둑놈처럼 그냥 문 앞에 서 있었지. 형은 그럴 수 있다는 이유 하나로 나한테 그 짓을 시킨 거야. 그리고 난 한 달 동안 팀에서 새 유니폼하고 운동화가 없어서 거지 같았지. 백인 애들은 다음날 바로 돈을 갖고 왔거든. 한겨울 새벽 3시 30분이 얼마나 추운 줄 알아? 그 새벽에 버스를 기다리면서 추위에 떨고 혹시 깡패들이라도 만날까 봐 떨고." 트로이는 빠르게 숨을 쉬었다. 질리언의 목에 부풀어 올랐던 핏줄이 긴장을 풀고 있었다.

"미안해, 자기야. 몰랐어. 아마도 형은 그게 당신한테 올바른 인격을 심어줄 수 있다고 생각했을 거야."

"그래, 그건 나도 인정해."

그녀가 얼마 후 덧붙였다.

"요즘 은행들이 점점 악랄해지고 있는 것 같아. 나도 뉴스에서 봤어. 사람들이 돈을 빌릴 때 못 갚을 줄 뻔히 알았으면서도 다시 협상하는 걸 거부한다고."

트로이는 고개를 끄덕였다. 차차 형과 농구유니폼 이야기를 하려고 했던 건 아니었다. 오래전 이야기였고, 바보 같은 창피한 기억이었지만 효과가 있는 듯 보였다.

행복한 유년기를 보냈던가?

The Turner House

　행복한 유년기를 보냈던가? 이 질문은 무의미했다. 어쨌든 차차는 살아남았으니까. 특별히 불행했던 기억은 없었다. 입을 옷이 있었고, 밥을 먹었으며, 폭행을 당한 적도 기억에 없었다. 그날 아침 앨리스가 그에게 이 질문을 던졌었고, 이제 차차는 프란시의 부엌에서 같은 질문을 했다. 그는 싱크대 밑에 배를 깔고 엎드려 곰팡이 냄새를 맡으며 그녀의 새로운 알칼리 정수기 플러그를 옆쪽 캐비닛에 꽂으려고 애쓰고 있었다. 프란시의 남편 리처드는 어린 시절 포크를 전기콘센트에 꽂아 감전사고를 당한 후 작던 크던 전기에 관련한 모든 일은 회피했다. 그래서 프란시는 가끔 차차를 불러 새로운 스테레오 시스템이나 조명, 스프링클러 수리 등의 일들을 부탁하곤 했다. 그때마다 리처드는 집에 없었다.

"웬 뜬금없는 질문이에요, 오빠." 프란시가 말했다. "그 의사 선생이 흑인인 건 맞는 거죠?"

"너랑 나보다도 더 짙은 검은색."

플러그 꽂는 것에 성공한 차차는 타일 위에서 등으로 돌아누웠다. 프란시가 차차를 위에서 내려다보고 있었다. 그녀의 짧고 흰머리가 천장에 설치된 트랙조명의 불빛을 받아 더욱 하얗게 빛나고 있었고 고양이 눈처럼 끝이 올라간 안경과 초록색 귀걸이와 어우러져 그녀를 외계인처럼 보이게 했다.

"심리치료 때 그런 걸 하는 거예요? 어릴 적 기억을 모조리 꺼내보는 거? 전 그냥 TV에서나 그러는 줄 알았는데. 우리 진짜 늙었나 봐요, 오빠. 언제부턴가 어릴 적 기억 같은 건 생각도 안 하고 사는 걸 보면."

"나도 같은 말을 했어." 차차가 말했다. 그는 숨을 고르려고 노력했다. 목 뒤로 땀방울이 흘러내렸다. "뭔가 특별하거나 황당한 일이 일어났으면 몰라도."

"근데 딱히 그런 일은 없었잖아요." 프란시가 말했다.

차차가 일어나 앉아 손을 내밀자 프란시가 그를 일으켜 세웠다. 예순둘의 나이를 감안한다면 그녀는 힘이 센 편이었다. 어쩌면 자신보다도 힘이 좋을지도 모른다고 차차는 생각했다.

"그렇지. 그런데 앨리스는 자꾸 무슨 깊이 갇혀 있는 트라우마 이야기를 하면서 그게 내가 유령을 보는 이유일 수도 있다고 하는 거야."

"진짜 이상하네." 프란시가 다시 말했다. "우리가 가난하긴 했어도 트라우마라고 할 일은 없었잖아요?"

"그러게. 기껏해야 구멍 난 양말이나 옷을 물려받는 정도였으니까."

"그리고 탄수화물을 많이 먹었죠." 프란시가 말했다. "하느님 맙소사, 우리 정말 기름지고 건강에 안 좋은 음식을 너무 많이 먹으면서 자랐어요. 지금 생각해도 끔찍하다니까. 그냥 모든 게 돼지고기, 돼지고기, 돼지고기였으니까요. 엄마는 거의 모든 음식을 돼지로 만드셨잖아요."

"또 시작이군." 차차가 혼잣말을 했다.

불량스런 음식 이야기는 프란시가 좋아하는 화제였다. 일단 시작하면 끝날 때까지 다 들어줘야 했다.

"그런데 어떻게 채식주의자가 되었냐고 물어보면, 전 그러죠. 평생 먹을 고기를 어릴 때 다 먹어서 그렇다고."

"그래, 그래." 차차는 건성으로 대답했다. 그가 프란시의 냉장고 문을 여니 안에는 자두 주스, 당근 주스 그리고 걱정스럽게도 세 개의 층으로 나뉜 초록색 주스가 들어 있었다. 이런 걸 먹어야 프란시처럼 힘이 세질 수 있다면 차차는 그냥 힘이 없는 상태로 사는 게 낫겠다는 생각이 들었다. 그는 그냥 물을 마시기로 했다.

지난주에 상담하러 왔을 때보다 날이 더웠다. 앨리스는 상담이 반쯤 진행되었을 때 그녀의 보라색 카디건을 벗었다. 그녀의 팔뚝은 부드러워 보였고 처져있지도 않았으며 피부는 정말이지 최고로 매끈했다. 탄력적인 것이 무슨 바디오일 같은 것을 쓴 것처럼 윤기가 흘렀다. 오른팔 안쪽에 10센트 크기의 엷은 반점 같은 게 보였다. 차차는 둘이 대화를 하는 동안 그 반점을 자꾸 쳐다보았다. 모반이 아니면 화상 상처일 거라고 그는 생각했다. 차차는 점이 있는 부분이 매끈한지 오톨도톨한지 손으로 만져보고 싶다는 생각이 들었다.

"형제들이 그렇게 많지 않았으면 내 삶이 더 좋았을 것 같냐고 앨리스가 묻더라고." 그가 말했다.

프란시는 반대쪽 카운터에서 뭔가를 끄적거리며 돼지고기의 단점을 계속 나열하다가 갑자기 돌아섰다. 그녀는 이를 앙다물고 쉬익 소리를 냈다.

"그런 바보 같은 질문이 어디 있대. 물론 더 좋았을 수 있었겠죠. 그런데 그걸 어떻게 확신할 수 있겠어요? 안 그래요? 그래서 뭐라고 했어요, 오빠?"

차차는 프란시의 질문에 섞인 함정을 알고 있었다. 항상 옷을 물려받았다거나 아니면 샤워기를 먼저 차지하기 위해 꼭두

새벽에 일어나야 했다는 우스갯소리를 제외하고는 터너 형제들은 대가족의 단점에 대해 이야기하지 않았다. 비올라와 프란시스가 왜 둘, 아니면 일곱, 하다못해 열 명일 때 그만두지 않았는가를 너무 파고드는 것은 결국 형제들 중 누군가가 태어나지 않았기를 바라는 거라고 생각했다. 하지만 형제들 모두 적어도 한 번씩은 해 본 생각이란 걸 차차는 확신했다.

"그냥 항상 하는 말을 했지. 난 '만약 이랬다면 어땠을까'라는 질문을 던지고 생각할 시간이 없다고. 그럴 필요성을 못 느낀다고."

사실 앨리스에게 치료를 받기 시작한 후, 차차의 태도는 조금 부드러워져 있었다. 그는 요즘 자신의 유년기에 대해 여러 생각을 하며 분석을 하고 있었다. 단순히 몇몇 중요한 사건들에 대한 추억만을 떠올리고 만족하는 게 아니라 말이다. 때때로 무의미한 노력 같이 느껴지기도 했지만, 그는 생각을 멈출 수 없었다. 효과는 있었다. 이런저런 짧은 순간의 기억들이 떠오르기 시작했다. 다음으로 그가 취해야할 가장 합리적인 수순은 이런 기억들이 자신의 자아를 형성하는 데에 어떤 영향을 미쳤는지 분석해 보는 거였다. 터너 형제가 둘, 아니면 다섯이었다면 어땠을까? 그랬다면 차차는 어떤 사람이 되었을까?

"너랑 나랑 어머니, 아버지 이렇게 넷이서 라메이와 맥 거리 사이에 있는 그 임대주택에 살았던 거 기억나니?" 그가 물었다.

"아, 그 빈민가 아닌 빈민가요?" 프란시가 키득거렸다. "그때 우린 더운물이 나오고 스토브가 있다는 것만으로도 큰 성공을 한 거라 생각했잖아요."

"성공은 한 거였지, 블랙보텀 지역에 있던 그 집에 비하면." 그가 말했다.

프란시와 퀸시는 3년 터울이었고, 퀸시가 태어나고 2년이 지나 러셀이 태어났었다. 다섯 살이 되자 프란시는 오빠 차차를 제치고 이미 대장이 되어 있었다. 성인이 되어 그녀는 디트로이트의 여러 공립학교에서 25년 동안 3학년 아이들을 가르치는 일을 했다. 비만 때문에 생긴 각종 건강상의 문제로 은퇴하기 전까지. 인생의 상당 부분을 아이들과 논쟁하며 살았지만 그녀의 손자들은 모두 다른 주에 살고 있었다.

"거기다." 그가 덧붙였다. "아버지가 그때 크라이슬러에서 일자리를 얻어서 소금 광산 일을 그만두셨잖아. 그것 때문에 덜 우울해하셨지."

프란시는 인상을 찌푸리며 뭔가 적고 있던 화이트보드를 들어 냉장고 문에 부착했다.

"아빠가 우울하셨다고요? 우울하셨는지 난 잘 모르겠는데. 앨리스가 그래요?"

화이트보드에는 해야 할 일들이 적혀 있었다. 차차는 프란시가 리스트에 체크를 하고 줄을 긋는 것을 보고 있었다.

남은 사과로 주스 만들기 ∨

믹서 물에 담갔다 세척하기 ∨

카일 생일선물 ∨

~~바버 학원 알아보기?~~

숨쉬기! ∨ ∨ ∨ ∨

웃기!! ∨ ∨

숨쉬기를 할 일 목록에 포함하는 사람이 있을까? 마지막 두 항목은 '삶은 웃지 않기에는 너무 짧다.'나 '한숨 한숨 살아가면 된다.' 같은 프란시 스타일의 기분을 좋게 만드는 슬로건이든지 아니면 자신이 훨씬 특별하고 바쁜 삶을 살고 있다는 것을 사람들에게 보여주기 위한 행동이라고 차차는 확신했다. 그녀는 하이웨이스트 검정 스판 바지를 약간 처진 배 위까지 올려 입고, 청록색 민소매 티와 흰색 에어로빅 운동화를 신고 있었다. 건강과 운동 강박증이 있는 누군가의 할머니라고 차차는 생각했다. 그녀의 현재 몸무게는 68킬로그램 정도였다. 차차는 비올라의 현재 모습과 그가 추억 속에 기억하고 있는 비올라의 모습 사이에서 타협점을 찾아야 했듯이, 지금 앞에 서 있는 이 마른 여성의 현재와 과거 모습을 항상 조율해야 했다. 프란시는 성인이 된 이후 항상 몸집이 큰 편이었고, 최고일 때는 159킬로까지 나간 적도 있었다. 비만 수술과 각종 주스로 그녀의 반이 사라진 지 10년이 지났다.

"우울증이란 게 있는 건 나도 알아요." 프란시가 말했다. "정신건강에 대해 부정하는 그런 늙은 흑인 할머니는 아니라고요, 저도. 하지만 시대에 따라 기준점은 달라야 한다고 봐요. 그때는 대부분의 사람들이 아이를 많이 낳았어요. 그냥 다 그랬죠. 엄마도 10남매 중 하나잖아요. 그러니까 우리 형제가 열세 명이라는 게 특별히 예외적인 경우는 아닌 거예요. 더욱이 엄마 아빠의 부모님, 또 그들의 부모님 모두 소작인들이셨어요. 할아버지는 그 소작 일 때문에 일찍 돌아가셨고요. 그리고 증조부 정도쯤으로 올라가면 그분들은 노예셨을 거예요. 노예요, 오빠. 디트로이트에서 힘든 직장에 대가족과 함께 산다는 것이 두 세대 전만 해도 소작에 노예였던 세대가 볼 때 뭐가 그렇게 끔찍한 일이었겠어요?"

노예. 현대사회 흑인에게 자신의 고민이 무의미하고 사회적 불공평에도 만족하며 살아야 한다는 타당성을 만드는 데 사용되는 평계 중 제일 나쁜 것이었다. 차차는 동의할 수 없었다. 할아버지의 아버지가 노예로 살았기 때문에 지금의 그는 자신의 삶에서 더 좋은 것을 기대하고 요구해야 했다. 잃어버린 시간들을 보상받기 위해서라도.

"노예랑 뭔가 비교하는 건 바보 같은 짓이야, 프란시." 차차가 말했다. "그리고 난 기준점 같은 건 잘 몰라. 그냥 단순하게 생각하자고. 아버지는 자주 우울해하셨어. 술도 많이 드셨고. 그건 인정할 수 있지?"

프란시는 두 손을 공중에 들어 올렸다.

"알아요. 그렇다고 아빠가 술주정뱅이는 아니셨잖아요. 집에서 난폭했다거나 엄마나 우리를 때리지도 않았고요. 오빠 말을 들으면 마치 아빠가 우리를 학대라도 했던 것처럼 들려요."

"그런 말 한 적 없어."

차차는 프란시의 집에 와서 정수기를 설치해주고 자신의 유령에 대해 그녀에게 물을 계획이었다. 흑인과 유령 이야기가 나온다는 조라 닐 허스턴의 『노새와 인간(Mules and Men)』이란 책도 갖고 왔다. 우울증이나 프란시스 터너에 대한 이야기를 할 계획은 없었다. 차차는 짜증이 났다. 형제들이 부모님을 절대적으로 숭배하는 것이 그는 불만스러웠다. 부모님의 단점을 잘 들여다보면, 그들의 주장은 설득력을 상실할 수밖에 없었다. 트라우마가 없었더라도 그저 유년기의 일상에 대해 이야기 정도는 할 수 있는 것 아닌가? 스페이드를 그냥 스페이드라고 부르면 되는 것이었다. 차차는 남은 물을 들이켰다.

"앨리스가 그러는데, 내가 우리 가족 안에서 갖는 역할이 영국 수상 같대."

프란시가 키득거렸다.

"차차 오빠. 그 의사가 도움이 된다면 좋아요. 하지만 그 여자 생각을 난 더 이상 못 들어줄 것 같아요."

"그렇게 비웃기 전에 내 말을 끝까지 들어는 줘야 하는 거 아니니? 수상 같다는 건 내가 우리 가족의 일상을 돌보고 있기 때문이래. 그런데 우리 가족의 리더를 생각하면 누가 대표적인 인물이 되지? 어머니야."

"당연한 거지요." 프란시가 말했다.

"그래. 하지만 수상은 왕실에서 쳐다보기도 싫어하는 일들도 처리해야 하는 거야. 아버지와 내가 같이 일할 때처럼 말이야."

"무슨 얘기예요?"

"그때 기억나니? 내가 아직 같은 집에 살 때? 같이 살았으니까 당연히 아버지랑 같은 차를 타고 출퇴근할 수 있었는데 아버지는 혼자 다니는 게 편하다면서 혼자 차를 타고 다니셨어. 그러자 어머니는 나한테 아버지를 미행하라고 시키셨지. 물론 아버지도 알고 계셨어. 내가 미행하고 있다는 걸. 아버지는 집으로 돌아오는 길에 항상 람버트 거리에 있는 농구구장에 들러 차를 세워놓고는 밀러라이트 맥주 한두 캔을 드셨어. 아버지가 그 맥주를 '숏도그'라고 불렀던 거 기억나? 그러고 나서 아버지는 운전을 하고 집으로 오셨던 거야. 나도 마치 아무 일 없다는 듯 집으로 돌아왔고."

"그게 뭐가 어떻단 말이에요?"

"어머니가 왜 아버지를 미행하라고 하신 거라고 생각하니?"

"그거야 어린 동생들이 아빠 술 드시는 거 못 보게 하려고 그러신 거잖아요."

"그래, 맞아. 근데 나는 프란시? 나도 아버지 아들이잖아?"

프란시는 키득거림과 콧방귀 사이 어디쯤에 있을 법한 소리를 냈다.

"오빠, 나도 예전에 심리학 수업 한두 개는 들었는데, 앨리스라는 그 여자가 오빠에게 상황을 극복하라는 말 말고 다른 얘기를 해 주고 있는 거라면 오빠는 돈을 낭비하는 거예요. 오빠는 이미 성인이었잖아. 그리고 이제 와서 아빠가 술을 드셨고 엄마가 오빠에게 너무 많은 부담을 준 게 무슨 의미가 있어요. 부담이라면 저도 만만치 않았다고요. 오빠만 수상이었고 난 어디 먼 시골에 가서 도움 따윈 되지 않았다는 식으로 생각하면 안 된다고요. 맙소사, 그 비유 정말 끔찍하다고 생각했는데 나까지 쓰고 있네요! 저도 할 수 있는 데까지는 도왔어요. 그걸 모른다고 하면 안 돼요."

비만 수술을 받기 전까지는 프란시 역시 집안일을 돕는데 열성적이었다. 가족 간의 다툼을 해결하고, 생일을 기억하고, 비올라를 돌보았다. 그리고 상황이 좋지 못한 조카들에게는 자신의 문을 열어주며 각종 리더십을 발휘하곤 했었다. 수술 후에 왜 형제들이 프란시를 위해 좀 더 신경을 쓰지 못했는지 차차는 아직도 이해할 수 없었다. 프란시의 건강을 챙기는 이야기는 많이들 했었지만 막상 행동으로 옮기지 못하는 가족들 사이에서 그녀의 수술 결정은 결단력 있는 행동이었을지도 모른다. 프란시는 수술하는 과정에서 염증이 생겨 거의 한 달간 병원에 입원해 있었다. 티나의 등쌀에 못 이겨 하루 한 번씩 병문안을 갔던 자신을 제외하고는 한 번 이상 병원을 찾은 형제는 없었다. 건강을 회복하고 몸무게를 뺀 후 그녀는 집안일과 거리를 두기 시작했다. 그녀는 여전히 친절하고 가족들과 어울리길 좋아했으며 가족들을 사랑하는 마음은 변함이 없었지만 더 이상 다른 형제의 문제로 골머리를 싸매는 일은 없었다. 돈이나 잘 곳을 필요로 하는 친척들을 위한 문호개방정책은 더 이상 유효하지 않았다. 그녀는 공항으로 마중을 나가는 일조차 하지 않았다.

"프란시, 지금은 내 얘기를 하고 있는 거야." 차차가 말했다. "네가 돕지 않았다는 게 아니라. 우리 자랄 때 네가 많이 도왔다는 거 나도 알아. 나도 네가 도움이 필요할 때는 항상 네 옆에 있으려고 노력했고. 그러니까 너무 죄책감 들게 하지는 마."

"그런데, 오빠." 프란시가 말했다. "조금 있으면 리처드가 들어와요. 여기서 오빠가 각종 공구를 들고 있는 걸 보면 창피해할 것 같아."

차차는 일어날 기미를 보이지 않았다. 오늘 아침에 그는 터너 사람들이 왜 중독에 약하다고 생각하는지에 대해 앨리스와 이야기를 나눴었다. 첫 번째는 프란시스였다. 앨리스는 그를 알코올 중독자라고 불렸지만, 차차는 비밀스럽고 슬픈 그와 술과의 관계를 단순히 알코올 중독이라고 칭하기에는 이 단어가 너무 임상적이라고 생각했다. 프란시스는 술을 즐기지 않았다. 그는 마치 과거의 잘못을 만회하기 위해 스스로에게 벌을 내리듯 술을 마시는 것 같았다. 그리고 로니. 더 이상 복도에서 오줌을 싸는 꼬마는 아니지만 그는 열세 살 때 헤로인에 손을 댔고 지금도 뭔가를 하고 있는 것이 분명했다. 차차는 쉰세 살이나 먹은 동생의 중독에 대해 파헤치고 싶지 않았다. 그리고 트로이가 있다. 그는 성공에 중독되어 있었다. 하지만 안타깝게도, 성공하기 위해서는 열심히 살아야 한다는 기본 사실을 그는 모르고 있었다. 그리고 말린과 비올라가 있다. 물론 지금은 중독이 두 사람을 더 이상은 괴롭히지 못하지만, 불과 몇 년 전까지만 해도 그 둘은 벼룩시장 일에 중독되어 말린이 방사선 치료를 받는 과정에서도 그 일에 필사적으로 매달렸다. 단 한 번도 돈다운 돈을 벌어들인 적이 없는데도 말이다. 둘은 중서부에서 물건을 가져다 팔았는데, 모피코트나 빈티지 핸드백, 램프 같은 것들이 그곳에 있다는 이유로 그것들을 가져다 팔아야 한다는 그들의 욕망을 차차는 이해할 수 없었다. 그리고 티나가 있었다. 그녀는 터너의 핏줄은 아니었지만 삼십 년 동안을 함께 살아오면서 터너 사람들과 닮아갔다. 사람들의 습성은 전염성이 있었다. 차차는 티나의 종교적인 열정을 중독이라고 부르는 것이 죄스러웠지만 그는 중독이라고 생각했다. 그리고 앞에 서 있는 프란시. 그녀는 음식과 영양과 건강 그리고 부엌 도구들에 중독되어 있었다. 터너집안 사람들은 '적당히'의 개념을 모르는 사람들이었다. 그리고 어쩌면 자신 또한 중독된 사람일지도 몰랐다. 모든 일을 도맡아 하려는 것에, 또는 앨리스에게 치료를 받는 것에, 아니면 자신 앞에 다시 되살아난 유령에. 그는 중독이 자신을 망가뜨리게 두진 않겠다고 다짐했다. 중독을 자신으로부터 분리해내고 분석해서 원인을 찾을 것이다. 그는 공구 가방 아래에서 책을 꺼내 들었다.

"잠깐 주제를 바꾸면 안 될까? 여기 와서 정수기 설치를 도와주고 너와 유령에 대해 의논을 하고 싶었어. 인터넷을 뒤지다가 이 책을 발견했거든."

프란시는 책을 노려보고는 차차에게서 그것을 건네받았다.

그녀는 응접실 소파에 가서 앉았다. 터너 형제들 중 두 사람이 대학을 졸업했는데 그중 한 명이 프란시였고 나머지 한 명은 로니였다. 하지만 로니는 팝스타를 꿈꾸며 세월을 허비하느라 대학졸업장을 활용하지 못한 케이스였다. 프란시는 세 명의 자식을 키우며 통신대학에서 공부했고 7년 만에 학사학위를 받았다. 그녀는 터너 형제들 중에 유일하게 책을 진정 가까이하는 사람이었다.

"읽어보지 않은 책이면 됐어." 차차가 말했다. "난 그냥 어쩌면 네가 알 수도 있을 것 같았어."

"이거 아주 오래전에 읽었어요." 프란시가 말했다. "좋은 책이죠. 여기에 나오는 이야기나 농담들이 우리 어릴 적에 올리비아와 루씰 이모네 놀러 갔을 때를 생각나게 했던 기억이 나요. 사람들이 엄마한테 화났을 때 엄마가 하는 말 기억하죠? '싫다고? 그럼 받지 말라고. 여기 내 목덜미가 있으니 와서 흔들어 보라고?' 이거요."

"어, 기억나."

"이 책에 바로 그 말이 나와 있어요."

"그래?"

"그렇다니까요. 아직 읽지는 않았군요?"

"아직. 막 찾았거든."

"그런데, 오빠. 유령이 아직도 보여요?"

차차는 앨리스와의 대화를 통해 그가 깨닫게 된 내용을 프란시에게 설명했다. 그날 큰방에서 유령을 보았고, 사고가 났을 때도 보고, 그 이후로도 유령이 눈앞에 나타나지는 않았지만 자신이 그 유령을 항상 느끼고 있다는 사실은 말이다. 프란시가 그 말에 조금 풀린 듯 보여 차차는 다행이라고 생각했다. 그녀는 불협화음을 마음에 오래 담아두지 않고 항상 제자리로 돌아오는 능력이 있었다. 나머지 형제들은 그렇지 못했다.

"이런 일을 겪기에 오빠가 너무 똑똑하다고 생각하세요?"

그렇다고 차차는 생각했다. 하지만 그렇게 말하지 않았다.

"아니. 똑똑한 것과는 무관한 것 같아."

"제발요. 오빠는 감성적인 사람이 아니고 논리를 중요시하는 사람이라고요. 그러니까 오빠가 무언가를 직접 봤다면, 논리적으로 해결책을 찾든지, 아니면 버려야 하는 거라고요."

"난 논리적이야. 그래서 상담도 받는 거고."

"그런데 그 논리가 문제라는 거예요, 제 말은."

"뭐가 어떻게 잘못된 건데?"

프란시가 갑자기 웃음을 지었다. 그녀의 차아는 작고 똑바로 나 있었지만 앞니 사이에 작은 틈이 있었다. 프란시스 터너와 같았다.

"이걸 오빠나 그 의사의 논리로 대면하면 공포영화에 나오는 백인 꼴이 되는 거예요. 유령을 화나게 하든지, 아니면 없애버리려고 하든지. 사실 아무것도 안 해도 되는데 말이에요. 유령을 무서워하는 건 서양적인 사고예요. 그리고 사실은 서양에서도 얼마 안 된 사고체계라고요. 우리가 똑똑해졌다고 믿기 전에 사람들은 이런저런 신을 믿었어요. 햄릿을 보세요. 사실은 아직도 그런 걸 믿는 인간들이 많아요. 그러면서도 흑인들이 뭔가를 믿으면 미신을 믿는 바보로 보는 거죠."

건강을 되찾은 후 프란시는 반서양적인 것들에 관심을 갖기 시작했다. 특히 아프리카나 중동의 사상들에. 어쩌면 그녀가 자주 찾는다는 주스 바를 운영하는 아프리카 예멘 출신 형제들의 영향을 받았을지도 모른다. 차차는 이런 그녀가 신경 쓰이지 않았지만 퀸시는 달랐다. 퀸시는 올바르고 반감성적인 것을 강조하느라 프란시가 고대 이집트의 건축이나 아샨티족 장례의식에 대해 이야기할 때면 항상 눈을 굴리곤 했다.

"난 무섭다고 한 적은 없는데."

"두려운 거예요, 오빠는." 그녀는 다시 미소를 지었다. "도서관에서 책을 빌리고 인터넷에서 자료를 찾고 있잖아요. 왜 그렇죠? 두려우니까. 그냥 받아들이려고 노력을 해봐요. 같이 자란 수많은 사람들이 하늘나라로 갔지만 오빠와 난 왜 아직 살아있는지 과학이나 논리로 설명할 수 없지만 그냥 받아들이잖아요."

"그건 통계학이나 개연성의 문제 아니야?" 그가 말했다. "우리는 어머니 아버지 두 분 다 살아계셨고 너와 나도 밑에 있는 형제들에게는 세 번째, 네 번째 부모 역할을 했잖아. 지원군이 많으면 문제를 해결하는 게 더 쉬울 수밖에."

"그런 걸 믿지 말아요, 오빠. 문제에서 빠져나오지 못한 형제들이 수두룩해요. 로니가 특히 그렇죠. 부모가 둘 다 있어서 뭐가 어쩌니, 이런 말 전 안 믿어요. 부모 둘 다 계시고 형제 많아도 이 세상 떠난 지 오래된 사람들이 얼마나 많은데요. 그건 기회고 운명이자 하나님의 뜻이겠지만 과학은 확실히 아니에요.

나이지리아의 요루바족은 오리샤라는 여러 분야의 신들을 믿어요. 쿠바나 브라질 출신 흑인들은 노예 시절에도 멈추지 않고 신을 믿었고요. 그리고 오빠도 아는 하이티에서 온 부두교 있죠. 뉴올리언스뿐만 아니라 전 세계에 퍼져서 조상이 우리 앞날에 영향을 갖는다는 믿음을 전파해요. 오빠, 유령이 꼭 그렇다는 건 아니지만 어떻게 장담하겠어요. 관련된 책이 하나 어디 있을 텐데. 찾으면 드릴게요."

열렸다 닫히는 현관문 소리가 들리더니 리처드가 정육점 종이꾸러미를 안고 나타났다. 이제 날이 따듯해졌으니 뒷마당에서 구워 먹을 고기라고 차차는 생각했다. 프란시는 자기 부엌에서 고기를 요리하는 것을 금지했다. 그는 매제와 악수를 하고 가벼운 포옹을 나눴다. 차차와 비슷한 키에 보다 마른 체형이었고 해리 벨라폰테와 같은 대머리와 피부색을 갖고 있었다. 리처드는 『노새와 인간』을 집어 멀찌감치 들고는 책 제목을 읽으려 애썼다.

"이건 무슨 책이에요?"

"난 이만 가봐야 해." 차차가 말했다. "오랜만에 반가웠어, 리처드."

프란시가 자신의 유령에 대해 리처드에게 이야기하는 걸 듣고 싶지 않았다. 자신이 우습게 느껴질 것 같았다. 그는 공구를 챙기고 동생의 볼에 키스를 하고 집을 나섰다.

"차차 오빠?"

프란시가 그를 따라 밖으로 나왔다.

"한 가지는 잊지 마셔야 해요. 그분도 끊으셨다는 거요." 그
녀가 말했다.

"뭘?"

"술이요. 아빠는 술을 끊으셨잖아요. 아빠는 술을 끊기 위한
의지력을 찾으셨다고요. 그 심리치료사나 다른 사람들에게 아
빠 이야기를 하고 다니실 거면 그 부분도 꼭 같이 말해야 해요."

차차는 아무 말도 하지 않았다. 그는 집으로 돌아갔다.

형제들이 그토록 소중하게 생각하는 아버지의 술과 관련된
기억 하나가 집으로 돌아오는 내내 차차를 괴롭히고 있었다.
자신이 나이를 먹어가면서 이야기들에 살을 붙인 건지 아니면
시간이 그 의미를 증폭시킨 건지 알 수 없었지만, 아침에 앨리
스를 만난 후 그 기억은 그의 머릿속에서 무한 반복되고 있었
다. 앨리스에게는 말하지 않았다. 왜냐하면 그 기억이 무엇을
의미하는지 그도 알지 못했으니까.

— * —

차차가 스물세 살이던 1967년 여름, 그는 린치로드어셈블
리 공장에서 닷지 차저 자동차 조립하는 일을 하고 있었다. 그

해 6월 비올라는 마흔다섯의 나이로 자신이 또 한 번 임신했음을 발표했다. 그때 디트로이트나 미국이, 아니 전 세계가 당시와는 다른 7월을 맞이했다면, 이 열세 번째 임신 소식은 그해의 가장 큰 뉴스거리가 되었을지도 몰랐다.

12번가와 클레어몬트 거리 사이에서 일어난 작은 충돌이 점점 더 커지고 있다는 사실을 알게 된 날 아침, 차차와 그의 동료들은 여느 날과 같이 공장으로 출근을 했다. 불안감은 사람들 사이에서 정전기처럼 퍼져나갔다. 불안한 행동은 부주의를 불러왔고, 점심시간이 되기도 전에 차차의 멜빵바지는 산만해진 동료의 피로 범벅이 되어 있었다. 차차는 새로운 직장을 찾겠다는 말을 남기고 공장을 떠났다.

그해 7월 이전에는, 불타는 건물은 비극적이고 특정한 사건으로 여겨졌다. 건물의 벽돌, 옷가지들, 심지어 작은 애완동물이 타는 냄새는 사람들을 마치 프레리도그처럼 길게 목을 뻗고 서서 소방대원들을 애타게 기다리게 했다. 하지만 그해 7월 이후에는 모든 게 변해 있었다. 불에 타고 있는 집 냄새는 일상적인 후각적 자극이 되었고, 사람들은 마치 스컹크 냄새를 맡듯 자신의 집과 너무 가까운 곳이 아니라면 그것을 무시했다.

차차가 살고 있는 하숙집에는 부엌이 없어서 외로움을 느낄때면 집밥을 핑계로 얘로우집으로 가곤 했었다. 만약 그에게 걱정해야 할 동생들이 없었다면 그 또한 동네 친구들처럼 되팔아 돈이 될 수 있는 신발이나 작은 가전을 찾아 길거리를 헤맸을지도 모른다. 그는 좀도둑 정도는 괜찮다고 생각했다. 하지만 그는 장남이었다. 도시 곳곳에 일어나고 있던 화재와 도둑질 그리고 이어지는 경찰과의 충돌이 동생들을 심각한 위험에 빠트리거나 심지어 목숨을 잃게 할 가능성을 내포하고 있다는 걸 알고 있었다. 그는 동생들을 안전하게 지켜야 한다는 책임감을 느끼고 있었다. 남자 형제들 중 퀸시는 사우스캐롤라이나에서 기초훈련을 받고 있었다. 마일즈, 듀크, 그리고 트로이는 모두 여덟 살이 안 된 어린 나이였기에 비올라의 보호망 아래 있었다. 그럼 남은 건 로니와 러셀이었다. 둘은 차차가 애로우 집 진입로로 들어섰을 때 포치에 나와 있었다.

"다들 집에 있어?" 차차가 물었다.

"네." 로니가 말했다. "그런데 아빠 아직 안 들어오셨어요. TV에서 그러는데 오늘 밤에 통행금지령이 내려진대요. 지붕에서 저격수들이 경찰에게 총을 쏘나 봐요."

로니는 가슴을 내밀고 앙상한 어깨를 뒤로 젖힌 채 서 있었다. 로니는 열세 살이었지만 이미 러셀만큼 키가 컸고 팔에는 사춘기 근육이 올라오고 있었으며 턱선은 아빠처럼 강해 보였다. 차차 옷에 묻은 피에 대해 둘 중 아무도 묻지 않았다.

"어디 가려고?" 차차가 물었다.

"벽돌 찾으러요." 러셀이 대답했다.

이해를 못하겠다는 표정으로 차차가 동생들을 쳐다보았다. 비올라가 창문 반대쪽에 쪼그리고 앉아 그들의 말을 듣고 있다는 걸 차차는 알고 있었다. 그는 문을 향해 걸었다.

"벽돌 주우러 간다고요, 차차 형. 우리랑 같이 안 갈래요?"

차차가 돌아섰다.

"네 말은 들었어. 저기 저 연기 안 보이니? 서쪽에서는 흑인들을 그냥 마구잡이로 쏘고 있을 거야." 차차가 말했다.

"하지만 우린 동쪽에 있잖아요." 로니가 말했다.

"하퍼에서도 폭동이 일어나고 있다고 들었어." 차차가 말했다.

"그래서요? 그렇다고 계집애처럼 집에 앉아서 뉴스만 보고 있고 싶지는 않아요." 로니가 말했다. 더 깊어진 그의 목소리는 말할 때마다 갈라졌다.

"카우스키가 벽돌 하나에 5센트를 준대요." 러셀이 말했다. "이렇게 난리가 나고 있는데 무너진 건물에서 벽돌을 좀 가져간다고 누가 신경이나 쓰겠어요? 돈을 벌 수 있다고요. 설마 벽돌 때문에 사람에게 총을 쏘지는 않겠죠."

차차도 열여섯 살 때 러셀만큼이나 성숙해 보였었다. 하지만 러셀이 속으로 어떤 생각을 하고 있는지 상관없이 그는 여전히 애로우집에 살고 있었음으로 해서 아직 어린아이였다. 그는 아직도 동생들과 다투고 비올라에게 용돈을 구걸하고 있었다. 눈을 감고 입을 오므린 채 비올라가 지갑에서 구겨진 1, 2달러를 꺼내주기를 기다리는 것은 최고의 굴욕일 것이다. 러셀은 카우스키라는 폴란드계 사람 밑에서 가끔 아르바이트를 하곤 했다. 디트로이트 동부 건설현장에서 쓰레기를 줍는 일이었다. 벽돌 하나에 5센트면 돈벌이가 될 수 있는 괜찮은 금액이었다.

차차는 같이 가겠다고 했다. 로니와 러셀을 제지하기에 차차는 아직 어렸고 힘도 없었다. 그런데 만약 둘만 가게 했다가 무슨 일이라도 생기면? 그는 어머니가 엿듣고 있는 창 앞에서 등을 돌려 벽돌을 실어 나르려면 트럭이 필요할 테니 가지고 가자고 했다.

모든 거리에 여자는 찾아볼 수 없었다. 대부분의 포치도 비어 있었다. 몇몇 집 앞에는 성인 남자들과 조금 성숙한 아이들이 스스로를 보호하기 위해 나름의 준비를 마치고 모여 있기도 했다. 그들 대부분 총을 갖고 있다는 걸 차차는 알고 있었다. 서쪽에서 가지고 온 사냥총이 대부분이었지만 도시에서 구입한 더 가볍고 좋은 총도 있을 것이다. 하지만 누구를 향해 총을 쏠 수 있을까? 경찰? 분명 이웃은 아닐 것이다.

러셀이 얘로우집에서 서쪽으로 몇 블록 떨어진 집으로 그들을 안내했다. 하퍼 거리에 있던 그 집은 무성한 잡초와 길게 자란 잔디로 보았을 때 오랫동안 비어 있었던 듯 보였다. 옆에 있는 세탁소 건물도 2층이 타서 없어진 상태였다. 1967년부터 백인들은 시 외곽으로 이주하기 시작했다. 집을 임대하거나 살 수 있는 흑인이 빨리 나타나지 않을 경우 집은 버려지곤 했다.

동생들은 벽돌을 가지러 버려진 집으로 향했고 차차는 트럭에서 기다렸다. 로니가 앞서가고 러셀이 그를 따르며 뒤를 돌아보는 모습으로 봐서는 둘 중 동생 로니가 이 계획을 실행에 옮기자고 제안한 것이 분명했다. 로니는 더 어렸지만 잘 알려진 청소년 세일즈 클럽에서 일자리를 얻을 만큼 언변이 좋았다. 볼릭이라는 이 세일즈 클럽 대표는 흑인 청소년들을 모아 백인 지역을 돌며 주방세제, 체온계, 계량컵과 같은 물건들을 두려움에 떠는 백인 주부들에게 비싸게 팔고 있었다. 로니는 그해 여름 최고의 판매왕이었다. 그는 겉보기에 똑똑한 사람들로 하여금 바보 같은 짓을 하게 만드는 능력이 있었다.

차차는 차에 앉아 있으면서 헬리콥터 소리와 미친 듯이 울리며 지나가는 소방차 사이렌 소리를 들었다. 소리들은 그에게서 점점 멀어져 도시 북서쪽으로 향하고 있었다. 계획을 좀 더 잘 짰어야 했다는 것을 그제야 깨달았다. 그들에게는 차 말고도 리어카가 필요했다. 사람들의 눈을 피하려면 너무 자주 왔다 갔다 할 수 없었는데 1달러를 벌려면 벽돌을 스무 개나 날라야 했다. 옷에 묻은 피에서 나는 철 냄새가 그를 메슥거리게 했다. 최소한 옷이라도 갈아입었어야 했다.

공장에서 차차가 하는 일은 브라이슨이라는 동료가 팀장으로 있는 3인 팀이 자동차의 몸통을 아래 프레임에 부착하는 것을 기다렸다가 기찻길 같은 벨트로 이 파트가 자신에게 오면 밑에 있는 기름펌프에 호스를 끼우고 까치발을 이용해 후방 액셀러레이터를 고정시키는 일이었다. 모두가 불안해하고 있었지만 처음에는 별문제 없이 벨트가 움직였다. 그러다가 브라이슨 팀이 느려지기 시작했다. 다음 자동차가 내려오기 전에 각자 약 1분의 시간 동안 자기가 해야 할 일을 마쳐야 했다. 평소엔 충분한 시간이었다. 혹시 한 파트가 느려질 경우를 대비해 밖에서 한 명이 전체 과정을 지켜보다가 지연이 생기는 라인에 뛰어들어 그 파트를 돕고 있었다. 차차와 브라이슨의 백업 맨은 몬트리올에서 온 키가 크고 뚱뚱한 미켈이라는 백인이었다. 어쩌면 미켈이 실제 작업에 투여된 게 너무 오랜만이었을 수도 있었다. 아니면 그가 길거리에서 일어나고 있는 폭동과 화재에 정신이 팔렸을 수도 있고. 다음 파트의 일거리가 떨어지기 전에 브라이슨 팀원들의 일이 지연되지 않게 하는데 1분이면 충분한 시간이었다. 그 1분 동안 미켈은 자동차 바디와 하부 프레임 사이에 엄지손가락을 끼워 넣었고 팀원들은 이 사실을 모른 채 두 파트를 피스로 박아버렸다. 라인은 멈춰 섰다. 차차가 아래를 내려다보니 이미 옷에 피가 온통 뿌려져 있었다.

로니와 러셀이 각자 벽돌 한 꾸러미를 들고 차차를 향해 오고 있었다. 둘은 트럭 뒤에 벽돌을 던져 넣었다. 러셀의 통통한 볼에는 흙이 묻어 있었고, 셔츠는 땀으로 범벅이 되어 있었다.

"형, 나와서 도와주세요." 그가 말했다. "그러면 좀 더 빨리 할 수 있을 거예요."

차차는 동의했다.

로니와 러셀이 벽돌을 골라 차차에게 건넸다. 벽돌에 붙어있는 시멘트를 떼내기 위해 러셀이 작은 망치를 갖고 왔다. 로니는 허물어진 지하에 대부분의 벽돌이 있을 거라며 내려가고 싶어 했지만 러셀이 아래 공기에 질식할 수도 있다며 그를 말리고 있었다.

이게 무슨 어른의 삶이란 말인가? 차차는 생각했다. 500미터도 안 떨어진 곳에서는 폭동이 일어나고 있는데 그는 어린 동생들이 벽돌 하나하나를 보며 값을 매기는 모습을 보고 있다. 디트로이트에 산다면 그는 자신이 항상 어른과 아이 사이를 왔다 갔다 하는 삶을 살게 될 거라고 생각했다. 퀸시는 이미 떠났고 러셀도 1년 후면 군 입대를 위해 떠나게 될 것이다. 로니도 성인이 되면 프란시스와 비올라가 그를 멀리 보낼 것이 확실했다. 로니처럼 똑똑하고 겁 없는 사람이 이 도시에 남는다면 그는 분명 파멸할 게 뻔했기 때문이었다. 차차는 자신만이 폭동과 실직, 그리고 그 무엇이 와도 이곳에 남아있으리란 걸 알고 있었다.

차차가 세 번째 벽돌 꾸러미를 들고 차로 향하고 있을 때, 경찰차가 트럭 뒤에 서 있었다. 배가 나온 백인 경찰이 벽돌로 가득 찬 트럭 안쪽을 들여다보고 있었다. 살다 보면 문제가 생길 수 있다. 공을 잘못 던져서 본의 아닌 것을 맞출 수도 있고 파티에서 실수로 임자 있는 여자의 엉덩이를 만질 수도 있다. 그럴 때는 뛰는 게 최선이다. 차차는 들고 있던 벽돌을 버리고 뒤돌아 뛰었다. 설명할 시간이 없었기에 동생들을 지나 그대로 뛰었다. 러셀과 로니도 그를 따라 뛰기 시작했다. 뒷마당을 지나 담을 넘어 어느 이름 모를 골목까지, 그들은 한걸음에 내달렸다. 좀 더 큰길이 보이자 셋은 각자 따로 뛰기 시작했다. 어쩌면 그만 뛰는 게 더 좋았을 수 있었다. 아무 일 없다는 듯 걷다가 천천히 트럭으로 돌아가는 게 더 좋은 방법일 수 있었지만 차차는 멈출 수가 없었다. 아무 일 없다는 듯 연기하는 것에 그는 소질이 없었다. 그는 애로우로 최대한 빨리 돌아가는 게 상책이라고 생각했다. 그는 세네카 거리와 평행한 뒷골목을 통해 동쪽으로 이동했다. 그때 세네카와 람버트 거리가 만나는 모퉁이에서 사이렌 소리가 들려왔다. 고개를 돌려보니 왼쪽에 있는 집 포치 아래 너구리가 들어갈 만한 구멍이 나 있었다. 그는 꾸부리고 앉아 구멍을 발로 차서 좀 더 크게 만든 다음 다리를 먼저 넣고 그 구멍 안으로 들어갔다. 등으로 누운 채 손을 가슴에 얹었다. 썩은 낙엽과 젖은 동물 털 냄새가 났다. 혹시 쥐 소리가 들릴까 차차는 귀를 기울였지만 사이렌 소리만이 들릴 뿐이었

다. 사이렌 소리는 조금 전보다 더 가까워진 듯했다. 심장박동
이 느려졌다고 생각한 한참 후에야 자신의 쌕쌕거리는 소리가
들렸다. 공기에 떠도는 연기 때문일 거라고 생각했다.

　포치 밑에 숨는 것은 현명한 선택은 아니었다. 그곳에서 나가
면 온 몸이 흙으로 덮여 있을 것이고, 이미 묻어있는 피와 흙투
성이가 된 그는 더욱 수상쩍어 보일 게 뻔했다. 아직도 사이렌
소리가 들렸다.

　차차는 5분인지 15분인지 모를 시간 동안 다른 생각에 잠겨
있었다. 그때 갑자기 여름철 마른 잔디를 밟으며 그가 있는 쪽
으로 다가오는 발자국 소리가 들렸다. 사이렌 소리는 더 이상
들리지 않았다. 차차는 천천히 옆으로 돌아누웠다. 다가오는
부츠를 그는 본 적이 있었다. 그 비틀거리며 걷는 팔자 걸음걸
이를. 아버지였다. 프란시스 터너는 노래를 흥얼거리고 쩝쩝거
리는 버릇이 있었다. 대부분 같은 노래를 흥얼거렸는데, 영광
을 향해가는 기차에 대한 노래였다. 그리고 마치 어금니에 뭔
가 끼어 있는 듯 쩝쩝거렸다.

　그럼 그곳에서 나와 아버지와 집에 가면 되는 것 아닌가? 차
차는 그 당시 자신이 왜 그러지 않았는지 알 수 없었다. 그의 심
장은 움직이지 말라고 하고 있었다. 프란시스는 차차가 기어
들어간 구멍 바로 앞에 멈춰 섰다. 그는 그곳에 서서 노래를 흥
얼거렸다. 프란시스는 트림을 했고 차차는 그가 술에 취했음을

알 수 있었다. 숨어있는 곳까지 맥주 냄새가 났다. 폭동이 일어난 상황에서도 프란시스 터너는 술을 마실 기회를 놓치지 않는 사람이었다. 프란시스가 바지 지퍼를 내리는 소리가 들렸다.

그날 공장에서 사고가 났을 때 미켈은 그냥 "그러면 안 돼요."라고 두 번 말했었다. 처음에는 다급하게, 그리고 두 번째 손에서 볼트를 풀 때는 흐느끼듯. 브라이슨의 팀원들이 그를 데리고 나가는 동안 미켈은 아무도 알아듣지 못하는 프랑스어로 중얼거렸다. 차차도 "그러면 안 돼요."라고 외치고 싶었지만 그러지 않았다. 그는 그저 눈을 감았다.

오줌 대부분이 그를 피해 갔지만 참을 수 없는 양이 이마에 떨어졌다. 프란시스는 거의 2분 동안이나 소변을 보았고 차차는 아버지의 행동이 의도적이라고 확신했다. 그로부터 몇 년 후 비올라가 프란시스를 미행하라고 지시했을 때, 차차는 프란시스가 술을 마시러 그리고 가끔 노상 방뇨를 위해 이 동네를 찾는다는 사실을 알게 되었다. 하지만 그 사실이 그의 처음 생각을 바꾸지는 못했다. 그날 있었던 일에 대한 기억은 그 후 다른 어떤 근거에도 흔들리지 않았다. 그 기억은 차차에게는 최악의 하루를 상징하는 클라이맥스였고 그가 앞으로 어떤 운명으로 살아갈지에 대한 깨달음으로 가득 찬 시간이었다. 도시 전체에 폭동이 일어난 그때, 그의 아버지는 집에서 가족을 보호하고 있어야 할 그 시간에 그의 이마에 오줌을 쌌다. 차차는 이 행위가 특별하게 계획된 자신에 대한 결례라고 느껴졌다.

　프란시스는 볼일을 보고는 다시 노래를 흥얼거리며 자리를 떠났다. 차차는 아버지의 트럭이 떠나는 소리를 듣고서야 구멍에서 빠져나와 자신의 트럭으로 걸어갔다. 자신이 의심스러워 보일 수 있다는 것은 더 이상 중요하지 않았다.

추억들

게으른 손이 나쁜 짓을 한다는 사람들의 말은 적어도 레일라에게는 사실이었다. 카지노 칩을 쓰다듬고 싶다는 충동을 억누르기 위해서는 손이 쉴 틈을 주지 말아야 했다. 그녀는 바쁘게 움직여야 했고, 진심으로 해야 할 일들을 찾았다. 평일은 쉬었다. 바비를 돌보기 위해 새벽녘 애로우 집을 나서 브리엔의 집으로 가 그 아이와 함께 하루를 보내면 되었다. 공원이나 혹은 도서관에서. 비가 오거나 날씨가 추울 때는 그냥 집에 있었다. 레일라는 딸아이의 집에서 뒤꿈치를 들고 살금살금 걸어다녀야 한다고 느끼는 것이 이상했다. 그러나 그녀는 그래야 한다고 생각했다. 물건을 제자리에 돌려놓으려고 주의를 기울였고, 시리얼도 많이 먹지 않았으며, 딸 브리엔이 싫어할 것 같아서 냉장고에 남은 음식들도 가능하면 건드리지 않았다. 그렇게 일주일이 지나갔고, 레일라는 30달러도 채 쓰지 않은 상태였다.

진짜 위험은 주말이었다. 토요일 아침 일찍 레일라는 브리엔의 집으로 차를 몰았다. 그녀는 오늘도 바비를 돌볼 수 있기를 바랐다. 어쩌면 브리엔에게 그녀만을 위한 시간을 줄 수도 있을 것이다. 그러나 그녀가 도착했을 때, 브리엔은 이미 옷을 다 차려입고 바비를 차에 태울 준비를 하고 있었다. 그녀는 시카고에 있는 로브의 집에 갈 거라고 말했다.

"2주 동안이나?" 레일라가 물었다.

"응. 2주. 무슨 문제 있어?"

온통 대문자로 보내진 문자메시지처럼 건방진 말투라고 레일라는 생각했다. 그러나 무슨 말을 하겠는가?

"아니야." 그녀는 말했다. "왜 로브는 한 번도 여기 안 오는 거니?"

브리엔은 대답하지 않았다. 그녀는 레일라의 어깨너머로 주차장을 바라보았다. 마치 그녀의 차가 자신을 버려둔 채 떠나버리기라도 할 것처럼.

"너희 두 사람, 다시 만나는 거니? 그러는 거라면 말을 해줘."

"엄마, 아니야." 브리엔은 그렇게 말하며 어깨를 들썩였다.

그녀는 레일라의 어릴 적 모습과 많이 닮아 있었지만 비밀스러운 부분이 조금 더해진 것 같았다.

"그냥 날씨도 좋고, 그 사람이 바비한테 시카고에 있는 공원을 보여주고 싶다고 해서."

"그래? 좋은 공원들은 여기도 많은데." 레일라는 그렇게 말하고는 팔짱을 꼈다. 딱히 두 팔로 할 게 많지 않았다.

"이제 가야 해, 엄마." 브리엔이 말했다. "참, 차차 삼촌한테 전화해요. 삼촌이 일주일 내내 엄마랑 통화하려고 전화했었대. 물론 연결이 안 되었고."

그녀가 어디에서, 누구랑 묵을 예정인지 물어보기도 전에 브리엔이 바비를 안고 계단을 내려갔다. 레일라는 그건 자신이 관여할 일이 아니라고 스스로를 확신시키기 위해 노력했다.

— * —

홀로 애로우 집으로 돌아온 후, 레일라는 자신을 자신으로부터 보호하기 위해 특단의 조치가 필요하다고 생각했다. 손을 놀리면 안 된다고. 그녀는 집 전체를 청소하기로 결정했다.

다용도로 사용 가능한 클리너와 자신의 더플백 중 하나에서 찾은 낡은 티셔츠를 걸레 삼아 큰방부터 청소를 시작했다. 큰방은 가장 온전히 남아있었다. 그녀의 더플백 두 개와 옷가지들이 가득 담겨 있던 세 개의 쓰레기봉투는 큰방의 침대 밑에 처박힌 채 벽 쪽에 끼어 있어서 자세히 보지 않으면 찾기가 어려웠다. 여전히 소화제 알약의 핑크색을 연상케 하는 페인트로 칠해져 있던 여자들 방에는 낡은 침대 헤드보드가 몸체와 매트리스도 없이 벽에 기대어져 있었다. 남자들 방은 바닥 중간에 쌓여 있는 핑크색 단열재를 제외하고는 텅 비어 있었다. 여전히 바다비취색으로 칠해져 있는 프란시스와 비올라의 방 먼 쪽 모퉁이 천장에는 다락방으로 들어가는 문이 열린 채 매달려 있었고, 그 틈으로 또 다른 단열재가 삐져나와 있었다. 마치 비워지고 버려진 집이 모든 것을 포기하고 자신의 장기들을 밖으로 토해내고 있는 듯 보였다. 레일라는 단열재를 넓은 곳으로 옮겨주고 싶었다.

부엌 장은 싱크대 위에 있는 고양이 밥을 제외하고 비어있었다. 비올라가 차고 뒤로 찾아오던 들고양이들에게 주던 은색 캔의 먹이들이 두 줄로 서 있었다. 잠깐 자기 신세를 한탄하며 레일라는 고양이 먹이를 저녁으로 먹어볼까 생각했다. 예전 다큐멘터리에서 본 괴짜 모녀가 고양이 먹이를 먹었던 모습이 떠올랐기 때문이었다. 그만큼 돈이 필요했다.

프란시스 터너의 AM/FM 라디오는 부엌 뒷문 근처에 놓여 있던 캐비닛 옆에 여전히 볼트로 고정되어 있었다. 라디오를 켜보니 아직 작동되고 있었다. 올디스 라디오 채널에서 키스 스웨트 노래를 틀고 있었고 레일라는 그 음악에 맞춰 바닥을 닦았다. 그의 콧소리 나는 목소리는 예전만큼 매력적으로 느껴지지 않았다. 프란시스가 살아있을 때 라디오는 항상 스포츠 채널에 맞춰져 있었는데, 그가 라디오로 라이온스 게임을 듣지 않을 때는 폰티악 실버돔에서 라이브로 경기를 관전하고 있다는 뜻이었다. 그는 트로이를 경기에 종종 데리고 갔었다. 간혹 차차를, 또는 그날 시간이 있는 남자 형제들 중 하나를 골라 동반하기 일쑤였다. 딱 한 번, 레일라를 데려간 적이 있었다.

"아빠가 나이를 먹고 있다는 증거겠지." 버니스였다. 레일라가 화장실에서 앞머리에 컬을 넣고 있는 모습을 지켜보며 버니스는 그렇게 말했었다. 80년대 초반에 레일라는 머리를 연갈색으로 염색하고 '쉐일라 이' 또는 '티나 터너'의 머리 스타일을 따라 했다. 두 가수의 사진을 미용실에 가져가 뒤쪽보다는 앞머리 쪽에 힘을 준 그녀들의 머리 스타일을 주문했었다. 그녀는 열여섯 살이었다. 브리엔의 아빠를 만나서 미주리로 떠나기 3년 전이었지만 그녀는 이미 디트로이트를 떠나고 싶어 안달이 났다. 그녀는 빠른 미래에 멀리 떠날 생각으로 가족과의 시간을 한순간 한순간 소중하게 간직하기 시작했다. 가능하면 아주 먼 곳에서, 터너 사람들과 떨어져 견딜 수 있을 때까지 살아보고 싶은 것이 그녀의 희망사항이었다.

"아빤 경기장에 여자애들을 데리고 간 적이 없어." 버니스가 말했다. "어쩜 당연한 거지. 누가 축구게임을 보러 가면서 괴상 망측한 머리를 한 여자애를 데리고 가겠니?"

"내가 좀 그렇지?" 레일라가 말했었다. 버니스는 레일라를 놀릴 수 있는 진정 유일한 형제였다. 열 번째 태어난 버니스는 가족 내에서 코미디언을 자청하며 항상 붙어 다녔던 마일즈와 듀크 바로 밑이었는데, 그 둘은 그녀를 견디기 힘들 정도로 놀려댔었다. 아마 그 영향 때문일 거라고 레일라는 생각했었다. 고등학교 1학년 내내 버니스는 레일라가 가슴이 없다고 놀려대다가 정확히 1년 후 그녀의 가슴이 트리플 D 사이즈로 부풀어 오르자 항아리녀라고 부르며 레일라가 육상팀에 들어가면 허들을 뛰다 자기 가슴에 맞아 기절할 수 있으니 조심하라고 놀렸다.

"어쨌든 난 가고 싶지도 않아." 당시 버니스가 그렇게 말했었다. "들어보니 아빠는 아직도 경기장에서 술을 드신다더라고. 창피당할 준비는 하고 가."

프란시스가 15달러를 지불하고 산 티켓을 트로이는 '어슬렁거리는 구역' 티켓이라고 불렀다. 이 구역의 자리들은 경기를 보기가 너무 나빴다. 그래서 이 구역 티켓을 산 사람들은 실버돔 안을 어슬렁거리며 배가 허용하는 만큼의 핫도그와 맥주를 사 마시며 대형스크린을 통해 경기를 관람해야 했다. 프란시스는 정말 은색 플라스크 술병을 그의 라이온즈 모자 아래 숨겨

밀반입했다. 차에서 나와 경기장으로 가기 전 그가 술병을 모자에 숨기는 걸 레일라는 보았지만 경기장 안에서는 다시 볼 수 없었다. 그는 술에 취하지 않았고 말을 나누며 편안해 보였다. 그는 음료수를 마시며 감자 칩을 먹었고 이번 시즌에는 빌리 심스 선수가 팀을 플레이오프까지 이끌 것이라고 주장했다.

"이제 우리 팀에도 스타 선수가 생긴 거야." 그가 말했다. "그냥 모두 전략적으로 플레이하고 건강만 챙기면 되는 거라고."

모자 안에 숨겨놓은 플라스크는 그의 부적이었을 수도 있었다. 항상 가지고 다니는 것이 익숙해져서 없으면 불안해지는 것. 레일라는 한 달 후 심스가 자신의 선수 생활에 종지부를 찍는 게임에 아빠와 같이 가지 않았다는 것을 감사하게 생각했다. 분명 절망의 늪에 빠진 아빠를 어떻게 위로해야 할지 몰랐을 테니까. 심스의 무릎이 부서지는 모습을 보지 못한 건 정말 다행이었다.

그 당시 레일라에게는 프란시스가 항상 맨정신을 유지했던 것이 나름 실망스러웠다. 형제들은 예전에 아빠가 술을 드시면 우스갯소리와 엉뚱한 행동을 하던 때를 이야기하곤 했는데 레일라는 아빠가 취한 모습을 한 번도 본 적이 없었다. 아빠가 술을 마셨더라면 더 많이 웃었을 것이고, 그의 아칸소-디트로이트 사투리가 더 알아듣기 힘들었을 거라고 그녀는 상상했다. 현재 자신의 도박문제를 볼 때, 레일라는 아빠가 어떻게 술을 끊을 힘을 얻으셨는지, 그리고 그녀의 DNA 어딘가에 그런 의지가 숨어있을지 궁금했다.

레일라는 지하실로 내려왔다. 망가지고 녹슨 자전거 옆 싱크대 밑으로 쥐똥 같은 것들이 보였다. 로니 오빠는 여기서 밴드 연습을 했었다. 높은 창을 녹색 천으로 가리고 크리스마스 전구를 달고 오래된 앰프로 집의 전기에 부담을 가하면서. 일곱 살 때쯤, 계단에 앉아 오빠와 친구들이 연주하는 모습을 구경했던 것이 기억났다. 그들은 자칭 델포닉스 스타일의 프리펑크 밴드로 사이비 가스펠 음악을 지향했으며, 로니의 춤사위는 그 후 수년 동안 레일라에게 진정으로 쿨한 것이 무엇인가에 대한 기준을 제시했었다. 물론 시간이 지나면서 크게 어리석었음을 깨닫게 되었지만 말이다.

반대쪽 창문 아래에는 '추억들'이라고 적혀있는 박스가 쌓여 있었다. 레일라는 비올라가 짐을 싸기 시작할 때 이곳에서 일을 도우며 갖가지 물건들을 어떻게 싸야할지, 그리고 비올라에게 뭘 버리라고 설득할지 언니들과 의논했었다. 벼룩시장을 사랑했던 비올라는 물건을 버리지 못했다.

"이 모든 것들이 내 추억이야." 비올라가 말했었다. "추억을 길거리에 내버릴 수는 없지. 그건 그 추억에 담긴 사람을 내버리는 거랑 같은 거야."

그래서 레일라와 말린은 그녀의 수많은 물건들-유리와 크리스틸 함들, 개근상에서부터 마라톤 참가상에 이르는 다양한 내용의 구겨진 상장들, 누구의 것인지 모르는 여러 장의 아기 초음파 사진들, 녹슨 고등학교 달리기 메달들, 911 테러 전시회에서 아이들이 비행기 조종사 칸에 들어갔을 때 얻었던 항공기 핀들—을 상자에 담아 '추억들'이라고 썼다. 모든 사람들은 이 상자들이 논란의 여지가 있는 추억들을 담고 있지만 금전적 가치는 전혀 담고 있지 않다는 것을 알고 있었다.

그랬다. 대부분 상자는 금전적 가치는 없었다. 하지만 그중에서 비교적 작고 유독 단단한 재질의 상자 하나가 지난 한 주 동안 레일라의 머릿속을 떠나지 않고 있었다. 그녀는 큰 상자 몇 개를 옆으로 치워놓고 그 작은 상자를 꺼냈다. 기억이 났다. 자신을 믿지 못해서 집으로 가져가지 못했던 상자였다. 상자 안에는 허벅지 길이 정도의 검정색 케이스가 있었다. 케이스 앞쪽에는 레일라 머리 터너, 6257 애로우가라고 새겨져 있는 은색플레이트가 붙어있었다. 안에는 29년이나 되었지만 상태가 훌륭한 게마인하트 플루트가 들어있었다. 3중 은도금처리에 순은 헤드 조인트라는 노란색 제품증명서가 케이스 안에 그대로 있었다. 차차와 티나가 구매했고 프란시스와 비올라가 이름을 새겨준 악기였다.

지역 YMCA의 청소년 오케스트라에서 레일라는 열네 살 때 수석 자리를 꿰찼었다. 그 후 그녀는 고등학교 밴드에서도 자신의 음악적 재능을 다방면으로 인정받았다. 음악을 사랑했던 그 시절, 그녀에게 가장 기억 남는 것은 슈퍼플라이 영화음악 앨범을 독학으로 연주한 것이다. 트로이가 카세트 플레이어를 빌려주지 않았기에 악보를 적기 위해 반나체를 한 여자들과 항상 땀을 흘리는 남자들로 가득했던 그 영화 비디오테이프를 수십 번은 돌려봐야 했었다. 고등학교 2학년이 되고 다른 관심사들로-그 관심사들이 무엇이었는지 지금은 기억도 나지 않았다. 아마 남자였겠지만- 플루트를 내려놓기 전까지 그녀는 슈베르트나 하이든 그리고 바흐의 음악들도 상당수 외우고 있었다. 손을 악기에 대고-쥐가 건드렸을지 몰라 입은 악기에 대지 않았다- 노트를 눌러보니 이제 그녀가 기억할 수 있는 곡은 '위풍당당 행진곡' 하나뿐이었다. 실망스러웠다.

　박스에 있는 나머지 물건들은 그녀의 것이 아니었다. 아무도 찾지 않는 물건이었고 가치도 전혀 없는 물건이라 상자에 들어갈 자격이 없는 것을 비올라가 모아둔 것이었다. 상어 뼈로 된 손잡이가 달린 일본식 칼을 처음 본 것은 비올라의 그릇장 아래 서랍에서였다. 아시아로 훈련을 떠난 적이 있었던 트로이나 마일스, 혹은 듀크의 것이라고 그녀는 생각했다. 금으로 보이는 엄청 큰 링 귀걸이도 있었다. 아마 7-80년대에 너무 무겁고 큰 귀걸이만 고수해서 지금은 귀에 난 구멍이 일자로 늘어나 있는 열한 번째 산드라의 것으로 추정되었다. 끝으로 조금이나마 값어치가 있지만 잊힌 물건 목록에 포함된 것은 어두운 원목으로 만들어진 옛날식 파이프였다. 벚나무나 마호가니로 만들어진 것 같은 이 물건은 의심할 여지없이 프란시스 터너의 것이었다.

— * —

체인스 아 어스는 집에서 2킬로미터도 채 안 떨어진 그라시오 거리에 있었다. 그곳에 한 번도 가 본 적이 없었지만 부근에 있는 화이트캐슬 햄버거 가게와 수표교환소에 간 적은 있었다. 그날 아침 청소를 시작할 때 일이 이렇게 되리라고 스스로 인정하진 않았지만 결국 이런 일이 생길 거란 걸 그녀는 알고 있었다. 얘로우가로 처음 돌아왔던 밤부터 상자의 존재는 그녀의 의식 어딘가에 자리 잡고 있었다. 억누르고 있는 기억처럼 주위를 맴돌며 방송이 모두 끝난 TV처럼 윙윙거리고 있었던 것이다.

체인스 아 어스가 있는 자리는 전에 연회장 영업을 하던 곳이었다. 그 당시 브라더스 연회장은 비올라의 60번째 생일파티뿐만 아니라, 프란시스의 정년퇴직 파티, 각종 결혼식과 아이 생일 파티, 그리고 훈련소에서 돌아온 형제들을 환영하는 파티를 열었던 곳이었다. 원목패널로 장식된 그곳의 벽은 여러 터너가(家) 사람들의 춤사위를 목격했을 것이다. 그 당시 주인이 었던 클라이브 브라더스는 여자화장실에는 분홍색 형광등을, 남자화장실에는 파란색 형광등을 설치했었다.

밖에 설치된 LED 배너에 의하면 체인스 아 어스는 주로 금을 사고파는 것에 특화된 곳이었는데 기존 전당포 거래도 하고 있었다. 방탄 유리창 뒤에 서 있던 여성은 좀 더 적당한 비교 기준은 없지만, 굳이 말하자면 빈민촌 출신 동양계 여자로 보였다. 그녀의 목에 걸린 목걸이에 '탄'이라고 적혀있는 걸로 봐서는 베트남사람이거나 몽골 출신일 거라고 레일라는 생각했다. 그녀의 머리는 한때 유행했던 비행청소년처럼 젤로 바짝 빗어 넘겨 방울고무줄로 묶여 있었다. 레일라는 그녀에게 다가가 아름다운 얼굴을 그만 좀 가리라고, 가서 머리를 감고 오라고 말하고 싶은 걸 억지로 참아야 했다. 탄의 손톱은 길고 감청색으로 칠해져 있었는데, 짝짝 소리를 내며 필사적으로 껌을 씹고 있었다.

"물건을 하나씩 캐러셀에 올려놔 주세요." 그녀가 말했다.

레일라는 깜짝 놀랐다. 그녀의 목소리는 높고 달콤했다. 모성애를 느낄 정도로 상상했던 것과는 전혀 딴판이었다. 이런 불협화음이 오히려 그녀를 불안하게 했다. 그녀는 자신의 플루트와 다른 사람들의 물건이 담긴 박스를 내려다보았다. 파이프는 보낼 수 없었다. 돌아가신 분의 물건을 전당포에 맡길 수는 없는 일이었다. 특히 그 돌아가신 분이 아빠라면 말이다. 그녀는 파이프를 뒷주머니에 찔러 넣었다. 나머지는 다시 찾으러 올 것이라고 자신에게 다짐했다. 링 귀걸이를 시작으로 그녀는 물건들을 하나씩 소형 플라스틱 컨베이어벨트에 올려놓았고 탄은 벨트를 돌려 물건을 검품했다. 그녀는 귀걸이를 손바닥 사이에서 비비더니 불빛에 비춰 보았다.

"이거 도금이에요. 아시죠? 20달러 드릴게요."

레일라는 무언가 말하려고 입을 열었지만 사실 그녀가 전당포를 찾은 건 이번이 두 번째였다. 금과 놋쇠를 구분할 자신은 없었다. 레일라는 고개를 끄덕였다. 다음은 칼이었다. 탄은 싸여있던 천에서 칼을 꺼내더니 손톱으로 칼날을 만져 보았다. 다른 의견이 필요했는지 그녀는 칼을 들고 뒤쪽 방으로 들어갔다.

"이건, 200달러 드릴게요." 탄이 돌아와서 말했다.

"진짜요?" 레일라는 마치 자신에게 묻고 있는 것 같았다. 그녀가 생각했던 것보다 훨씬 큰 값어치였다. 레일라는 탄이라는 여자가 물건을 볼 줄 모른다고 생각했다. 잠깐 협상을 해 볼까도 생각했지만 괜히 긁어 부스럼을 만들지도 모른다는 생각에 그냥 놔두기로 했다.

"200달러면 나쁘진 않은 것 같네요."

"잘 되었네요." 탄이 말했다. 그녀는 플루트 케이스를 열어 보증카드를 읽고 패드를 확인하고 헤드를 분리해 손으로 무게를 가늠했다. 능숙한 솜씨였다.

"이건 50달러요."

"50달러요? 그거 30년은 된 물건이에요. 헤드는 순은이고요."

"알아요. 저도 봤어요." 탄은 코너에 놓인 작은 TV에서 방송하고 있는 요리 프로그램을 곁눈질로 쳐다보았다.

"더군다나 거의 새 것 같은 상태잖아요. 사람들이 이런 골동품은 돈을 더 주고 사지 않나요?"

말끝의 음 처리가 그녀의 의도와는 달리 너무 높이 올라갔다. 그녀는 거의 애원을 하고 있었다. 탄은 그런 레일라는 뚫어져라 쳐다보았다.

"100년은 지나야 골동품이에요. 그쪽 말대로 이건 30년짜리고요. 그러니 이건 골동품이 아니에요. 그냥 오래된 거지. 빈티지라고 할 수는 있겠네요. 그런데 플루트는 오래되었다고 가격이 오르진 않아요. 전부 은이나 금 또는 백금이었으면 값을 쳐주겠지만, 그렇지는 않잖아요. 그리고 여기로 플루트를 사러오는 사람들이 있을 것 같으세요?"

레일라가 돌아보니 가게에는 낡은 티셔츠를 입은 열세 살쯤 되어 보이는 남자아이 말고는 없었다. 그는 플라스틱 진열장 뒤에 있는 은목걸이를 보고 있었다. 더 이상 협상하는 건 무의미했다. 탄은 물건을 볼 줄 알았다.

집으로 돌아온 레일라는 속이 메슥거려 부엌 바닥에 주저앉아 버렸다. 물건을 되찾기까지 얼마의 기간이 있는지 탄에게 묻지 않았다. 넌 물건들을 찾으러 가지 않을 거야. 그리고 이 돈을 도박장에서 다 날려버릴 것이고. 이것이 진실이었고, 그녀의 진심이었다. 전에 무슨 다짐을 했든 상관이 없었다.

도박중독 모임에 오는 사람들은 종종 밑바닥까지 추락하는 것에 관해 이야기하곤 했다. 약간 몸집이 있던 인도 악센트를 가진 한 여성은 아이들이 방에서 자고 있는 가운데 뒷방에서 몸을 팔고 있는 자신을 발견한 것이 계기였다고 했다. 너무 바닥으로 떨어진 자신을 본 순간, 여기서 멈추지 않으면 완전 다른 사람으로 변해버릴 거라고 생각했었다고. 레일라도 그 순간을 기다리고 있었다. 자신을 영영 잃어버릴 것 같은 어떤 행위로 인하여 머릿속에서 그리고 모든 감각에서 도박장 칩을 지워버릴 수 있는 그 순간이 찾아와 주기를. 하지만 이번에도 아니었다. 그녀가 바랐던 인생을 바꿀만한 참담함은 이번에도 그녀에게 오지 않았다. 그녀는 이미 머릿속으로 60달러를 카지노에서 쓰려고 정리한 상태였다. 긴급 상황이라는 명분 아래. 그런데 이번에도 아니라면, 과연 무엇이 언제 온단 말인가?

언젠가 그녀는 자신이 특별하다고 생각했던 적이 있었다. 특별해서, 건강한 딸과 살 수 있는 집과 괜찮은 직장 그리고 그런 것보다는 더 좋은 것을 가질 권리가 자신에겐 있다고. 이제 와 생각해 보니 그건 그대로 두기에는 너무나 위험한 생각이었다. 일단 한 번 생기고 나면 좀처럼 없애기 어려운 얼룩 같은 거라고. 아마 이 부엌에서 개미 트랩을 장판 아래 놓으면서 그런 생각을 처음 했던 것 같았다.

소명의식에서 멀어진 삶
(1944, 가을)

The Turner House

프란시스 터너가 지난 6개월 동안 디트로이트에서 가졌던 직업의 수: 4

의도적으로 포기한 직업의 수: 1과 1/2

렌트한 방: 1/2

비올라에게 보낸 돈: 7달러

소비한 알코올: 월급의 몇 배

잠자리를 한 여자: 1

그녀와 잠을 잔 횟수: 그는 횟수 세기를 멈췄다.

여기 자기 발견에 관한 진실이 있다. 쓸모 있는 진실은 항상 대가를 지불해야만 얻을 수 있는 것이었다. 세계 2차 대전이 한 창인 지금, 어린아이의 아빠가 되어 돈을 벌기 위해 새로운 도시로 흘러들어온 젊은 흑인에게는 더욱 그랬다.

디트로이트에 온 바로 첫날밤이었다. 세 시간 동안 두 잔의 스카치를 마신 후, 프란시스는 뷰비엔에 있는 바에서 접시닦이 일을 하기로 했다. 바의 주인이자 요리사이며 레드본 종(種) 개를 키우는 클라이델이라는 이름의 남자는 리틀 록에 살고 있었는데, 프란시스가 자신과 같은 아칸소에 뿌리를 두고 있다는 사실을 알고는 그를 그 자리에서 고용했다. 한 달 동안 프란시스는 소금에 절인 다진 소고기 요리와 칠면조 그리고 소꼬리 요리 찌꺼기가 엉겨 붙은 접시를 오후 두 시부터 새벽 한 시까지 닦았다. 불행한 스케줄이었다. 왜냐하면 그가 렌트한 방의 사용시간을 잘라먹었기 때문이었다. 일이 끝나면 일단 뭔가를 먹어야 했다. 그 후에는 씻어야 했고. 그러면 프란시스는 보통 서너 시간 정도 잘 수 있었다. 태양이 중서부의 지평선에 낮게 드리워지고 젠킨스가 자신의 공간을 요구하며 방문을 두드리기 전까지 말이다. 젠킨스는 작은 체구의 켄터키에서 온 강단 있는 친구였는데 맥주 양조장에서 일하거나 아니면 맥주를 몹시 사랑하는 술꾼일 것이라고 프란시스는 생각했다. 그들이 공유하는 방에 시큼하게 발효된 이스트와 뒤섞인 땀 냄새가 밤새 도록 남아있었기 때문이었다. 프란시스는 일하는 동안 몰려드는 졸음을 쫓기 위해 그야말로 커피를 벌컥벌컥 들이켰다. 커피는 그를 일이 끝날 때까지 불안하게 만들었는데, 그가 자주 들락거렸던 세인트 앙투안의 주류 밀매소와 자신의 술을 보관하기 위해 하루 5센트를 주고 빌린 크래티엇 카운티에 있는 작은 라커가 그가 긴장 푸는 것을 도와주었다. 그는 자신이 스카치를 즐겼던 터프츠 목사와는 다르게 버번과 잘 맞는다는 사실도 알아냈다. 그는 불법으로 증축된 2층에 앉아서, 접시를 닦고 속바지 세탁 일을 하던 어머니가 어떻게 아들인 자신은 접시 닦이가 아니라 교회 목사가 되리라 기대했는지 생각해 보았다. 그는 또 아버지에 대해서도 생각했다. 자신처럼 틈이 벌어진 앞니와 지금은 희미해진, 그래서 기억조차 힘든 아버지 얼굴의 특징들을.

그는 자신의 아버지가 오후 현관 앞에 앉아 입담배를 씹으며 빈 깡통에 침을 뱉는 모습을 기억하고 있다. 그러나 이런 기억은 종종 터프츠 목사가 그의 포치 앞에 앉아 성경을 읽는 모습과 교차했다. 터프츠 목사는 프란시스를 2층에 남겨둔 채 한 달에 한두 번 파인블러프 지역에 가서 밤늦게 아니면 다음 날 아침 일찍 돌아오곤 했는데, 이렇게 하루 이틀 밤을 홀로 보내야 할 때면 프란시스는 아버지 생각이 간절했다. 아칸소에서의 마지막 여름이 되어서야 프란시스는 터프츠 목사에게 만나는 여자가 있다는 사실을 알게 되었다. 홀아비 목사가 파인블러프에 숨겨놓아야 할 이유가 있는 그런 로맨스라면 대체 어떤 것일지 프란시스는 궁금했다.

다른 건 다 차치하더라도 그가 터프츠 목사에게 배운 것이 한 가지 있었다. 그것은 자신의 욕망이나 꿈을 타인에게 내보이는 것이 위험하다는 것이었다. 그것은 누군가 그 꿈을 훔친 후, 멀고 차갑고 낯선 곳으로 자신을 추방할 수 있다는 것을 의미했다. 그는 터프츠 목사에게 자신이 목회를 꿈꾼다는 사실을 말한 것을 후회했다.

프란시스는 남쪽 지역에 잠재해 있는 위험을 알았지만 어쨌든 그곳은 자신의 고향이었다. 어머니가 그곳을 떠나긴 했지만 여전히 아버지의 무덤이 낡은 흑인전용 묘지에 있었다. 이주를 생각한다면 디트로이트보다는 차라리 텍사스가 자신에게 더 적합한 곳이었다. 만일 그가 자신의 의지로 떠난 것이었다면 고향에 대한 그의 갈망이 이토록 강하지는 않았을 것이다.

갑작스런 추위가 찾아 온 10월의 어느 날, 프란시스는 뷰비엔에 있는 바의 뒤쪽은 단열상태가 형편없다는 사실을 알게 되었다. 손님들은 따듯함을 누렸지만 심지어 주인이자 요리사인 클라이델의 뜨거운 요리용 철판도 주방 온도가 영하로 떨어지는 것을 막을 수 없었다. 클라이델의 충고대로 모아 두었던 돈 일부를 써서 일하는 동안 입고 있을 더 두터운 코트를 샀지만 소용이 없었다. 설거지 물 밖으로 손을 꺼낼 때면 관절염이 일찍 발병한 나쁜 케이스처럼 손가락 관절 마디마디에 심한 통증을 느껴야 했다. 몸을 따듯하게 유지하기 위해 그는 커피에 버번을 조금씩 타서 마시기 시작했다. 그는 클라이델을 구두쇠에 마맛자국 얼굴을 한 심지가 뒤틀린 흑인이라고 투덜거렸다. 하지만 슬프게도 그 목소리는 너무나도 컸고, 그는 해고되었다. 해고되기는 했지만 그것은 분명 획기적인 사건이었다. 프란시스는 결코 특정한 사람을 향해 자신의 그런 감정을 표출한 적이 없었다. 클라이델이 그렇게 구두쇠에 고집스런 사람도 아니며 잔뜩 주근깨가 앉은 것처럼 그의 얼굴이 마맛자국에 뒤덮여 있지 않았다는 사실은 중요하지 않았다. 그는 뒤틀린 성정을 가진 인간들이 마치 관대하고 아량 있는 척 행동하는 곳에서 자신의 자존감을 높이는 길로 한 걸음 더 가까이 간 것이라고 느꼈다. 그런 감정은 그가 임대한 반쪽짜리 방의 계약이 만료될 때까지 지속되었다.

프란시스는 그의 하숙집 여주인 오델라 위더스와 잤다. 그가 공짜 월세 방을 얻기 위해 그런 행동을 했다고 말한다면 그건 정확하지 않다. 만약 침구를 받으러 갈 때 잠깐씩 보는 게 아니라 그녀를 좀 더 오래 그리고 자주 볼 수 있는 기회가 있었다면 그녀와의 잠자리를 더 빨리 시작했을 것이다. 프란시스는 그만큼 외로웠다. 오델라 위더스와의 잠자리가 없었다면 어쩌면 파라다이스 벨리 바에서 남자들 주위를 맴돌며 담배를 피우며 웃고 있던 창녀들 중 한 명과 잤을 수도 있었다. 그는 그 정도의 능력은 된다고 생각했다. 오델라 위더스는 큰 입, 곧게 뻗은 네모반듯한 이와 밝은 핑크색 잇몸을 가지고 있었다. 그 입은 그녀를 더 행복해 보이게 했다. 그녀의 피부는 비올라만큼 어둡지는 않았지만 그에 가까웠다. 프란시스 터너는 짙은 피부색을 가진 여성들을 편애했다. 아마도 그건 자손들이 백인화 되는 것을 막기 위한 무의식적이고 잠재적인 노력이었을 수도 있고, 아니면 그의 어머니가 베이지색 피부를 가졌던 그의 불행했던 아버지보다 더 짙은 피부색을 가졌었기 때문일 수도 있었다. 프란시스는 하숙집의 초라한 응접실에서 오델라의 건너편 팔걸이의자에 앉아 일자리를 찾아다니느라 더 길게 느껴졌던 하루에 관해 이야기하고 있었다. 일자리를 알아보기 위해 리버 로지로 차를 얻어 타고 간 것과 그가 도착하기 전에 흑인 자리는 이미 다 차버려 있었다는 것. 앰뷸런스가 도착하고 한 남자가 거의 산 채로 요리가 되었다는 이야기가 들릴 때, 어떻게 주조공장 일자리를 얻기 위해 줄을 서게 되었는지. 일주일 반 동안 소금 광산에서 그 고된 일을 하면서도, 어떻게 터프츠 목사와 부흥회를 위해 걸프를 여행하던 때를 떠올리게 되었는지. 그리고 해변에서 수 마일 떨어진 상황에서도, 어떻게 자신의 폐가 짠 바다 공기로 가득 차는 것을 느끼게 되었는지를 이야기했다. 그는 그녀에게 소금 광산 일을 그만둔 이유는 말하지 않았다. 바다 공기에도 불구하고 그는 그 깊은 땅속에 있는 것을 감당할 수 없었다. 하얀 벽은 그를 움츠리게 했고 종일 구부린 자세로 백인들에게 저장품을 날라야 했다. 그는 자신이 하는 일이 히브리인 노예들이 이집트 피라미드를 짓기 위해 바위를 나른 것과 같을 것이라고 상상하기도 했다. 사람들은 어떤 커다란 성공 뒤에 있는 잃어버린 개인의 삶에 대해서는 잘 이야기하지 않는다. 그러나 프란시스는 그것에 관해 자주 생각했고, 또 생각했었다. 어린 시절 『엑소더스』를 처음 읽은 이후 지금까지 이어져온 생각이었다. 프란시스는 메마른 바닷가 동굴 속에서 생을 마감하긴 싫었다. 잘못된 폭발사고로 동굴 속 어둠에 갇혀 태양에 굶주린 채 고통스럽게 죽어갈까봐 두려웠다.

오델라는 성경에 꽤 정통했고 라디오를 매일 애청하는 덕분에 해외나 디트로이트에서 일어나는 일에 대해 잘 알고 있었다. 피버 맥기 앤 몰리 쇼가 방송하고 있을 때 프란시스는 오델라 바로 옆자리에 앉아 그녀의 커다란 입이 자신의 그것과 맞닿았을 때 어떤 느낌일지 확인해 보기로 했다. 두 사람은 쇼의 어설픈 존슨 왁스 오프닝 광고가 끝날 때 탕탕 소리를 내는 라디에이터가 있는 그녀의 작은 아파트 아래층에 있었다. 오델라는 프란시스가 잠자리를 했던 두 번째 여자였고, 그는 간통이라는 그 저주받을 경험에 고마워하고 있었다. 너무나 고마운 나머지 그는 그녀가 허락하는 한 그 행동을 자주 반복했다. 그렇다고 그녀와 잠자리를 갖는 것만으로 그가 임대료 지불의무를 면제받는 것은 아니었다.

"모두 임대료를 내야 해요, 군인아저씨." 어느 날 아침 그녀가 말했다. "당신도 예외는 아니고요."

전날 밤 그들은 싸구려 버번을 반 리터나 마셨고, 그 때문에 오델라는 아이보리색 슬립을 입은 채 그녀의 작은 주방 앞에서 숙취 해소를 위한 물과 베이킹소다의 혼합물을 만들고 있었다. 밖에 있던 온도계는 영하 6도를 가리키고 있었지만 오델라의 지하층 아파트는 항상 김이 자욱했다. 이런 환경이 폐에는 좋지만 자신의 머리카락에는 나쁘다고 그녀가 말하곤 했었다. 그녀는 프란시스를 군인아저씨라고 부르는 것을 좋아했는데, 그게 그에게 용기를 주려고 한 건지 아니면 겁쟁이 같다고 놀려댄 건지 그는 알지 못했다. 그녀는 그에게 고향 집에 대해 묻지 않았고, 그는 그녀에게 이렇게 크고 오래된 집을 어떻게 혼자서 임대하게 되었는지 묻지 않았다. 그는 그녀가 30대 후반쯤이라고 추측했지만, 그건 어디까지나 추측일 뿐이었다. 그녀가 브래지어를 할 때 그녀의 가슴 사이 피부가 마치 작은 아코디언처럼 접히는 모습에 근거한.

오델라가 찾아낸 프란시스의 첫 번째 직업은 집에 페인트칠을 하는 일이었다. 몇 해 전 그녀의 하숙집에 페인트칠을 했던 사람에 의해 운영되는 곳이었다. 프란시스는 이 일을 좋아했다. 그는 페인트 작업에 약간의 기술이 있었는데, 고맙게도 고향에 있는 교회의 칠 작업을 하느라 한 여름을 보낸 덕분이었다. 페인트칠 일은 버스나 시내 전차 요금만으로는 살 수 없는, 도시의 더 많은 부분을 볼 수 있는 기회를 주었다. 도시 어느 곳에 흑인들이 살고 있으며 어디에서 뿌리를 내리는 것이 가장 좋을지 알 수 있었다. 에잇마일과 와오밍 지역 부근에는 아직 시골 동네의 모습이 조금 남아 있었다. 하지만 작은 농장과 평범한 집이 프란시스에게 아무리 매력적이라 할지라도, 디트로이트와는 어울리지 않는 환경이었다. 고향에서 외부 화장실과 물 펌프는 아주 흔한 광경이었지만 이곳에서 그것들은 심각한 궁핍의 상징일 뿐이었다. 그는 트럭 뒤에 앉아, 잡동사니 수집가들이 블랙바텀이라고 불리는 흑인 거주 지역을 횡단하는 모습을 바라보았다. 뒷골목에 줄지어 버려진 쓰레기 더미를 뒤져 끌어 모은 온갖 보물들을 잔뜩 실은 그들의 손수레는 금방이라도 부서질 것 같았다. 40년 후, 그가 그때까지 살아있다면, 프란시스는 이 사람들을 다시 대면하게 될 것이다. 한밤중에 그의 동네를 침범해 고철을 모으는 사람들. 버려진 집에서 차고를 뜯어내고 금속들을 겨우 모양만 갖춘 손수레에 싣느라 동분서주하는 사람들을 말이다. 같이 일하던 동료들에 의하면, 뒷돈을 쓰면 흑인주택 대기자명단에서 이름을 앞으로 옮길 수 있었다. 그리고 흑인이 백인 동네에서 부동산 계약을 따낼 수 있는 유일한 길은 돈과 네트워크, 그리고 매우 좋은 운이라고 그들은 말했다. 격려는 안 되었지만 분명 유용한 정보였다. 11월 중순이 되자 눈이 도시의 목 언저리까지 그 완강한 손길을 뻗쳤다. 페인트 일은 씨가 말랐다.

오델라가 그를 위해 찾아 준 두 번째 일은 디트로이트 전역에서 가장 흑인 차별적인 일이었다. 적어도 프란시스는 그렇게 생각했다. 오델라는 전국도시연합 회원들 몇 명을 알고 있었는데, 그중 한 명이 지위가 있는 흑인들을 위한 사교 클럽인 나키레마의 멤버와 친분이 있었다. 클럽명 나키레마는 아메리칸을 거꾸로 쓴 거였다. 그녀는 프란시스에게 그 사실을 말해줬고, 프란시스도 짐작은 하고 있던 터였다. 나키레마 클럽 사장은 대형 제조회사의 간부들이 몰고 오는 차를 관리해 줄 관리인이 필요했다. 그 제조회사들은 전쟁이 시작됨과 동시에 무기제조로 사업을 전환했는데 그들의 자동차는 특별 관리를 받고 있었다. 클럽 입장에서는 제조회사 고위 간부들을 상대하는 일이다 보니 신사적이고 매너 있는 흑인들을 선호했다. 특히 프란시스와 같이 밝은 피부색을 가진 흑인들이라면 주저 없이 무조건 받아들였다.

프란시스는 클럽을 찾은 회사 사장들을 맞이했고, 필요할 때면 차를 닦고 관리했으며, 호출이 오면 차들을 앞쪽에서 뒤쪽으로 이동시켰다. 20세기의 말들을 위한 마구간 소년. 프란시스가 손도 대고 싶지 않았던 종류의 일이었다. 프란시스는 두 부류의 인간들과 함께 일을 했다. 한 부류는 자신들의 자존심을 거대한 친밀감으로 치환하여 지체 높은 양반들 앞에서 고개를 숙이는 사람들이었고, 또 한 부류는 프란시스와 같은 유형으로 보트처럼 생긴 그들의 자동차를 벽에 처박아 부숴버리고 싶어 하는 사람들이었다. 후자 부류 중에서 프란시스는 노만 맥네어라는 친구를 발견했다. 앨라배마 출신에 나이가 비슷했으며, 벗겨져 가는 헤어라인과 점심 대신 입담배를 씹는 버릇을 가진 친구였다.

"아침하고 저녁을 먹는 게 더 나아." 맥네어가 말했다. "아침하고 저녁만 잘 먹으면 점심 생각은 나지도 않는다고."

그와 그의 아내는 프란시스의 반쪽짜리 방에서 멀지 않은 곳에 방 하나를 임대해 살고 있었다. 흑인거주지에서 가장 못사는 지역 너머에 있었는데 부엌이 없었기 때문에 식비로 많은 돈을 써야 했다. 그의 아내는 코넷 가든즈에 위치한 한 흑인 장의사 집에서 가정부로 일했다. 맥네어는 프란시스가 살아야 할 삶의 본보기였다. 열심히 일하고, 집을 위해 저금하는 것. 그러나 프란시스는 그러지 못했다. 돈을 번다고 해도 이곳에서 인맥을 쌓으려면 그 두 배의 시간이 필요할 것 같았다. 이곳에서 그의 촌스런 대화 능력은 고향에서처럼 사람들의 환심을 사지 못했다. 세 번째 주로 접어들었을 때, 대리주차 일을 하고 있던 또 다른 부류의 인간들 중 한 명이 프란시스가 손님 차에서 운전 장갑을 훔쳤다며 고자질을 했다. 프란시스는 그 길로 해고되었다.

그는 디트로이트에서 보낸 처음의 이 몇 달을 비종교인으로서의 삶을 산 기간, 신으로부터 멀어지기 시작한 '그 때'라고 생각했다. 완전히 멀어진 건 아니었지만 그는 그 어느 때보다 멀리 있었다. 기차에서 내려선 후 프란시스는 멀어지는 잠수함의 수중 음파 소리처럼 자신의 목회에 대한 소명의식이 자신으로부터 서서히 떠나가고 있음을 느꼈다. 그 상실감은 무엇으로도 대신할 수 없었다. 베델 AME교회 예배에 한 번 갔었지만, 낡은 바지와 스웨터를 입고 뒷자리에 쭈그리고 앉아 있는 자신이 하찮게 느껴졌다. 터프츠 목사 교회에서는 적어도 존재감이 있었다. 프란시스라는 이름이 말이다. 하지만 디트로이트에서 그는 아무도 아니었다. 매일같이 수많은 사람들이 기차나 버스에서 내리는 이곳, 이 도시로 흘러들어온 또 한 명의 이방인일 뿐이었다. 이곳에서는 어느 누구도 그를 판단하려 하지 않았다. 어느 누구도 그를 잘 알지 못했으므로. 그래서 그는 술을 마셨고 섹스를 했으며 일자리를 잃어갔다. 그는 아내에게 전화도 편지도 하지 않았다.

마대자루보다는 좋은
(1944, 가을)

비올라는 결국 백인 가족들을 위해 일해야 했다. 그녀는 돈이 필요했고, 더 이상은 그 들판에 머물 수가 없었다. 비올라는 백인 주인집에서 가정부로서 겪게 될 걱정스러운 상황들을 자신이 잘 감당할 수 있다고 믿었다. 파인블러프에 사는 조겟츠 씨와 결혼한 에텔 조겟츠는 비올라가 예상했던 것처럼 거들먹거리지도 않았고, 그녀를 비하하지도 않았다. 두 사람에게는 공통점이 있었다. 비올라에게 차차가 있었던 것처럼 에텔에게는 차차와 나이가 거의 비슷한 해롤드라는 이름의 아들이 있었다. 두 사람은 출신지도 같았다. 그들은 남버지니아의 거의 같은 지역이라고 봐도 무방할 만큼 인접한 곳 출신이었다. 서로의 연결고리를 알게 되었을 때 에텔은 말했었다. "세상이 정말 좁다. 우린 어쩌면 먼 사촌뻘일지도 몰라!" 그녀는 에텔의 말이 얼마나 말도 안 되는지 그녀가 눈치를 챌 정도로만 비웃어 주었다.

조겟츠 가족의 집은 비올라가 사는 샷건하우스에서 20킬로 정도 떨어진 곳에 있었다. 비올라는 버스를 두 번 갈아타야 그곳에 갈 수 있었다. 해가 뜨기 전에 그녀는 올리비아 언니, 루씰 언니와 첫 번째 버스를 타고 한 시간가량을 이동한 후 두 번째 버스를 타고 각자의 갈 길을 갔다. 기름 배급제도 때문에 두 번째 버스는 항상 사람들로 넘쳐났고, 비올라와 같은 흑인 가정부들은 버스를 여러 대 지나보내고 나서야 한 뼘 남짓의 입석 공간에 겨우 몸을 실을 수 있었다. 집으로 오는 길에 그녀는 거위가 꽥꽥거리는 소리와 귀뚜라미 울음소리에 귀를 기울이며 프란시스가 자신과 마찬가지로 기진맥진한 채 버스에 올라 어디론가 가는 모습을 상상하곤 했다. 하지만 그의 목적지가 어디인지는 끝내 상상할 수 없었다. 사람들은 전쟁 관련 일을 하면 하루에 6달러 정도는 벌 수 있다고 말했다. 에텔 조겟츠가 그녀에게 주는 임금의 여섯 배였다.

비올라는 남편에게 버려져서 불만에 가득찬 아내 역할을 오래 할 생각이 전혀 없었다. 1944년에도 이 역할은 이미 상투적으로 느껴졌다. 그리고 그녀는 자신을 낮추면서까지 언니들이

나 이곳에 사는 흑인 여자 대부분이 하는 그런 일을 할 생각이 전혀 없었다. 그녀는 정리정돈에 소질이 없었고 요리 솜씨도 훌륭하지 못했다. 가정부 일자리를 찾아준 언니들도 이미 알고 있는 사실이었다. "그 여자에게 거짓말하는 걸 봐선 난 영화배우가 되었어야 했나 봐." 올리비아가 말했었다. "네가 물건을 제자리에 놓는 것에 대해 아는 게 아무것도 없다는 건 하나님도 아시는데 말이야."

세 번째 딸이자 열 명의 자식들 중 여섯 번째였던 비올라는 통상적으로 여성에게 주어지는 집안일에서 조금은 자유로울 수 있었다. 그녀는 밭일이나 집안일보다는 자신의 아빠 엄마의 기대를 관리하는 쪽에 더 재능이 있는 편이었다. 가정부가 아니라 가정부소개소 사업을 했으면 더 잘 해냈을 것이다. 하지만 그 당시 가정부 일은 오로지 입소문과 사적인 소개로만 이뤄졌을 뿐 아니라 임금도 너무 낮아서 중간소개소 수수료는 엄두도 낼 수 없었다. 에텔 조겟츠는 비올라가 한 번도 해보지 못한 요리를 할 줄 안다고 믿었다. 핫 워터 옥수수빵은 어떻게 만드는 걸까? 참치 캐서롤은 대체 뭐지? 또한 그녀는 비올라가 아이를 잘 돌볼 줄 알기를 기대했지만 비올라에게는 아직 그런 능력이 없었다. 차차는 해롤드처럼 한번 울기 시작하면 한 시간씩 울어대지는 않았으니까. 비올라는 자신이 능력 부족으로 해고당할 것을 매일 걱정하며 조겟츠의 집안으로 걸어 들어갔다. 물론 지금 당장 그녀에게는 이 일이 꼭 필요했지만.

프란시스가 떠난 지 3개월째 되던 날, 비올라는 집에 오는 길에 진 맨로이의 지저분한 앞마당을 지나가고 있었다. 그녀는 자신이 자신에게 온 메시지가 있는지 더 이상 궁금해하지 않는다는 사실을 발견했다. 마지막으로 진 맨로이의 집에 왔을 때 그녀의 앞마당은 길게 자란 여름 잔디와 각종 정리 도구들로 가득 차 있었다. 지금 그 마당은 붉고 노랗게 물든 잎사귀들로 가득했다.

· 3장 ·

세 번째 주

(2008, 봄)

다운타운의 햇살

뉴 센터에 있는 실업문제해결사무소로 가려는 사람들의 줄이 빌딩건물의 선팅된 유리문을 나와서 이웃한 FedEx 건물을 지나서 길모퉁이까지, 족히 수백 미터는 뻗어 있었다. 건물 내부의 긴 줄은 말할 것도 없고, 적어도 60명이 넘는 사람들이 밖에서 기다리고 있었는데 사무실이 문을 연 건 불과 45분 전이었다. 레일라는 보행과 의자 기능이 조합된 빨간색 기계장치에 앉아 있던 비만의 백인 여성 바로 뒤, 줄 맨 끝에 섰다. 실로 모든 부류의 사람들이 그 대열에 합류해 있었다. 10대들, 노인들, 허름한 행색의 사람들, 정장에 넥타이를 맨 타입, 정장에 넥타이를 맸지만 추레해 보이는 이들까지. 하지만 무엇보다 레일라에게 놀라웠던 것은, 그곳에서 기다리고 있는 사람들 중에 흑인과 백인의 수가 거의 비슷하다는 사실이었다. 공항에서 근무하다 실직을 당했던 2002년, 레일라는 실업자지원사무소에 온 적이 있었는데 압도적으로 많은 흑인을 보며 정의롭지 못한 사회의 명확한 증거라고 생각했다. 그러나 이 새로운 백인 실직자들의 급증은 혼란스러웠다. 만약 이렇게 많은 백인들조차 직업을 구할 수 없다면, 정말 어려운 시기인 것만은 분명했다.

15분 동안 레일라는 1, 2미터 남짓을 움직였을 뿐이고 뒤로는 아홉 명의 사람이 늘어나 있었다. 그녀는 사람들이 기간연장이나 교육훈련 프로그램에 관해 이야기를 나누고 저마다 호소를 이어가는 소리를 들었지만 그 대화에 합류하고 싶지 않았다. 경험이 가르쳐준 바에 따르면 이런 이야기들은 순전히 추측일뿐더러, 일자리가 없어 이곳에 와 있는 사람들의 말을 근거로 자신의 현 상황을 조명하고 희망을 품는 것은 시간 낭비라는 것을 그녀는 알고 있었다. 대신 그녀는 핸드폰 미로 게임을 반복 또 반복하며 바로 전 게임의 하이스코어를 계속 갱신하며 시간을 보내고 있었다.

20분 정도가 더 지났을 때 누군가가 뒤에서 어깨를 두드렸다. 키가 작고 마른 체형의 정장 바지와 티셔츠를 입은, 대머리가 되어가는 남자였다.

"안녕하세요." 그는 말했다. "얼마나 기다리셨어요?"

"한 30분 되었어요." 레일라는 그렇게 대답하고는 핸드폰을 더 가까이 가져와 얼굴을 가리려고 애썼다.

"뭘 알아보려고 이곳에 오셨는지 물어봐도 될까요?"

레일라는 남자의 눈을 똑바로 쳐다보았다. 그는 아침에 면도를 한 듯 보였는데, 적어도 그가 미친 사람은 아니라는 증거처럼 보였다. 물론 깔끔하게 다려진 정장 바지와 늘어나서 구질구질해 보이는 티셔츠의 조합은 조금 의심스러운 부분이었다.

"무슨 말씀이세요?"

"오전 내내 이 줄에 서서 시간을 보내기 전에 이곳이 어떤 문제들을 해결해 주는 곳인지 알고 싶어서요." 그는 말했다.

레일라가 대답을 하려고 입을 열었을 때 그녀 앞으로 보행용 기계장치에 앉아있던 그 여성이 끼어들었다.

"당연히 모든 일을 해결해 주지. 그게 어떤 일이든지 간에. 온라인이나 전화로도 해결할 수 없는 문제가 있다면, 예외 없이 이곳에 와서 문제를 이야기하고 문제의 해결책을 찾아줄 수 있기를 기다려야 하는 게 정답이라고." 그녀는 말했다.

남자는 그녀의 대답이 만족스럽지 못했지만 고맙다는 말을 전하고는 줄 뒤에 가 섰다. 보행용 기계장치에 앉은 여성은 그리 유쾌하지 않은 눈빛으로 레일라를 노려보았다. 그녀의 처진 턱선과 들떠있는 파운데이션의 조합이 레일라는 마치 설탕을 바른 도넛 같다고 생각했다.

"저렇게 뭔가 지름길을 찾을 수 있다고 생각하는 인간들이 있어, 여긴." 그녀가 말했다. "마치 앞쪽에 서 있는 사람하고 이야기하다 보면 줄 서는 시간을 조금 줄일 수 있다고 생각하는 거지. 그런데 그런 건 없어. 누구나 줄을 서야 하고, 내 차례를 기다리며 힘들어해야 하는데 말이야. 안 그래?"

레일라는 입을 다문 채 아주 살짝 미소를 지었다. 그녀는 카지노에서 말고는 모르는 사람들과 말 섞는 것을 좋아하지 않았다. 카지노에서의 잭팟이 터지는 벨소리나 기분을 띄워주는 약간의 알코올도 없는 상태에서 나누는 사람들과의 대화는 대부분 무의미하거나 무례하게 흘러갔기 때문이었다. 줄이 조금 움직이자 여자는 혼자서 키득거리며 보행용 기계장치를 앞으로 움직였다. 레일라는 뒤를 돌아 줄이 피져 빌딩까지 이어져 있는 것을 보고는 그 거대한 아르데코 스타일의 건물에 서너 번 밖에 가 본 적이 없다는 것을 새삼 느꼈다.

실업문제해결사무소 안에서는 유쾌하지 않은 사람 냄새와 팝콘 냄새가 났다. 상담사 윈도우 위에 걸린 안내문에는 신분증, 소셜시큐리티 카드 그리고 상담에 필요한 관련 서류 사본을 준비하고 있으라고 되어 있었다. 레일라는 핸드백을 몇 분 동안 뒤지고서야 자신이 실업자신청 거절 통지서를 어디에 뒀는지 전혀 모르고 있다는 사실을 깨달았다. 아마도 그녀 아파트 한쪽에 쌓여있는 연체 고지서들과 뒤엉켜 있을 것이다. 프란시스의 파이프는 아직 핸드백 안에 있었다. 체인스 아 어스에서 되찾아 와야 할 것들을 기억하기 위해 그녀는 파이프를 핸드백에 넣고 다니기로 했다. 그녀는 자신의 플루트를 잊을 수 없었다. 그녀는 절제해야 한다고 다짐했다. 어쩌면 자신의 뇌를 속여서 도박이 아니라 음악을 통해 평화를 찾을 수 있다고 믿으면, 정말로 도박에 대한 집착을 버릴 수도 있을 거란 믿음이 생겼다.

안내창구에 앉은 여성이 레일라의 신분증과 소셜시큐리티 카드를 받아 컴퓨터에 정보를 입력했다. 레일라는 보다 쉬운 방법이 있을 거라고 생각했다. 컴퓨터가 놓인 무인 키오스크가 있었다면 사람들이 자신의 정보를 직접 입력해서 기본 자료를 볼 수 있지 않을까 하고 말이다. 누군가 그 정보를 대신 컴퓨터에 입력해 주기 위해 2시간이나 기다린 것만 같았다.

"자격요건이 안 된다고 나오는데요." 그녀는 말했다.

"저도 알아요. 그래서 이곳에 온 거고요. 무임금으로 직장에서 정직을 당했는데, 그러면 요건이 되는 거 아닌가 해서요?" 레일라가 물었다.

"고용주가 시스템에 아무런 자료도 올리지 않았어요." 그녀는 대답했다.

그녀는 피부가 흰 편이었지만 완전 백인은 아니었다. 레바논 또는 이집트계 여자인 것 같았다. 다소 길어 보이는 코끝에 작은 다이아몬드 피어싱을 하고 녹색 눈을 갖고 있던 그녀는 레일라와 눈을 마주치지 않았다.

"마르타에 전화 했을 때 뭐라고 하던가요?" 그녀는 물었다.

"마르타요? 마르타가 누구죠?"

"M-A-R-T-H-A. 미시건 지원 자동응답전화 핫라인(Michigan Automated Response Telephone Hotline for Assistance)요." 그녀가 더 큰 목소리로 말했다.

그녀는 레일라에게 마르타 씨를 소개했다. '당신이 실업 수당 및 근로 수당을 받을 수 있도록 도와드립니다.'라고 쓰인 팸플릿을 건네주었다. 레일라는 팸플릿을 집어 들어 접은 후 가방에 집어넣었다.

"온라인에 있는 전화번호는 통화가 안 되더라고요. 그래서 여기 온 거고요." 그녀는 말했다.

"마르타에 전화한 거 맞으세요? 다른 번호로 전화하신 건 아니고요?"

"마르타로 전화한 거 맞아요." 레일라는 그렇게 대답했지만 확실치는 않았다.

"정직은 어떤 상황이죠? 완전히 해고된 건지는 언제쯤 통보 받으실 것 같으세요?"

"그건 알 수 없죠. 하지만 아마 지금도 해고라고 보는 게 맞을 것 같아요." 레일라는 대답했다.

그녀는 눈썹을 찌푸리고 입을 약간 찡그린 표정을 지으며 동정심 어린 표정을 지었다.

"확실한 해고통보를 서면으로 받으셔야 해요. 어차피 해고당할 것 같으면 빨리 확정을 지어서 마르타 시스템에 관련 정보를 입력하시면 여기보다는 빨리 도움을 받으실 수 있을 거예요."

레일라는 마지못해 다음 사람에게 상담원을 양보하고 돌아섰다. 차로 돌아가면서 그녀는 웃음이 터질 뻔했다. 이것이 자신의 새 인생이구나 생각했다. 창구를 통해 이 사람 저 사람에게 돈을 구걸하는 삶, 마치 온 세상이 카지노의 현금교환창구로 변해 버린 듯한 삶.

레일라는 우편이 문제일 수도 있겠구나 생각했다. 도서관 같은 곳에서 항상 확인하고 있던 이메일에는 스팸과 프로모션 메일 또는 러셀에게서 오는 폭탄 메일 말고는 새로운 소식은 없었다. 그러나 우편은 지난 2주 동안 한 통도 받지 못했다. 그녀는 아무도 찾을 수 없는 곳으로 사라져 버린 것이다. 어쩌면 그녀가 찾아가야 할 돈들이 우체국에 갇혀 있는지도 모를 일이다. 퇴직보험금이나 퇴직금 또는 마르타로부터 도착했을지도 모르는 매우 중요한 내용들. 정말 손으로 만지고 받을 수 있는 우편을 통해서만 전달될 수 있는 것들에 대해 그녀는 까맣게 잊고 있었던 것이었다. 그녀는 자신이 살던 아파트에서 가장 가까운 제퍼슨과 리메이가(街) 사이에 있는 우체국으로 차를 몰았다. 그곳에는 아무런 우편물도 없었다. 그녀는 혹시 몰라 21달러를 주고 6개월간 사용할 수 있는 사서함을 빌리고 주소 이전 신청을 했다.

이제 선택을 해야 했다. 도서관에 가거나 아니면 애로우에 있는 집에 가서 정리를 좀 더 하며 사서함에 무언가 도착하기를 기다리든지, 그것도 아니면 조금 더 적극적인 자세를 취해 다시 전화국에서 일할 수 있는 가능성이 있는지 확인하는 것. 가능성을 알아보고 확답을 받는 일에는 위험요소가 있었다. 더 큰 굴욕을 당할 확률이 높았다. 주차장에서의 행동으로 드웨인이 해고당했다는 사실을 알게 되었을 때 그녀는 무한한 안도를 느꼈었다. 그 일이 너무 충격적이기도 했지만 그가 더 이상 같이 일하는 사이가 아니라면 자기 돈을 돌려달라고 할 확률도 떨어졌기 때문이었다. 그녀는 드웨인을 내보내기까지 고통스러운 시간을 단축해 준 매니저에게 감사의 마음을 전하고 싶기까지 했다. 그러나 그때 사건이 터졌고 그녀는 더 이상 할 말이 없었다. 매니저가 그녀가 사람들에게 빌린 돈을 모두 계산하고, 노조 대표가 실망한 표정으로 머리를 내저을 때까지 그녀는 말없이 앉아 있어야 했다. 살면서 사람들 앞에서 발가벗겨진 느낌은 처음이었다.

그러나 돈은 돈이다. 그녀는 회사로 가서 매니저가 아닌 노조원과 이야기해 보기로 했다. 다른 사람들처럼 그녀 역시 매달

꼬박꼬박 노조 회비를 냈고 미스티가 그녀를 좋아하든 싫어하든 이런 상황에서 도움을 주는 것이 그녀의 의무니까.

로비에 도착하니 낯설지 않은 경비원의 얼굴이 보였다. 그녀는 쉘던이 매우 합리적이고 좋은 사람이라고 항상 생각했었다. "쉘던! 오랜만이에요." 그녀가 인사를 건넸다.

쉘던은 손을 데스크에 얹고 앞으로 몸을 기대어 그녀를 의심스러운 눈으로 바라보는 시늉을 했지만 이내 음흉스러운 눈으로 그녀를 위아래로 훑었다. 레일라는 그의 눈빛을 보고 자신이 지금 어떤 상황인지 그가 모르고 있음을 확신했다. 레일라는 남자들이 습관적으로 쳐다보는 그런 몸매를 갖고 있었다. 터너가(家)의 남자들은 큰 눈과 긴 눈썹, 남자다운 턱선과 매끈한 피부를 자랑하는 미남형 얼굴의 소유자들이었다면 터너가 여자들의 매력은 얼굴 아래쪽에 집중되어 있었다. 그렇다고 그녀들이 못생긴 건 아니었다. 그들은 모두 크고 촉촉한 눈매와 도톰한 입술 그리고 매력적인 머릿결을 뽐냈다. 터너가 여자들의 타고난 선물이자 저주는 그녀들의 풍만한 몸매에 있었다. 터너가 여자의 인생 도전은 이런 몸매의 비율을 유지하는 데 있었다. 풍만한 가슴이 처지지 않게 하는 것, 허리선을 유지하는 것, 힙라인이 처지지 않게 잡아주는 것. 쉘던이 그녀를 바라보는 눈빛은 레일라가 이런 비율싸움에서 아직 지고 있지 않다는 것을 증명해 주고 있었다.

"레일라 터너? 로또라도 맞은 줄 알았어. 그동안 어디로 사라졌던 거야?"

"그냥 여기저기요. 로또 맞은 건 확실히 아니고요."

"사무실로 올라가는 거야? 알고 있는지 모르겠는데 최근에 보안 시스템을 바꿔서 카드가 없으면 내가 일일이 카드를 찍어줘야 한다고. 귀찮아 죽겠어. 아직 새로 나온 카드는 못 받은 거지?"

레일라는 프런트데스크에 팔꿈치를 기대고 서서 태연한 척했다. 청바지에 회사 유니폼 셔츠를 입은 두 여자가 나타나자 쉘던이 카드를 찍어 그녀들을 들여보냈다. 레일라는 대답하기 전에 그들이 승강기에 오르기를 기다렸다. 원래 전화 회사는 보안이 엄격했지만 비정규직 콜센터 직원들이 즐비한 이 건물의 경비는 회사의 모든 건물 중에서도 최고였다.

"아니요, 아직 새 카드는 못 받았어요. 오늘은 미스티를 만나러 왔어요. 미리 전화를 하려고 했는데 오늘 아침에 핸드폰이 죽는 바람에…."

"핸드폰 바꿀 때가 된 것 같은데."라고 말하고 쉘던은 전화부에서 미스티가 있는 부서에 전화 연결을 했다.

"로비 경비원 쉘던인데요. 레일라 터너 양이 미스티 크레스피 씨를 만나러 왔습니다. 올려 보내도 될까요?"

쉘던의 두툼한 입술이 그의 입속으로 숨어버렸다.

"네, 알겠습니다." 그는 전화를 끊고 마치 아직 한참 놀고 싶어 하는 강아지를 다시 개집으로 돌려보낼 때 보일 듯한 눈으로 레일라를 쳐다보았다. 그는 부담스러울 정도로 부드러운 목소리로 말했다.

"위에서 그러는데, 지금 정직 상태라 이 건물에 있게 하면 안 된대. 미안해, 레일라. 정직자 명단을 확인하라고 보내준 게 있었는데, 그걸 확인할 생각은 못 했어."

"제가 총기 난사라도 할 거라고 생각하는 건가요?"

레일라는 억지로 웃음을 지었다.

"내가 전화하는 게 아니었는데. 어쨌든 정말 미안하게 되었어. 정직 서류에 다시 사무실에 오라고 통보할 때까지는 출입이 안 된다는 말 못 들었어? 안전상의 이유로 말이야."

"이해해요." 레일라는 거의 속삭이듯 말했다.

쉘던은 여전히 미안한 표정을 지으며 그의 통통한 손을 내밀었다. 바로 그때 색색가지의 점심 보온통을 든 시끌벅적한 한 무리의 사람들이 엘리베이터에서 내렸고 이를 틈타 레일라는 그곳을 벗어났다. 그녀는 고개를 숙이고 로비 밖을 향해 걸었다. 눈물이 쏟아지기 전에 차까지 도착해야 했다.

로비 문에 도착하자 누군가 그녀의 이름을 불렀다. 쉘던은 아니었고 다른 남자의 목소리였다. 레일라는 모른 척하고 밖으로 나왔다. 높은 건물들에 의해 만들어진 거대한 그림자 사이로 삼각형의 햇살이 비추고 있었다. 그녀는 그곳을 향해서 서둘러 걸음을 옮겼다.

"레일라 터너! 잠깐만."

가장 굴욕적인 상황에서도 레일라의 무례함은 정도가 있었다. 그녀의 착한 면, 브리엔이나 모든 사람들에게 하고 싶은 말을 차마 못 하게 만드는 그런 면이. 누군가 자신의 이름을 부르는 것을 두 번씩이나 무시할 수는 없었다. 특히 한낮의 시내에서 말이다. 그녀는 멈춰 서서 뒤를 돌아보았다. 카키색 면바지와 하늘색 버트다운 셔츠를 입은, 키가 크고 피부가 까무잡잡한 한 남자가 그녀를 향해 성큼성큼 걸어오고 있었다. 멀리서 보았을 때는 10대 청소년인 듯싶기도 했지만 가까이 오자 그녀와 같은 나이 또래임을 알 수 있었다. 애로우가에 살 때 알던 남자아이가 어른이 되어 있었다. 그는 숨을 헐떡였다.

"너인 거 같았어. 나야, 데이빗 가든 하이어. 트로이 친구. 잘 지냈어?"

"원하는 게 뭐야?" 레일라는 자신이 상상할 수 없을 정도로 무례했다.

데이빗은 손등으로 이마에 고인 땀을 닦고는 소매를 걷어 올리며 소심한 미소를 지었다. 그의 하얗고 고른 치아의 정직함은 레일라를 고문하는 듯했다.

"미안. 널 놀라게 할 의도는 아니었어. 여기 계약서 챙길 일이 있어서 왔다가. 여기서 일해?"

"응."

"엘리베이터에서 내리는데 네가 보여서. 우와, 한 20년은 된 거 같은데."

몇 초간 두 사람은 그 자리에 서 있었다. 데이빗은 시계를 보았고 레일라는 이 행동이 대화의 끝을 의미하는 것이길 바랐다.

"점심시간이네. 혹시 밥 먹을 시간 있어? 이 근처에 바비큐 식당이 있는데 그곳 주인을 알아서 빨리 먹을 수 있을 거야." 그는 말했다.

— * —

사실 20년 만은 아니었다. 레일라는 몇 년 전, 아직 애로우에서 가족 모임을 할 때 그를 본 기억이 있었다. 그녀가 음료수 박스를 집안으로 들여오고 있는 산드라를 돕기 위해 앞 포치로 나갔을 때 그는 집 옆 공터에 남자 몇 명과 함께 있었다. 그는 트로이 오빠와 함께 트럭에 기대어 서 있었고 동네 사람들이 트리거라고 부르는 남자도 같이 있었다. 트로이가 무슨 말을 했고 데이빗은 고개를 숙이며 웃고 있었다. 다른 대부분의 동네 남자들과는 달리 그는 그날 비올라에게 인사를 하기 위해 집안으로 들어오지 않았기에 그날 데이빗을 가까이에서 보진 못했었다.

그녀는 자신의 차로 데이빗의 밴을 따라갔다. 조금 전까지만 해도 함께 점심을 먹자는 제안을 받아들이는 게 거절할 핑계를 만들어내는 것보다 쉽게 느껴졌었다. 하지만 지금 그녀는 올 가미에 갇힌 것 같은 기분이었다. 트로이 오빠의 친구들은 하나같이 지저분한 부류였다. 너무 시끄럽고, 직설적이며 바람기 또한 심해서 항상 불필요한 문제들을 일으키는 그런 사람들이라고 할까. 데이빗이라고 다를 까닭이 없지 않은가? 그녀는 그를 따라 I-94도로를 타고 북쪽으로 10분 가량 운전해서 이스트랜드 몰에 도착했다. 아까운 기름을 낭비하면서 말이다. 주차를 하기 직전 그녀는 창문을 올리고 크고 길게 소리를 질렀다.

데이빗은 인도에서 그녀를 기다렸다.

"친구에게 전화를 했더니 지금 다운타운 쪽에 큰 컨벤션이 있어서 식당이 풀이라고 하네. 다운타운 식당들은 다 비슷할 것 같아서 비교적 가까운 이곳으로 왔어. 전화로 알려주려 했는데 네 전화번호가 없어서 말이야."

그들이 도착한 곳은 너무도 평범한 체인 식당이었다.

"괜찮아." 그녀가 말했다.

그가 앉은 부스 쪽 자리는 조금 좁아 보였다. 데이빗이 자신의 긴 팔을 들어 자연스럽게 테이블에 올리려고 하니 테이블의 반을 넘어 레일라 쪽까지 닿을 지경이었다. 그는 다시 한쪽 팔을 들어 의자 등받이 위에 올렸다.

"마지막 소식을 들은 게 네가 남편과 미주리로 이사한다는 거였는데."라고 그가 말했다.

레일라는 고개를 끄덕였다.

"그건 오래전 일이야."

"그동안 어떻게 지냈어, 그럼?"

"정말 알고 싶은 거야?"

"그럼. 그래서 점심 먹자고 한 거잖아. 그동안 어떻게 지냈는지 듣고 싶어서."

"글쎄. 86년도에 결혼해서 90년에 이혼했어. 스물한 살짜리 딸 브리엔이 있고 두 살배기 손자도 있어. 그게 다야."

데이빗은 감탄의 휘파람을 불었다.

"우리 나이 먹은 거 실감 난다. 손자 이름이 뭐야?"

"바비야. 아빠 이름 로버트를 본 딴 이름이지." 레일라가 답했다.

"축하해."라고 데이빗은 말했고 진심인 듯 보였다.

웨이터가 음료 주문을 받으러 왔고 레일라는 다이어트 콜라를 주문했다. 데이빗이 하이네켄을 주문하기에 레일라도 메뉴판에서 광고하고 있는 스페셜 마가리타로 주문을 바꿨다. 그녀는 데낄라와 당의 조합이 이 불편한 상황에서 자신을 지켜주길 바랐다.

"마가리타? 오늘은 사무실에 안 돌아가도 되나 보지?"

"이번 주 휴가야." 레일라가 둘러댔다. 거짓은 또 다른 거짓을 불러들여 자체적인 생명체로 성장해 갈 것이다.

"건배."

술이 나오자 데이빗이 말했다. 맥주병을 레일라의 글라스에 살짝 기울이면서. 그녀의 마가리타 잔은 쏟지 않고 들어올리기에는 덩치가 너무 컸다. 몇 모금 마시고 나니 레일라는 살짝 기분이 좋아졌다. 칵테일에 들어있는 싸구려 큐라소에서는 곰 젤리를 녹인 것 같은 맛이 났다. 터너가(家) 남자들과도 대적이 가능한 말린을 빼고 터너가의 여자들은 하나같이 술이 약했다. 그녀들은 매우 경제적인 술꾼들이었다. 맥주 3박스와 코냑 한 병을 한 번에 마셔 없애는 터너가의 남자들과 달리 여자들은 디저트 와인 몇 잔과 칵테일 쿨러 두어 병이면 아픈 머리와 기름진 음식을 고파하는 배를 이끌고 자러 들어가기 일쑤였다.

음식이 나오기도 전에 레일라는 바비가 도서관에서 난리를 쳤던 두 번의 에피소드를 데이빗에게 들려주고 있었고 데이빗은 이야기를 들으며 마치 당사자만큼이나 흥미로운 듯 웃었다. 그가 시킨 햄버거는 그의 손에서 유난히 작아 보였다. 레일라는 샐러드에 크리스피 치킨을 추가하고 블루치즈 드레싱을 곁들여 먹는 것으로 다이어트 식단은 포기해 버렸다. 꿈같은 맛이었다.

"오늘 우리 사무실에는 어떻게 온 거야?" 그녀가 물었다.

"케이블하고 인터넷 설치 일을 하고 있거든." 그는 손을 들어 그의 밴을 가리키며 말했다. "너희 회사에서 설치 외주 인력을 찾고 있다는 걸 친구가 알려줘서 필드 매니저랑 미팅을 하러 갔었어."

데이빗은 맥주를 다 마시고 물을 한껏 들이켰다.

"몇 주 후에 다시 와보라고 해서 오늘 다시 오게 된 거고." 데이빗이 말했다.

"좋은 일인 것 같네."라고 말하며 레일라는 칵테일 잔을 내려다보았다. 생각보다 술이 많이 남아 있어서 그녀는 살짝 놀라고 말았다.

"어떻게 하면 해병에서 케이블하고 인터넷 설치기사가 되는 거지?"

"들으면 웃을 거야, 너." 남은 프렌치프라이를 케첩에 듬뿍 담그며 데이빗이 말했다.

"내가 왜 웃어?"

"통신대학에 갔거든. 있잖아, 왜. 대낮에 집에서 텔레비전 보고 있으면 마치 죄인이 된 듯 느끼게 하는."

"맞아, 그거 나도 알아. 꼭 내가 실패자가 된 것처럼 느끼게 하려고 만든 것 같은 광고들. 사실 학습 과정이 어떤지는 알려주지도 않으면서."

"그래. 그런데 그 광고가 나에겐 효과가 있었던 거지. 이혼 후 디트로이트로 돌아왔을 때 해군에서 10년 밖에 근무를 안 한 터라 트로이처럼 연금도 없었고 엄마 집에 얹혀살면서 뭘 해야 하나 고민하고 있었거든. 그래서 광고에서 시키는 대로 텔레비전 화면에 대문짝만하게 나오고 있는 연락처에 전화를 걸었지. 1년이 지나 전기공학 자격증이 생겼고 콤케스트에서 설치기사로 일자리를 구하게 되었지. 해군에서 네트워크 기술자였거든. 비슷한 일이었던 거지. 얼마 지나 밴을 하나 구할 수 있었고 그때부터 자격증 서류 다 챙겨서 직접 영업을 뛰게 된 거야.”

“오, 오빠 그 대학 홍보전단지에 들어가도 되겠는 걸.”레일라가 말했다.

데이빗은 잠시 먹는 걸 멈추고 그녀를 쳐다보았다.

“이미 홍보자료에 들어가서 그 학교 웹사이트에도 오랫동안 올라있는 걸.”

레일라는 숨이 멈출 정도로 심하게 웃었고 물을 한 모금 마시고서야 정신을 차릴 수 있었다.

“거봐, 내가 웃을 거라고 했잖아.”그는 말했다.

“웹사이트 덕분에 영업에 도움이 되었으니까 사실 기분이 나쁘진 않아.”

웨이터가 접시를 치우러 왔다. 데이빗은 맥주를 한 병 더 시켰다. 정신이 조금씩 왔다 갔다 하는 덕에 레일라의 칵테일이 줄어가는 속도는 조금 더 느려졌다.

데이빗과 그녀는 그들의 오래된 고향에서 일어난 변화들과 어머니들의 건강 그리고 계속해서 쏟아지는 시장의 스캔들에 관해 이야기를 나누었다. 레일라는 오랜 공백이 있었음에도 불구하고 성인과 성인으로 다시 만나 대화를 나누고, 서로의 농담에 웃어 주는 것이 이렇게 쉬울 수 있다는 사실이 놀라웠다. 데이빗은 그녀의 직업에 대해 더 이상 묻지 않았고, 물론 모르고 베푼 자비란 걸 알고 있었기에 그녀 또한 같은 자비를 베풀기로 마음먹고 그렉에 관해서는 묻지 않기로 했다. 큰방의 창밖으로 내다보아도 데이빗의 형 그렉이 아직 마약을 하고 있다는 것은 알 수 있었다. 그는 날씨에 비해 너무 두꺼운 코트를 걸친 채 도로를 오르락내리락했다. 동네를 떠도는 마르고 초조해 보이며 피해망상증에 시달리는 몇몇 마약 중독자들과는 달리, 그는 헤로인 중독자에게 흔히 보이는 나른함과 피로함에 휩싸여 노인 같은 걸음걸이로 동네를 배회하곤 했다. 그는 그러다 가끔씩 얼굴을 들어 실눈을 뜨고 태양을 바라보았다.

　　"시티 공항 근처에 내가 임대를 주고 있는 아파트가 하나 있거든." 데이빗이 말했다. "오십 대 초반 남자가 고모할머니랑 같이 살아. 월 300달러 월세를 내고 있는데 남자가 시(市)에서 일하니까 조금 더 써도 문제없는 상황이지. 몇 달 전 지역신문에 이 동네가 웨인 지역에서 가장 위험한 곳이라는 기사가 나왔거든. 근데 이사를 안 해. 이사를 하면 고모할머니가 돌아가신다나. 미친 것 같지 않아? 날아다니는 총알에 맞아 죽을 확률이 더 높을 거 같은데 말이야."

"글쎄." 레일라가 말했다. "그 사람 마음 아니겠어? 더 좋은 곳에 갈 수 있다는 걸 알면서도 지금 있는 곳에 머물고 싶다는 건 나쁘지 않은 것 같아. 그 반대로 자기 최면을 걸고 주제에 넘치는 곳에서 살고 있는 것보단 낫잖아."

데이빗은 얼마나 심각해하는지 가늠하려는 듯 실눈으로 그녀를 쳐다보았다.

"난 아끼고 아껴서 지금보다 더 좋은 곳으로 가는 게 맞다고 봐." 그는 말했다. "적어도 더 안전한 곳으로."

레일라는 웃었다.

"술이 조금 오르나 보네." 그녀는 말했다. "방금 돈이 없어서가 아니고 고모할머니를 위해서 이사를 안 하는 거라고 했잖아. 근데 그 아파트는 왜 산 거야?"

"누군가는 사야 하니까." 그는 말했다. "어차피 너무 싸게 나온 부동산들이라 임대가 안 나가도 상관없어. 그냥 두기만 해도 언젠가는 오를 거고."

레일라는 그 지역 부동산이 오르기 전에 둘 다 수명이 다할 것 같다는 생각을 했지만 그렇게 말하지는 않았다. 어떤 면에서 그녀는 이제 얘로우에 있는 집에 침입자가 아닌 정식 세입자인 것 같은 느낌이 들기 시작했다. 토요일 체인스 아 어스에 들른 이후 그녀는 거의 48시간 동안 집에서 꼼짝도 하지 않았었다. 요리는 못해도 부엌 온수로 컵라면은 먹을 수 있었다. 큰 방의 침대에 앉아 창밖을 내다보며 거리를 관찰했다. 폐가가 되어 합판으로 봉인된 앞집 문에는 누군가 주황색 스프레이 페인트로 큰 숫자들을 새겨 놓았다. 갱단의 작품이라기보다는 시에서 무슨 이유로 표시를 한 것 같았지만 레일라는 오랫동안 그 숫자들의 의미가 무엇인지 고민해 보기도 했다. 일요일에는 동네가 조금 더 북적거렸다. 자식들과 젊은 친척들의 승용차와 SUV가 나타나 어르신들을 교회로 모시고 가는 날이기 때문이었다. 두어 번 정도 어릴 적 알고 지내던 사람을 본 것 같기도 했지만 레일라가 확실히 알아본 사람은 그렉 가든 하이어뿐이었다. 다른 사람들은 그녀가 한때 알았던 사람의 친척뻘이거나 걸음걸이와 차 시트에 기대어 한 손으로 운전하는 모습을 빼닮은 복제판이었을 확률이 높았다. 맥네어 씨는 다시 집에 들르지 않았다. 그녀는 집에 대한 소유욕이 생겼고 그녀의 존재가 집에도 좋은 영향을 줄 것이라고 믿기 시작했다. 그녀는 자신의 부엌 살림살이 일부를 닿기 힘든 부엌 캐비닛 위쪽에 올려두기까지 했다.

"나도 강가에 살고 있어. 제퍼슨가(街) 쪽에 있는 원룸." 데이빗이 말했다. "그쪽 건물들이 한때는 다 공장이었거든. 언제 한번 구경 와."

레일라는 고개를 끄덕였다. 그리고 그녀는 자신이 너무 보고 싶어 하는 사람처럼 보이는 대신, 아주 약간의 관심이 있는 것처럼 보이기를 바랐다. 그는 트로이 오빠의 친구이지 자신의 친구는 아니지 않은가. 웨이터가 데이빗에게 계산서를 내밀자 데이빗은 바로 현금으로 계산했다.

주차장에서 서로의 전화번호를 교환하고 레일라는 데이빗에게 자신이 부재중 전화를 받아도 전화를 잘 안 하는 성격이라고 경고했다. 아주 짧은 포옹을 한 뒤 데이빗은 밴을 타고 주차장을 빠져나갔다.

그녀는 자신의 폰티악에 앉아 마지막으로 물을 한 잔 마시지 않고 나온 것을 후회했다. 오늘 점심은 기대 이상으로 흥미로웠다. 그녀가 지난 몇 달 동안 할 수 없었던 일이었다. 레일라는 데이빗의 얼굴을 마주 보며 나눴던 거짓이 좀 첨가된 이런저런 이야기와 악의 없는 줄타기가 너무 자극적으로 느껴졌다. 한마디로 말해 그녀는 매우 흥분된 상태였다. 물론 카지노에서는 항상 이런 행동들을 해 왔지만 그건 어디까지나 게임에 완전히 몰입해서 아무 생각 없이 진행되는 습관과도 같은 것이었다. 게임이 시작되면 그녀는 그 누구와도 대화를 하지 않았다. 가끔 카지노에서의 낯선 만남이 별 볼일 없는 몇 번의 데이트나 호텔방에서의 은밀한 잠자리로 이어지기도 했지만 그녀는 자신의 진짜 모습을 보이지 않았다. 카지노에 있을 때 그녀는 좀 더 과감했다. 현실 세계에서는 보일 수 없었던 카지노의 레일라였다. 레일라는 머릿속이 복잡했다. 자신이 한 거짓들이 발각된 건 아닌지, 그와의 대화가 흥미로웠는지, 아니면 그냥 예의상의 점심으로 다시는 반복될 수 없는 일인지 궁금했다. 그녀는 눈을 감고 운전대에 머리를 기댔다.

주차장에서 깜박 잠이 들려고 한 찰나 그녀의 핸드폰이 울렸다. 데이빗이었다.

"레일라? 원래 3시에 있던 설치 건이 갑자기 취소되었어. 지금 우리 집 구경 오지 않을래?"

레일라는 그러겠다고 대답했다.

그는 로비에서 그녀를 기다렸다. 그는 청바지와 검은색 티셔츠로 옷을 갈고 있었다. 더욱 젊어 보였고 조금은 긴장된 모습이었다.

"차고는 방금 보고 올라왔으니까 레크리에이션 룸하고 옥상 데크도 구경시켜 줄게."

그는 그녀를 위해 엘리베이터 문을 잡아주며 그녀를 옥상으로 안내했다.

"여기 단지 관리실에서 날이 따듯해지면 옥상 데크에 의자를 놔주는데 거의 항상 비어있어. 그런데 여름에 올라오면 참 좋더라고." 데이빗이 말했다.

11층은 공기가 쌀쌀했다. 레일라는 시카고에서 루프 탑 바에 가본 적이 있었다. 디트로이트에서는 이렇게 높은 루프 탑에 올라와 본 기억이 없었다. 서쪽 르네상스 센터 건물에 있는 GM 로고가 보였다. 철과 유리로 지어진 원통형 구조물은 다운타운 고층빌딩들 사이에서 총알처럼 우뚝 서 있었다. 동쪽은 캐나다였다. 그리고 지금 서 있는 곳 가까이, 강가의 카지노들이 생기기 전 레일라의 홈그라운드였던 빨강과 금색으로 치장된 시저 카지노도 보였다. 아파트 건물 바로 동북쪽으로 보이는 낮은 등대는 테마파크나 미니어처 골프장에서나 볼법한 인공적인 구조물처럼 보였다. 서쪽으로는 도시가 보였다. 흐릿한 모자이크의 녹색 나무들과 갈색 지붕들 그리고 희미하고 빈약한 연기 기둥들로 짜인 진짜 이 도시가.

"예전에는 강에 비버가 살았어. 한 백 년 전에." 데이빗이 말했다. "오염 때문에 다 죽거나 떠나 버렸지. 그런데 요즘 다시 돌아오고 있대."

"아주 용감한 비버들이네." 레일라가 말했다.

계단을 통해 두 층을 내려가 데이빗의 아파트에 도착했다. 영화에서 나오는 높은 천장과 화강암 벽의 뉴욕 스타일 로프트 아파트를 제외하고는 이런 창고형 아파트는 처음이었는데 시멘트 바닥과 조금 넓은 구조를 제외하고는 다른 아파트와 큰 차이가 없다는 게 레일라에게는 신기하기만 했다. 그녀가 상상할 때는 벽이 없었는데 말이다.

데이빗이 화장실에 간 사이 그녀는 응접실을 둘러보았다. 그의 바지 주머니에서 열쇠 쩔렁거리는 소리가 들렸다. 이 소리가 들릴 만큼 방음이 취약한 걸 봐서 그녀는 데이빗이 소변보는 소리나 물 내리는 소리도 들릴 것이라 생각했다. 하지만 아무 소리도 들리지 않았다. 그는 서랍을 열어 무언가를 찾고 있는 듯했다. 그가 콘돔을 찾고 있다는 것을 깨달았을 때 그녀의 심장은 뛰기 시작했다. 불과 얼마 전 취업지원사무실에서 MARTHA에 대한 설명을 듣고 있던 자신이 지금 이 소리를 듣고 있으며 또한 이 소리가 무엇을 의미하는 소리인지 알게 된다는 게 너무 비현실적으로 느껴졌다. 그녀는 소파 앞에 서서 벽에 걸린 1960년대 해군 항공모함 청사진을 보고 있었다. 청사진 양옆으로 작은 일본 목판화가 보였다. 잉크로 그려진 바다가 항공모함 청사진의 옆모습을 보여주고 있었다.

"두 작품 모두 일본에서 구했어." 데이빗이 그녀의 뒤에 서서 말했다. "그리고 저 청사진은 작년 여름에 이스턴 마켓에서 찾았고."

"같이 걸어 놓으니까 좋아 보여." 레일라가 말했다. 그녀는 돌아서서 그와 마주 보며 섰다. 그는 그녀를 보며 치아를 한껏 드러내 보였는데, 다른 사람의 얼굴에서 보았다면 분명 모자라 보일 만큼 큰 미소였다.

"왜?" 레일라가 물었다.

"넌 하나도 안 변했어. 그래서 아직도 조금 신기해. 정말 똑같
아. 아니, 어쩌면 더 예뻐진 것 같아." 데이빗이 말했다.

레일라는 이런 그의 말이 뻔뻔스러운 거짓이라고 생각했지
만, 실은 그녀가 식당 주차장에서부터 하고 싶었던 행동을 할
수 있는 용기를 자극했다. 그녀는 발끝으로 서서 그에게 키스
를 했다.

25년 전 그들은 딱 한 번의 정식 데이트를 한 적이 있었다. 멘
솔 담배 연기에 찌든 데이빗의 아버지 차를 빌려 타고 벨 섬에
갔었다. 그때 주차장에 차를 세우고 그들은 키스를 하기 시작
했다. 그의 손이 속옷 위를 스치며 자신의 그곳을 만졌던 것을
레일라는 기억하고 있었다. 그때 그곳을 위아래로 몇 번씩이나
쓰다듬던 그의 손을 레일라는 멈추게 했었다. 벨 섬의, 그것도
사방으로 확 트인 주차장에 주차된 차 뒷좌석에서 첫 경험을
하고 싶지는 않아서였다. 그는 별 불만 없이 멈춰주었고 아랫
입술을 물고 그녀를 보며 미소를 지었다. 그리고 그녀의 손을
잡아 자신의 손 위에 얹었다. 그의 손가락이 살짝 젖어 있었다.

"이거 느껴져?" 그는 물었다. "네 머릿속 생각만 빼고 너의
모든 게 준비되어 있다는 증거야."

그의 말이 틀린 건 아니었지만 하루아침에 레일라가 받아들
이기에는 벅찬 일이었다. 며칠 후 그녀는 그가 너무 경험이 없
어 매력이 없다고, 그래서 다시 만나고 싶지 않다고 말했다. 즉

석에서 생각해낸 핑계였지만 효과는 있었다.

지금은 너무 과하다거나 너무 빠르다고 할 만한 것은 없었다.

데이빗은 그녀의 셔츠를 머리 위로 벗기고 그녀를 끌어당겨 브라 끈을 풀었다. 그는 그녀의 목, 가슴과 배에 그리고 다시 가슴에 키스를 했다. 그들은 소파에 누웠다. 아주 잠시였지만 레일라는 데이빗의 놀라운 무게에 갇혀 있는 것 같았다. 그렇게 그는 그녀의 청바지와 속옷을 벗기고 있었다. 무릎을 꿇은 채 한 손으로는 그녀 가슴을, 한 손으로는 그녀의 허리를 감쌌다. 어느덧, 그 역시 옷을 모두 벗은 채였다. 그는 여전히 그녀에게 키스를 하고 있었다. 그녀는 그의 따뜻하고 딱딱해진 음경이 자신의 허벅지를 스치는 것을 느꼈다. 이내 그의 손가락이 몸 안으로 들어왔다. 한동안 아무 말도 하고 싶지 않을 것 같던, 그녀의 입에서 '콘돔'이라는 단어가 흘러나왔다. 그는 바지 뒷주머니에서 콘돔을 꺼내 착용했다. 그리고 그녀에게 삽입했다. 그는 그녀의 목에 기대 더운 숨을 내쉬고 있었고, 그녀는 그의 어깨를 넘어 부드러운 그의 등 라인과 탄탄한 엉덩이를 내려다보고 있었다. 그녀가 다리로 그의 허리를 강하게 감쌌다. 데이빗이 몸을 위아래로 움직이며 무언가를 말했지만 다 상관없었다. 레일라는 그의 가슴에 터질 것 같은 자신의 가슴을 파묻었다.

"넌 하나도 안 변했어." 그가 말했다.

"맙소사." 이렇게 좋은 걸, 그 누구도 그렇게 오랫동안 하지 못 하고 지내서는 안 되는 것이라고 레일라는 생각했다.

일이 끝난 후, 데이빗은 화장실로 향했고 레일라는 옆으로 누워 숨을 고르고 있었다. 그가 돌아오면 어떻게 되는 걸까? 괜한 기대감과 함께 혹시 창피를 당하는 건 아닐까 하는 두려움, 어쩌면 동정이나 조롱을 당할지도 모른다는 불쾌한 불안감 같은 것들이 소용돌이치는 와중에도, 섹스를 한 후 상대방이 화장실에 다녀오는 순간의 그것보다 더한 것은 없을 것이라고 생각했다. 모터시티의 호텔에서도 가끔 이런 일이 있었는데, 그때는 전혀 기대감 같은 것이 없었다. 하지만 지금은 그러고 싶지 않았다. 도망간다는 건 말도 안 되는 일이었다. 아주 오랜만에 다시 만났지만 그녀는 후회하지 않았다. 그녀는 천천히 브라를 착용하고 셔츠와 팬티를 입었다. 그리고 청바지를 입기 위한 춤사위를 시작해야 하나 고민하고 있었다. 데이빗이 화장실 문을 열고 나왔다. 그녀는 청바지를 손에 든 채였고 그는 청바지를 다시 입고 있었지만 셔츠는 아직 벗은 상태였다. 그 순간 레일라와 데이빗은 반대의 상태였다. 서로 같은 비율로 옷을 벗고 있다는 것이 좋은 징조라고 생각되었다. 그가 남색 농구 반바지를 그녀에게 건넸다.

"이거 입고 있을래?" 그는 그녀의 눈을 바라보았고 그녀는 나쁘게 끝날 사이가 아님을 알 수 있었다. 적어도 이른 시일 내에는 말이다.

"응." 그녀가 대답했다.

"물 좀 줄까? 마실게 물하고 맥주밖에 없어. 아 참, 그리고 원하면 커피도 있고."

데이빗은 부엌으로 가 자신이 마실 하이네켄 맥주 한 캔을 꺼냈다. 레일라는 물을 달라고 했다.

"원하면 텔레비전 켜도 돼." 그 말은 너무 편안하게 들렸다. 마치 그녀가 여러 번 그의 응접실에서 그의 반바지를 입고 존재했던 것처럼.

"마지막으로 오빠를 본 게 언제야?" 그가 물었다.

"트로이 오빠? 지난달에 봤을 거야. 버니스와 산드라가 다니러 왔었거든."

데이빗은 맥주를 한 모금 들이켰다.

"난 며칠 전에 봤어. 트로이가 질리언하고 말다툼을 한 것 같더라고. 그 바람에 둘이서 술 한잔했거든."

마치 그와 레일라가 익히 알고 있고, 종종 자신들의 얘깃거리가 되어 주는 철없는 어린아이들에 대해 말하듯 데이빗은 어깨를 으쓱하며 빙그레 웃었다. 하지만 그녀는 웃지 않았다. 웃을 수 없었다. 트로이와 질리언 사이에 벌어지는 심각한 말다툼들은 그녀에게는 매우 걱정스러운 일이었다. 그 둘 사이의 싸움은 레일라가 미주리의 한 캠프에서 버넌과 갇혀서 오도 가도 못하던 그날 밤, 그로 인해 버넌과 헤어지기로 결심했던 바로 그날 밤을 떠올리게 했다. 작년 겨울 질리언의 천식이 심해져 위험한 상황까지 갔을 때 레일라는 그 많은 싸움과 그 과정에서 생기는 공격적이고 불안정한 감정들이 건강에 해롭다고 트로이를 설득해 보려 했었다. 그러나 그녀가 그런 말을 할 입장은 아니었다. 트로이는 상관하지 말라며 보이는 것만큼 상황이 최악은 아니라고 했고, 그녀는 더 이상 아무 말도 하지 않았다.

데이빗이 레일라의 어깨를 팔로 감싸 안으며 그녀를 더 가까이 끌어당겼다. 그에게서 새로 바른 듯한 데오드란트 향이 났다. "트로이한테 오늘 일은 말하지 않을 거야. 걱정 안 해도 돼." 그가 말했다.

레일라는 한 번도 그런 걱정을 하지 않았다. 데이빗의 아파트에 들어선 순간부터 그녀의 머릿속은 온통 그와의 키스와 자신의 몸 위에 실리는 그의 무게를 느끼고 그의 벌거벗은 등을 더듬는 자신의 손길에 대한 생각뿐이었다. 하지만 그녀는 걱정하지 않겠다고 말했다. 그가 그 말을 듣고 싶어 하는 듯 보였으므로.

데이빗이 그녀의 이마와 목에 다시 키스를 해왔다. 이내 그의 손이 그녀의 허벅지 안쪽을 파고들었다. 레일라는 일어서서 반바지를 벗고는 그의 몸 위에 올라탔다. 그녀는 트로이나 질리언, 브리엔이나 비올라, 그 누구의 생각도 하지 않았다. 오로지 자신만을 생각했다.

놀라운 재회

말이 현실이 된다. 이름을 붙이고 생명을 불어넣는다. 차차가 해낸 것일까? 그는 이것이 가능하다고 믿었을까? 수십 년 동안 상대적 평화가 이어진 후로는 당연히 아니었을 것이다. 이렇게 빨리 일어날 거라고도.

누군가, 무언가가, 차차의 침실 창틀에 걸터앉아 있었다.

그 일은 이렇게 시작된다. 나방 소리, 방의 구석에서 빛나는 너무나도 파란 빛. 만약 그것을 무시한다면, 그것은 존재하지 않는다. 하지만 그것의 이름을 부른다면, 당신은 그것을 당신의 마음속으로 초대한 것이 된다. 실존하지 않는 목소리를 듣거나 갓 세탁한 셔츠에서 예수의 얼굴을 보는 것처럼 말이다. 일어날 일들은 조작될 수 없으며 조종당하기를 거부한다. 하지만 우리가 일어났다고 인정하는 것들, 다른 사람들에게 말해 주는 것들은 실체를 갖고 전이될 수 있다. 하룻밤 사이에 어디에나 존재할 수 있게 된다. 그는 앨리스의 사무실에서 유령의 존재를 인정했고, 그러므로 그 일은 기필코 일어나고 말았으며, 지금 그가 가지고 있었던 통제권을 상실하고 말았다. 차차는 앨리스의 권유가 있었지만 자신의 감정을 기록하는 일을 시작하지 않은 상태였다. 패턴에 대한 생각도 하지 않았고, 큰방을 방문하지도 않았다. 하지만 그는 기억을 더듬기 시작했었다.

티나가 여성부 수련회를 떠난 탓에 그녀에게 보여줄 수는 없었다. 휴론 호수 근처 어딘가에 있을 객실 침대에서 그녀는 잠언이 꿈속을 소용돌이치고 있는 가운데 잠을 자고 있을 게 분명했다. 그렇다고 자신의 유령을 보여주기 위해 비올라를 들쳐 안거나 휠체어에 태워 데려올 수도 없는 노릇이었다. 그녀의 소중한 잠을 뺏고 싶지 않았다. 사실 그는 지금 전혀 움직일 수 없었다. 침대를 떠나 그가 옛날에 했듯이 무릎을 꿇고 기도를 할 수조차 없었다. 놀라움에 비해서도, 자신에 대한 실망에 비해서도 공포가 그를 마비시킬 정도는 아니었음에도. 그는 마치 머리카락 한 가닥이 피부에 와 닿을 때처럼, 방 안의 공기가 미세하게 흔들리는 것을 느껴 잠에서 깨고 말았다. 그는 그냥 눈을 감은 상태를 유지하려 노력했다. 하지만 부질없는 시도였다. 소리가 들려왔다. 너무나도 얇은 종잇장과 같아 한 방울의 물만으로도 바스러질 듯한 날개들이 쉴 새 없이 날갯짓을 하는 소리가. 그는 그 소리를 알고 있었다.

두 시간이 지나도 창틀의 빛은 움직이지 않았다. 그저 눈을 빨리 깜빡이면 보이는 점들과도 같은 밝은 구(球)였다. 그것은 그저 빛날 뿐, 가느다란 머리카락을 가졌던 어린 시절 큰방의 그 약탈자처럼 하나의 형체로 응축되지 않았으며, 자신의 잿빛 발을 잡아당겨 이슬 맺힌 4월의 밤 속으로 끌어당기지도 않았다. 이것은 놀라운 사실이었다. 전혀 마주할 수 없는 대면이었다.

그것은 그저 자신이 여기 있다고, 항상 여기 있었다고 말하고 싶은 듯 보였다.

의심의 시작

환상과 마주쳤을 때, 그 세상에 익숙하지 않은 사람들은 대부분 안전한 논리의 렌즈를 통해 그 현상을 바라보곤 한다. 차차가 밤을 온전히 보낼 수 있었던 것은 논리 덕분이었다. 유령은 태양이 뜨자 사라졌다. 아니면 차차가 깨어있지도 않고 완전히 잠들지도 않은 섬망상태로 시간을 보내는 동안 흩어졌을 수도 있다. 둘 중에 어느 것이 정답이든, 새벽이 오기 전 통제 불가의 호기심이 그의 공포의 중심부를 갉아먹고 있었다. 이 유령은 항상 존재해 왔다. 그는 그것이 사실이라고 자신이 인정하길 원했다. 그의 삶 한 귀퉁이에 항상 존재했던 파란빛의 무언가를. 그것은 협박이었을까, 아니면 그가 협박으로 잘못 해석한 상냥함이었을까? 어쩌면 유령은 이 둘의 중간에 존재하는 것일 수도 있었다. 그는 그것이 어떻게 작동하는지 알아내야 했다.

— * —

그는 창문에 너무 가까이 가지 않도록 주의하며 천천히 침실 문을 향해 나아갔다. 유령이 있었던 곳은 차가울까 아니면 뜨거울까? 그는 감히 알아내려고 하지 않았다. 자신을 테리 천으로 된 티나의 자주색 목욕 가운으로 감싼 채, 그는 거실에 있는 자신의 사무실 은신처, 그러니까 책상과 회전의자가 있는 곳으로 이동해 갔다. 그는 며칠 전 유령에 관한 웹사이트들을 돌아다니며 프린트한 인쇄물들을 두 더미로 나누어 놓았었다. '현실적인'과 '비현실적인' 것으로 말이다. 너무 장황하게 느껴지는 이야기들이나 B급 스릴러 영화에나 나올법한 내용들은 '비현실적인' 더미에 놓았다. 인터넷에서 유령에 관한 확인 가능한 정보를 찾는 것은 쉬운 일이 아니었기에 '현실적인' 더미는 상대적으로 그 양이 적었다. 그는 캐롤라이나주 사람들은 그들의 현관, 문손잡이, 심지어 그들의 비석에도 청백색으로 칠을 한다는 사실을 알아냈다. 유령들은 물을 건너지 못한다고 여겨 바다를 흉내 내려고 파란색으로 칠을 한다는 것이었다. 유령들은 대체적으로 그들이 생전에 살던 집이나 마을 밖을 나가지 않았다.『노새와 인간』에서 그려지는 뉴올리언스의 유령에 관한 내용에서도 책의 저자 허스턴은 물을 유령에 대한 방호벽으로 언급했었다. 한 곳에 정주하는 유령들. 어쩌면 그의 유령은 자신이 원하는 곳에 머물고 있는 것을 자랑스럽게 생각해 파란 빛을 내뿜고 있는지도 몰랐다.

그는 앨리스에게 보다 현실적인 웹사이트들의 링크를 보내주고 싶었지만, 그녀의 이메일 주소를 가지고 있지 않았기에 온라인으로 검색을 해봐야 했다. 이미지 탭이 떴다. 그는 그것을 클릭했다. 첫 번째 검색 결과 페이지를 살펴보니, 소아과 의사에 흑인이 아닌 수많은 앨리스 로스먼의 사진들 맨 밑에 진짜 앨리스 로스먼이 그녀의 늙은 백인 부모와 시내에서 있었던 특별행사에서 찍은 사진이 간략한 설명과 함께 있었다. 차차는 그 사진을 보고 당연히도 그녀가 입양되었다는 사실을 알게 되었지만, 그 외의 정보는 파악하기 어려웠다. 어쨌든 차차는 그 사진을 인쇄했다. 차차는 유령에 대한 조사 범위를 넓혀갔다. 그는 '파란 불빛 유령'을 검색했고 결과를 스크롤 했다. 오래되고 조잡하게 만들어진 웹사이트들은 차차의 제한적인 웹 연출 감각으로 볼 때 불쾌하기 짝이 없는 것들이었다. Ancient Angelfire, GeoCities, 그리고 LiveJournal 페이지들은 '푸른 불빛 유령의 모든 것'이라는 제목으로 로커빌리 밴드들부터 시작해 UFO 조사까지를 다루고 있었지만 틀린 맞춤법으로 가득

한 허접한 내용들뿐이었다. 차차는 유령에 관한 이야기는 직접 경험한 사람들로부터 듣는 게 최선이라고 결론 내렸다. 프란시스조차도 그들의 존재를 부인하지 않았다. 다만 유령이 남쪽을 떠나 그렇게 먼 북쪽까지 이동할 수 없다고 믿었을 뿐이었다. 그리고 비올라의 자매들, 그의 이모 올리비아와 루씰은 그가 어린 시절 아칸소에 갔을 때 수많은 유령 이야기들을 들려주곤 했었다. 지금 올리비아와 루씰은 세상에 없지만, 비올라는 아니었다. 그녀는 분명 무언가를 알고 있을 것이다. 차차는 비올라의 침실로 향했다.

"어머니?" 차차는 가볍게 방문을 두 번 두드렸다.

안에서는 아무 소리도 들려오지 않았다. 그는 문을 열었다.

"어머니, 깨셨어요?"

차차는 조작이 용이한 병원용 침대에 누워있는 비올라에게 좀 더 가깝게 다가갔다. 비올라는 똑바로 누워 잠을 자고 있었는데 그녀의 눈은 마치 안으로 말려 들어간 것처럼 감겨있었다. 다른 상황에서 비올라를 잠에서 깨운다는 것은 흉악한 짓이었을 것이다. 하지만 오늘 아침은 예외였다.

"어머니?" 이번에는 더 크게 불렀다. "깨셨어요?"

비올라의 눈꺼풀이 팔랑거리고 그녀의 입술이 마침내 벌어졌다.

"물 좀 가져다줄래." 그녀는 말했다.

"그럴게요. 그런데 물어볼 말이 있어요."

"하나님 맙소사. 물 먼저. 제발." 비올라가 잔뜩 쉰 목소리로 말했다. "질문은 그 다음에."

그녀가 원래 아침에 이렇게 불안정했었나? 차차는 기억해낼 수 없었다. 사실, 차차는 마지막으로 비올라와 단둘이 단 몇 분이라도 같이 있었던 때가 언제였는지 기억이 나지 않았다.

물 컵을 손에 들고, 빨대를 비올라의 입에 넣어주고는 차차는 다시 시도했다.

"어머니, 저 어젯밤에 뭔가 본 것 같아요. 빛 같은 무언가를 제 방에서요. 제 생각에는 그 유령이었던 것 같아요."

"네 처는 어디 있니?" 비올라가 물었다.

"집사람이요? 어머니, 저 지금 어머니한테 무슨 이야기를 하고 있잖아요. 유령에 대해 알려 주려고요."

비올라는 고개를 들어 차차를 바라보고는, 다시 한번 그를 찬찬히 살폈다. 마치 이제야 다른 사람이 아닌 그녀의 가장 먼저 태어난 아들이 방에 있는 것을 깨달았다는 듯이.

"무슨 유령?"

"아시잖아요. 어릴 적 큰방에서 일어났던 일이랑, 교통사고 때 그 유령 말이에요." 차차가 말했다.

"난 아무것도, 어떤 유령에 대해서도 몰라, 차차."

그녀는 차차를 지나쳐 문을 바라보았다. 티나가 매일 밤 비올라가 바르는 걸 도와주는 페이스 크림 냄새가 났다.

"어머니, 어떻게 여기 앉아서 그렇게 말씀하실 수 있어요? 그 유령이요? 저랑 프란시랑 형제들 모두가 보고 제가 교통사고를 당할 때 또 한 번 봤던 유령이요?"

비올라는 차차의 손에서 컵을 가져가 물을 마셨다. 그녀의 목에 있는 핏줄들이 그녀가 물을 삼킬 때마다 꿈틀거렸다.

"어머니이-."

"네 아버지가 뭐라고 했는지 기억나니?" 비올라의 목소리는 낮고 신중해서 차갑게 느껴질 정도였다. 그녀는 차차가 고개를 끄덕이거나 무슨 대답이라도 하길 기다렸지만, 그는 아무런 반응이 없었다.

"너도 기억하잖니. '여기 디트로이트에 귀신 따위는 없다.' 그리고 그 말은 맞아. 아버지가 또 나한테 뭐라고 했는지 아니?"

차차는 그 질문에도 대답하지 않았다.

"어쩌면 차차 네 머리에 뭔가 있을지도 모른다고 했어." 그녀는 자신의 손가락으로 관자놀이를 두드렸다. 손톱에는 둔한 핑크색이 칠해져 있었다.

"그만 좀 하세요, 어머니." 차차는 말했다. "아버지는 그런 말을 한 적이 없어요."

"그렇게 말했어. 그러니까 누구한테 가서 이야기를 하려거든

조심해.”

차차는 한 번도 비올라에게 화를 내는 것이 의미가 있다고 느꼈던 적이 없었다. 늙은 나이가 그녀의 변명이 아니었을 때도, 그녀는 너무 많이 일했고, 항상 과소평가되었으니까. 하지만 오늘 아침은 다르게 느껴졌다. 차차는 화가 났지만, 그 분노 밑에는 무언가 더 무서운 것이 있었다. 그녀가 자신의 마음속에 의심을 심고 있었다.

“어머니, 진심으로 하시는 말 아니죠?”

“다리가 아프기 시작하는구나. 내 아침 약들이 필요한데. 그래서 티나는 어디 있냐고? 넌 절대 네 처만큼 날 잘 보살피지 못해.”

그는 그녀를 흔들고, 약을 먹지 못하게 하고, 그래서 그녀를 거리로 내몰까 상상했다. 하지만 어디까지나 바보 같은 생각일 뿐이었다. 그는 알약을 세어 그것들을 스탠드에 무더기로 올려 놓았다.

— * —

수련회 경비내역을 정산해야 했고, 남은 돈을 착복하려는 여성부 멤버들이 있다는 사실도 알았지만, 티나는 휴론 호수 수련회 다음 날 아침 집으로 향했다. 차차는 혼자 출근을 했을 것이고, 게다가 그녀는 비올라를 오랫동안 혼자 두고 싶지 않았다.

그녀가 거실로 들어섰을 때 차차는 소파 위에서 자고 있었다. 입을 쩍 벌린 채로, 자주색 목욕 가운 또한 풀어헤쳐진 상태로 활짝 젖혀져 있어서 맨살이 드러난 배와 파란색과 노란색 체크무늬 사각팬티가 고스란히 드러나 있었다. 주변 바닥에는 프린터 용지가 여기저기 흩어져 있었다. 이 광경을 본 티나는 처음엔 최악의 상황을 떠올리고는 두려워했다. 출근 준비를 하고 있었을 몇 시간 전, 주위에 도움을 줄 사람이라곤 아무도 없는 상황에서 일어난 심장마비. 그녀는 얼어버린 상태로 입구에 서 있었다. 그녀 자신도 입을 벌린 채, 머릿속에서는 아무런 생각도 없었다. 하지만 그때, 갑자기 그의 코 고는 소리가 들렸다. 오, 주여. 티나가 그를 확 밀쳐 깨웠다. 깜짝 놀라 잠에서 깨어난 차차는 본능적으로 자신의 목욕 가운을 여몄다.

"집에서 뭐해요, 여보?"

"결근했어."

"결근했다고요? 아파요? 무슨 문제 있어요?"

차차는 요즘 병의 전략적 축적가였다. 끔찍한 식중독보다 못한 병증 따위에는 그가 하루를 낭비하는 법이 없었는데 말이다. 그는 소파에 바로 앉으며 티나가 앉을 자리를 마련해줬지만 티나는 선 채로 앉으려 하지 않았다.

"유령을 봤어." 그는 말했다. 그의 눈은 횡하니 넓게 열려있었다. 티나는 사실일 리 없다고 생각했지만 그의 그런 모습은 처음 보는 느낌의 것이었다. 티나는 그의 관자놀이 양쪽에 마치 3차원적인 검버섯 같이 생긴 한 무리의 작은 점들이 툭 튀어나와 있다는 것을 알아차렸다.

"유령을 봤다고요? 언제? 어디서요?" 이런 식으로 그의 말을 반복하며 따지고 드는 걸 차차가 싫어하는 줄은 알고 있었지만 티나도 어쩔 수 없었다.

차차는 그녀에게 전날 밤에 대한 이야기를 시작했다. 자신을 잠에서 깨운 것은 미세한 공기의 움직임이었으며 그때 자연스럽기도 하고 부자연스럽기도 한 불빛이 그곳에 있었다는 이야기를. 티나는 그 이야기를 듣는 동안 처음에는 자신의 손가방을 바닥에 내려놓았으며 다음에는 팔짱을 꼈고 급기야는 눈살을 찌푸렸다. 그녀의 이런 행동이 남편을 향해 '나는 널 믿지 않아'라고 소리치고 있다는 걸 그가 알기나 할까? 아니, 그런 것 같지 않았다.

티나는 신자인 동시에 회의론자였다. 그녀는 실용성의 가치를 기적의 힘만큼이나 잘 이해했다. 분명 신앙을 통해서만 처리되고 받아들여질 수 있는 일들이 있었다. 일테면 죽은 자를 일으킨다거나, 천사가 방문한다거나, 기도를 통해 몸에서 암을 쫓아내는 것들 말이다. 하지만 그녀는 전날 밤 자신의 방에 유령이 있었다는 말을 믿지 않았다. 그녀가 연한 회색과 짙은 갈색으로 칠하고 벚나무로 꾸며 놓은 방 안에? 장식용 베갯잇과 커튼 장식 띠가 매치되는 그곳에? 그녀가 일 년도 채 안 되는 시간 전에 골라서 사온 원격 전동침대 근처에? 유령이? 차차가 설명한 것만큼 판타스틱한 일이 일어나기에 그녀의 침실은 너무 익숙했고 그만큼 평범했다. 산꼭대기 위나 세차게 몰아치는 여름 폭풍 한복판, 적어도 그 정도는 되어야 그녀가 상상할 수 있는 무언가 엄청난 일이 벌어지는 환경들인 것이다.

"확실해요?"

"확실하다니까. 당신도 이제 어머니처럼 말을 하는군."

"어머니가 뭐라고 하셨는데요?"

"도움이 되는 말은 하지 않았어. 그건 확실해. 날 미치광이 취급하셨거든."

차차는 그녀의 생각을 읽으려는 듯 보였다. 그녀는 재빨리 고개를 저으며 그가 미쳤다고 생각하지 않는다는 사실을 알렸다.

"그거 알아?" 차차가 말했다. "앨리스를 보러 가야겠어."

"앨리스를 보러 갈 거라고요? 왜요?" 그녀는 자신의 얼굴에서 패닉이 보이지 않기를 바랐다.

"앨리스가 그 유령이 돌아온 이유야. 그녀가 유령과 내가 어떻게 자랐는지에 대해 내가 생각할 수 있도록 만들었다고."

"그녀가 돌아오게 한 건 유령이 아니라 당신이에요. 당신이 그 여자한테 거액의 돈을 주고 있으니까. 그런데 이제는 그 여자가 영혼과 관련해서 당신을 도와줄 수 있다고 생각한다고요? 당신이 누군가를 만나야 한다면 그건 마이크 목사여야 해요."

그녀가 자신의 청바지 앞주머니에서 휴대전화를 황급히 꺼내 들었다. 그녀는 마이크 목사의 개인 전화번호가 단축번호로 저장되어 있는 것을 발견하고는 기쁜 표정을 지었다.

"불과 한 시간 전에 마이크 목사를 만났어요. 목사님이 오늘 당신하고 기꺼이 상담해 주실 거예요."

"난 마이크 목사를 몰라, 티나. 앨리스는 알지만."

티나는 눈을 깊게 깜빡였다. 마치 갑자기 맺힌 눈물을 떨쳐내려는 듯.

"하지만 앨리스가 신을 알아요? 그녀는 신을 믿지도 않는다고요, 차차."

티나는 그 사실이 논쟁의 끝이 되어야 한다고 생각했다. 누구든 영혼과 관련해서 도움을 받기 위해 종교적인 것들을 믿지 않는 사람에게 갈 이유가 없지 않은가?

차차는 허리를 굽혀 그의 발밑에 있는 종이들을 끌어 모은 후, 그것들을 소파 위에 그냥 정리하지 않은 채로 올려놓았다.

"앨리스는 내 친구야." 그는 말했다. "내가 이 일을 해결하는데 그녀가 도움을 줄 수 있을 거라고 믿어."

"앨리스가 당신 친구라고요? 당신은 그녀한테 돈을 주잖아요, 찰스. 그걸 잊지 말아요. 당신은 이른바 우정을 위해서 그녀에게 큰 돈다발을 지불하고 있다고요. 만약에 누군가 당신 친구라면, 그건 저예요. 앨리스가 아니고요."

차차는 무겁게 한숨을 쉬었다. 눈동자를 굴렸는지도 모르겠다. 그는 그녀를 지나쳐 그가 평상복을 보관하는 손님 침실 쪽으로 걸어갔다. 그는 그들의 침실이 두려운 걸까? 티나는 그게 궁금했다. 그는 아마 오늘 밤에도 소파에서 잠을 청할 것이다.

"그녀가 당신이 듣고 싶은 말만 해 주는지 어떻게 알아요, 네? 누군가 당신에게 거짓말을 해 주길 바랄 만큼 그 정도로 무서운 거예요?"

그녀가 그의 등을 향해 말했다.

차차는 출입구에서 돌아섰다. 그의 표정은 그녀가 본 적은 있었지만 한 번도 자신을 향한 적은 없던 표정이었다. 처키의 첫 번째 아내 이베트는 그가 사막 폭풍 훈련에 배치되었을 때 바람을 피웠고, 집에 찾아와서는 차차와 티나에게 그들의 아들이 자신을 다시 받아주도록 설득해 달라고 애걸했었다. 차차는 그런 이베트를 향해 일말의 친밀감과 동정조차 없는 표정을 지어 보였다. 티나가 전에는 한 번도 본 적이 없던 표정이었다. 그의 눈은 차가웠고, 그의 입술 모양 어딘가에는 역겨움이 묻어나 있었다. 당시에는 그 표정이 적절하다고 생각했었다. 하지만 이제는 당하는 사람이 되어 그 입장에서 다시 보니, 그녀는 이베트가 불쌍했다. 그런 표정을 받을 만한 사람은 아무도 없다고. 이 앨리스 로스먼이란 사람은 과연 누구일까? 티나는 갑자기 그녀에 대해 알아보는 것조차 무서워졌다.

"이건 내 일이야, 티나. 그리고 당신은 그냥 그걸 존중해 주면 되고." 차차는 말했다. 그는 5분도 안 되어서 옷을 챙겨 입고 사라졌다.

— * —

티나와 차차는 1971년 여름 티나가 자란 캔자스시티에서 처음 만났다. 티나는 키가 작은 여자였다. 그녀가 할 수 있는 최고의 포즈를 취해야 겨우 154센티미터가 될 터였다. 그 곳에 차차가 있었다. 디트로이트에서 온 184센티미터의 트럭 운전사 차차는 그녀가 계산원으로 일하는 약국 주위를 서성거렸다. 그녀를 부담스럽게 바라보며 대화를 하기 위해 핑곗거리를 찾고 있었다. 그가 처음 가게 안으로 들어왔을 때는 합법적이었다. 그는 치통이 있었고, 내슈빌까지 제시간에 맞춰 차를 몰고 가려면 진통제가 필요했으니까.

"여기에 중장비를 다루면 안 된다고 쓰여 있네요." 티나가 진통제를 들어 보이며 차차를 향해 경고했다. 약국 앞 연석 위에 주차된 그의 대형 트레일러가 가게 앞쪽 전체에 거대한 그림자를 드리우고 있었다. 상층부 데크에 실려 있는 차들이 태양 아래 풍뎅이들처럼 빛났다.

"저는 디트로이트에서 왔습니다, 아가씨." 차차는 말했다. "저희는 초등학교에서 중장비 다루는 법을 배우죠."

티나는 기꺼이 웃었다. 그의 농담에 반응을 보임으로써 그가 계속 웃는 걸 격려하고 싶었다. 그때 그는 날씬했다. '건강해 보이지 않는 날씬함'이라고 할까. 정확히 말하면 그때 차차는 못 먹은 사람처럼 말라 있었다. 그녀는 그런 그를 보며 무언가 배불리 먹게 하고 싶다는 생각이 들었다. 다른 사람에게는 느껴 본 적 없었던 생경한 모성의 의지였다. 한편으로는 그것이 그녀를 두렵게 만들었다. 오래도록 세 명의 남동생을 보살펴 온 그녀는 더 이상 자기 자신 외에는 어느 누구도 보살피고 싶지 않았다. 그럴 수 있을 만큼의 돈을 모으려는 희망을 품고 약국에 취직한 터였다. 차차는 그날 오후 그녀에게 데이트를 신청하지 않은 채로 떠났다.

그는 2주 후 토요일에 다시 왔고, 또 2주 후에 다시 찾아왔다. 티나는 디트로이트부터 내슈빌까지가 그의 일반적인 노선이라고 생각했다. 그녀는 나중에 결혼을 하고 디트로이트로 이사를 가고 난 후에야 그가 그해 여름 그 노선을 유지하기 위해서 자신의 아버지에게 거의 반쯤 구걸을 해야 했고, 몹시 불공평한 물물교환에 응해야 했다는 사실을 알게 되었다.

1972년 가을, 그들은 애로우에서 멀지 않은 반다이크의 두 가족이 나눠 쓰는 아파트로 이사를 갔다. 당시 차차는 집을 마련하기 위해 정말 열심히 저축을 하고 있었다. 티나가 의료 종사자로서의 일을 찾는 데는 시간이 걸렸다. 새로 이사를 한 지역은 그녀가 떠나온 캔자스만큼이나 환경이 열악했다. 사실 몇해 전 있었던 폭동으로 인해 상황은 더 악화되어 있었다. 새까맣게 탄 채 뼈대만 남을 건물들이 하퍼 거리에 줄지어 있었고, 여전히 문을 여는 상점들도 건물 외관을 복구하려는 측은한 시도들과 함께 너무 아무렇게나 운영되고 있었다.

"봄이 되면 나아질 거야." 차차가 그녀를 안심시켰다. "초록이 모든 걸 보다 좋아 보일 수 있도록 도와줄 거고."

하지만 티나는 봄까지 기다릴 필요가 없었다. 결혼 후 차차의 여동생들은 친절하게도 그녀를 위해 기꺼이 자리를 내어주었고, 티나는 가족의 사랑으로 연결된 거미줄의 일부가 되는 기분이 어떤 건지 만끽할 수 있었다. 주말은 생일 축하파티를 하거나 서로의 자녀를 돌봐주는 일들로 빈틈이 없었다. 티나가 레일라와 트로이를 만났을 때 그들은 겨우 네 살과 일곱 살이었다.

처키와 토드가 태어난 후, 차차는 당시 살고 있는 지역을 벗어나는 것에 그 어느 때보다 더 결연했다. 결국 교외로 이사를 했고, 그것은 티나 삶의 모든 것을 바꾸어놓았다. 전에는 차를 타고 지날 이유조차 없었고 한 번도 환영받지 못한 곳에서 오직 그녀 자신과 그녀의 세 남자들만이 함께 지내야 했다. 프란시, 말린, 네티, 그리고 산드라와 버니스가 여전히 새로운 집에 들렀다 가곤 했고 그녀도 여전히 그들을 보러 갔지만, 그녀는 자신이 언젠가 그랬던 것만큼 가족들로부터 뜨거운 사랑을 받지 못한다고 느꼈다. 그녀가 그들을 멀리해서가 아니었다. 어떤 이유에선지 그들이 그녀를 등한시했다. 백인 지역의 큰 새집으로 이사를 한 것이 그동안 아이들과 남편의 문제를 이야깃거리로 삼으며 다져왔던 터너 여자들 간의 우애를 훼손하기라도 한 것처럼. 마치 그녀가 하룻밤 새에 무슨 스텝포드 와이프로 변신한 것처럼. 언제나 언니라고 불렸던 그녀는 어느새 여자 형제들 사이에서 시누이가 되어 있었다. 이젠 부자 동네의 마나님이 되어서 더는 터너가의 문제를 공유하기에 적절치 않다고 여겼던 모양이다. 아이들과 차차의 생일에는 여전히 가족들로부터의 축하 전화, 케이크, 그리고 방문 공세가 이어졌지만 신기하게도 자신의 생일은 그들의 달력에서 사라져 있었다. 예외가 있었다면 비올라보다 많이, 그렇게 말할 수 없다면 적어도 비올라만큼은 키우는데 기여했던 레일라였다. 티나가 여자들끼리의 야간 외출에서 제외되지 않도록 그녀에게 정보를 준 것도 바로 레일라였다. 하지만 레일라는 처음에는 어린아이로서, 나중에는 한 아이의 엄마로서 가끔 티나에게 돈을 빌렸으며 빈번히 자신의 아이를 돌보아 달라고 맡기곤 했었다. 한마디로 그녀는 다른 형제들보다 티나를 더 필요로 했다. 그녀 가까이 있어야 할 이유가 충분했던 것이다.

캔자스시티에서 느꼈던 오래되고 숨 막히는 외로움이 다시 찾아와 그녀를 질식시키려 협박하고 있을 때, 단골 미용사가 그녀를 사우스필드에 있는 뉴 던 교회로 초대했다. 젊은 목사가 있으며 많은 참여의 기회가 보장된다는 말과 함께. 전도유망한 교인들과 대화를 나눌 때 그녀는 하나님의 말씀이 자신을 그곳으로 이끌었다고 말하기를 좋아했지만, 사실 티나의 주변 사람들이 그녀를 교회 안으로 밀어 넣고 뒤에서 문을 닫은 것과 마찬가지였다. 어쨌든 그녀는 자신이 있어야 할 장소를 찾은 것이다. 달리 어떤 방법이 있어, 그녀가 언제나 가족의 일원임을 포기하지 않고 계절이 바뀔 때마다 터너 손자들과 증손자들을 위해 생일 파티를 준비할 수 있었겠는가? 교회를 다닌 지 10년이 지났지만, 차차는 여전히 그녀가 힘겨운 싸움을 벌이고 있다고 생각했다. 그렇지 않았다면, 그녀의 왕관은 이미 천국에 있을 것이다.

— * * —

티나는 오트밀 한 그릇을 가지고 비올라의 방으로 갔다. 그녀는 노크하지 않았다. 비올라는 옆으로 누워 먼 쪽 벽을 바라보며 잠을 자고 있었다. 티나는 스탠드 테이블에 오트밀을 내려놓고 비올라의 머리 옆에 있는 베개에 한 손을 올렸다. 베개는 축축하게 젖어 있었다. 땀을 많이 흘린 것 같았다. 혹시 눈물을 흘린 것일까? 그녀는 몸을 구부려 비올라의 얼굴을 바라보았다. 굳이 잠에서 깨어 생기를 불어넣지 않아도 그녀의 얼굴이 열세 명의 자녀들 하나하나의 얼굴 속으로 나아갔다는 사실을 알 수 있었다. 거기에는 러셀의 긴 속눈썹, 레일라의 높은 이마, 모두가 물려받은 나팔모양으로 생긴 콧구멍과 얕은 콧대의 작은 코가 있었다. 윗입술은 약간 갈색이고 아랫입술은 더 핑크색인 차차의 얇은 입술도. 티나는 자신이 그들과 혈연이 아닌 걸 알았지만, 오, 주여, 자신이 이 사람들을 얼마나 사랑하고 있던가! 가끔은 그녀 스스로를 부끄럽게 만들 만큼 많이. 그들은 그녀의 것이었다. 그녀는 프랭클린 마을로의 이사가 그녀를 가족 밖으로 밀어내도록 허락하지 않았고, 앨리스 로스먼 또한 그렇게 하도록 허락하지 않을 것이라고 다짐했다.

그녀는 비올라의 방에서 나오기 전에 창문을 조금 열어놓았다. 그녀가 땀을 흘린 건지 눈물을 흘린 건지는 확실치 않았지만 맑은 공기가 그녀에게 도움이 될 것 같았다.

— * —

차차는 사람들을 밀치며 앨리스가 속해 있는 개인 심리상담 연합병원의 로비를 지나 엘리베이터를 타고 앨리스의 사무실이 있는 층으로 올라간 후, 그에게 누구를 만나러 왔냐고 절대로 물어보지 않는 젊은 여성 접수 담당자 앞을 지나갔다. 그는 예고 없이 나타난 적이 없었지만, 앨리스가 그녀의 사무실에서 스스로 나올 때까지 기다릴 생각도 없었다. 그는 인쇄물을 가지고 오는 것을 깜빡했다. 이 어처구니없는 실수에 차차는 자신을 저주했다. 그는 어쨌든 그녀의 문에 노크를 했다.

앨리스가 문을 열었다. 그녀의 사무실은 비어 있었지만, 그녀의 입은 음식물로 가득 차 있었다.

"찰스." 그녀가 말했다. "점심시간에 어쩐 일이에요?"

그녀는 놀라고 걱정스런 표정으로 서 있었는데, 전에는 본 적 없는 링 모양으로 머리를 동그랗게 땋아 올린 헤어스타일이었다. 그 모습은 차차로 하여금 이곳에 온 것을 후회하게 했고, 동시에 그녀를 만지고 싶다는 간절한 생각을 불러일으켰다. 그저 그들이 진정한 친구라는 걸 증명하기 위한 약간의 신체 접촉. 그녀가 힘든 순간에 놓여 있는 그를 지지해줄 거라는 믿음. 그는 자신이 인사하기를 포기하기 전에 그녀를 포옹했다. 그의 골반이 그녀의 골반으로부터 최대한 멀리 떨어진 순결한 교회식 포옹이었다. 앨리스는 차차의 등을 한번 토닥거렸지만, 그걸 제외하고는 다른 움직임은 없었다.

"괜찮아요?" 그녀가 말했다. "안으로 들어오세요."

차차는 직접 상담실로 가지고 들어오던 안락의자 챙기는 것을 잊어버리고 말았다. 다시 밖으로 나가 가져오고 싶은 마음이 굴뚝같았지만 그러지 않았다. 그는 그냥 실신 소파 위로 주저앉아 지팡이가 카펫에 떨어지게 허락한 다음, 그날만 세 번째였던 그의 유령 이야기를 시작했다. 티나나 비올라에게 말할 때와는 다르게 그는 앨리스에게 최대한 정확하게 설명하려 노력했다. 그 일이 있기 전에 그가 뭘 했으며(유령에 관한 조사와 그의 손주를 봐줬으며), 그가 잠들기 직전에 무슨 생각을 했는지(애로우집과 그의 손주가 사용한 '멍청한'이란 단어 그리고 또 다른 방문을 알려온 러셀의 이메일에 대한 생각), 게다가 그가 저녁으로 뭘 먹었는지(핫 윙을 먹었지만 그가 좋아하는 만큼 맵지 않았던)까지를 이야기에 포함시켰다. 많은 양의 세세한 내용들이 마구 쏟아졌고, 대부분의 이야기 동안 그는 눈을 감은 상태로 있었다. 이야기가 끝에 도달했을 때, 그는 마침내 눈을 뜨고 앨리스를 건너다보았다.

"글쎄요." 그녀가 꺼낸 첫마디였다.

"글쎄라니요?"

앨리스가 책상 위에 자신의 손가락을 펼쳐 놓았다. 그녀는 지쳐 보였다.

"우선, 저는 염려가 돼요, 찰스. 당신이 솔직한 진실을 원한다면요." 그녀는 차차를 보면서 눈을 깜빡이지 않았다. 그가 그녀의 눈 안에서 본 것은 공포였을까? 아니면 그저 무심하게 남고자 하는 극심한 노력이었을까?

"제가 당신이 이 유령에 관해 더 멀리 탐험하도록 격려한지라 책임감을 느껴요."

"난 지금 당신을 탓하는 게 아니에요." 차차가 말했다. "물론 당신 말대로 특정한 것들을 기억해냈던 게 내가 다시 유령을 보는 데 도움을 줬을 수도 있지만, 제가 지금 확신하는 건 그 유령이 제 주위에 항상 있었다는 사실이에요."

"그게 문제예요, 찰스. 제가 당신이 마음껏 환각을 볼 수 있도록 한 건 전문가답지 못했어요. 이제부터라도 보다 건설적인 대화를 시작해야 할 것 같아요."

"환각? 무슨 소리를 하는 거예요?"

그가 방금 전에 본 표정은 진짜 무심함이었다. 차차가 그녀를 만나기 전에 앨리스가 쓸까 두려워했던 그 전문적 무관심의 마스크. 그게 지금 바로 자신의 눈앞에 있었다. 그건 쭉 그녀의 표면 아래에 있었다.

"다시 한번 그것들을 진작 그렇게 부르지 않은 것에 대해 사과해요. 전 당신이 모종의 이유로 근본적으로 환각인 그 목격

들을 계속 부여잡고 있다고 생각해요. 우리가 올바른 용어로
그것들을 지칭하지 않는 한 상황이 개선될 거라고도 생각하지
않고요. 우리가 활용할 수 있는 몇 가지 기술들이 있어요. 제가
처음부터 시행해야 했다고 느끼는 보다 직접적인 접근방법들
이요."

차차는 소파 위에 가능한 한 최대로 바르게 앉았다.

"나는 망할 그 어떤 환각도 보고 있지 않아요!" 그가 말했다.
"언성을 높여서 미안해요."

"괜찮아요." 앨리스가 말했다.

"당신에게 보여줄 것들이 있었어요. 제가 하고 있는 약간의
조사를 프린트했어요, 온라인에서 찾은 유령에 관한 것들을요.
대부분이 개인적 경험들이지만, 적어도 이 자료들이 나한테 일
어나는 일들이 그렇게 말도 안 되는 건 아니라는 걸 증명해 준
다고요."

"찰스, 정말 미안해요." 앨리스가 말했다. 그녀는 말을 하면
서 진짜 괴로워 보였다. "하지만 계속 이 유령이 진짜인 양 이
야기하는 건 위험한 것 같아요. 당신에게는 명백히 진짜지만,
목표는 당신이 더 이상 그걸 믿을 필요가 없는 지점까지 도달
시키는 것이어야 해요."

예순넷. 차차는 한 손으로 자신이 울었던 게 몇 번인지 셀 수
있었다. 그가 아홉 살 때, 갓난아기였던 말린이 신장염에 걸렸

고 프란시스는 아이들에게 그녀가 아마도 죽게 될 거라고 알려
주기 위해 자신을 포함한 모두를 식탁에 불러 모아야 했다. 차
차는 갓난아기였던 말린을 세 번, 어쩌면 네 번 안아주었다. 그
가 떠올릴 수 있는 유일한 건 말린의 피부색이었다. 그녀의 피
부색은 이제까지 그의 남매들 중 가장 어두웠다. 이렇게 작은
아기에게 맞는 관이 있을까? 그 생각이 그를 울게 만들었다. 프
란시와 퀸시 그리고 러셀 또한 눈물을 흘렸다. 그때 프란시스
는 식탁 너머로 차차를 향해 정신 차리고 동생들을 위해 강인
해지라고 말하는 듯한 표정을 보냈었다. 차차는 1973년 그의
친한 친구이자 첫 번째 룸메이트였던 에드가 블록이 집에 오기
로 예정되어 있던 며칠을 남기고 베트남에서 살해당했을 때 또
울었다. 차차가 마지막으로 운 건 삼십 년도 더 전에, 처키가 태
어났을 때였다. 그게 세 번 중 그가 전혀 수치스럽게 생각하지
않는 유일한 한 번이었다. 만약에 그가 더 어렸다면, 그리고 프
란시스의 아들이 아니었다면 차차는 지금 울었을 것이다. 최소
한 그는 이 여자의 사무실을 떠나야 한다고 생각했다. 앨리스
는 갑자기 너무 무지했고, 그녀의 나이에 비해 훨씬, 훨씬 더 어
려 보였다. 하지만 다음에 또 누구에게 말할 수 있을까? 이만큼
이나 놀라운 이야기를 가지고 어디로 갈 수 있다는 말인가? 차
차는 적절한 표정을 찾기 위해 자신의 마음속을 한동안 헤집고
다녀야 했다.

"찰스?"

그는 1분에 가까운 시간이 흐르도록 조용히 앉아 있었다.

"당신이 제 말을 못마땅하게 느끼는 거 이해해요." 앨리스가 말했다.

"당신은 대체 누굽니까, 앨리스?"

"네?"

"당신은 누구냐고요? 저는 당신에게 저 자신은 물론 제 가족 그리고 빌어먹을 제 결혼에 관한 개인적인 정보들을 모두 알려 줬어요. 저는 제가 당신이 하는 말을 듣기 전에 일단 적어도 당신에 대한 약간의 기초적인 정보라도 알아야 한다 생각해요."

그녀는 자세를 고쳐 앉았다.

"의사가 아닌 일반인으로서의 저요? 이건 그런 식으로 돌아 가지 않아요, 찰스."

"그거 알아요?" 차차가 말했다. "저는 당신이 갑자기 규칙에 엄격해진 게 우습다고 생각해요. 전에 당신은 크라이슬러에게 '거짓말'을 했어요. 심지어 제 '환각'을 격려하면서요."

"그 부분에 대해서 저는 당신에게 설명할 게 없어요, 찰스."

"그래요, 그렇겠죠. 하지만 저도 다른 사람들처럼 구글을 사 용할 줄 알거든요. 당신의 부모를 찾아봤어요."

앨리스의 눈이 잠깐 동안 커졌고, 그녀는 자신의 책상 위의 펜들을 바로 세우기 시작했다.

"제 부모님을 봤다고요? 그랬군요. 제 부모님은 백인이에요. 그게 당신과 당신이 끝마쳐야 하는 일들이랑 무슨 상관이죠?"

차차는 가려고 일어섰다. 그는 왜 이 여자를 그토록 빨리 믿었을까? 그는 외로웠고, 그녀는 아름다웠기 때문이었을까. 그는 심지어 지금 이 순간에도 그녀의 아름다움을 볼 수 있었다. 그것은 바로 거기 있었다. 그녀의 걱정스러운 눈빛과 부드럽고 촉촉한 손에. 그녀가 속상할 때 그녀의 통통한 입술이 뒤로 팽팽히 당겨지는 방식에 있었다. 그는 젊고 예쁜 여자가 자신에게 관심을 가져주는 게 너무나 고마운 나머지 그녀가 자신에게 요금을 부과하고, 그녀가 자신을 만나는 이유가 자신의 이유와 다를 수 있다는 사실을 제대로 분석하고 완전히 이해하지 못했었다.

"빌어먹을, 당신은 저를 거의 꾀었어요." 그는 말했다.

앨리스가 반문하려 입을 열었지만, 차차는 허락하지 않고 자신의 말을 계속 이어갔다.

"당신은 제가 이 모든 것, 제 삶에서 일어나고 있는 황당하고 어처구니없는 일들에 대해 당신이 마치 자신의 일처럼 걱정하고 신경을 쓰고 있다고 생각하게끔 만들었어요. 그게 당신에게 지급되는 수표보다 큰 의미를 지닌 것처럼 보이게 날 속이면서요."

"찰스, 제 생각에는 잠시 진정하는 게 좋을 것 같아요."

"당신이 제가 이 안에 있기를 원하는 이유가 도대체 뭔지 생각해 낼 수가 없어요." 그가 말했다. "제 훌륭한 대화 능력 때문은 아니에요. 그건 저도 알아요. 그냥 그게 어떤지 알고 싶었던 거겠죠, 네? 당신의 동족처럼 흑인 부모와 사는 게 어떤 건지. 그저 검고 가난하게 자라는 게 어떤 느낌인지 알고 싶어서 말이에요."

"찰스." 앨리스가 말했다.

"빌어먹을, 그 이름 좀 그만 불러요. 나하고 당신 말고 이 안에 누가 또 있어요."

그녀의 코는 마치 울기라도 할 것처럼 쭈글쭈글해졌지만 그것도 잠깐이었다. 그녀의 얼굴은 이내 무심함으로 뒤덮였다. 차차는 문을 향해 걸어갔다.

"나는 실험실 쥐나, 무슨 우리 안에 든 멍청한 원숭이가 아니에요."

그는 문을 닫았지만, 그럼에도 그녀가 "저는 당신이 그렇다고 생각한 적 없어요."라고 말하는 소리를 들을 수 있었다.

콘비프와 양배추

The Turner House

　디트로이트의 흑인들과 콘비프에 관한 일화들은 성지순례자와 옥수수에 얽힌 사연들만큼이나 인종차별적인 뉘앙스를 풍기고 있었다. 유럽에서 건너온 이민자들은 그들의 동네에서 흑인들을 밀어내려 했지만, 결국엔 포기할 수밖에 없었다. 어쩔 수 없는 상황이었다. 사실 그들이 포기란 말을 하기 훨씬 이전부터 이미 흑인들은 이 도시에 활력을 불어넣었던 공장, 증류소, 탄광, 그리고 여러 정부 기관에서 백인들과 어깨를 나란히 한 채 도시 원동력의 일부가 되어 있었다. 두 줄 옆 생산라인에서 일하는 얼이라는 이름을 가진 개인보다는 개념으로 존재하는 거대한 단일집단을 미워하는 게 훨씬 쉬웠을 것이다. 물론 얼이 없는 자리에서는 그를 깜둥이와 같은 인종차별적인 호칭으로 불렀지만 말이다. 일 대 일의 관계에서는 허접한 친분관계일지라도 그 관계는 분명히 존재했고 또 그렇게 지내다 보면 서로 요리비법과 같은 것들을 공유하며 소통하고 지낼 수 있었다. 거기다 각종 가사 및 식품업에 종사하는 흑인들까지 포함하면 의도하지 않은 결과가 나타났다. 아프리카계 흑인들이 정육점에서 고기를 사는 현상. 마치 남쪽 지역 흑인들이 그들만의 멕시코 음식 레시피가 있다고 주장하는 것과 같은 일 말이다. 실제로 그랬다. 전에는 라우리 돼지고기가 타말리 파이, 혹은 엔칠라다 캐서롤에 사용된 적이 없었다. 그것은 흑인들만의 특별 조리법이었던 것이다. 그들의 중서부 사촌들은 쏘시지, 양지머리, 또는 맥주에 있어서도 자신들이 비슷한 발판을 만들었다고 믿었다.

레일라는 자신이 진지한 연애를 할 자격도 없을 뿐더러 자신의 현실이 그런 관계를 감당할 수 있는 상황도 아니라고 생각했다. 하지만 그런 생각조차 데이빗과의 관계를 자신의 이상과 가까운 곳으로 끌고 가려는 그녀의 의지를 막을 수는 없었다. 그런 노력의 일환으로 그녀는 데이빗에게 요리를 해 주겠다고 제안했다. 저녁 시간 전에 데이빗의 집에 가서 둘이 함께 먹을 수 있는 정성 어린 저녁 식사를 만들겠노라고. 콘비프 헤쉬.

지난 일주일 동안 둘의 관계는 서로에 대한 직관적이고 열정적인 성적 욕망에 중심을 두고 있었다. 섹스를 위한 섹스. 그녀는 데이빗의 집에서 세 번이나 잤다. 데이빗과의 우연한 만남은 마치 괴혈병에 걸린 그녀에게 주어진 비타민 C 예방주사 같았다. 데이빗과 헤어지고 나면 그녀는 그와 있었던 모든 일들을 해부하며 둘 사이에 오고간 터치나 농담들을 머릿속에서 수없이 떠올렸다. 그녀는 끝없이 이어지는 생각들을 조금씩 줄여보려 했지만 그럴 수 없었다. 너무 오랜만의 일이었다. 키스할 때 그녀의 윗입술 끝을 스치는 그의 수염. 키스를 하다가 잠깐씩 그가 입을 떼고 자신의 목에다 불어넣는 숨결. 마치 키스가 너무 강렬해서 가끔 쉬었다 가야 하는 것처럼. 그의 팔꿈치와 무릎은 나머지 피부색과 차이가 나지 않았다. 그의 피부는 딱 그렇게, 세월의 흔적을 보이거나 변색되지 않을 정도로 적당하게 검었다. 그녀는 데이빗에 관한 세부적인 사항들을 비축해 나갔다. 그녀는 지금 여기 있었고 동시에 미래에 있으면서 이곳에 있는 자신을 보고 있었다. 편집하고, 흠결들을 하나둘 제거해 나가면서 더 완벽한 모양으로 둘의 관계를 재정립하고 있었다. 그녀는 모퉁이를 돌면 보일 그들의 2주 후, 또는 한 달 후가 두려웠다. 레일라와 데이빗은 브리엔의 표현을 빌자면 썸을 타며 서로를 즐기는 그런 관계였다. 마흔이 넘은 두 성인이 상황을 정의하지 않고 이런 관계를 오랫동안 유지하기란 쉽지 않은 일이었다. 최소한 데이빗은 그녀의 아파트를 보고 싶어 할 것이고 그것으로 그녀의 거짓말 한두 개쯤은 탄로 날 것이다. 그건 끔찍했다. 레일라는 데이빗이 샤워를 하는 동안 그의 집에서 나오는 일이 잦아졌다. 일종의 자기보호를 위한 방법. 그로부터 이제 그만 가 달라는 말을 절대 듣고 싶지 않았다. 그녀는 애로우로 돌아올 때도 한참 돌아오는 우회로를 택했다. 그가 자신을 따라오리라고 의심할 이유는 전혀 없었지만 주요 도로는 많지 않았고 차량들 또한 그랬다. 잘못된 교차로에서 그와 마주치는 건 생각조차 하기 싫었다.

고기를 솥에 넣고, 양배추를 씻어서 자르고 피클도 잘라 준비했다. 레일라는 응접실 소파 앞 바닥에 앉아있는 데이빗 옆에 가 앉았다. 그녀는 그의 옆에 앉으며 장난스럽게 불만을 표했다.

"당신만큼 바닥에 앉는 걸 좋아하는 성인 남성은 본 적이 없는 것 같아."

"허리 때문에 그래." 그는 말했다. "평생 꾸부정한 자세로 살아온 것에 대한 벌이지."

그는 책상다리를 하고 소파에 등을 기댄 채 앉아 있었다. 그의 무릎이 앞으로 튀어나와 개구리 같은 모양새를 하고 있었다. 레일라는 책상다리를 하고 오래 앉아있는 게 힘들어서 무릎을 꿇고 앉았다. 텔레비전은 ESPN 채널에 고정되어 있었지만 소리는 소거가 된 상태였다.

"이게 당신이 명상을 하는 방법이야? 바닥에 앉아서?" 레일라가 물었다.

그는 한쪽 눈썹을 치켜뜨며 그녀를 보았다.

"그걸 어떻게 알았어?"

"내가 좀 오지랖이 넓어서." 레일라는 대답했다. "그리고 나도 글씨 읽을 줄 알거든. 당신 침대 옆 사이드 테이블에 있는 CD들."

"아마 내가 명상한다는 건 트로이도 모를 걸."

"트로이 오빠는 관심 없을 거야. 혹시 모르지, 놀림거리가 생긴 만큼 관심을 보일지도."

"하하. 왠지 그럴 것 같은데."

"CD들이 나와 있기에 비밀일 거라는 생각은 못 했어. 아무도 알아서는 안 되는 거야?"

그는 팔을 둘러 그녀를 안았다. 그에게서는 깨끗하고 복잡하지 않은 냄새가 났다. 그의 아파트에서는 향수를 찾을 수 없었다.

"누구도 너처럼 내 침실을 드나들지는 못 해, 레일라."

그 말에 그녀는 시선을 돌렸다. 그의 침대 옆 사이드 테이블에는 명상 CD가 놓여 있었고, 그 옆 작은 책장에는 『부자 아빠 가난한 아빠』, 『성공하는 사람들의 7가지 습관』과 같은 부자가 되는 방법을 이야기하는 자기계발 서적들로 가득했으며 토크

쇼 단골 추천도서와 같은 감성 서적들도 몇 권 보였다. 그는 자기계발과 지갑을 살찌우는 것 그리고 보다 나은 확실한 미래를 설계하는 데 관심이 매우 많은 듯했다.

"그런데 왜 하는 거야?" 그녀가 물었다.

"뭘 왜 해?"

"명상. 뭔가 얻어지는 게 있어?"

"없어. 아무것도." 데이빗은 대답했다. "크게 얻어지는 게 있지는 않아."

그러나 단호하게 닫혀있는 그의 입은 무언가 그 반대의 것을 말하고 있었다. 어쩌면 이건 그녀와는 상관없는 일이었다. 어차피 이런 편안한 관계에서는 서로에 대한 공개를 최소화하는 게 더 현명한 방법일 테니까. 하지만 레일라는 그러지 않기로 했다.

"언제부터 하기 시작한 거야? 오해하지는 마. 놀리려는 거 아니니까. 난 그냥… 종교적인 거야? 영화 〈어제 오늘 그리고 내일〉에서 안젤라 바셋이 아이크를 버리고 부처를 찾아 떠난 게 생각나서. 그녀가 했던 그 주문 같은 거 기억나? 무식하게 들리는 건 나도 알겠는데, 부처도 '섬기다'라고 하는 건가? 예수를 '섬기다'라고 하는 것처럼? 아니겠지?"

데이빗은 웃었다.

"아니, 종교적인 건 아니야." 그는 다리 한 짝을 그녀 위로 올려놓았다. 보기보다 무거웠다. "말하자면 엄청 길어. 진짜 그 정도로 오지랖이 넓은 거야?"

"병적이라고 봐야지. 막내라서 그런가 봐."

"그래, 그럼 알았어. 음, 샌디에이고에 살 때 한 여자를 만났고 우린 결혼을 했어. 그녀는 그 지역 사람이었고, 필리핀계 대가족 출신이었지. 난 그녀의 가족들과도 아주 잘 어울렸어. 사촌들과 농구도 하고 말이야. 그녀는 흑인도 아니면서 조금 보수적인 우리 엄마와도 사이가 좋았어."

레일라는 그의 이야기를 들으며 질투를 느끼지 않을 수 없었다. 그리고 질투하는 자신이 너무 터무니없다고 느꼈다. 그녀는 데이빗 곁에 있는 까무잡잡한 피부를 가진 아담한 아시아계 여성을 상상해 보려 했다. 상상이 되면서도, 상상하기 힘들었다.

"결혼 후 2년 정도 지났을 때 아이를 가질 준비를 했어. 아이가 태어나면, 훈련 같은 걸로 집을 비우고 싶지 않았고 그래서 군대를 떠날까 하는 생각을 했지. 그게 아마 96, 97년도쯤이었을 거야. 너무 긴 이야기라 좀 줄여서 말하자면, 제대하기 전에 돈을 좀 모을 요량으로 난 다시 배를 탔고, 거기서 바람을 피웠고, 그 사실을 그녀에게 말했어. 만약 아이가 있었다면 그녀가 떠나지 않았을 수도 있었겠지. 하지만 우린 아이가 없었어. 해군을 나와 잠시 LA에 머물다가 돈도 떨어져 가고 해서 고향으로 다시 돌아온 거야."

"그래서 명상은?"

"LA로 처음 이사 갔을 때 아프리카 마켓에 갔다가 명상 테이프를 하나 사게 되었는데 그 후로 계속 명상을 하고 있어."

"그러니까, 왜?" 레일라가 다시 물었다. 데이빗은 그것이 마치 아내를 떠나보낸 후 자신이 취해야 할 너무나 당연한 후속 조치라도 되는 양 말했지만 그녀에겐 전혀 그렇지가 않았다.

"효과가 있었나? 나도 잘 모르겠다. 그냥, 모든 사람이 날 미워한다고 느껴지는 게 너무 싫었어. 그런 바보 같은 짓을 해서 모든 걸 망쳤고, 그녀의 가족들도 나와의 모든 연을 끊었어. 그때 그 테이프가 도움이 되었고."

"뭐에 도움이 되었는데?"

"혼자 남겨지는 것, 이라고 해야 할까." 그는 그녀 위에 올렸던 다리를 움직였다. "혼자 있는 것에 익숙해질 수 있다면, 조용히 혼자 앉아 오직 자기 자신과 긴 시간을 보낼 수 있으면, 뭐든지 할 수 있을 것 같았거든."

레일라에게는 이 말이 자기계발 책에서 볼 수 있는 흔한 한 줄의 문장처럼 느껴졌다. 한편으로는 GA에서 밀고 있는 쉬운 문제 해결책처럼 들리기도 했다.

"그걸 얻기 위해 왜 명상을 해야 하는데? 어차피 일어날 일 아니야? 나이를 먹고 이혼을 하든 뭘 하든, 결국엔 혼자가 되잖아. 그건 그냥 일어나는 일이잖아."

양배추를 삶고 있던 가스레인지 위의 냄비가 쉬익 소리를 내며 넘쳤다. 데이빗은 레일라가 일어날 수 있도록 그녀에게 얹었던 다리를 들어주었다. 그녀는 부엌으로 가서 가스 불을 줄였다.

"맞아." 그가 말했다. "그렇지만 그건 상황이 진짜 괜찮아지는 것과는 달라. 우리 둘만 해도 주변 사람들 중에 괜찮아 보이지 않는 사람들이 많을 걸."

"음…." 그녀는 말했다. 아니 말하고 싶었다. 아이가 생기면 혼자라는 것에 대한 생각이 완전히 바뀐다는 사실을. 아이가 있으면 절대 혼자라고 느낄 수 없다는 걸. 왜냐하면 나의 일부이지만 독립적인 생각을 가진 하나의 생명이 이 세상에 존재한다는 건 절대 잊을 수 없는 일이기 때문이었다. 그러려고 노력해도 그럴 수 없는 일이라고. 하지만 그녀는 데이빗에게 이런 말을 하나도 하지 않았다. 그는 아이를 원했다고 했고, 그에게는 아이가 없었기 때문이었다.

데이빗의 아파트에는 제대로 된 식탁이 없었기 때문에 그들은 부엌 아일랜드 테이블에서 식사를 했다. 대화 주제는 바뀌어 있었다. 그들은 그녀가 플루트 연주를 했던 것과 데이빗이 농구선수가 되길 원했던 것 그리고 새로운 시장과 대통령이 선출되면 모두가 지금보다는 좋아질 것이란 이야기를 나눴다. 그들은 버락 오바마가 다음 대통령이 될 수도 있다는 조심스러운 희망을 공유했다. 마치 의사에게 아이를 낳을 수 없을 거라는 말을 들은 부부가 앞으로 탄생할 아이의 건강에 대해 이야기하는 것처럼. 저녁 식사 후 둘은 그의 침실에서 섹스를 했다. 정상 체위로, 천천히 그리고 친밀하게.

"당신이 그동안 만난 남자들 중에 딸한테 보여 준 사람 있었어?" 데이빗이 물었다. 둘은 그의 침대에 반듯이 누워 있었다. 그는 팔을 그녀의 목 뒤로 움직여 그녀를 감싸 안았다. 손이 그녀의 가슴골 사이에 닿았다. 그녀의 땀이 있을 그곳. 그리고 그녀의 날뛰는 심장박동이 확실하게 느껴질 그곳.

"음…아니, 없어." 레일라가 대답했다. "아니다. 한 명 있었다. 브리엔이 열 살이나 열한 살 때쯤이었을 거야. 이름은 데미언이었고. 내가 공항에서 일할 때 거기 경비원이었어. 우리랑 같이 산 적은 없었는데, 데이트를 할 때 내가 브리엔을 데리고 나가는 걸 허락했었어. 결국은 헤어졌고."

데미언. 윌 스미스 스타일의 크고 귀여운 귀를 가졌던, 그리고 대부분의 단어 끝에 들어가는 자음을 빼먹고 말하는 말투를 가졌던 사람. 레일라는 그가 자신과 결혼하길 원했었다고 말했다. 결혼을 해서 자신의 고향인 아틀란타로 그녀와 브리엔을 데려가고 싶어 했다고. 어느 여름 브리엔이 처음으로 벨 섬에 있는 자이언트 미끄럼틀을 혼자 타고 내려갔을 때, 잔뜩 긴장한 속에서도 어른들을 기쁘게 해주고 싶어 하는 간절한 미소를 띤 그녀를 옆에서 응원해 주던 그의 모습을 레일라는 떠올렸다.

"브리엔을 친아빠로부터 그렇게 먼 곳으로 데려가고 싶지 않았어." 레일라가 말했다. "그 사람이 언젠가는 자기 인생을 좀 정비하고 정신을 차릴 수도 있다고 생각했거든. 게다가 아빠도 돌아가시고, 엄마를 이곳에 혼자 두고 싶지도 않았고."

그냥 가볍게 만나는 사이를 넘어서려면 과거 연애사에 대한 카탈로그를 작성하는 건 피할 수 없는 일이란 걸 레일라는 알고 있었다. 그녀가 먼저 명상에 대한 질문공세를 함으로써 이 주제에 대한 문을 열었다는 것도. 하지만 그녀는 모든 걸 사실대로 말할 수는 없었다. 데미언의 청혼을 거절한 데에는 다른 요소들도 있었다. 먼 곳에서 남자와 홀로 있는 것. 버넌과 미조리 때 그랬듯이. 레일라는 시저스 카지노에서의 도박으로 이미 망가질 대로 망가진 자신의 신용에 대해 데미언이나 그 누구도 알기를 원하지 않았다. 더 작은, 겉으로 보기에 아무런 의미도 없는 이유들도 있었다. 섹스를 한 후 데미언은 바로 팬티를 주워 입곤 했는데, 그의 이런 행동이 그녀에겐 그가 자신의 취약한 모습을 보이는 시간을 아주 짧게 밖에는 용납하지 않는 것으로 보였다.

"애틀란타는 멋진 도시야." 데이빗이 말했다. "올림픽을 치르고 나서 비즈니스도 그렇고 모든 면에서 더 활발해졌으니까.

뭐, 그래도 디트로이트하고 비교할 건 못 되지만 말이야."

"가깝지도 않잖아." 레일라는 말했다. 그녀는 그가 농담을 하는 건지 진지한 건지 가늠할 수 없었지만, 두 도시 사이에 공통점이 많지 않을 거라는 생각에는 어느 정도 자신이 있었다. 애틀랜타에 가본 적은 없었지만 말이다.

데미언을 제외하고는, 레일라는 지난 10년 동안 가벼운 섹스 파트너나 한두 번의 데이트로 끝나는 관계 말고는 남자를 만난 적이 없었다. 그녀가 남자들을 불러들이는 걸 멈춘 건지 그들이 더 이상 그녀에게 다가오지 않았던 건지는 확실치 않지만, 어쨌든 노래의 마지막 몇 초처럼 이성에 대한 레일라의 관심은 서서히 희미해져 버렸다. 그녀가 말했듯 혼자되는 건 피할 수 없는 것이다. 그런 것은 그녀의 삶에도 큰 이변 없이 찾아왔다. 세월은 흘렀고, 어느 날 누군가와 함께 있지 않다는 사실이 당연하게 여겨졌다.

"당신은 어때?" 레일라가 물었다. "과거 여자 친구의 아이들과 같이 만난 적 있었어?"

아무런 대답이 없었다. 그의 가슴이 천천히 올라갔다 내려앉았다. 그는 잠들어 있었다. 레일라는 옆으로 돌아누워 창밖의 강을 바라보았다.

계속되는 삶
(1945, 겨울)

프란시스가 디트로이트로 떠난 지 5개월이 흘러 있었다. 비올라와 그가 아이를 더 낳을 확률은 매우 낮아 보였다. 물론 그 뒤로 열두 명을 더 낳았지만 당시에는 상상도 못 할 일이었다. 비올라는 프란시스가 자신을 위해 돌아와 줄 거라고 더 이상 믿지 않았다. 그녀는 아칸소를 최대한 빨리 떠나기 위해 돈을 모으기 시작했다. 그녀는 그냥 남부에 남는 것도 고려했었다. 거기 샷건하우스에서 내다보이는 미래를 그냥 받아들일 수도 있었다. 만약 그녀가 백인 조겟스의 집에서 가정부로 일하지 않았다면 말이다. 일 자체가 문제는 아니었다. 통근이 문제였다. 버스를 타고 가는 시간은 그녀와 올리비아 그리고 루씰 사이에 농담과 수다가 오가며 기분 좋게 시작되었다. 그녀들이 버스를 승차할 때면 일하러 가는 다른 흑인 승객들과 약간의 공동체 의식을 느끼기도 했다. 그러나 파인블러프까지의 거리가 점점 가까워질수록 사람들의 표정은 조금씩 삭막해졌다. 눈에는 생기가 없어졌고, 입은 단단하게 닫혔다. 비올라는 그들-가정부, 유모, 조리사, 운전기사, 정원사, 공사장 인부, 웨이터들-이 각자의 목적지에 도착했을 때 받아야 할 모욕에 대해 상상했다. 그녀는 차차가 커서 그런 모욕을 당하게 할 수는 없었다.

버스를 타고 가던 어느 날, 그녀는 배리 스터틀이 자신을 빤히 쳐다보고 있는 것을 발견했다. 스물다섯 살의 배리 스터틀. 터프츠 목사 교회에 있는 세 명의 집사 중 한 명이었던 스터틀 집사의 아들이었다. 그는 성직에는 관심이 없어 보였다. 왜냐하면 그는 하얀 요리사 유니폼을 입고 있었으며 무릎에는 종이로 만든 요리사 모자를 모시듯 올려놓고 있었기 때문이었다. 눈이 마주치자, 그는 미소를 지었다. 앞니 부정교합이 있었지만 그렇게 끔찍한 외모는 아니었다. 비올라는 미소를 보내지는 않았다.

루씰이 비올라의 귀에 대고 속삭였다. "이미 오래전에 눈치를 챘어야지. 그가 지난 일주일 동안 널 무슨 채무자가 쳐다보듯 힐끔거리고 있었는데."

비올라는 어깨를 으쓱했다.

"돈이라도 줘서 다른 쪽을 보게 하고 싶네."

그녀는 열네 살 때부터 따라다니는 남자들이 있었다. 그녀의 부모님이 생각하기에 그중 일부는 프란시스보다 더 총명해 보이기도 했다. 올리비아나 루씰의 나이에 가까운 남자들이 창피한 것도 모르고 비올라를 향해 관심을 보이기도 했다. 올리비아는 한 번도 남자에 대한 관심을 보인 적이 없었다. 웃는 것 못지않게 사람들에게 쉽게 욕 퍼붓기를 잘했던 맏딸인 루씰에게는 사귀는 남자 친구가 있었지만 전쟁에 일찌감치 징병된 후 소식이 없었다.

다음 날 아침 그녀들이 버스를 기다리고 있을 때, 배리 스터틀이 비올라를 향해 조심스럽게 손을 흔들었다. 비올라는 예의상 고개를 끄덕이고는 그를 등지고 돌아섰다.

"알지 모르겠는데." 올리비아가 말했다. "이제 그만 프란시스는 정리하고 잊어. 잊는 건 창피한 일이 아니야."

"전혀 아니지." 루씰이 덧붙였다. "젠장, 넌 네가 할 도리는 다 한 거야. 남자가 자기 할 일을 구분 못하는 게 네 잘못은 아니지. 너에겐 먹여 살릴 자식이 있고 앞으로 살아가야 할 인생이 있다고."

비올라는 교회 다니는 것을 그만두었다. 탐탁지 않게 보는 시선들과 꼬치꼬치 캐묻는 질문들이 두려웠다. 그녀는 궁금했다. 만약 자신이 모든 걸 잊고 정리한다면 터프스 목사는 자신을 어떻게 판단하려 할까. 프란시스가 떠난 지 5개월쯤 지나 마지막으로 예배를 드리러 갔을 때, 그녀는 예배가 끝나고 북적이는 사람들 사이로 터프츠 목사가 자신을 향해 다가오고 있는 것을 보았다. 충동적으로, 그녀는 목사를 피해 도망치듯 예배당에서 빠져나왔다. 그녀는 터프츠 목사의 인정을 받길 원했지만 동시에 터프츠 목사가 자신을 어떻게 생각하고 있는지에 신경을 곤두세우고 있는 자신에게 화가 났다. 그와 대화를 할 때마다 그녀는 궁지에 몰린 채 무언가 잘못을 저지른 듯한 느낌을 받곤 했다. 작은 키에도 불구하고 그는 위협적인 존재감의 소유자였다. 그가 말을 시작하면 상대방은 왜소해졌다. 대부분의 여자들은 그가 잘생겼다고 생각했지만 비올라와 자매들은 그의 행실이 외모로 용서될 수 있는 것인지 의문스러웠다.

"너무 자기 멋대로야." 루씰이 언젠가 말한 적이 있었다. "침실에 들어올 때도 해야 할 일 목록을 뽑아 들고 들어와서는 일일이 다 확인하고 체크한 다음에야 잠잘 준비를 할 남자 같아."

터프츠 목사는 비올라를 괴롭히는 더 큰 진실의 상징이었다. 만일 그녀가 이 마을에 머문다면 그녀의 삶은 평생 프란시스에게 버림받은 것으로 정의될 것이었다. 그는 그녀의 삶과 차차의 삶을 가리는 구름이 될 것이다. 그녀는 남편의 잘못된 판단이 자신의 삶을 평생 지배하게 둘 수 없었다. 그녀는 돈을 모아 떠나기로 했다. 또 한 달이 갔고, 비올라는 어떨 때는 주 60시간씩 일을 하면서 일주일 치 임금에서 매주 3달러씩 저축을 했다. 그녀가 추정키로 맘 편하게 차차와 이사를 가기 위해서는 최소한 70달러가 필요했다. 그 돈은 그녀가 일자리를 찾을 때까지 자신을 돌봐줄 형제에게 치러야 할 보상까지 계산에 넣은 것이었다. 그녀는 클리블랜드와 오마하에 있는 그녀의 오빠들에게 일반적이고 친절한 편지를 써서 둘 중 어느 지역이 더 좋을지 그리고 두 오빠의 부인들 중 누가 그녀를 더 환영해 줄 수 있을지 가늠하려 했다. 클라이트와 제임스 그리고 죠시아는 필요한 정보가 쏙 빠진 아주 짧은 답장을 보내왔다. 예쁘게 쓰인 글씨체로 미루어 볼 때, 아내들이 답장을 대신 써 준 것이라고 그녀는 의심했다. 상관없었다. 어차피 그녀는 그들 중 한 명에게 모험을 걸어야 했다. 돈이 생기는 대로.

그녀는 스스로 떠날 계획을 세우고 필요한 돈을 모아가면서 자신이 더 성숙해졌다고 생각했고 혼자의 삶을 시작하는 것에 대한 자신감을 갖기 시작했다. 프란시스에 대한 그녀의 사랑은 마치 철없던 소녀 시절의 자투리처럼 느껴졌다. 그들 사이에 무엇이 있었던가? 단상에 서서 사람들로 하여금 자신을 믿게 하려는 열망으로 자신의 얼굴과 목소리를 가득 채웠던 사람. 그는 눈부신 상장처럼 느껴졌었다. 그리고 그녀는 그 상을 탔던 것이고. 그런데 그게 전부였다. 다음 기회에는 그녀는 단순하고 열심히 일하는 마음씨 착한 사람을 택할 것이다. 겸손한 포부를 가진 남자를 말이다. 루씰이 말한 것은 사실이었다. 그녀는 고작 열여덟 살이었고 사랑 없이 살기에는 그녀 앞에 너무 많은 삶이 놓여 있었다.

디트로이트의 고담 호텔
(1945, 겨울)

물려받은 갈색 울 수트, 털안감 모자, 가죽 정장 구두, 그리고 장화까지. 프란시스는 제퍼슨가(街)에 있는 금형공장에서 일해서 번 돈을 이용해 겨울을 날 수 있는 물건과 그의 외모를 개선시켜줄 아이템들을 샀다. 금형공장은 그의 다섯 번째 일자리였다. 소금 광산에서 일할 때보다 보수는 적었지만, 그는 그만두거나 해고되지 않고 그곳에서 한 달간 쭉 일할 수 있었다.

이렇게 얼음이 언 추운 겨울밤에는 장화가 제일 적합했다. 하지만 프란시스는 가죽 정장 구두를 신었다. 신발이 그의 발가락을 꼬집었다. 그의 목표는 오직 오델라를 고담 호텔에 데리고 가는 것이었다. 그는 버스를 타고 그 호텔을 지나친 적이 있었는데, 폴 로브슨(Paul Robeson, 아프리칸 베이스 싱어), 조 루이스(Joe Louis, 미국 프로복서), 그리고 지역 정치인들이 그곳에서 식사를 했다는 소리를 들었었다. 그는 오델라를 그곳에 데려가 그녀의 눈에서 자신을 승격시키고 싶었다. 그리고 어쩌면 자기 자신의 눈에도 말이다.

아칸소로 돌아가 비올라에게 용서를 빌고 아이와 아내를 디트로이트로 데려오는 것보다 이곳에서 다시 시작하는 게 더 현실성 있는 이야기처럼 느껴졌다. 최근 들어 부쩍 더 그랬다. 비올라가 자신을 용서하지 않을 확률이 높았다. 그는 지난 긴 몇 달간의 침묵을 그녀에게 설명할 길이 없었다. 차라리 그 침묵을 영구적인 것으로 하고, 앞을 내다보며 죄책감을 자신에게서 밀어낸 다음, 그의 앞에 있는 여성과 새로운 것을 만드는 편이 더 현명해 보였다. 오델라는 사실 그의 여자는 아니었다, 아직은. 그러나 그가 금형공장에서 계속 일하며 그녀와 제대로 된 데이트를 이어간다면 자신을 너무 어리게 생각하는 그녀의 우려를 완화시킬 수 있을 거라 생각했다. 그런 다음 돈이 좀 모아지면, 다시 뭔가를 배우러 학교에 가는 걸 진지하게 검토해 볼 계획이었다. 뭐, 전기공 같은 거라도.

프란시스는 그의 플라스크에 담긴 버번위스키를 한 모금 마시고는 침구를 돌돌 말아 들고 아래층으로 내려갔다. 오델라는 힙에 딱 맞으면서 무릎 바로 아래로 떨어지는 철회색 원피스를 입고 거실에 앉아 있었다. 목선에 맞춰 감아올린 머리에는 원피스와 잘 어울리는 회색 핀이 매력적인 앵글로 꽂혀 있었다. 그녀의 지하 아파트에서 본 옷 중에 가장 화려한 옷은 아니었지만 절제미 하나만큼은 오늘 밤이 최고였다. 너무 부티 나게 옷을 입으면 오히려 더 천박해 보일 수도 있는 법이니까.

라디오에서는 시트콤에서 아모스와 앤디(Amos n Andy, 1928-1960까지 미국 할렘에서 일어나는 일들을 그린 라디오 시트콤)가 떠들고 있었다. 프란시스는 볼륨을 줄였다.

"세상에, 마침내 도시남이 다 되셨네." 오델라가 말했다.

프란시스는 그녀의 볼에 키스를 하려고 다가갔지만 그녀는 머리를 숙여 피하고는 그가 소파에 얹어둔 침구를 들어 벽장에 집어넣었다.

"이 모습이 이제 나야." 프란시스는 말했다. 그는 그녀를 향해 다시 다가갔고, 이번에는 그녀의 이마에 키스하는 데 성공했다. "도시에 살고 있으니까, 도시 사람처럼 옷을 입어야지. 그리고 당신 같은 여자의 관심을 계속 유지하려면 구질구질한 옷을 입고 다닐 수는 없잖아."

오델라는 그의 어깨를 토닥거렸다.

"오, 군인 아저씨." 그녀가 말했다. "내가 당신 처음 만났을 때 뭐라고 했지? 이미 신사의 품격이 느껴진다고 했잖아. 옷 때문만이 아니라니까."

프란시스가 희망했던 것과는 달리 디트로이트의 삶은 겨울에도 느려지지 않았다. 사람들은 불 때울 석탄이나 불쏘시개를 더 사고 등에는 모피를 둘렀다. 오델라도 예외는 아니었다. 여우 모피. 어깨선에서 꼬리가 살랑대는 스타일이었는데, 오른쪽 어깨에서 꼬리 하나가 떨어져 나간 상태였다. 프란시스는 떨어진 꼬리가 오델라의 서랍장 위에서 수선되길 기다리고 있는 것을 본 적이 있었다. 그녀가 처음 모피를 입고 나타났을 때, 프란시스는 당황했던 기억이 있었다. 왜냐하면 그녀가 느닷없이 지금 생이 아니라 이전 생에서 받은 선물이라고 말했었기 때문이었다. 그는 그녀에게 추가 설명을 요구하지 않았다. 둘 모두에게 떠나온 과거가 있다는 사실이 그는 맘에 들었고, 서로의 비밀을 공유하기 위해 강요하지 않았다. 프란시스는 그녀에게 자신이 헤이스팅스가(街)로 가서 택시를 잡아 올 테니 거실에서 기다리고 있으라고 말했다.

"군인 아저씨, 우리 어디 가는 건데? 걸어가면 안 되는 거리야?"

"시내에 갈 거야. 그리고 어쨌든 내가 자기를 걷게 할 순 없지. 절대로. 바로 요 앞 모퉁이를 돌아간다고 해도 말이야."

그는 다시 그녀에게 키스를 했다. 이번에는 언제나 자신의 입술을 감싸오던 그녀의 부드러운 입술에.

"오늘 당신 완전히 눈부시게 화려한 밤으로 만들어 줄게. 감

동반을 준비나 하라고. 기다려."

　그녀를 등진 채 코트와 모자를 쓰면서, 프란시스는 자신이 조금 우스꽝스럽게 느껴졌다. 비올라에게는 이런 말들을 한 적이 없었다. 이런 말들이 대체 어디서 튀어나왔단 말인가? 그 망할 놈의 라디오 쇼에서 들었을 거라고 그는 추측했다.

　"택시 빵빵거리는 소리가 들리면 준비해." 그가 말했다.

　프란시스가 밖으로 나왔을 때, 한기가 그의 목구멍을 타고 넘어가 그의 폐를 강타했다. 그의 하숙집은 헤이스팅스가에서 한 블록 떨어진 곳에 있었다. 프란시스는 한 번도 그 거리가 몇 걸음이나 되는지 생각해본 적이 없었다. 오늘 밤 그는 너무 꽉 끼는 가죽 구두를 신은 채 여기저기 얼어있는 빙판을 피해 한 걸음 한 걸음 걷고 있었다. 아무도 없는 텅 빈 길을. 고작 집 두 채를 지나는 데도 너무 오래 걸렸다. 그는 고담 호텔에 간다는 사실에 긴장하고 있었다. 그는 예약도 하지 않았다. 예약을 해야 하는지조차 몰랐다. 만약 저녁을 먹을 수 없다면, 바에 앉아 술이라도 한두 잔 하면 되는 거 아닌가.

　전방에, 모퉁이를 돌기 바로 전, 1미터 정도 되는 빙판이 진을 치고 있었다. 프란시스의 왼쪽으로 반쯤 얼어붙은 진흙으로 가득 찬 지저분한 길이 보였다. 그는 빙판길로 직진하기로 했다. 조심조심. 영화 속 강도가 등장하는 장면에서나 나올 법한 허리를 잔뜩 구부린 채 살금살금 걷고 있는 자신의 모습에 프란시스는 혼자서 키득거렸다. 그때였다. 호루라기 소리가 들려왔다. 경찰의 호루라기 소리가. 프란시스는 본능적으로 바른 자세로 섰다. 그 바람에 그는 미끄러졌고, 오른쪽 엉덩이로 넘어져 빙판을 가로질러 쭉 미끄러졌다. 냉기가 너무 차가워 불처럼 느껴졌다.

"거기, 서!" 길 건너에서 경찰관이 소리쳤다. 프란시스는 웃고 싶었다. 다시 미끄러지지 않고 그가 어딜 갈 수 있겠는가?

그는 일어서서 되는대로 양복에 묻은 것들을 털어냈다. 그의 가죽구두는 이미 빛을 잃은 후였다.

"그냥 택시를 잡으려고요." 그는 길 건너에 있는 경찰관을 향해 말했다. "빙판에 미끄러졌을 뿐이에요."

경찰관은 반짝이는 검은색 부츠를 신고 눈 위를 뽀드득거리며 건너왔다. 불그레한 볼을 빼고 그의 얼굴은 매끄럽고 하얬다. 디트로이트에 와서 프란시스가 일터 밖에서 백인들과 접촉하는 경우는 매우 드물었다. 경찰과의 언쟁은 더더욱 한 번도 없었다. 그는 경찰이 이렇게 길거리에서 무작위로 흑인들에게 다가와 질문을 하고 긴장을 조성한다는 이야기를 들은 적이 있었다.

"술 마셨나?" 경찰관이 물었다. 그의 명찰에는 윌리엄스라고 쓰여 있었다. "오늘 밤에 술을 몇 잔이나 마셨냐고, 친구?"

비번인 택시가 눈길 위를 지나갔다. '친구'가 남쪽 판 '보이'

처럼 흑인들을 낮춰 부르는 호칭일까 하고 프란시스는 궁금해했다.

"술 안 마셨는데요." 그는 말했다. "그냥 구두를 잘못 신고 나왔어요."

그는 다리를 들어 가죽구두를 보여주려다가 다시 미끄러져 넘어질 뻔했다.

"하나도 안 마셨다고?"

"네. 하나도요."

"어디로 가고 있는 중이었지?"

지금 서 있는 곳에서 걸어서 갈 수 있는 곳들 중 프란시스가 알고 있는 곳이 열두 군데도 넘었다. 바, 재즈클럽, 당구장, 식당, 아니면 그냥 그가 설거지를 했던 보비엔 거리에 있는 클라이델의 식당까지. 하지만 프란시스는 가슴을 한껏 내밀고 "시내에 있는 고담 호텔이요."라고 말했다. "여자 친구가 기다리고 있어요. 제가 택시를 잡아 온다고 했거든요."

경찰관은 눈을 크게 뜨고 입꼬리 한쪽을 살짝 올리며 히죽거렸다.

"됐고. 신분증 좀 보여줘야겠어, 친구. 주머니에 있는 것들도 다 비우고."

프란시스는 움찔했다. 윗옷 안주머니에 그의 플라스크 술병이 들어 있었다. 버번위스키로 반쯤 채워진. 좀 나이가 있는 흑인 커플이 지나가고 있었는데 프란시스는 그들을 애원하는 눈빛으로 바라보았다. 하지만 그들은 그를 보지 못한 듯했다. 그는 터프츠 목사를 떠올렸다. 그를 알고 지낸 지난 10년 동안 프란시스는 터프츠 목사가 흑인이든 아니든 그 누구에게도 굴욕을 당하는 모습을 본 적이 없었다. 자신의 어떤 면이 이 도시의 사람들로 하여금 자신에게 함부로 대하게 하는 걸까? 경찰관의 지시를 따르지 않을 방법이 없어 보였다. 그는 코트 주머니에 손을 넣어 지갑을 찾았다.

"어머, 안녕하세요, 윌리엄스 경찰관님."

프란시스가 뒤를 돌아보았다. 여우 꼬리를 흔들며 친숙한 다리 한 쌍이 힐을 신고 빙판 위를 깡충 뛰어오는 모습이 보였다.

"오델라 위더스?" 윌리엄스가 말했다. 오델라는 프란시스 앞에 서서 그의 젖은 바지와 더러워진 구두를 내려다보았다.

"이 남자, 아는 친구야?"

"네. 저희 집 세입자예요." 그녀는 말했다. "제게 매주 돈을 주는 남자죠. 친구보다 좋은 관계 아니에요?"

그렇게 말하고는 오델라는 미소를 지었다. 그녀의 미소는 프란시스를 격분하게 했다. 입안이 다 보일 정도로 너무나 컸고, 너무나 결사적이었다. 그녀의 입에 전혀 걸맞지 않은 모습이었다. 윌리엄스 경찰관은 보답으로 짧은 미소를 보이고는 다시 입을 다물었다.

"당신 세입자가 술에 단단히 취한 거 같아." 그가 말했다. "자기가 고담 호텔에 가는 길이래."

프란시스가 입을 열려고 하자 오델라가 손을 뻗어 그의 팔을 꼬집듯 움켜잡았다.

"술에 취한 게 아니에요." 그녀가 말했다. "그냥 조금 칠칠치 못하고, 이 동네 식당들을 잘 몰라서 그래요. 남쪽에서 왔거든요. 디트로이트에서 맞는 첫 겨울이에요."

"흥, 참새들 중 하나였군?" 윌리엄스는 경멸의 눈으로 다시 프란시스를 바라보았다. "참새들도 술은 마셔야 하니까. 술에 취해 공공장소를 돌아다닐 확률은 마찬가지겠지. 사실 내 경험상으로는 더 많아."

"이 사람은 그런 사람 아니라니까요." 오델라가 집요하게 대꾸했다. "이 사람은 차가운 눈만큼이나 순진한 사람이라고요."

"어쨌든, 다음부턴 경찰관이 요구할 땐 재깍 신분증을 꺼내 보여주는 방법을 꼭 가르쳐주라고."

그는 오델라의 답변을 기다리지 않고 돌아서서 헤이스팅스 거리를 내려갔다.

"군인 아저씨, 집에 가자. 당신 완전 다 젖었어. 떨고 있는 게 느껴진다고."

오델라가 나타나고 얼마 후 눈이 내리기 시작했다. 눈송이 하나가 프란시스의 눈에 떨어졌다. 몇 블록 떨어진 곳에서 소방차의 사이렌 소리가 들렸다.

"우리는 고담 호텔에 갈 거야." 그가 말했다. "내가 오늘 당신과 데이트한다고 했잖아."

"우리 지금 데이트하고 있는 거 아니야? 나 여기 있잖아?" 오델라는 킥킥거리며 손을 그의 엉덩이에 얹었다. "고담 호텔이라…? 군인 아저씨, 예약이 있다고 해도 우리 같은 사람들은 들어가기 힘든 곳이야. 흑인이고 유명인사도 아니니까. 그런데 예약도 없이?" 그녀는 혀를 찼다.

"그게 무슨 상관이야? 쓸 돈이 있는데." 프란시스가 되받았다. "그리고 그 호텔, 흑인이 운영하는 호텔이잖아? 아니야? 내가 그곳에서 환영받지 못할 이유가 뭐야? 당신 그저 나랑 같이 있는 걸 보이는 게 창피한 거야?"

그녀는 다시 그의 허리에 손을 얹었다.

"군인 아저씨, 내 말 무슨 뜻인지 알잖아? 우리 같은 흑인이 운영하는 건 확실하지만 금요일 밤에 예약도 없이 그냥 어슬렁어슬렁 들어가기엔 자기나 나나 영향력이 너무 없어. 그러니까 그냥 우리 가까운 데 어디 가서 뭐 좀 먹자. 그게 좋을 것 같아."

"당신은 집으로 돌아가." 그는 말했다. "나는 고담 호텔로 갈 테니까."

프란시스는 그냥 앞으로 걷기 시작했다. 헤이스팅스가(街)의 인도에는 소금이 뿌려지고 삽질도 되어 있어서 걷기가 수월했다. 그는 자신이 성인이란 걸 스스로에게 상기시켰다. 고급 호텔 바에서 술 한잔하는 것을 왜 두려워해야 한단 말인가? 바가 백인 전용도 아니지 않은가. 여긴 디트로이트다. 파인블러프가 아니고. 최악의 경우 메뉴를 받아보고, 가격을 확인하고, 주문할 수 있는 게 없다는 걸 깨닫게 된다면 그뿐 아닌가? 그래도 버번 한두 잔은 마실 수 있을 것 아닌가.

세인트 앙투안 거리에서 그는 용기를 잃었다. 시내로 가는 대신 오른쪽으로 방향을 틀었다. 그는 그가 제일 좋아하는 밀주를 파는 술집의 계단을 올랐다. 어두운 구석에 처박혀 술을 마셨다. 새벽 3시쯤 바텐더가 그를 흔들어 깨웠다. 프란시스는 일어나 앉았다가 다시 쓰러졌다. 그렇게 엎드린 채 이미 더러워진 그의 가죽구두 위로 토악질을 했다.

· 4장 ·

네 번째 주

(2008, 봄)

럭키 보이

맥니콜라스 거리와 리버누아가 만나는 모퉁이 가까운 곳에 있던 2층짜리 벽돌 건물에 트로이와 그의 파트너 히긴스가 도착했을 때, 집은 구할 수 있어 보였다. 물론 차고가 불에 타고 있었지만 정상적인 집이라면 집과 차고 사이에 두꺼운 방화벽이 있어 그 둘 사이를 나눠주고 있을 것이다. 그는 간단한 작업이라고 생각했다. 12시 전에는 끝낼 수 있는 일이라고. 그는 소방관들이 지붕에 물을 뿌리고, 회색 연기 기둥들이 하늘을 핥고 있는 걸 보고 있었다. 그와 히긴스는 구경꾼들이 안전선을 넘지 못하도록 지키고 있었다. 히긴스가 이 일은 더 잘했다. 트로이보다 키는 작았지만 45세로 나이가 많았고 몸집도 더 컸다. 그는 자기 배를 무슨 신호탄인 양 흔들어대면서 구경꾼들을 집과 소방차로부터 떨어지게 했다. 트로이는 히긴스보다 좀 더 미안하다는 태도를 취했다. 히긴스가 "뒤로 물러나세요, 다시 말하지 않습니다."라고 했다면, 트로이는 "죄송한데, 길 이쪽에 있으면 안 됩니다. 아시겠죠? 부탁드립니다." 이렇게.

그가 처음 경찰이 되었을 때 알게 된 사실이지만, 나쁜 경찰 역할을 하기에 그는 정말이지 피부색이 너무 옅었고, 너무 어려 보였으며, 너무 곱상한 스타일이었다. 특히 히긴스 옆에 있을 때는 더욱. 동료들은 그의 나쁜 경찰 역할에 그저 킥킥거렸다. 화재가 난 집에 살고 있던 엄마와 두 딸은 무사했다. 혹시 몰라 친척이 그들을 병원으로 데리고 갔다. 황급히 달려온 구급차 의료원들이 허탈해할 만한 상황이었다. 그들은 제시간에 나타난 것에 대한 보상을 원했으니까.

트로이는 경찰관이 된 지난 2년 반 동안 적어도 100회가 넘는 화재 현장을 목격했다. 단순 사고로 보이는 오늘 같은 화재는, 혹시 모를 방화의 가능성이 있을지라도, 마땅히 배정할 요원이 없었기 때문에 조사가 이루어지지 않았다. 그는 할로윈 이브인 데블스 나잇에 밖에 나간 적이 있는데, 도시의 곳곳을 혼란과 화재가 삼켜버리고 있었다. 프란시스 터너는 보통 자식들에게 규율을 엄격하게 적용하는 사람은 아니었지만, 매년 10월 30일에는 누구도 얘로우에 있는 집에서 나갈 수 없었다. 그는 문을 향해 돌려진 팔걸이의자에 앉은 채, 사냥총을 무릎에 올려놓고 무언가로부터 가족을 보호하겠다는 결연한 표정을 짓고 있었다. 그 표정은 그가 잠깐씩 잠이 들 때도 그의 얼굴에 남아 있었다. 정말 원했다면, 몰래 집을 빠져나갈 방법을 찾았을 것이다. 하지만 프란시스의 이러한 노력은 트로이로 하여금 자신이 사랑받고 있다는 느낌을 주었다.

바람이 갑자기 강해졌고 불은 걷잡을 수 없이 퍼져갔다. 집에 있는 모든 창들이 동시에 터진 것 같았다. 현장에는 소방차 한 대와 소방관 총 8명밖에 없었다. 불과 20분 만에 집은 사라지고 없었다.

호스 물을 잠그자마자 데닝 앤 썬 종합공사(Denning&Son General Contractors)라는 노란 글씨가 옆에 새겨져 있는 검은색 F150 트럭이 속도를 내며 나타났다. 빼짝 마른 노인이 운전을 했고, 빼짝 마른 젊은이가 조수석에 앉아 있었다. 트로이는 그가 아들일 거라 생각했다. 그들은 집주인과 집을 다시 짓는 것에 대해 이야기하고 싶어 했다. 견적을 보여주고 싶다고. 경찰 라디오에서 화재 소식을 들었노라고. 트로이는 그들에게 "꺼져"라고 말했다. 히긴스도 이하동문이었다.

"그냥 명함 하나 놓고 가고 싶은 거요." 노인이 말했다.

그 노인의 머리에 어리는 주황색이 햇빛 때문인지 염색을 한 탓인지 트로이는 알 수 없었다.

"아니면, 그냥 전화번호라도 주던가. 집을 다시 지으려면 어차피 그들도 도움이 필요할 거요."

몇 명 모여 있던 구경꾼들 중 누군가가 빈 음료수 병을 그들의 트럭에 던졌다. 플라스틱 병이 뒷범퍼에 부딪쳐 튕겨 나갔다. 데닝 앤 썬은 트로이와 히긴스가 병을 던진 사람을 체포해주길 원했다. 히긴스는 목이 막힐 정도로 웃어 젖혔다. 그의 온몸이 방탄조끼 안에서 흔들렸다. 그길로 데닝 앤 썬 직원들은 차를 타고 떠났다.

그날 남은 근무시간은 느리게 지나갔다. 그와 히긴스는 깨진 헤드라이트나 너무 짙은 선팅을 한 차량들에게 고치라는 경고 문구가 담긴 딱지를 붙였다. 점심때 트로이는 화질이 떨어지는 카밀의 카이저슬아우테른에서의 연주회 비디오를 히긴스에게 보여줬다. 디즈니와 러시아 음악을 섞어놓은 듯한 연주에 맞춰 아홉 살 소녀들이 피루엣 발레 동작을 하고 있었다. 히긴스는 그의 스물한 살 아들이 최근에 프로듀싱한 음악을 틀었다. 잔잔한 드럼과 소울이 충만한 백그라운드 보컬. 트로이는 음악이 천재적 힙합 프로듀서인 제이 딜라스럽다는 느낌을 받았다. 트로이는 하긴스의 아들을 떠올리며 더 이상 키우는 수고를 할 필요가 없는 다 큰 아들이 자신 곁에 하나쯤 있어도 나쁘지 않을 것 같다는 생각을 했다.

"휴가 이야기 들었지?" 입안에 자이로 샌드위치를 가득 채운 채 히긴스가 말했다.

"시 근무자들에게 한 달에 하루씩 무급 휴가를 권장할 거라는데. 나중엔 일수가 늘어날 수도 있고."

트로이는 들은 바가 없었다.

"내가 아는 건 우리 경찰서에서는 그런 개똥 같은 짓을 하려고 하면 가만두지 않을 거라는 거야." 히긴스는 입에 묻은 요거트 소스를 냅킨으로 닦아 냈다.

"하지만 만약에 그런 일이 생길 것 같으면 내가 살짝 알려 줄게. 돈을 좀 모아 둘 시간이 필요하잖아."

트로이는 이번 주 내내 애로우에 있는 집을 공매하려는 자신의 계획을 히긴스에게 말하고 싶었다. 왜냐하면 자초지종을 아는 대부분의 사람들은 집이 전혀 가치가 없다는 것과 그의 어머니 집이라는 것을 알고 있었다. 그는 히긴스가 그 계획을 특별한 일로 받아들여 주길 바랐다. 그는 이 도시에 대한 믿음이 있는 사람이었다. 디트로이트의 거주자들 중에 신조를 가지고 고향집을 떠나지 않는 사람이었다. 물론 애로우보다 범죄율이 낮고 인구가 조금 더 많은 챈들러 거리에 산다면 조금은 더 쉬운 일이겠지만. 그러나 트로이는 히긴스에게 말하는 걸 참았다. 히긴스는 말이 너무 많았다. 경찰에 14년이나 있으면서 아는 사람도 너무 많았다. 트로이는 그들 모두가 자신의 계획을 알게 되는 걸 원치 않았다.

"그렇게 하지는 않을 거야." 트로이가 말했다. "날씨가 더워지고 있잖아. 검둥이들은 날씨가 더워지면 이놈 저놈 죽이기 시작한다는 걸 그들도 아니까."

히긴스가 고개를 끄덕였다.

"맞아. 아마 여름이 끝날 때까지는 아무것도 바꾸지 않을 거야. 하지만 시간 외 근무는 더 이상 없을 수 있겠지. 하여간 이놈의 사기꾼 같은 검둥이 정치인들에게 투표를 하면 안 돼. 우리 월급봉투를 거덜 낼 거라니까."

트로이도 현 시장의 부정부패를 부정하는 건 아니었지만, 사람들이, 특히 흑인들조차 흑인 정치인들이 이 도시를 망하게 할 거라고 말하는 걸 들으면 마음이 편하지 않았다. 사실 아주 오래전부터 나빠지기 시작했다는 걸 트로이도 알고 있었다. 데이빗 가든 하이어는 자원에 대한 이야기를 자주 했다. 사적인 것과 공적인 것으로 나누어. 그의 생각은 디트로이트의 문제가 백인 중산층의 교외 이주로 도시 자원의 공백을 초래했기 때문이라는 것이었다. 사실상 이곳에서 환영받은 적이 없는, 그리고 대부분 고등교육의 기회조차 받지 못한 수많은 흑인들이 이 도시의 운영을 떠넘겨 받은 것이다. 처음에는 성과가 나쁘지 않았다. 콜맨 영이 최초 흑인 시장이던 시절. 그러나 외곽에서는 더 이상 그들과의 비즈니스를 원치 않았다. 낯설고 더 흑인 중심이었던 디트로이트는 근본적으로 보이코트를 당했다. 이런 상황은 그 어떤 도시도 파괴할 수 있었다. 그즈음 자동차 회사들은 형편없는 결정들을 반복했고, 상황을 더 악화시켰다. 다시 말해, 사라진 자원이 이 도시를 하향곡선으로 몰았다는 것에 대해 트로이와 데이빗은 둘 다 동의했다. 하지만 히긴스의 생각은 달랐다. 그는 이 문제에 대해 트로이와 죽을 때까지 언쟁을 벌일 것이다. 히긴스는 80년대 이후 부정을 저지른 모든 시장, 의원, 그리고 의장의 리스트를 언급할 것이다. 트로이는 히긴스가 '도시의 도둑, 누구인가'라는 리스트를 읊어대는 것을 들은 적이 있었다. 트로이는 자신의 샌드위치를 먹으며 히긴스에게 아들 음악을 다시 틀어달라고 요청했다.

"문신을 하나 할까 봐." 히긴스가 말했다. "난생처음으로."

"좀 있으면 50이 되는 거 아니야? 왜 그런 짓을 하려고? 갱년기야? 차라리 오토바이를 하나 사지 그래? 아니면 차를 바꾸던가."

"좀 있으면 경찰 생활 15년째야. 상상했던 거보다 훨씬 긴 세월이지. 그래서 문신 아니면 파티를 하려고. 파티가 좋긴 하지만 준비하자니 너무 귀찮아서."

히긴스는 두 개의 라틴 문구를 두고 고민하고 있다고 했다. 트로이는 버거에 오로지 고기와 빵만 넣고 먹는 걸 좋아하는 사람이 이런 고민을 한다는 게 신기했다. 자이로 샌드위치에 요거트 소스를 조금 찍어 먹어 보라는 걸 설득하는 데도 몇 달이 걸렸는데 말이다.

'Speramus Meliora', 우리는 더 나은 것들을 희망한다. 아니면 'Tuebor', 배지로부터 중 하나를 고르고 있다고 말했다. 그가 가슴에 달린 자기 배지를 톡톡 두드렸다. 은으로 만들어진 배지 가운데 'Tuebor'라 적힌 산마루가 있었고 그 양 옆에 수사슴 두 마리가 새겨져 있었다.

"난 지켜 내리라." 트로이가 자랑스러워하듯 말했다.

"나쁘지 않네." 히긴스가 대답했다. "근데 몇 놈이 이미 'Tuebor' 타투를 하고 있어. 'Speramus Meliora'는 시 깃발에서 온 거야. 시 모토의 일부지. 이건 그 누구에게서도 본 적이 없고. 그런데 'Tuebor'가 경찰에게 더 잘 어울리는 거 같단 말이야. 나도 잘 모르겠다."

만일 트로이가 학교에서 이 도시의 모토를 배운 적이 있었다면 아마 오래전에 잊어버린 듯했다.

"'우리는 더 나은 것을 희망한다'는 하지 마." 그가 히긴스에게 말했다. "너무 약해."

"어떻게 약한데? 우리 모두 더 나은 걸 원하잖아, 젠장. 특히 너는 더 그렇고. 뭔가를 얻기 위해 넌 너의 그 작은 새대가리로 이런저런 백만 가지 계략을 세우잖아." 그가 키득거리며 말했다.

"엿이나 쳐드시지." 트로이가 되받아쳤다. "난 그냥 앉아서 뭘 가지려고 하지 않아. 난 뭐든 한다고. 희망, 그 부분이 그 문구를 완전히 망쳤어. '우리는 더 나은 것을 위해 투쟁한다', 아니면 '우리는 더 나은 것을 위해 일한다', 그것도 아니면 '우리는 더 나은 것을 위해 계획한다' 뭐 이런 말로 바꿔야 해. 그게 바로 이 도시의 문제라고. 시장 때문이 아니고. 너무 많은 인간들이 더 나아질 거라고 희망만 품고 어떻게 하면 더 나아지는지 방법을 찾지 않는 거 말이야."

"넌 생각을 너무 힘들게 해, 트로이." 히긴스가 말했다. 그는 트로이가 자주 이런다고 지적하곤 했다.

"말을 바꾸기는 뭘 바꿔. 난 그냥 'Tuebor'로 할래." 히긴스가 말했다. "어차피 'Speramus Meliora'는 무슨 병명 같았어. 피부병."

"무슨 주문 같지 않아?" 트로이가 맞장구를 쳤다. "카밀이 보는 해리포터 영화 속 주문 말이야. 누군가 두꺼비로 바꾸기 전에 하는 헛소리."

— * —

근무가 끝나고 트로이는 잉크 패드를 사러 문구점에 들렀다가 차차의 집으로 향했다. 차차의 집은 단층집이었다. 트로이는 아직도 이해할 수 없었다. 차차는 왜 디트로이트 외곽에 이

렇게 낮고 옆으로 넓게 퍼진, 난방비가 두 배로 들어가는 집을
지었을까? 그는 이런 복도 중심의 1층집 설계를 캘리포니아에
서 본 적이 있었다. 그곳에선 그럴 만했다. 시원함이 유지되니
까. 여기서는 말이 안 되었다.

그에게는 열쇠가 있었다. 차차의 집 열쇠는 형제들이 모두 갖
고 있었다. 차도에 차가 없었지만 그래도 혹시 엄마 말고 다른
누군가가 집에 있을지도 몰라 노크를 했다. 티나는 비올라를
한두 시간 넘게 혼자 두지 않았다.

티나가 문을 활짝 열었다. 그녀의 짧은 머리카락이 오늘따라
유난히 그녀의 머리에 착 달라붙어 있었다.

"차차 집에 없어요." 그녀가 말했다.

"엄마 보러 왔어요."

"진짜요? 그렇다면 잘 되었네. 잠시만요."

그녀는 트로이를 입구에 두고 돌아섰다. 문이 쾅 닫히는 소
리, 물 흐르는 소리, 그리고 열쇠가 쩔렁거리는 소리가 들렸다.
집에서는 쉰내가 났다. 마치 일주일 내내 창문을 한 번도 연 적
이 없는 것처럼. 형 집에 왔을 때, 집에서 티나가 만든 음식 냄
새가 안 난 적은 드물었다. 어린 시절 이 문 앞에 서 있던 자신
이 기억났다. 바깥 추위에 떨며 처키와 토드가 준비를 마치고
티나가 그들을 학교로 데리고 가길 기다리던. 바닥 타일이 달
라졌고 열쇠와 우편물을 올려놓을 화려한 콘솔 테이블도 새로

생겼다. 그는 자신이 침입자처럼 느껴졌다. 마치 자신이 완벽한 가족의 울타리 밖에 서 있는 것처럼.

티나는 야구 모자를 쓰고 가방을 어깨에 둘러메고 다시 나타났다.

"잠깐 밖에 나갔다 와야 해요. 차 가지고. 한 시간에서 최대 한 시간 반 정도."

"알았어요." 트로이가 말했다. 티나는 그녀의 작은 눈을 크게 뜨고 있었다. 그녀는 다소 초췌하고 조금 흥분된 것처럼 보였다. 예전에 아침 통학을 시켜줄 때 가끔 그녀가 보라색 가운을 입은 채로 침실에서 나오던 모습이 기억났다. 그녀가 점심을 챙기고 다림질을 하면서 분주하게 오가는 동안 그녀의 허벅지가 가운 사이로 보이다 말다 했었다. 몸 한 곳이 뻣뻣해질 만큼 자극적인 광경이었다. 그가 열세 살, 열네 살 때의 일이었다.

티나는 트로이의 팔에 손을 얹고 입을 귀 가까이 가져와 속삭이듯 말했다.

"주무시고 계시는데 조금 속상해하고 계실 거예요. 지금은 설명하기 그렇고. 아까 형하고 이야기를 나누시다가 일이 좀 있었거든요. 아마 곧 일어나실 거예요."

"오, 내 럭키 보이 아니니." 비올라가 말했다.

그녀는 자고 있지 않았다. 그녀가 자고 있다는 말을 듣고 방에 들어갔을 때, 그녀가 진짜 자고 있는 것을 트로이는 한 번도 본 적이 없었다. 그녀는 뛰어난 연기력의 소유자였다. 트로이는 그렇게 생각했다. 잠은 밤에 단지 몇 시간밖에 자지 않을 거라고 트로이는 생각했다. 비올라가 그를 위아래로 훑어보았다. 그녀의 사회보장카드와 신분증이 트로이가 서 있는 곳 우측 서랍장 위에 놓여 있었다.

만약 그녀가 정말 자고 있었다면, 그는 그동안 이 서류들을 복사하고 그녀의 엄지 지문을 얻을 수도 있었을 것이다. 문구점에서 산 잉크 패드가 그의 한쪽 주머니 속에 들어 있었다. 다른 한쪽에는 접힌 프린트 용지가 있었다. 전화통화를 했던 뚱보 남자는 엄지 지문을 확보하기 위한 최선의 방법이 무엇인지 알려주지 않았다. 트로이로서는 즉흥적일 필요가 있었다.

"너도 날 괴롭히려고 온 거니?" 비올라가 물었다. "차차가 이미 너보다 빨리 성공했어."

트로이는 침대로 다가가 비올라의 건조한 볼에 입을 맞췄다.

"그 애가 날 화나게 했다. 그 애는 미쳤어. 이 집에 날 항상 가둬놓고는 이제야 나타나서 날 괴롭히다니."

"아니야, 엄마. 난 그냥 인사하러 왔어요." 그는 차차에 대해 듣고 싶지 않았다. 누구라도 말리지 않는다면, 비올라는 하루 종일 그에 대한 불만을 늘어놓을 것이다. 물론 프란시스 터너도 예외는 아니었다. 이미 돌아가신 분이란 건 문제가 되지 않았다. 그런 지속적인 불만의 토로는 그녀가 어쩌면 그 둘을 가장 많이 걱정하고 있다는 방증이었다.

"엄마, 우리 족보 같은 걸 한 번 챙겨 보려고요. 가계도요. 인터넷에서 우리 가족 역사를 찾아보려면 엄마 출생신고서랑 다른 신분증 서류가 필요해요."

그는 서랍장 쪽으로 조금 움직였다. 비올라는 자신의 팔 힘만으로 침대에서 일어나 앉았다. 트로이는 그녀의 상반신 힘에 놀랐다.

"이리 와보렴. 오늘 정말 법을 지키는 경찰관 같은데. 반짝거리는 구두도 신고. 언제 유니폼을 다 갖춰 입고 한 번 와 주렴. 그럼 너무 좋을 것 같구나."

그는 침대 가장자리에 내려앉아 팔을 뻗어 그녀의 손을 잡았다. 비올라는 1분을 가득 채워 아들을 바라보았다. 그의 얼굴, 자신의 손을 잡고 있는 그의 손, 그리고 다시 그의 얼굴을. 트로이는 자신이 특별한 대우를 받고 자랐다는 걸 알고 있었다. 사람들이 흔히 생각하는 물질적 풍요만이 아니었다. 그는 단순히 주목받는 것으로 특별했다. 차차와 그 사이의 남자 형제들이 받지 못한 주목, 여자 형제들도 다 자란 여인이 되기까지 누리지 못했던 주목. 더욱이 실용적이었을지언정 감성적인 것과는 거리가 있던 프란시스와 비올라의 자녀양육법에서는 찾을 수 없었던 주목이었다. 그렇다고 트로이가 자신을 행운아라고 느낀 적은 없었다. 넘치는 주목은 맹렬한 사랑보다는 감시로 느껴졌었다. 그는 다시 침대에서 일어섰다.

"지문데이터 베이스가 있어요. 우리 경찰서에 있는 것과 비슷한데 자료의 양이 더 많은."

"내 지문은 무슨 데이터베이스 같은 거에 들어간 적 없어."

"알아요, 엄마. 그런데 데이터베이스를 통하면 먼 친척까지도 연결고리를 찾을 수 있어요. 엄마의 엄지 지문을 받아서 컴퓨터로 스캔해서 보내주기만 하면 가족들을 찾아 주는 거라고요."

"그런 건 네 아버지한테나 했어야지. 난 내 쪽 사람들이 누군지 다 알아. 조시아랑 제임스는 이미 저세상에 갔지만 너도 그 자손들은 만났었잖니. 그리고 클라이드는 아직 살아있고. 늙고 고약한 심보로. 올리비아랑 루씰도 이미 저세상으로 갔고…."

"형제들을 말하는 게 아니에요, 엄마. 제가 말하는 건 버지니아에서부터 아니면 그 전부터 이어 온 모든 친척뻘 되는 사람들이에요. 지문만 있으면 아프리카 부족과도 연결이 가능한 경우가 있대요. 말씀드린 것처럼 뭐 그런 기술이 있는 거죠. 그 기술로 아주 오래전 조상까지도 찾을 수 있는 거고요."

비올라가 갑자기 웃었다.

"뭐가 웃기신데요?" 트로이는 미소를 지으려 애썼다.

"내가 종일 뭘 하고 지내는 줄 아니, 럭키보이? 여기 앉아서 저 텔레비전을 본다. 교회 프로, 법정 프로, 집짓기 프로. 저 텔레비전에 모든 프로그램들이 다 있어. 그리고 그 긴 광고도 있지. 뭐라고 부르는 말이 있던데, 뭐라고 하더라?"

"인포머셜이요?"

비올라의 창에서는 다른 집들이 아니고 막다른 골목의 모퉁이 풍경이 보였다. 잔디가 깔린 작은 공간과 나무와 거기에 놓인 벤치가.

"그래, 인포머셜. 그거." 그녀가 말했다. "나 그거 다 외웠다. 밤에 잠이 안 올 때 방송하더구나. 알잖니, 나 가슴하고 팔 아래가 아픈 거. 넌 늙지 마라, 럭키 보이. 내 말 명심해. 어쨌든, 대부분 소리를 죽이고 그 인포머셜을 보는데 난 이미 대사를 다 외우고 있지. 참, 날아다니는 듯 보이는 고급 러닝머신 광고도 있는데, 그거 본 적 있니?"

"모르겠어요, 엄마. 난 그러니까 우리 조상을 찾는 거에 대해 설명을 드리려고 한 건데…"

비올라는 미소를 지으며 말을 이어갔다.

"또 하나는 매일, 하루 종일 틀어대는 광고도 있어. 무슨 종이에 관한 얘긴데, 종이 분쇄하고 우편물에 이름 지우기 같은 광고. 그건 본 적 있어?"

"아니요. 본 적 없어요."

"올 블랙으로 무장한 남자 둘이 나오는 걸로 시작하거든. 마스크를 쓰고 있어서 흑인인지 백인인지 알 수는 없지만 어쨌든 차림이 꼭 도둑놈들 같지. 밤에 어느 집에 몰래 들어가는데, 그 다음이 내가 항상 놀라는 부분이야. 그들이 찾는 건 보석류나 고급 도자기가 아니야, 럭키 보이. 그들은 종이를 찾고 있지! 곧바로 서재로 들어가서는 서류를 막 뒤지기 시작해. 바로 그때, 어떤 양복을 차려입은 백인이 화면에 나와서 이야기하는 거야." 비올라가 낮은 목소리로 흉내 내듯 말했다.

"요즘은 당신의 신분이 당신의 집에 있는 가장 값비싼 물건일 수 있습니다."

그녀는 또다시 미소를 지었다. "생긴 것도 나쁘지 않은 백인이었던 걸로 기억해."

그녀의 눈이 윤기를 내며 반짝였다.

"엄마!" 그는 자리에서 일어섰다. 서랍장으로 다가가 서랍을 열어 서류들로 가득 찬 플라스틱 가방을 꺼내 들었다. "우선 서류를 복사하고 지문 검사가 어떤 식으로 사용되는지 설명 드릴게요. 엄마가 생각하는 거랑은 달라요."

그는 사실 감명 받았다. 항상 총명했던 그의 어머니는 아직도 정신을 잘 간직하고 있었다. 3년 전 그가 해군에서 전역하고 잠시 애로우에 있는 집에 살았을 때, 그녀는 그 후 세 번의 뇌출혈을 겪었다. 그는 그녀의 육체적인 퇴보를 정신적인 퇴보와 혼동했던 것이다. 거지 같은 인포머셜들, 그는 생각했다. 물론 인포머셜을 진지하게 받아들이는 상황이 될 정도로 텔레비전을 많이 볼 수 있다는 게 이해되지 않았다.

　그는 차차의 복합기에서 그녀의 사회보장카드와 출생신고서를 복사했다. 거실은 이미 난장판이었다. 인쇄물 한 꾸러미가 소파에 얹혀 있었고 다 식은 커피 잔이 바닥에 놓여 있었다. 그는 인쇄물 내용을 보지는 않았다. 우선 차차와 티나의 물건이었다. 더욱이 그들이 인터넷에서 찾아 인쇄할 정도로 흥미로운 내용을 담고 있을 그 인쇄물들에는 전혀 흥미를 느끼지 못했다. 그는 사춘기 시절의 자신을 다시 한번 떠올렸다. 출입문 복도에 서서 이곳의 일원이 되기를 갈망했던 자신을. 이제 차차와 티나의 삶은 끔찍하게 지루해 보일 뿐이었다. 그들의 아들 처키와 이제 곧 군에서 제대할 토드의 삶 또한 마찬가지일 것 같았다. 그는 어머니의 침실로 돌아갔다.

　그는 서류 원본들을 다시 서랍에 넣고 이번에는 비올라에게 더 가까이 다가가 앉았다. 그녀에게서는 독한 비누와 베이비파우더 냄새가 났다. 침대 옆 테이블에 여러 종류의 노란색 플라스틱 통이 놓여 있었다. 트로이는 그것들의 용도가 뭔지 상상이 가지 않았다. 그녀가 간이 용변기를 쓰는지 아니면 성인용 기저귀를 착용하는지 궁금했다.

　"그러니까, 원한다면 모를까 지문은 외부에 노출되지 않아요, 엄마." 그는 말했다. "공적 데이터베이스에 공개 요청을 해야지 공개가 되거든요. 많은 사람들이 그런 공개 요청을 했기 때문에 서로 간의 연결고리 찾기가 가능한 거고요. 그런데 엄마 지문은 공개 상태로 놓지 않을게요. 엄마 말이 맞아요. 누군가 엄마의 지문을 도용해서 신분을 훔칠 수도 있으니까."

비올라는 고개를 끄덕였다.

"그래, 그래. 이제 이해한다. 내 엄지가 필요한 거라고 했지?"

그녀는 손을 내밀었다. 그녀는 그의 설명이 거짓이라는 걸 알고 있었다. 하지만 그녀는 그를 사랑했고 그의 거짓말이, 일정 부분, 그녀에게 흥미를 불러일으킨 것도 사실이었다. 그는 그녀의 엄지를 잉크 패드에 대서 누르고 주머니에 있던 프린트 종이에 지문을 찍은 후 사이드 테이블에 있는 물티슈로 그녀의 엄지손가락에 묻은 잉크를 닦았다.

그들은 잠시 아무 말 없이 앉아 있었다. 비올라는 또다시 트로이를 위아래로 훑어보았다.

"그거 아니, 럭키 보이? 난 지금 고통이 너무 심해." 그녀가 말했다. "사람들은 내가 과장하기를 좋아한다고 하는데, 그런 거 아니야. 말한 것처럼, 내 팔하고 가슴이 너무 아파. 특히 오늘은 약을 모자라게 먹어서 더 아파. 거기다가 차차 때문에 기분도 우울하고. 네가 날 위해 해줄 수 있는 게 뭔지 아니?"

"필요한 게 뭔데요, 엄마?"

"날 데리고 드라이브를 나가 줘. 전에 나 데리고 이스트사이드에서 드라이브해줬던 것처럼. 트럭 갖고 왔니? 날 들어서 차에 실어 주기만 하면 돼. 휠체어는 갖고 갈 필요 없으니까. 그냥 잠깐이면 된단다."

그는 오늘 그녀와 단 1분의 시간도 더 보낼 수 없을 것 같았다. 불가능한 일이었다. 그는 일어서서 서류를 챙기고 그녀의 이마에 입을 맞췄다.

"다음에요, 엄마. 저 가야 해요."

— * —

이스트 사이드. 가든 하이어 여사는 텔레비전을 켜 놓은 채, 소리만 들을 뿐 보지는 않고 있었다. 미어캣과 큰 아프리칸 도마뱀들이 46인치 스크린 위에서 날쌔게 움직였다.

"엄마, 텔레비전을 보시지 왜 문을 보고 계세요?" 데이빗이 물었다. "텔레비전 화면이 좋아요."

"화면이 너무 선명한 게 문제야. 마치 동물들이 지금 이 거실에 있는 것 같아."

"옛날 건 눈이 아프셨다면서요."

"그것 때문에 아픈 줄 알았는데." 가든 하이어 여사가 말했다. "근데 네가 새 TV를 사와서 보니, 그냥 아픈 거였어."

그녀는 데이빗이 서 있는 문 쪽을 바라보고 있었지만 그녀의 초점은 텔레비전 근처에 가 있었다. 그녀는 귀를 TV 쪽으로 기울이고 있다가 동물들이 위험에 빠진 소리가 나면, 예를 들어 사자가 화면으로 슬금슬금 나타나면 위험이 사라질 때까지 TV 주변을 흘깃거렸다.

데이빗의 형 그렉이 엄마의 32인치 텔레비전을 두 달 전에 전당포에 잡혔다. 데이빗을 슬프게 하기에는 너무 진부한 행동이었지만, 마약 중독자가 엄마의 텔레비전을 훔쳐갔다는 사실은 그를 분명 화나게 했다. 두 번, 세 번, 아니 서른 번쯤 그렉에게 기회를 준 걸까? 가든 하이어 여사는 3주가 지나고서야 텔레비전이 없어졌다는 사실을 데이빗에게 말했다. 동물프로그램 없이 3주. 데이빗은 그녀를 위해 46인치 평면 TV를 사주고 좀 더 자주 들르겠다고 다짐했다.

"그렉은 어디 있어요?" 그가 물었다.

데이빗은 출입문틀에 기대어 있었다. 그는, 그럴 수 있다면, 거실에만 머물렀다. 그가 엄마 집을 방문할 때면 항상 그랬다. 왜냐하면 집에는 그가 보고 싶어 하지 않는 사진들이 가득했다. 그렉이 헤로인과의 장기적인 연인관계를 맺어 폭삭 늙기 전 스무 살 때쯤 자신과 아직 형제처럼 보였을 때의 사진. 돌아가신 아버지 그레고리 시니어 그리고 데이빗 전처의 사진까지. 그의 어머니는 텔레비전을 똑바로 쳐다보지 못했지만 가끔 과거의 사진들을 힐끔거리며 그것들을 소중히 여겼다. 데이빗은 그러고 싶지 않았다.

가든 하이어 여사가 팔걸이의자에서 자세를 바꿨다.

"오늘이 무슨 요일이지? 화요일? 오늘이 화요일이면 마지막으로 그 아이를 본 건 지난주 목요일이야."

"화요일 맞아요." 데이빗이 말했다.

"그래? 그럼 그 아이는 지난주 목요일에 오고 나타나지 않았어. 꽃밭에 잡초 정리를 좀 하라고 15달러를 줬더니 사라졌어." 그녀가 말했다. "잡초 정리는 하나도 안 하고."

가든 하이어 여사는 어깨에 경련이 있었다. 그럴 때마다 본의 아니게 그녀의 어깨가 위아래로 들썩거렸다. 새가 깃털을 단장하는 듯한 미세한 움직임처럼 보였다. 데이빗은 그녀 어깨에 손을 얹어 그녀를 진정시키고 싶은 충동을 매번 참아야 했다. 그녀는 자신의 상태에 다른 사람이 관심을 보이는 걸 좋아하지 않았다.

"제가 지금 꽃밭 정리해 드릴게요, 엄마. 형한테 이제 돈 주지 마세요."

가든 하이어 여사는 진심 어린 모습으로 양어깨를 으쓱거리고 난 후 한숨을 내쉬었다.

데이빗은 셔츠를 벗어 집 앞 포치에 내려놓았다. 그는 잡초에 대해서 아는 게 아무것도 없었지만 뭐든 예쁘지 않은 건 뽑아버리면 될 거라고 생각했다. 그는 몇 년 전 어머니 집 옆 공터를 샀는데, 일종의 정원으로 사용되고 있었다. 그 후 그는 이스트사이드에 있는 부동산 몇 개를 더 샀다. 한때 위험한 일거리들을 마다하지 않고 열심히 돈을 벌어서 집값을 부어왔던 그런 집들은 5천 달러도 안 되는 금액에 사들였다. 그는 강 조금 아래쪽, 사람들이 더 선호하는 지역 부동산에도 투자를 했지만 사람들에게 이스트사이드에 있는 부동산이 언젠가는 자신을 부자로 만들어 줄 거라고 말하는 걸 좋아했다. 사실 이스트사이드에 있는 부동산을 임대하는 게 생각보다 많은 시간을 잡아먹고 있었다. 그래서 데이빗은 앞으로는 공터만 사기로 마음먹었다.

빈민가, 허물어가는, 그리고 황폐한 같은 수식어들로 이 지역을 말하기에는 뭔가 부족하다고 데이빗은 생각했다. 적당한 표현을 찾을 수는 없었지만 설치팀에 있는 모범생처럼 생긴 카일이 한 말이 그런대로 맘에 들었다.

"이건 탈상업화, 탈백인이주, 탈자동차 붐이 아니라고요." 카일이 말했었다. "이건 그냥 탈좀비 씨발 대재앙이라니까요. 좀비들이 찾을 수 있는 모든 인간을 다 감염시키고 난 후, 건물에 불을 질러서 뛰어나오는 마지막 생존자들마저 움켜잡는 뭐 그런 거라고요."

그들이 데이빗의 밴 뒤 범퍼에 기대 맥주를 한 캔씩 마시고 있었을 때였다. 카일은 막 스물한 살이 되어 있었다.

"그래, 나도 좀비 대재앙은 알겠어." 데이빗이 말했다. 사실

좀비 소재 만화책은 형 그렉이 더 좋아했었다. "하지만 아직 온전히 서 있는 집들도 있잖아. 그 집들은 어떻게 설명할래?"

"그건 간단해요. 이제 막 좀비가 된 신선한 녀석들은 뇌가 아직은 사람스러운 거예요. 무슨 말인지 알죠? 그들은 아직 인간 감성에 영향을 받는 거예요. 그래서 자연스럽게 그들이 살았던 집에 가서 일차적으로 각 방들을 훑어보기는 하지만 막상 집을 불태우지는 못하는 거예요. 그래서 만약 가족들이 지하 밀폐된 사우나 같은 곳에 숨어 있으면 그냥 계속 살 수 있는 거죠."

밀폐된 사우나 부분은 데이빗을 당황하게 만들었지만 좀비에 대한 이야기는 그 후로도 그의 기억에 남아 있었다.

그는 카일의 창피함을 모르는 성격이 맘에 들었다. 브라이트무어 지역에서 자라면서 그런 모습을 유지하기 위해서는 싸움이 불가피했을 것이다. 아니면 요즘은 지역 상황이 달라진 건지 궁금했다.

데이빗은 생각했다. 농구화에 농구 반바지를 입고 있던 소년은 그 어떤 사람도 될 수 있었다고. 그는 20년 전의 데이빗으로 지금은 황폐해진 이곳에 아직도 남아있을 수 있었다. 트로이는 자신이 이 동네와 잘 어울린다고 생각했다. 하지만 데이빗은 달랐다. 엄마와 그의 몇몇 세입자들만 아니었으면 그가 이스트 사이드에 방문할 일은 없었다. 그렇다고 그가 다른 곳 출신은 아니었다. 배를 타고 있지 않을 때, 이따금 지내던 아파트를 10

년이나 갖고 있었던 샌디에이고도 그의 고향은 아니었다. 현재 살고 있는 강변 동네에도 그는 소속감이 없었다. 새로 개발된 이곳이 원래 고향인 사람은 사실상 없었다. 미드타운에 있는 조금 더 안정되고, 소위 '뜨고 있는' 지역도 들여다보았지만 그와는 맞지 않았다. 그는 상당한 크기의 흑인 인구가 살고 있는 도시에서 어떤 상징적인 인물이 되려고 허세를 부리고 싶지도 않았다. 백인들이 즐비한 식당에 걸어 들어갔을 때, 그들이 보일 의심스런 눈초리, 마치 그의 존재가 이 지역을 그들이 원하는 만큼 '재활성화' 되지 못한 곳으로 여기게 만들 것이 뻔했다.

맥네어 씨가 정원 울타리를 흔들어댔다. 그는 반바지와 레드윙스 야구모자 그리고 폴로셔츠를 입고 있었다. 데이빗이 노인을 위해 문을 열었다.

"베시가 너에게 정원 일을 시킨 거냐?" 맥네어 씨가 말했다.

"기술이 필요한 건 아니고요. 그냥 잡초 좀 뽑고 있어요." 데이빗이 말했다.

맥네어가 어머니를 이름으로 부르는 게 그는 항상 마음에 걸렸다. 맥네어 씨는 트로이 어머니를 이름으로 부른 적이 없었고, 길 위쪽에 사는 브리드러브 부인도 이름으로 부르지 않았다. 물론 데이빗의 어머니가 그 두 여인들보다 한 열다섯 살 정도 적은 건 사실이지만 그래도 뭔가 옳지 않게 느껴졌다.

"잡초를 뽑고 있다고? 잡초 아닌 것도 좀 뽑아버린 것 같은

데."맥네어 씨가 말했다. "어디 좀 보자."

맥네어 씨는 데이빗이 들고 있던 잎사귀 일부를 뺏어서 냄새를 맡았다. 그리고는 웃으며 그 잎들을 그의 주머니에 넣었다.

"이건 바질이야, 데이빗. 좋은 바질. 그냥 내가 가져갈게. 그리고 베시가 뭐라 그러면 다 네 탓이라고 해."

데이빗은 창피해하며 자신의 셔츠를 가지러 포치로 갔다. 정원으로 돌아오니 맥네어 씨가 자신의 셔츠 주머니를 두드리며 이상한 표정으로 데이빗을 쳐다보았다. 마치 데이빗이 최근 들어 소문에 돌고 있는 범죄자를 닮았는지 아닌지를 가늠하려는 듯. 그의 목에 있는 얽혀 있는 핏줄이 튀어나와 보였다.

"왜 그러세요, 아저씨? 뭐 잘못된 거라도 있으세요?"

그렉에 대한 더 안 좋은 소식일 수도 있다고 데이빗은 생각했다. 지난 겨울에는 그렉이 브리드러브 집에서 알루미늄 외벽재를 훔치다 잡힌 적이 있었다. 비올라 터너가 이 동네를 떠나고 난 후 브리드러브 부인이 어머니의 유일한 친구였다. 그렉의 도둑질에 대한 소식이 그녀에게는 너무 큰 굴욕이었기에 몇 주 동안 피너클 카드놀이를 하자는 브리드러브 부인의 초대를 외면하며 보내야 했다. 물론 그렉에 대한 이야기가 아닐 수도 있다. 맥네어 씨가 자신의 어머니와 친구 이상의 관계라고 고백할 시간이 드디어 온 것일 수도 있었다. 둘이 그렇고 그런 관계라는 것을 드디어 인정하고 어머니의 체면을 되찾아 줄지도 모른다.

"너 최근 들어 트로이 터너 만난 적 있니?" 맥네어 씨가 물었다.

데이빗은 한숨 놓았다는 듯 키득거렸다.

"트로이 터너 한 2주 전에 만났는데요. 왜요?"

"애로우에 뭔가 이상한 일이 일어나고 있어." 맥네어 씨가 말했다. 그는 어깨너머 그쪽을 향해 고개를 돌렸다.

"무슨 말씀이세요? 이상한 일이라니요?"

"이상한 일이라기보다 이상한 사람이지. 누군가 지난 몇 주 동안 그 집을 들락거리고 있다고." 맥네어 씨는 집에 가려 그늘이 진 곳에 놓인 통나무에 자리를 잡고 앉았다.

"터너 부인이 처음 이사를 갔을 때야 이 사람 저 사람 들락거렸지만." 그가 더했다. "그 이후엔 내가 뭔가 확인해 보라고 연락해야지 차차가 왔거든. 그러니까 뭔가 이상한 거지."

"열쇠를 갖고 드나들고 있는 건가요?" 데이빗이 물었다.

"앞쪽 대문, 뒤쪽 차고, 그리고 출입문 열쇠를 갖고 있는 것 같아."

그럼 뭐가 문제인지 데이빗은 알 수 없었다. 해는 하늘 높이 비추고 있었으며 그는 이제 집에 돌아가 샤워를 할 생각이었다. 한두 시간 침묵하며 시간을 보내는 게 필요하다고 생각했다.

"제가 어떻게 하길 원하세요, 아저씨? 불법적인 건 아닌 것 같은데요."

"젠장, 불법인지 합법인지 난 모르겠고. 내가 아는 건 이상하다는 거야. 다른 사람이었으면 그렇게 생각하지 않겠지만….." 맥네어 씨가 말을 멈추고는 조금 더 가까이 다가왔다. "그런데 작은 레일라야, 데이빗. 그 아이가 왜 마약중독자나 도둑처럼 그곳에서 숨어 사는지 모르겠다고. 그렉 녀석이라면 또 모를까."

데이빗은 움찔하지 않았다. 방금 맥네어 씨가 한 말이 부적절했다는 것을 두 사람 모두 알고 있었다. 맥네어 씨가 사과를 하려고 입을 열었지만 데이빗은 손을 들어 상관없다는 제스처를 취해 보였다.

그는 레일라도 트로이처럼 집을 어떻게 해보려고 일을 꾸미고 있는 거라고 생각했다. 공매를 한다던가, 아니면 어떻게든 팔아서 이익을 남기려고. 그런 생각이 데이빗을 슬프게 했다. 만약 가치를 매긴다면, 그럴 수 있다면, 그 집은 채 3천 달러도 안 될 것 같았다. 트로이는 자기만의 이유가 있을지 모르지만, 성인이 된 가족들이 아무런 가치도 없는 폐품더미 같은 땅을 갖고 서로 싸운다는 사실이 너무 우울했다. 오빠들의 엽서들을 모아 스크랩북에 간직하던 레일라가 아니던가. 그 당시 미시건 밖을 나가본 적이 둘 다 없었는데도 그녀는 데이빗이 너무 작은 물에서 놀아 경험이 없다고 이야기했었다. 지금도 레일라는 똑같아 보였다. 늘어난 몸무게가 전부 가야 할 곳에 가 있었다.

"걱정할 이유는 없을 것 같아요." 데이빗이 말했다. 손을 셔츠 앞부분에 문질러 닦고 맥네어 씨를 문으로 안내했다. "열쇠도 있고 또 집에 훔칠 게 남아있는 것도 아니니까. 그냥 두는 게 좋다고 봐요, 전."

맥네어 씨는 주머니에서 바질을 다시 꺼내 냄새를 맡았다. 그리고는 고개를 끄덕였다.

"그 아이도 다른 아이들과 똑같이 그 집에 있을 권리가 있는 건 맞으니까. 베시에게 내가 왔었다고 전해 줘."

데이빗은 맥네어 씨가 길을 건너 모퉁이를 돌아가는 걸 보고 있었다. 그는 맥네어 씨가 정확히 무엇을 캐내고 싶었던 건지 궁금했다. 둘의 대화에는 이중적인 분위기가 있었다. 마치 영화에 나오는 두 명의 스파이가 휴가여행 계획에 대한 대화를 나누고 있지만 실상은 암살 음모를 짜고 있는 것처럼 말이다.

"중독은 장난이 아니야"

전날 밤 레일라가 바비를 데려다주러 갔을 때, 브리엔이 그녀의 손에 40달러를 쥐어주었다. 레일라는 데이빗의 집에 가고 싶다는 간절함 때문에 순순히 그 돈을 받아 들었다. 그녀는 그 돈을, 큰방 침대 밑에 숨겨둔 더플백 주머니에 그녀의 보잘 것없는 현금 꾸러미와 같이 넣어두었다. 돈을 받기 전에 브리엔에게 돈에 대해 물었어야 했다고 레일라는 생각했다. 아니면 적어도 거절하는 시늉이라도 해야 했다고. 하지만 어쨌든 그녀의 딸도 이젠 보상을 할 나이가 된 거 아닌가. 원래 아이들을 키우는 데는 돈이 많이 드는 법이니까.

어쩌면 브리엔의 전 남편 로브가 자녀양육비에 대한 약속을 드디어 지킨 것일 수도 있었다. 레일라는 궁금했다. 최소한 앞으로 돈이 반복적으로 주어질 것인지, 그렇다면 그 돈의 출처는 어디인지. 그 정도는 알아야겠다고 생각했다. 브리엔의 행동 속 무언가가 레일라에게는 비밀스럽게 느껴졌다. 일반적인 상황 같았으면 그것이 무엇인지 끄집어낼 수 있었을 텐데, 레일라는 좀처럼 감을 잡기가 어려웠다. 누군가 새로운 사람을 만나고 있는 걸까? 그건 좋은 일이다. 딸의 로맨스 기회를 못마땅하게 여길 생각은 추호도 없었으니까. 그러나 남자에게서 돈을 받는 건 다른 이야기였다. 무슨 일이 있는 건지 알아보기에는 바로 지금이 적기라고 생각했다.

그녀는 서둘러 샤워를 하고 옷을 챙겨 입었다. 세탁한 옷을 화장실 샤워봉에 널어 말렸는데 겨우 치켜 입은 청바지의 주름은 세탁 전 그대로였다. 그녀는 더플백에서 40달러를 다시 꺼냈다. 이스턴 마켓에 잠깐 들러서 브리엔이 좋아하는 파인애플 코코넛 케이크를 사들고 딸의 아파트로 가 케이크를 내밀며 분위기를 잡아 볼 계획이었다.

창문 앞 포치에 한 남자가 서 있었다. 그녀가 서 있는 계단 위치에서도 레일라는 그 남자가 데이빗이라는 걸 알 수 있었다. 그의 몸은 이미 그만큼 그녀에게 익숙해져 있었다. 그의 뾰족한 팔꿈치는 밖으로 향해 있었고 그의 손은 눈썹 위에 놓여 있었다. 그는 커튼 너머로 안을 들여다보고 있었다. 벌써 끝날 때가 된 거라고 그녀는 생각했다. 그녀는 문을 열었다.

"어, 안녕." 그가 깜짝 놀라며 말했다. "내가 말이지⋯."

"들어와."

집안으로 걸어 들어오며 데이빗은 머리를 숙였다. 마치 문이 자기에게 너무 작기라도 한 것처럼. 그에게서는 갓 묻은 흙냄새, 잘린 잔디 냄새, 그리고 땀 냄새가 났다. 레일라는 그의 눈을 쳐다보았다. 그리고는 스스로에게 상기시켰다. 불과 얼마 전까지만 해도 그는 우연히 길을 가다 만난, 그저 예전에 알고 지냈던 아무개였다고. 그는 그녀의 시선을 피해 응접실의 헐벗고 우중충한 벽을 바라보고 있었다.

"내가 여기 왜 왔는지 모르겠네." 그가 말했다. "그냥 엄마 집에 다니러 왔는데, 맥네어 아저씨가 당신을 여기서 봤다고 하더라고."

그녀는 웃을 수 있었다. 당연히 맥네어 아저씨다. 그는 아마도 첫날 아침부터 알고 있었을 것이다. 그리고 애로우의 모든 방향으로 세 블록 내에 있는 사람들에게 떠벌리고 다녔을 것이다. 작은 레일라가 애로우 집에 숨어 있다고. 그녀는 맥네어 아저씨를 너무 간과했다. 무언가 간절할 때, 자신을 속이는 것만큼 쉬운 건 없으니까.

"내게 원하는 거라도 있어?" 그녀가 물었다. 그녀는 마지막 두 번째 계단에 쭈그려 앉았다. 정면에 서 있던 데이빗은 그녀

의 눈을 똑바로 마주하는 게 어려웠던지 옆으로 와 나란히 앉
았다. 둘의 몸이 살짝 닿았다. 그는 그녀를 보기 위해 돌아앉지
는 않았다.

"그게 무슨 말이야? 난 그냥 당신이 여기 있다는 말을 들었을
뿐이야. 사실 맥네어 아저씨가 왜 내게 그런 말을 했는지도 모
르겠지만. 마치 내 의견을 묻는 것 같았어. 내가 트로이에게 당
신이 여기 있다고 말해주기를 원했던 것 같은데, 상황상 그럴
수 없었어."

"무슨 상황?" 레일라가 물었다. 그녀는 그의 옆얼굴을 뚫어
지게 바라보았다. 데이빗은 그의 긴 손가락을 서로 반대 방향
으로 늘어뜨리고 있었다.

"그러니까, 그게…" 그가 말했다. "사실 무슨 상황인지도 잘
모르는 상황."

약간 분홍색을 띠는 레일라의 손바닥과 달리 데이빗의 손바
닥은 전혀 그런 흔적이 없었다. 그의 손바닥은 황색이었으며
손금은 깊고 진했다.

"그리고 우리가 만나고 있는 상황도 있고. 우리 관계를 트로
이가 관여할 바 아니라면…"

"아니야." 레일라가 말을 끊고 말했다.

"그렇다면, 내가 여기 와서 무슨 일인지 직접 보는 게 좋을 것
같았어. 무슨 일이 되었든, 그것도 트로이가 관여할 일이 아닐

수도 있으니까."

그가 그제야 그녀를 바라보았다. 그는 여기 올 권리가 없다고 레일라는 생각했다. 그는 이곳에 나타나는 것만으로 뭔가 설명해 달라고 요청하고, 설명을 듣기를 기대하고 있었다.

"난 구조가 필요하지 않아, 데이빗. 난 여기 머물고 있고, 당신은 이제 그 사실을 알게 되었어. 하지만 그뿐이야. 난 누군가의 구조도 필요로 하지 않는다고."

"맙소사, 널 구조하려는 사람은 아무도 없어, 레일라." 그가 말했다. "나도 잘 모르겠어. 나도 여기 오기 전에 모든 가능성에 대해 생각해 본 건 아니니까. 하지만, 내가 지금 여기 있잖아? 그게 중요한 거 아니야?"

상황은 명확했다. 그녀는 갈 곳이 아무 데도 없었다. 이 허름하고 버려진 집을 제외하고는. 하지만 데이빗 같은 사람에게는 그게 무얼 의미하는지 명확하지 않을 수도 있었다. 그는 한 번도 집에서 퇴거란 걸 당한 적이 없을 테니까. 이 도시 곳곳에 아는 사람들도 많을 테니까.

"당신의 아파트 말이야…" 데이빗이 입을 열었다. 레일라는 그가 결국 자신으로 하여금 모든 것을 실토하게 할 거라는 걸 깨달았다.

"내 아파트는 존재하지 않아."

"당신 직장은?"

"존재할 수도 있고, 안 할 수도 있어. 그건 아직 결정 나지 않았으니까."

"당신 물건들은 다 어떻게 된 거야? 가구나 옷 같은 것들 말이야?"

그는 한 번도 퇴거를 당한 적이 없었다.

"보여 줄게."

그렇게 말하고는 그녀는 자리에서 벌떡 일어나 계단을 올랐다. 데이빗이 뒤를 따랐다. 레일라가 큰방으로 들어서자 데이빗은 방문 앞에 서서 망설이고 있었다. 방에는 고물 트윈침대와 무너져가는 서랍장뿐이었다. 그녀는 자신이 이 초라한 가구들로 무얼 하려는 건지 몰랐다. 어쩌면 그에게 혐오감을 줘 쫓아버리려는 건지도. 데이빗은 혐오감을 느끼지는 않는 듯 보였다.

"이거 트로이 방이었지? 이 위층 창문이 기억나."

"모두 한 번쯤은 거쳐 간 방이었지." 레일라가 말했다. "나만 빼고."

레일라는 그가 질문하기를 기다리는 게 고통스러웠다. 그래서 자백하기로 했다. 물론 진정한 자백은 아니었다. 그녀에게 어떤 일들이 있어 다시 애로우로 돌아오게 되었는지에 대한 요약 정리된 버전이었다. 자신이 도박을 했고, 빚이 생겼으며, 그로 인해 임대료 내는 게 불가능해졌다는 것. 그리고 직장에서 아내를 잃고 외로움에 시달리던 드웨인이라는 작자로부터 성추행을 당했으며, 그 일이 있기 훨씬 전에 그에게서 200달러 정도를 빌렸었는데 이것 때문에 직장에서 조사를 하고 있다는 것까지.

그녀의 말이 끝났지만 데이빗은 아무 말도 하지 않았다. 그것이 그녀로 하여금 같은 말을 반복하게 했다.

"난 당신이 날 구조해 주길 기대하지 않아. 조만간 내가 다 정리할 거야."

"왜 딸이랑 같이 있지 않는 거야?"

레일라는 한숨을 내쉬며 손을 들어 허공에 대고 가로저었다.

"도박에 대해서 누구와 상의한 적 있어?"

"있어." 그녀가 말했다. "도박중독자모임에 갔었어. 도박 안한 지 오래되었고."

"잘했어." 데이빗이 말했다. "중독은 장난이 아니야."

트로이 오빠와 이 남자가 친구라는 게 어떻게 가능할까? 레일라는 그게 신기했다.

'중독은 장난이 아니야'라는 세 단어는 트로이 터너라면 절대 쓰지 않을 단어들이었다. 적어도 자신에게는. 그녀로서는 대응할 말이 없는 단어들이었다. 그 세 단어가 뼈저린 진실을 보여주는 건 사실이었지만, 진짜 문제의 심각성을 꿰뚫고 있지는 못하다고 레일라는 생각했다. 두 사람은 조용히 앉아있었다. 거리의 소리들이 점차 확대되어 들려왔다. 다람쥐가 바스

락거리며 공터에서 장난치는 소리. 멀리서 들리는 타이어의 마찰음 소리. 그리고 싸구려 사운드 시스템을 장착한 차에서 들려오는 베이스의 요란스런 흔들림이.

"왜 그런 걸 해? 아니, 왜 그런 걸 했어?"

그녀는 미조리에 대해 이야기할 수도 있었다. 거기서 버넌이 그들의 작은 아파트 여기저기로 그녀를 뒤쫓으며 그녀의 배, 가슴, 입, 그리고 마지막으로 눈에 펀치를 날리던 일을. 그 찰나의 순간 그의 얼굴에 어렸던 증오들을. 하지만 그녀는 말할 수 없었다. 그건 이미 오래전 일이 아니었던가?

레일라는 결국 자신이 극복해야 한다는 걸 알고 있었다. 그녀는 자신이 느끼는 정적의 본질에 대해 말하고 싶었지만 그 느낌을 데이빗에게 제대로 설명할 수 없었다. 데이빗의 명상과도 비교해보려 했지만 그 둘은 서로 엄연히 다른 것이었다. 데이빗이 명상을 할 때 그는 원하는 게 아무것도 없었지만 레일라가 룰렛 테이블에 앉아 그 정적을 느낄 땐 그녀는 모든 것을 원했다. 그녀의 일상은 순식간에 사라지고 눈부신 가능성이 그것을 대신했다. 그 정적을 유지할 수 있는 동안에는 말이다. 그녀는 자신이 밖으로 걸어나가서 누구도 될 수 있다고 생각했다. 판타지가 아니었다. 무한한 가능성들이 그녀의 온몸을 휘감았다. 이런 생각을 머릿속에 떠올리는 것만으로도 그녀는 갈망하고 있었다. 그녀의 엄지손가락이 찌릿 저려왔다.

"설명할 수 없어." 그녀가 말했다. 데이빗이 고개를 끄덕였다. 마치 그녀가 설명하지 못하리란 걸 알고 있었다는 듯이. 둘은 다시 침묵 속에 앉아 있었다.

"그래…." 데이빗이 마침내 침묵을 깨며 말했다. "당신은 성인이고, 이곳에 있으면 비용이 안 드니까."

그가 그녀를 설득하려는 건지 자신을 설득하려는 건지 레일라는 알 수 없었다. 그가 인정해 주길 바라기에는 너무 빨랐지만, 그만큼 그녀는 간절했다. 그리고 그에게 일부라도 털어놓고 나니 기분이 훨씬 홀가분하게 느껴졌다. 물론 모든 것을 다 사실대로 말한 건 아니었지만 말이다. 그리고 그는 아직 떠나지 않았다.

"여기 올라와 본 적 있어?" 그녀가 물었다.

"나? 아니. 내가 트로이를 만나러 왔을 때마다 당신 어머니가 계단 바로 옆에 있는 의자에 앉아 계셨던 것 같아. 내가 계단을 오르면 날 덮칠 준비를 하고 계신 분 같았거든."

레일라가 미소를 지었다.

"맞아. 트로이 오빠와 내가 클 때쯤에 엄마는 도둑이 든다는 피해망상이 심하셨어. 그래서 가족 아닌 누구도 위층에는 못 올라가게 하셨지."

그녀가 일어섰다. 레일라는 만약 자신이 그의 갑작스러운 출현에 놀라 그대로 망가지기를 선택하는 대신 자연스럽게 행동

한다면, 어쩌면 그가 여전히 자신을 존중할지도 모른다고 생각했다.

"투어를 해 줄게, 그럼." 그녀가 말했다.

그녀는 그에게 아주 작은 청록색 벽의 화장실을 보여 주었다. 다행히 그녀의 속옷이 걸려있지 않았다. 그녀는 자신과 브리엔이 처음 미조리에서 돌아왔을 때 여자들 방에서 지냈던 것과 같은 시기 그녀의 언니 말린이 갓 이혼을 하고 돌아와 남자들 방에서 지낸 것에 대해 그에게 이야기해 주었다. 브리엔이 네 살 때 갑자기 자기만의 서랍장이 필요하다고 요구한 적이 있었다. 엄마 옷가지 위에 자신의 옷을 놓지 않아도 되는 옷장이. 말린과 비올라가 벼룩시장에서 아이 옷장과 화장대를 구해 줬는데, 거짓말처럼 그 가구들은 여자들 방의 벽과 똑같은 끔찍한 핑크색 페인트로 칠해져 있었다. 자신과 브리엔이 애로우에서 이사를 나올 때, 브리엔은 그 가구들을 꼭 가지고 가야 한다며 한바탕 고집을 피웠었다. 그 이후에도, 그리고 그녀가 대학생이 될 때까지, 작은 아파트를 전전하면서도 그 가구들만은 버리지 않고 끌고 다녔었다. 레일라는 그 가구들이 지금은 어디에 있을지 궁금했다.

아래층으로 내려와 그녀는 데이빗을 위해 응접실과 다이닝 룸을 재현해 주었다. 어떤 가구가 어디에 놓여 있었으며, 식탁에서는 누가 어디에 앉기를 좋아했었는지. 지하실에서는 레일라가 데이빗에게 로니 오빠의 밴드 연습에 대해 이야기해 주었다. 데이빗이 박스에 들어 있던 육상메달 한 꾸러미를 꺼내 들고 관심을 보일 때는, 최대한 관심 없는 척 보이려 저만치 떨어져 있었다.

지하실 중간쯤에 있는 바닥 하수구 위쪽으로 아주 오래된 호스가 노출된 빔 위에 걸려있었다. 호스의 다른 끝은 벽 쪽에 있는 싱크대와 연결되어 있었다.

"이거 쓴 적 있어?" 데이빗이 물었다.

"열두 살 이후로는 없었어." 레일라가 말했다. "그건 여름에 남자아이들이 쓰는 용도였어. 여기서 샤워를 했었거든. 그러면 여자아이들이 위층 화장실을 쓸 수 있는 시간이 더 늘어나니까."

데이빗이 싱크대 쪽으로 걸어가더니 수도꼭지를 돌렸다. 높은 창문을 통해 들어오던 햇빛 아래서 호스가 꿈틀거리더니 갈색 물이 쏟아져 나왔다. 그녀는 한 발짝 물러섰다. 잠시 후 물이 투명한 색으로 바뀌었다. 데이빗이 신고 있던 운동화를 벗고, 셔츠를 벗고, 반바지마저 벗은 후 그녀를 향해 미소를 지었다. 그녀는 그의 표정을 읽을 수 있었다. 공기도 차고 거미나 쥐가 있을까 두려웠지만 그녀도 옷을 벗었다. 그녀는 그와 함께 호스 아래 서서 자신의 가슴을 그의 가슴에 대고 온기를 느꼈다. 그가 손을 뻗어 그녀의 머리 뒤로 가져가더니 머리를 묶고 있던 끈을 풀었다. 세상에, 그녀의 허락도 없이 머리를 적시다니. 그러나 레일라는 자신의 머리를 쓰다듬어 주는 손길을 너무나 오래도록 그리워했었다. 그녀는 그의 쇄골에 키스하고 목을 감싸 안았다.

데이빗이 그녀 안으로 들어왔을 때 그녀는 안도감을 느꼈다. 그가 자신을 구해 주는 것은 필요하지 않았지만, 이것만은 필요했다. 이게 무엇인지, 어떤 의미를 갖는지는 상관없었다. 그녀가 잡고 있을 수 있을 때까지는 절대 놓고 싶지 않았다.

때로는 꼭 너여야 해

The Turner House

차차는 세 번이나 거부를 당하고 나서-그 와중에도 그는 성경을 떠올리며 그 의미를 놓치지 않았다- 몇 시간 동안 차를 몰고 디트로이트를 돌아다녔다. 그랜드 리버를 쭉 따라 워런까지, 워런에서 다시 올라와 반다이크로, 그리고 러셀이 1기로 진학했었던 케터링 고등학교를 지나갔다. 그는 작은 주택가의 길들을 오가며 길 찾기에 대한 자신의 직감에 놀라고 있었다. 그 길들은 마치 생명체를 꼭 필요한 물까지 데려다주는 친숙한 지류의 시스템과도 같았다. 차차에게 있어 애로우는 그의 실패를 보여주는 현장이었기에 그는 그 집과 직면할 용기가 없었다. 그래서 대신 동쪽으로 방향을 틀었다. 예전의 패커드 공장은 지난번 지나쳤을 때와 마찬가지로 허물어져 가고 있었다. 깨져버린 창문, 알 수 없는 메시지를 담은 그라피티의 흔적들, 그리고 지난 화재의 상처들까지. 사실 폐허가 된 공장보다 그를 더 우울하게 만들었던 건 길을 더 올라가면 보이는 집들이었다. 그가 어릴 때 갈망하던 그 집들이 이제는 버려진 채 불이 꺼져 있었다. 정문 포치가 너무 웅장해서 길에서 한없이 멀게 느껴졌던 그 거대한 저택들은 아마도 열세 명의 아이쯤은 거뜬히 수용할 수 있었을 것이다. 그런데 지금은 잡초들이 너무 무성해서 아이들이 숨으면 보이지 않을 것만 같았다.

— * —

그는 맥을 그래티엇에 데려다주고 북쪽을 향해 30분을 넘게 달려 프란시스 터너의 유해가 묻혀있는 묘지에 도착했다. 납작한 묘비들이 일렬로 서있는 중앙에 프란시스의 묘비가 있었다. 한동안 방치되었던 탓에 잡초로 가려져 글자의 일부만을 볼 수 있었다.

ANCIS R TUR

ELOVED FATH

I Corinthians 13:

차차는 잡초를 발로 밟고 지팡이로 때려눕혔다. 엎드려서 손으로 뽑아볼까도 생각했지만 별 소용이 없었다. 이곳을 방문하는 건 비올라뿐이었다. 하지만 그녀 또한 방문한 지 1년이 넘어가고 있었다. 프란시스의 묘지 옆에 있는 잔디로 덮인 공간은 빈 채로 남아 있었다. 훗날, 머지않아, 비올라의 차지가 될 것이다.

그는 선 채로 오랫동안 묘지를 쳐다보았다. 마치 연을 끊고 집을 나갔던 자식이 돌아와 아버지를 만나러 온 것처럼. 울고 싶다는 충동이 솟아올랐지만 차차는 참으려 노력했다. 아버지는 묘지에서 뿐만 아니라 그 어느 곳에서도 눈물 보이는 걸 원하지 않으셨다. 어쩌면 터너의 아이들이 이곳을 자주 오지 않는 이유는 바닥을 향해 말하고 화강암 조각에 속삭이고 눈물짓는 것을 그의 아버지가 격려하리라고 상상하기 어려웠기 때문이었다. 프란시스 터너의 묘지에서 몇 줄 떨어진, 좁은 길가 쪽으로 조금 더 가까운 곳에 철로 된 벤치가 하나 놓여 있었다. 차차는 그곳에 앉았다. 그의 왼쪽 눈꺼풀이 밤샘 장거리 운전을 할 때처럼 경련을 일으키고 있었다. 피로했다. 이곳에도 유령이 있을 수 있다고 차차는 생각했다. 묘지 전체가 유령들로 가득 차 있을지도 모른다. 단지 자신에게 나타나지 않고 있을 뿐. 그의 아버지도 그들 중 하나일 수 있었다.

— * —

아무리 기이한 광경일지라도 그것을 두 번 보게 되면, 처음 보았을 때의 충격과 신선함을 다시 느끼기란 사실 어려운 일이 었다. 차차는 앞으로 자신 앞에 나타날 유령들은 그래서 덜 신 경 쓰이고 덜 무서울 거라고 생각했었다. 하지만 정반대였다. 시작을 알리는 팡파르도 없었고, 유령이 등장하는 연극도 분명 아니었다. 불빛과 소리는 똑같았다. 환각이었을까? 그는 예컨 대 백내장처럼 사람의 시각에 문제가 생기면 뇌가 착각을 일으 켜 실제로 보고 있지 않는 이미지들을 불러올 수도 있다는 내 용을 어딘가에서 읽은 적이 있었다. 형형색색의 모형들. 정교 한 코스튬을 입은 사람들. 기억에 있는 장면은 물론 심지어 한 번도 본 적이 없는 장면들까지. 이 얼마나 관대한 뇌의 배려이 던가. 그러나 차차는 자신의 시각에는 문제가 없다고 생각했 다. 그는 돋보기도 써 본 적이 없었다.

지난 3일 동안 그는 매일 밤 방에서 방으로 옮겨 다니며 잠을 자기 위해 노력했다. 차차에게 불면증은 또 하나의 유령이었 다. 그는 집에서 나는 모든 딸깍거리는 소리와 한숨 소리, 그리 고 아내의 작은 숨소리에 익숙해지고 있었다. 아이들이 갓난아 기였을 때 아내와 교대로 잠을 청하며 들은 이후, 한 번도 신경 쓰지 않았던 소리들이었다. 비올라는 2시간 간격으로 자다 깨다를 반복하는 듯했다. 그녀의 쌕쌕거리는 숨소리가 보다 안정적인 코 고는 소리로 변했다가, 다시 텔레비전 채널 돌리는 소리와 볼륨이 한두 단계 올라가는 소리로 이어졌다.

유령은 커다랗고 불가해한 어둠이었다. 도전이었고, 조롱이었다. 세 번째 날 밤, 지하실에서 잠을 청하던 차차는 용기를 내 손으로 그것을 만져 보았다. 파란 불빛의 유령은 아무런 느낌이 없었다. 그를 둘러싸고 있는 공기와 같은 온도였으며, 그의 손에서는 빛이 났다. DVD를 찔러 넣었을 때 텔레비전에 떠오르는 푸른 화면이 내뿜는 그런 빛. 근원지를 알 수 없는 스포트라이트.

차차는 친구가 없었고, 잠을 잘 수 없는 밤들은 그를 절망케 했다. 몇 달 전 앨리스는 그에게 말했었다. 이젠 자기가 가지고 있는 자산을 활용할 때가 되었다고, 자신이 항상 돕고 있는 사람들에게 도움을 청하라고.

다음날 오후, 차차는 자신의 형제들에게 연락을 취하기로 했다.

프란시, 둘째, 62세

"그때 있었던 일에 대해 내가 뭘 기억하는지 알고 싶다고요? 음, 사실 오빠가 우리 집에 와서 필터를 갈아주고 간 후에 그 생각을 조금 하고 있었어요. 요즘 고기를 안 먹기 시작했더니 뭐든 더 잘 기억해낼 수 있을 것 같거든요. 전체적으로 업그레이드가 된 기분이랄까. 아무튼, 오빠 방에 유령이 들어왔다고 생각했던 게 기억나요."

"그리고?"

"그리고라니요? 그때 우린 어렸었어, 오빠. 내가 큰방으로 옮긴 이후 나한테는 아무 문제도 없었고. 그게 다예요. 그 허스턴 책 읽고 있는 거예요?"

"조금. 환각에 대해서도 좀 찾아보고 있고."

"하느님 맙소사, 오빠 그거 읽지 마요. 오빤 환각을 보는 게 아니라고요."

"앨리스에 따르면 그럴 수도 있대. 난 그런 것 같지 않지만…."

"그 서구적인 사고방식을 버려야 한다니까. 내가 항상 말하잖아요. 세상을 좀 더 디아스포라적인 관점에서 볼 필요가 있다고. 한쪽으로 너무 치우치지 말고요. 내가 만약 그 백인 의사의 말만 들었더라면 내 간과 콩팥은 지금쯤 완전히 망가졌을 거예요. 하루에 백만 가지 약을 먹으면서 말이에요."

"앨리스는 백인이 아니야."

"내 말이 무슨 뜻인지 알잖아요. 참, 집은 어떻게 되어가고 있어요? 라울이 그러는데 뭐 공매 같은 거 하면 세금 혜택을 받게 될 수도 있다던데."

"프란시, 어떻게 생겼었는지 기억나? 푸른색이었지? 그렇지?"

"아직 못 봤어요. MI-X, 아니 뭐 MI-3 서류를 작성해야 한다나? 오빠가 한번 알아보지 그래요."

퀸시, 셋째, 59세

"문제는 거기 있는 여자들이에요, 형. 난 우리 여자 형제들을 너무 사랑하지만 그녀들 모두 히스테리녀들이라니까요. 나라도 미쳤을 것 같아요."

"퀸시, 나 미친 거 아니야."

"당연히 미친 건 아니죠. 그건 나도 알아요. 형이잖아요. 그리고 터너가(家)의 남자고. 근데, 형. 내 말 좀 들어요. 그 유령이 진짜일 수도 있고 아님 그냥 형 상상 속에 있을 수도 있어요. 나도 몰라요, 그건. 그렇지만 그거에 대해 어떻게 반응하는지는 형이 선택하는 거예요. 유령 때문에 이렇게까지 히스테리를 부리는 거? 그건 형이 그렇게 안 하기로 하면 돼요. 형, 터너 남자들은 히스테리를 부리지 않는다고요."

러셀, 넷째, 57세

"티나가 그러는데 형이 엄마를 속상하게 했다면서요? 그런데 엄마한테 전화하면 그냥 말할 기분이 아니라고 하세요."

"엄마는 혼란스러워하시는 거야, 러셀. 그리고 그 말 하려고 전화한 건 아니고."

"그래요? 그럼 왜 전화한 건데요?"

"큰방에 나타났던 유령 때문에 전화했어. 네가 뭘 기억하고 있는지 알고 싶어서."

"내가 기억하는 건 아버지가 말한 게 다예요, 형."

"아버지가 무슨 말을 했는지는 나도 알아. 한 번 기억해 봐. 그때 유령이 진짜 있었지? 그렇지?"

"그럼요, 있죠. 아니, 있었죠. 그런데 말이에요, 형. 다른 사람들은 아무도 본 적이 없잖아요. 그러면 그것도 뭔가를 시사하는 거 아니겠어요."

"일요일 날 유령을 봤어. 그 후 매일 밤 보고 있고. 그때 내가 차사고 났을 때도 봤고."

"차사고 났을 때 형이 진짜 유령을 본 거라고 아무도 안 믿어요. 솔직히 말하면, 우리 모두 형이 그때 먹고 있던 진통제 후유증 때문이라고 생각했어요."

"그러니까 네 말은 얘로우가에서 딱 한 번 있었던 일이고 다시는 일어날 수 없는 일이라는 거야?"

"네. 그게 세상사 아니겠어요. 우린 그때 그냥 잘못된 장소와 잘못된 시간에 거기 있었던 거예요. 아님 뭐, 보는 시각에 따라 좋은 장소와 좋은 시간에 있었다고 할 수도 있겠지만. 유령을 봤으니까요. 내가 이메일 보내줄 테니까, 한 번 봐요. 기적과 우연한 만남에 대한 이야기들이거든요. 그런 일들은 딱 한 번 있는 거예요."

말린, 다섯째, 55세

문자로:

(1) 지금 너무 마음이 상해서 전화를 받을 기분이 아니에요. 집을 공매한다고 들었어요. 집을 팔면 난 절대 오빠를 용서하지 않을 거예요. 난 이 집에서

(2) 그 어떤 일에도 고집을 부린 적이 없어요. 그렇지만 이 일을 진행하면 난 영원히 상처를 입고 말 거예요. 드라마틱하게 굴려는 거 아니고요. 그냥 내 마음이 그래요.

로니, 여섯째, 53세

"내 기억으로는 그때가 내가 유일하게 옷에다 쉬를 쌌 때였어요. 인상적이지 않아요? 그러고 나서 그날 밤 이후로는 한 번도 그런 적이 없었으니까. 평생 잊지 못할 거예요."

"내가 그 귀신을 우리 집에서 다시 봤다고 말하면 넌 어떻겠어?"

"난 형을 믿어요. 왜 안 믿겠어요?"

"나도 모르겠다. 어쨌든 고마워, 로니."

"…"

"로니?"

"네, 여기 있어요. 귀걸이 뒷피스를 찾고 있었어요. 뭔가 찾을 때 한 1분 정도 조용하게 있으면 찾기가 더 쉽더라고요."

"그래? 근데 우리가 전화를 끊을 때까지 그거 안 찾으면 안 될까?"

"그래요, 형."

"고맙다. 네가 내 말을 믿는 유일한 사람이야."

"제가요? 맙소사. 우리 형제들이 가끔 실망스러울 때가 있죠?"

"그래. 그런데 일부러 그러는 건 아닐 거야. 그렇지 않기를 바라. 그래도 어쨌든 네가 날 믿어주니 좋다. 그런데 문제는, 집 어디에서도 그를 보지 않고 잘 수 있는 곳이 없다는 거야. 티나에게는 사실 이런저런 이야기를 하지 않았거든. 주로 소파에서 자고 있는데 허리랑 엉덩이가 너무 아파. 지하실도 시도해 봤지만 거기에도 유령이 있어. 내가 가는 곳 모든 곳에. 그래도 아직은 밤에만 나타나긴 해. 어떻게 해야 할지 모르겠다."

"옵션이 딱 하나네요, 그럼. 아니 어쩌면 두 개일 수도 있고. 무지 열심히 기도하는 거. 그런데 형이랑 티나를 봐서는 이미 그건 해봤을 것 같고. 그러니까 두 번째, 대화를 시도해 봐요."

"대화? 뭐라고?"

"이런, 젠장."

"뭐? 로니? 괜찮은 거니?"

"네, 괜찮아요. 근데 방금 귀걸이마저 잃어버렸어요. 생각 없이 뒷피스를 찾는 동안 귀에 귀걸이를 끼고 있었더니 빠진 것 같아요. 젠장, 이 구멍도 막히겠네. 올해만 벌써 3번째예요. 첫 번째는 잘못된 쪽에 뚫었거든요. 오른쪽은 여자들이나 하는 거란 걸 까먹은 거죠. 그래서 그걸 빼고 왼쪽에 다시 뚫었는데 호톤에 어떤 여자애 집에 놀러 갔다가…."

"젠장, 로니야. 지금 중요한 말을 하고 있잖아!"

"…"

"로니? 여보세요?"

"어, 형, 미안해요. 오늘 하루 종일 아무것도 못 먹어서요. 내가 원래 배고프면 좀 이상해지잖아요."

"아니야, 괜찮아. 그러니까 내가 유령한테 말을 걸어 보라고? 뭐라고 해야 할까? 프란시는 내가 아프리카로 유령을 데리고 가서라도 이 문제를 해결해야 한다고 하는데 그걸 어떻게 하겠어."

"솔직히 말해서 이건 무슨 심판을 받는 것 같아요. 그러니까 형은 이걸 두려워하지 말고 오히려 주의를 기울여야 해요."

"무엇에 대한 심판? 근데 왜 아직 아무것도 안 먹은 거니? LA는 벌써 3시잖아. 돈이 필요한 거야?"

"돈이요? 1일 날 월급 받을 거예요. 며칠만 더 있으면 돼요. 아직은 먹을 게 조금 남아 있을 거예요."

"내가 100달러를 보내줄게, 로니."

"고마워요, 형. 정말 고마워요."

"아니야."

"그냥 요즘 조금 기분이 다운되어서 그래요. 호톤에 사는 여자가 있는데요, 릴리라는…"

"로니, 주의를 좀 기울여주면 안 되겠니?"

"그게, 솔직히 말하면, 내가 결정할 수 있는 문제는 아닌 것 같아요. 어쩌면 말을 걸지 않을 수도 있어요. 그냥 더 잘 듣는 거죠. 혹시 당분간 생각할 장소가 필요하면 언제든 여기에 와도 돼요. 나 혼자 사니까. 그리고 1일이면 월급도 나오고요."

네티(앙트와네뜨), 일곱 번째, 50세

보낸 이: TurnerGal7@coolmail.com

받는 이: cTurner1@isecs.net

제목: RE: 너와 할 이야기가 있어. [부재중 자동응답: 휴가 중 메시지]

나마스테.

전 지금 인도에서 휴가 중이고 29일에 돌아옵니다. 만일 일에 관련된 내용이라면 제 부사령관 라셀 도지에에게 연락 바랍니다.

타지마할에서 키스를

– 앙뜨와네뜨 터너

"세상을 변화시키고 싶다면 당신부터 변화된 삶을 살아야 한다."– 간디

마일스와 듀크(도날드), 여덟 번째와 아홉 번째, 48세와 47세

"차차 형! 어쩐 일이에요?"

"근데 왜 이렇게 시끄럽니?"

"듀크하고 오클랜드에 와 있어요! 파드리스랑 오클랜드 게임 보려고요. 잠깐만요, 형. 듀크 바꿔줄게요."

"아니야, 됐다. 내가…"

"차차 형! 마일스 형이 파티를 하재요. 파드리스가 3점 차로 이길 거라고요. 말도 안 되죠, 형? 그래서 저 50달러 걸었어요. 형도 끼워줄까요?"

"전화 다시 내놔. 헛소리 그만하고. 형? 마일스예요. 듀크 얘기 듣지 말아요. 취했어요. 축구시즌 때 형도 이쪽으로 한번 와요. 보통 와이프하고 딸내미들이랑 하루 전날 샌디에이고에서 출발하거든요. 아침 8시부터 모두가 완전 파티 모드요. 포드 광장에서 이런 짓 하면 누군가 총 맞아 죽을 걸요!"

"…"

"차차 형? 형? 듀크 이 자식아, 왜 형이 이미 끊었다는 말 안 했어?"

버니스, 열 번째, 45세

"너무 웃긴 얘긴데, 차차 오빠. 몇 년 전만해도 오빠 말 안 믿었을 거예요. 그런데 내가 말했었나, 마지막으로 엄마 보러 애로우에 갔을 때 일이요? 작년 6월에 엄마 많이 아프시기 바로 전, 1주일 동안 머무를 때 있었던 일이요?"

"아니, 무슨 일이 있었는데?"

"그러니까, 우리가 차를 갖고 교회로 가고 있었거든요. 아니, 차는 내가 가지고 간 거고 엄마는 그냥 타고 계셨지. 아무튼 세네카를 거쳐서 그라시웃으로 가려고 했거든요. 왠지는 나도 모르지만 그냥 그러고 싶었어요. 그런데 엄마가 "세네카 쪽으로는 가지 마, 버니스." 그러시는 거예요. 그래서 내가 "왜, 엄마? 똑같은 거 아니야?" 그랬죠. 그때 내 말이 조금 버릇없이 들렸을 거예요. 그러려고 한 건 아닌데. 오빠도 알잖아요? 엄마가 뒷자리에 앉아서 이래라저래라 운전 간섭하는 거 은근 즐기신다는 거. 물론 그날은 조수석에 타고 계셨지만요. 어쨌든 그래서 내가 왜냐고 물었더니 엄마 말이 "세네카하고 메드베리 모퉁이에서 남자 두 명이 살인을 당했어. 그래서 그쪽으로는 가고 싶지 않아. 거기도 이제 유령이 있을 거야." 그러시는 거예요. 그래서 내가 물었죠. "유령이라니 그게 무슨 말이야, 엄마?" 하고요. 왜냐하면 아빠에 대해 예전에 형제들이 농담하던 게 내가 귀신에 대해 아는 전부였거든요. 그런데 엄마는 내 말에 대답을 안 하더라고요. 그래서 더 이상 묻지 않았어요. 노인네가 정신줄 잠깐씩 놓는 거 같아서 좀 무서웠거든요. 더 물어봤어야 했는데. 진짜 거기서 유령을 보시고 그러는 건지 아니면 그냥 드라마틱하게 구시는 건지. 그런데 말했다시피 너무 무서워서 그냥 맥스웰 쪽으로 갔죠. 그러다가 며칠 후에 나 혼자서 마트에 갈 일이 있어서 세네카 쪽으로 갔거든요. 그런데 정말 누군가가 거기 모퉁이에 인형 같은 거랑 촛불을 놓고 성지 같은 걸 만들어 놓았더라고요. 누군가 총에 맞거나 차에 치여 죽으면 하는 거 말이에요."

"맙소사."

"그렇죠? 너무 무서워요. 그냥 하신 말일 수도 있기는 하지만. 총기사고에 대해서 신문이나 뉴스에서 보셨을 수도 있잖아요. 그런데, 오빠. 유령이니 뭐니 그런 거 아무한테나 물어보고 다니지 말아요. 사람들이 오빠가 생각하는 것처럼 그렇게 다 마음이 열려 있지는 않으니까. 젠장, 나도 작년 6월까지만 해도 이런 이야기 거들떠보지도 않았는데. 사실 아직도 미심쩍기는 해요. 기분 나빠하지 말아요, 오빠."

산드라, 열한 번째, 44세

"오늘 우편물 확인했어요?"

"아니, 왜?"

"500달러짜리 수표 보냈어요."

"뭐 때문에?"

"집 때문에요. 말린 언니한테 오빠가 집을 팔아버리려고 한다는 말 들었는데, 그냥 잘못된 것 같아서요. 그래서 가지고 있는 돈을 보냈어요. 집 지키기 모금함에 넣어주면 좋겠어요."

"아직 아무것도 정해진 건 없지만, 500달러 가지고는 턱도 없어, 13형제가 다 500달러씩 기부한다고 해도."

"젠장, 프란시 언니랑 리처드는 나보다 돈이 많은 거 알잖아요. 그리고 라울하고 네티 언니, 러셀 오빠하고 그 줄리인가 줄리아인가 하는 여자도요. 마일스 오빠랑 듀크 오빠도 그럴 거고요. 캘리포니아에서 사는 게 돈이 적게 들지는 않으니까요. 전 그저 제가 할 수 있는 만큼 보태는 거라고요. 흑인들의 문제가 뭔지 아세요? 손해를 볼까 봐 그냥 포기하는 거예요. 그리고는 우리가 사는 도시에 대해서 백인들이 알아서 뭔가를 하겠거니 믿는 거죠. 시장도 흑인이고, 아니 의회 전체가 거의 흑인이지만 우리한테는 돈도 없고 집도 땅도 없어요. 그 사람들은 우리를 그냥 이리저리 몰려다니게 할 뿐이라고요. 이야기가 나와서 말인데 저 나가야 해요. 운전하고 가야 하는데 이어폰이 없

344

어요, 젠장. 딱지 떼이기 싫으니까 그만 끊을게요. 어떻게 되었는지 알려나 주세요!"

트로이, 열두 번째, 43세

"순찰 도는 중이냐? 다시 걸어도 되고."

"순찰이요? 형은 내가 무슨 노예 사냥꾼인 줄 아세요. 그냥 직장이냐고 물어보세요. 순찰이라고 하면 마치 1800년대로 돌아간 느낌이니까."

"그래, 트로이 너 지금 직장이냐? 나 참."

"아니요. 집이요. 무슨 일 있어요?"

"아니, 그런 건 아니고. 레일라는 만났니?"

"그것 때문에 전화한 거예요? 레일라 이야기하려고요? 공매는 어떻게 되어 가고 있어요? 제가 알고 싶은 건 그거라고요. 곰곰이 생각을 좀 해 봤는데요, 그런데 진짜 이건, 이 시점에서 우리가…"

"잠깐만, 트로이. 너 혼자서 이 문제에 대해 생각해 봐야 할 이유는 전혀 없어. 가족 모두가 같이 결정할 거다. 가족회의에서 말한 것처럼. 무슨 제안을 하려거든 일단 다 같이 들을 수 있는 데서 해."

"가족 모두요? 그게 말이 돼요? 우리는 크리스마스 저녁 메뉴도 같이 못 정한다고요. 그런데…"

"어쨌든 그것 때문에 전화한 건 아니야. 뭘 좀 물어볼 게 있어서 전화했다. 개인적인 거."

"제게 개인적인 걸 묻고 싶다면서 제 말은 2분도 못 듣는다는 거예요? 어떤 것들은 절대 안 변하나 봐요. 우리가 무슨 말을 할지는 형이 정하는 건가 보죠? 안 그래요? 우리가 무슨 이야기를 할지는 항상 형이 정하잖아요!"

"하느님, 됐다, 트로이. 나중에 이야기하자."

"아니, 아니요! 듣고 있어요. 들을게요. 진짜로. 왜 그러는데요, 형. 내가 어떻게 도울 수 있는데요?"

"진심이야?"

"네. 진심이에요."

"알았다. 네가 이걸 기억하는지 모르겠지만, 너무 어려서 못할 수도 있고. 내가 유령을 봤을 때 이야기 말이야."

"유령이요?"

"그래. 그런데 그 유령인지 뭔가가 돌아온 것 같다. 아니면 애초에 떠났던 게 아닐 수도 있고. 어쨌든 그 유령이 다시 보이기 시작했어."

"농담해요?"

"뭐라고?"

"형 말이에요! 농담하냐고요? 나한테 전화해서 이런 말도 안 되는 걸 물어보면서, 형이 꾼 악몽 이야기를요, 우리 가족한테 진짜 중요한 이야기는 형이 듣고 싶을 때까지 기다리라는 거잖아요, 지금?"

"말도 안 되는 게 아니야, 트로이. 이건 내 인생에 관한 거라고. 악몽에 대한 이야기가 아니라고."

"형, 전화 왔나 봐요. 끊어야겠어요."

"기다려봐, 트로이! 트로이, 듣고 있는 거니? 빌어먹을."

레일라, 열세 번째, 40세

"어디 숨어서 지내는 거니? 거의 한 달 동안 아무 소식이 없게."

"한 달 안 됐어, 오빠. 그냥 있었어요. 일도 좀 바쁘고."

"문자 답할 시간도 없이 바빠?"

"일할 땐 일 때문에 바쁘고, 일 안 할 땐 바비를 돌보느라 눈코 뜰 새 없다고요."

"문자를 스무 통은 보냈을 거다. '긴급. 당장 전화해'라고까지 보냈는데도 답이 없더라. 네가 다른 선불폰으로 바꾼 줄 알고 이 번호로는 전화할 생각도 안 했잖니."

"지금 전화했잖아요. 내가 받았고. 그럼 된 거잖아요. 무슨 일이에요?"

"너, 집에 대한 소식 모르지?"

"몰라요, 무슨 말인지. 오빠, 근데 사실 나 지금 뭘 좀 하고 있었거든요. 우리 다음 주말 파티에서 이야기하면 안 돼요?"

"파티? 무슨 파티?"

"몰랐어요? 티나한테서 5분 전에 음성메시지가 왔던데. 다음 주 토요일 봄에 생일 있는 형제들 파티한다고. 바비가 초코케이크 먹냐고요."

"나 방금 다른 애들과도 통화했는데 파티에 대한 이야기는 아무도 모르던데."

"나도 몰라요, 오빠. 그렇게 음성메시지가 왔으니까. 티나가 리스트를 밑에서부터 쓰고 있나 보죠. 온 세상이 알기 전에 한 번쯤은 저 먼저 알고 있으라고요. 어쨌든 그날 갈게요. 거기서 봐요. 그리고 바비 초코케이크 먹는다고 전해주세요. 땅콩은 못 먹고. 땅콩 먹으면 피부가 이상해져서."

"레일라…"

"나 진짜 끊어야 해, 오빠."

"그래, 알았다. 근데 너 애로우 집에 한 번 가보는 게 좋겠다. 우리 그 집 팔아야 할지도 몰라."

"…"

"레일라, 끊은 거니?"

"아니, 아직요."

"우는 거야? 이런, 젠장. 이러려고 한 건 아닌데. 그냥 너무 많은 일들이 있는데 또 사람들은 현실적이지 못하고…"

"우리 제발 나중에 이야기하면 안 돼요? 나 정말 나가야 해요, 오빠."

차차는 좌절감과 반발심을 동시에 느끼며 티나를 찾으러 지하에서 올라왔다. 계단을 발로 쾅쾅 구르며. 그녀는 부엌 아일랜드 테이블에서 어깨와 귀 사이에 전화기를 낀 채 주소가 적힌 가죽 수첩을 펼치고 있었다. 차차가 다가가자 그녀는 손가락 하나를 들어 보였다. 잘난 척하는 사람들이 자주 쓰는 제스처로 '잠깐만 기다려요'라는 뜻이면서 또 상황에 따라 '실례합니다만, 화장실이 어디죠?'나 '여기 티슈 한 장 주시겠어요.'라는 뜻일 수도 있었다. 차차는 일단 기다리기로 했다.

"샐러드나 과일을 좀 갖고 올 수 있으면 좋을 것 같아." 그녀가 전화기에 대고 말했다. "버디네 가게에서 피자를 좀 주문하고 스파게티는 만들려고. 시간 되면 닭도 좀 하고. 안되면 그냥 메이어스에서 통닭 몇 마리 사서 잘라 식탁에 올리면 될 것 같고."

차차가 목청을 가다듬었다. 그녀의 손가락 하나가 다시 올라갔다.

"어쨌든 샌디, 오늘 안으로 사람들한테 연락 다 하려면 끊어야겠어. 어, 그래. 나도 알아. 며칠 있다 봐."

티나는 전화기를 충전기에 내려놓고는 수첩에 무언가 표시를 했다.

지난 월요일 그가 묘지에서 돌아왔을 때, 날은 이미 어두워져 있었다. 그가 집 안으로 들어서자 티나는 2인용 소파에 앉아 있었고 그의 인쇄물들은 가지런히 정리된 채 그의 책상 위에 놓여있었다. 그녀는 차분해 보였고, 입가에는 약간의 미소를 머금고 있었다.

"난 예전에 약국에서 날 완전히 사랑에 빠지게 했던 그 남자와 있고 싶어요."

그녀가 말했다. "그가 아직 당신 안에 있다는 것도 알고요. 난 포기 안 해요. 난 당신을 포기하지 않을 거라고요. 그러니까 우리 그 유령에 대해 이야기 좀 해볼까요? 그래, 이야기 좀 해봐요."

차차는 당시 그녀의 이런 제스처가 너무 간단할 뿐만 아니라 너무 늦었다고 생각했다. 그리고 그를 더 화나게 했던 건, 바로 그녀의 의도였다. 유령 이야기를 꺼낸 동기 말이다. 그녀는 오로지 '그녀가' 원하는 남편을 '그녀가' 되찾기를 원하고 있었다. 어쩌면 '자신이' 정말 미쳤거나, 그래서 그녀가 '자신을' 믿어주기를 간절히 바랐던 것과는 아무 상관없이 말이다.

그는 그녀의 대화 요청을 거부한 채 잠잘 곳을 찾아 손님방과 지하를 전전하다가 결국은 소파에 정착했다. 그녀는 아직 그의 저녁과 잠을 갈구하며 힘겹게 일하러 가는 그의 점심을 준비해 주기는 했다.

"내가 뭐 도와줄 거 있어요?" 그녀가 그제야 수첩에서 시선을 돌려 차차를 향해 말했다.

"왜 나한테 물어보지도 않고 동생들한테 전화를 하고 파티를 준비하고 있는 거지?"

"왜냐하면 벌써 6월이 다 되어가니까요. 우리 보통 5월에는 봄에 생일인 사람들을 위해 파티를 했었잖아요. 안 그래요?"

"난 여기서 파티를 할 기분도 상태도 아니야, 티나. 당신도 그건 알고 있잖아?"

"여보, 파티는 토요일이에요. 그리고 어쩌면 그다음 주 토요일로 미뤄질지도 모르고요. 왜냐하면 트로이가 카밀이 집에 올지도 모른대요. 우리가 그 아이를 본 게 아주 꼬맹이 때였잖아요. 같이 볼 수 있으면 좋지 않겠어요?"

"트로이와 통화했어?"

"몇 분 전에요."

"나랑 통화하고 있었는데 그 자식이 전화를 맘대로 끊어 버렸어. 당신 전화를 받은 거였어?"

"그러니까 우리가 통화를 할 수 있었겠죠. 안 그래요? 어쨌든 제가 생각하기엔, 아니 원하기엔, 당신이 1, 2주 후면 다시 제 모습으로 돌아와 나와 다시 진지한 이야기를 할 수 있지 않을까 해서요. 파티는 그러면 그때 같이 준비하면 되잖아요."

티나는 차차를 보며 알 듯 모를 듯한 미소를 지었다. 그는 그녀를 향해 웃지 않았다.

"내가 파티를 하고 싶지 않으면?"

"당신 파티가 아니에요, 여보." 그녀가 말했다. 그녀의 목소리에서 친절함이 사라지고 있었다. "봄에 생일이 있는 형제들을 위한 거지. 그리고 당신이 기억할는지 모르겠지만, 나도 생일이 봄이에요. 당신 어머니 생일도 늦은 봄이고. 6월 15일이요. 어머니도 평생 우리 곁에 계시지는 않을 거고요. 당신 최근에 어머니 방에 무슨 전염병이라도 있는 것처럼 피해온 거 알아요? 불과 며칠 사이에 몸무게가 많이 빠지셨어요. 잘 드시지도 못하고, 가슴과 팔에 통증은 심하다고 하시고. 내일 병원에 가면 또 무슨 검사를 해야 할는지. 어머니 살아계실 때 한 번이라도 더 보면 좋잖아요."

"그런 식으로 말하지 마, 당신. 내가 어머니를 아프게 한 건 아니잖아."

"크리스마스 이후로 아기가 2명이나 태어났어요. 타미카의 아들하구 앙트와네뜨의 딸요. 사람들이 보고 싶어 해요."

차차는 사실 갓 태어난 아기라면 사족을 못 썼다.

"당신은 그날 참석 안 해도 돼요. 그러고 싶다면요. 당신은 그냥 당신의 그 고통을 즐기며 지내도록 해요. 당신이 있든 없든 파티는 할 거니까."

그녀는 전화기를 다시 들고 손가락으로 수첩에 있는 리스트를 짚어가기 시작했다.

"배고프면 전자레인지에 미트로프랑 그린빈 있어요."

그녀의 계획은 거들먹거리는 친절을 통해 그를 없애버리려는 것 같았다. 이 와중에 음식 이야기라니. 좁은 지하실 계단을 다시 내려가는 대신 차차는 그의 인쇄물, MP3 플레이어, 그리고 작은 접시에 미트로프를 담아 들고 뒷마당 데크로 나갔다. 매미가 울기에는 아직 이른 계절이었지만 어둑어둑해지자 귀뚜라미들이 인상 깊은 합창을 해댔다. 어느덧 해가 서쪽으로 두 집 건너에 사는 헨더슨가(家)에 있는 소나무 뒤로 자취를 감추자, 귀뚜라미의 합창 소리도 낮은 윙윙거림으로 변했다. 그는 인쇄물을 살펴보았다. 시간이 갈수록 그는 자신의 조사에 대한 믿음을 잃어갔지만 그래도 점점 두터워지는 종이 꾸러미를 보면 기분이 좋아졌다. 침착성을 잃지 않고 합리성을 간직하기 위한 노력의 결과물처럼 느껴졌기 때문이었다.

— * —

다시 회사로 돌아갔을 때, 끔찍하기만 했던 그 날, 그는 허스턴의 『노새와 인간』을 다시 읽기 시작했다. 화요일과 수요일 늦게까지 책을 읽었는데, 사람들 사이에서 어우러져 살고 있는 유령들에 대한 이야기는 그에게 일종의 용기를 주었다. 책에는 대부분의 유령들이 응징할 대상을 찾아다닌다고 말하는 대목이 있었다. 살면서 누군가에게 심각한 피해를 준 적이 있던가. 차차는 잘 떠오르지 않았다. 이미 저세상으로 간 과거의 적도 기억에 없었다.

책에 딸린 부록 속에는 '살인자를 잡는 법'이나 '누군가를 동네에서 내쫓는 법' 같은 실용적인 문제의 해결책은 있었지만, 정작 '유령을 쫓는 방법'은 가르쳐주지 않았다. 게다가 대부분의 유령 이야기들은 남쪽 지역에서 일어난 것들이었는데, 프란시의 디아스포라적인 연결성을 고려한다고 해도 수십 년 전에 그곳에서 일어난 일들이 오늘 이곳의 문제를 해결하는 데 큰 통찰력을 가져다주지는 못할 거라고 차차는 생각했다. 남부의 도시들은 과거의 수렁 속에 빠져있다고 차차는 생각했다. 그 도시들이 아무리 발버둥쳐도 소용없다고. 그의 아버지가 다시 돌아갈 생각조차 안 했던 곳. 그리고 어릴 적 이모들을 만나러 갈 때면, 어머니가 항상 백인들 앞에서 해야 할 것과 그렇지 않은 것들을 알려주던 곳. 하지만 지금은 21세기이고 차차는 디트로이트에서 살고 있었다. 그는 스스로 이 유령을 물리칠 수 있다고 확신했다. 예전 큰방에서 유령을 처음 만났을 때 그랬던 것처럼.

— * —

동작센서 탓에 전구의 불이 계속 꺼졌다 켜졌다를 반복했다. 차차는 일어나서 스위치를 켜는 게 귀찮았다. 대신 흔들의자에 앉아 몸을 계속 움직이기로 했다. 쌀쌀해진 밤기운과 맞서기에도 그 방법이 나아 보였다.

지난 일주일 동안, 차차는 티나에게 앨리스에 관한 이야기를 꺼내지 않았다. 앨리스 역시 티나와 마찬가지로 자신을 믿지 못하고 있다는 사실을 그녀가 알게 되는 게 싫었다. 하지만 차차는 앨리스가 그리웠다. 그때는 그게 옳다고 생각했지만 지금은 그녀에게 말한 것들을 후회하고 있었다. 앨리스는 왜 자신에게 관심을 가져 주었을까? 물론 평범한 답이 돌아올 수도 있다. 그럴듯하면서도, 경우에 따라서는 우스꽝스러운 답변이. 어쩌면 앨리스는 차차가 좋았을 수도 있다. 아니다. 차차는 그것에 대한 구체적인 설명은 회피하기로 했다. 그녀의 '좋아함'에 대해 말하다 보면, 그녀가 더 생각날 것 같아서였다.

유령이 다시 나타나기 전까지는 그녀에 대한 자신의 끌림이 친구로서의 우정 같은 거라고 믿었었다. 이제는 모든 게 의심스러웠다. 지난 월요일, 왜 그녀를 안고 싶다는 욕구를 느꼈을까? 그녀는 왜 프로토콜을 무시하고 자신의 유령 이야기를 몇 달 동안이나 들어주었을까? 그는 자신의 상상력이 제멋대로 뻗어나가는 게 바보 같다고 느껴졌다. 확실한 사실은 그녀는 그 이후 한 번도 자신에게 전화를 하지 않았다는 것이다. 청록색 의자에 앉아 볼펜을 만지작거리며 생각 없이 머리를 쓸어 넘기는 그녀의 모습이 떠올랐다. 그녀도 그를 생각하고 있을 수 있었다. 적어도 전화를 걸어 자신의 환자이자 친구가 되어 가고 있었던 사람의 안부를 묻는 것을 고려했을 수도 있다. 혹시 고집 세고, 과거에 트럭을 운전했으며, 지금은 매일 밤 유령을 보는 한 남자가 그녀를 화나게 한 것은 아닐까? 아니면 그저 동정심 유발자였던가? 만일 후자라면 차차는 너무 큰 상처를 받을 것 같았다.

자신이 미쳐가고 있다는 것을 자각할 수 있을지 차차는 궁금했다. 자신이 불안정하다는 것을 증명해 줄 수 있는 특정 증상이나 반박할 수 없는 증거가 있을 수도 있다. 차가운 밤공기를 맞으며 데크 흔들의자에 앉아 몸을 흔들며, 다 식어버리고 케첩 맛이 너무 진한 미트로프를 야금야금 먹고 있는 모습을 보고 사람들은 정신상태가 무너지고 있는 증거라고 생각할지도 모른다.

어린 시절, 아이들 중 누군가가 습관적으로 거짓말을 해서 모든 잘못을 형제들에게 뒤집어씌울 때, 비올라는 그녀의 집게손가락을 그 아이의 가슴에 얹고 말하곤 했다.

"모든 사람들이 항상 틀릴 수는 없어. 때로는 꼭 너여야 해."

정말 자신이 문제라면 어떻게 되는 걸까?

벗어날 수 없었던
고정배역

하퍼우드에 있는 말린의 방갈로로 걸어 들어가며 레일라는 나름의 계획을 만들어 보려고 했다. 그녀가 데이빗을 만나고 애로우로 막 돌아왔을 때, 차차로부터 전화가 걸려왔다. 차를 되돌릴 때만 해도 그녀는 어디로 가야 할지 막막했다. 누구의 문을 두드려야 할지. 막상 이곳에 도착하고 나니 말린에게 오길 잘했다는 생각이 들었다. 차차의 마음을 바꾸기 위해서는 동맹이 필요했는데, 말린은 성인이 되고서도 레일라만큼이나 애로우에서 지낸 시간이 길었다.

레일라는 노크를 했다. 몇 초 동안 답이 없자 더 세게 문을 두드렸다. 잠시 후, 안전 체인을 걸어놓은 상태로 말린이 문을 열었다.

"너구나. 내 전화를 무시하기에 너랑 나랑은 모르는 사이인 줄 알았어."

"우리 아는 사이 맞아, 언니. 그러니까 들여보내 줘."

말린은 체인을 풀기 위해 문을 닫았다가 다시 열었다. 그녀의 작은 집에서는 가구 광택제 냄새와 향냄새, 그리고 말린이 벼룩시장에서 찾은 보물들에서 벼룩시장 향기가 퍼지고 있었다.

레일라는 거실로 들어와 골동품 같은 스탠드 TV 앞에 앉았다. 기적적으로 이 TV는 컨버터의 도움을 받아 아직 몇몇 채널들을 잡아내고 있었다. 말린이 부엌에 틀어놓은 수돗물을 잠그기 위해 그녀 앞을 바삐 지나갔다.

"전화 한 통 없이 왔다고 불평을 늘어놔야겠지만, 네가 어떤지 아니까. 봐줄게." 말린이 말했다. "뭐 마실래? 물이라도 줄까? 난 또 다이어트 셰이크를 먹고 있어서 집에 음식다운 음식이 별로 없어."

부엌 카운터 너머로 말린이 냉장고 옆에서 뭔가를 찾고 있는 게 보였다. 그녀는 회색 면 반바지를 입고 있었는데, 다리에 있는 지방이 유독 무릎 주변에서 튀어나와 있었다.

"마일즈가 우편으로 보내준 오렌지 봉투가 하나 있네." 말린이 고개를 들고는 구겨진 종이봉투를 머리 위로 흔들었다. "원래 과일이나 채소 같은 건 주 경계를 넘으면 안 되는 걸로 알고 있는데, 요즘 사람들은 다들 받고 보내고 하더라고."

"나 오렌지 안 먹을래, 언니." 레일라가 말했다. "와서 앉아."

말린은 레일라보다 열다섯 살이나 나이가 많았지만 언제부턴가 그 차이가 느껴지지 않기 시작했다. 스물두 살의 레일라가 사랑에 실패하고 집으로 돌아왔을 때, 말린도 사랑에 실패한 채 하나밖에 없는 아들을 남편에게 맡기고 집으로 돌아와 있었다. 이혼절차를 밟고 있었는데, 그녀가 서른일곱 살 때였다. 만약 훗날, 레일라의 삶이 베스트 프렌드를 가질 만큼 정리가 된다면, 그런 관계를 이어갈 수 있다면, 그녀는 말린이 그 친구가 되어줄 거라고 믿었다.

레일라는 형제들 대부분이 말린을 무서워하고 있다는 걸 알았다. 특히 남자 형제들이 그랬는데, 그들은 말린이 로니를 머리부터 바닥에 내리꽂은 전설적인 스토리를 잘 알고 있었다. 그리고 그건 그녀가 너무 빨리 화내고 너무 늦게 풀린다는 부인할 수 없는 증거라고 생각했다. 레일라는 말린이 그저 열심히 사랑하는 사람이라고 생각했다. 그녀의 사랑은 직설적이고 단호했지만, 사랑하는 사람들을 위해서라면 그녀는 할 수 있는 모든 일을 마다하지 않았다.

말린이 레일라 앞에 놓인, 플라스틱에 싸인 금색 자카드 팔걸이의자에 내려앉았다. 쿠션에서 바람 빠지는 소리가 났다.

"너, 무슨 일 있는 거야?" 그녀가 말했다. "살도 빠진 것 같고."

그녀가 레일라에게서 시선을 돌려 다시 그녀 무릎 위에 있는
오렌지를 쳐다보았다. 그녀는 오렌지 껍질을 나선형 모양으로
천천히 벗기고 있었다.

"차차 오빠한테서 전화가 왔었어." 레일라가 말했다.

"귀신에 대해서 묻느라고? 오빠 완전 엉망진창 아니니? 난
오빠 전화를 일부러 안 받았는데, 프란시 언니가 그러더라고.
모두에게 전화해서 그거 묻고 있다고. 오빠다워. 주목을 받으
려는 건지, 동정심을 유발하려는 건지, 아니면 둘 단지. 내 생각
에는 아마 둘 다일 거야."

레일라는 말린을 쳐다보고 있었다. 말린은 그녀의 혼란을 전
혀 눈치 채지 못한 채 오렌지를 하나씩 갈라 입에 넣고 있었다.

"언니, 무슨 말 하는 건지 모르겠어." 그녀가 말했다. "내가
들은 이야기는, 오빠가 엄마 집을 팔아버릴 거라고 했어."

"아, 그거? 맞아. 그래서 오빠 전화 안 받은 거야. 그냥 내 생
각을 문자로 보냈어. 정말 그렇게 한다면 연 끊고 살자, 정도로
써서."

"오빠는 뭐래?"

"답이 아직 없네." 말린이 말했다. "그런데 너도 차차 오빠 알
잖아. 자기 맘대로 할 걸. 아니지, 오빠 생각에 우리 모두에게
가장 좋다고 생각되는 대로 할 거야. 사실상 지금은 우리 가장

노릇을 하고 계신 걸로 보아."

"그럴 수는 없는 거잖아, 언니? 안 그래?" 레일라가 물었다. "그러니까 법적으로 그렇게 할 수 있는 거냐고? 엄마는 뭐라셔?"

말린은 마지막 오렌지 조각을 레일라에게 건넸다. 레일라는 고개를 저었다.

"그건 또 완전 다른 문제야. 그날 우리가 그 이야기하려고 가족 모임 가졌을 때, 다들 저녁 먹으러 나가고 내가 엄마랑 있었거든. 그때는 괜찮으셨어. 적어도 겉으로 보기에는. 엄마가 집으로 돌아가시면 쓸 이런저런 물건들을 원저 벼룩시장에서 좀 사다 달라고 하시더라고. 그게 한 3주 전 일이거든. 엄마는 그때까지 집으로 돌아갈 생각을 하고 계셨던 거야. 새 가구를 사던, 형제들에게 빌려주신 가구를 돌려받던, 그러시겠다고. 좀 슬펐어. 그런데 그 이후 엄마와 차차 오빠가 한바탕 하셨다는 것 같아. 참 나, 오빠 미친 거 아니니? 다 늙은 엄마랑 싸움이나 하고? 그저께 엄마랑 통화했는데 이젠 집에 대해서는 신경 안 쓴다고 하시더라고. 차차 오빠 집에서 돌아가실 거란 걸 알고 계신다고."

"거기서 돌아가신다고?" 레일라가 말했다. "엄마에게 무슨 짓을 하고 있는 거야?"

"아니. 뭘 어떻게 하고 있는 것 같지는 않아. 티나가 엄마 사랑하는 건 너도 알잖아. 그냥 오빠가 못마땅한 거지. 오빠 체면 깎으려고 그러신 것 같아. 그리고 진통제 때문에 더 감정적이 된 것도 있고. 티나가 그러는데 복용량을 자꾸 늘려달라고 하신대."

연락을 끊은 지 불과 몇 주 사이에 이미 다양한 드라마가 쓰이고 있었다. 이래서 다른 형제들이 고향으로 돌아오지 않는 거라고 레일라는 생각했다. 버니스 오빠와 아내 샌디가 멀리 떨어져 있는 이유이기도 했다. 디트로이트에 산다는 것은 가정사의 모든 으르렁거림의 중심에 있다는 것이었다.

"언니, 난 오빠가 집을 파는 걸 원하지 않아."

"나도 그래." 말린이 말했다. "그런데 엄마 빚을 걱정하는 것 같아. 오빠 말로는 엄마가 대출금이 너무 많아서 돌아가시자마자 어차피 은행에서 집을 뺏어 갈 거래. 누군가 불어난 융자금을 갚아나가지 않는다면 말이야."

말린은 계속 이유들을 늘어놓고 있었지만, 레일라는 더 이상 듣고 있지 않았다. 그녀는 자백할 용기를 모으고 있었다. 모든 걸 다 이야기하지는 않더라도, 특정한 하나의 죄라도 밝히고 싶었다. 어쩌면 데이빗에게 했던 일종의 허위자백이 봉인을 풀어놓았는지도 모르겠다. 레일라는 지금 당장 말린에게 말하지 않는다면 숨이 막혀서 다시는 그녀의 먼지 가득한 소파에서 일어날 수 없을 것 같았다.

"나 거기서 살고 있어." 그녀는 거의 소리쳐 말했다. "나 지금 애로우에서 살고 있다고."

말린이 오렌지 껍질을 조각내고 있던 동작을 멈췄다. 그녀의 눈이 가늘어졌다.

"네가? 그럴 리 없어."

"그래, 내가. 그곳에서 지낸 지 한 3주 됐어. 지난 1일 지나고 바로니까."

말린은 자신의 관자놀이에 손을 댔다. 그곳에 있는 그녀의 곱슬한 잔머리가 하얘지고 있었다. 레일라는 말린이 왜냐고 묻기를 기다렸다. 이렇게 많은 형제들의 소파와 침대가 있는데 왜 거기서 지내느냐고. 그리고 그녀가 물어본다면, 레일라는 도움을 받는 게 지겨워서라고 말할 생각이었다. 도움을 받는 게 지겨워서. 그리고 도움을 청하는 게 지겨워서. 그녀는 마흔이었고 그녀의 딸은 이미 성인이었다. 자기 자신 말고는 돌볼 사람도 없었다. 그러니 상황을 정리할 동안 어릴 적 살던 집에서 몇 주 정도 지내는 건 자신의 권리 아니냐고 말할 생각이었다. 형제들도 모두 까딱 발을 헛디뎠다가는 상대적 빈곤에서 벗어날 수 없는 처지들이라고 말할 생각이었다. 그나마 고급저택에 살고 있는 차차조차도 퇴직을 당한다면 연금만으로는 살아남기 힘들 거라고. 모두가 겨우겨우 살고 있는 거라고. 그녀가 어디에 가든 부담이 됐을 거라고. 그리고 그건 진심이었다.

하지만 말린은 왜냐고 묻지 않았다.

"거기 안전해?"

"모르겠어." 레일라가 말했다. "누가 귀찮게 한 적은 없어. 맥네어 아저씨는 내가 거기 있는 걸 아는 것 같아. 외출할 때 문은 잘 잠그고 다녀."

"퇴거당한 거지?"

그녀의 말이 질문이 아니라 확인이었다는 것이 레일라를 좌절케 했다. 그녀는 대답하지 않았다.

"브리엔은 모르니?" 말린이 덧붙였다. "아무도 모르는 거겠지."

그러고 보니 레일라는 형제들에게 좋은 소식을 전하는 일이 드물었다. 아무것도 없는 아이, 때로는 궁핍한 아이란 소리를 듣는 것은 끔찍한 위치에 놓여있는 것이었다. 갓난아기 브리엔을 데리고 미조리에서 돌아왔을 때부터 이것은 그녀가 안고 가야 하는 짐이었다. 조금 안정된 시기를 지날 때에도, 그녀가 벗어날 수 없었던 고정배역이었다.

"브리엔과 이야기를 나눈 지 오래됐어." 그녀가 말했다. "동정을 받으려고 여기 온 건 아니야, 언니. 언니도 차차 오빠와 집에 대한 생각이 같은지 알고 싶어서 온 거야. 내가 지금 거기 살고 있지 않다 하더라도 난 그 집이 마음에 걸려."

"그런데 지금 거기 살고 있으니 훨씬 더 신경이 쓰이겠지."

그녀는 의자에서 일어나 레일라 옆에 앉았다. 그녀의 무릎에 손을 얹고는 큰 숨을 내쉬었다.

"레일라, 브리엔이 나한테 전화하는 거 알잖아. 아니지, 전화했었지. 아이 때문에 학교를 그만두기 전까지 우린 이런저런 이야기들을 했었으니까."

"알고 있어, 당연히." 레일라가 말했다. 말린은 손을 자신의 무릎 위로 다시 돌려놓았다.

"그냥 말해, 언니. 하고 싶은 말을 하라고."

레일라의 심장이 창살 안에서 쿵쾅거리고 있었지만, 그녀는 가만히 앉아 있으려고 노력했다. 브리엔이 말린과 이야기를 나누는 사이란 건 익히 알고 있었다. 그리고 뭔가 눈치를 채지 못할 만큼 브리엔은 바보가 아니었다. 브리엔은 레일라의 딸이었고 레일라와 오랜 세월을 같이 살았으며, 서로 너무 가까운 사이였다. 레일라는 카지노 칩을 서랍장 위 사탕통에 보관했었는데, 돈이 없을 때는 카지노에서 받은 쿠폰으로 둘이 뷔페 잔치를 벌이기도 했었다. 그렇지만 브리엔이나 그 누구도 그 심각성을 속속들이 알고 있지는 못할 거라고 레일라는 믿었다.

말린이 일어나 부엌으로 갔다.

"내가 하려는 말은, 우리 가족을 너도 잘 알 거라는 거야, 레일라. 우린 모두 너무 자존심이 강해. 엄마를 닮은 것 같아."

말린이 부엌 서랍을 열었다. 타퍼웨어 용기 뚜껑이 열렸다.

"그런데 또 우리는 각자 알아서 잘할 수 있을 거라고도 생각하지. 가끔 뭔가 잘못되었다고 말해줄 사람도 필요 없다고. 끼어들 사람 말이야. 그건 확실히 프란시스 터너의 성격이지."

말린이 조금 전에 앉았던 레일라의 옆자리로 돌아왔다. 그녀는 하얀색 봉투를 들고 있었다. 돈을 많이 인출할 때 은행에서 제공해주는 봉투였다.

"이거 950달러야, 레일라. 그런데 이건 또 내가 우리 아빠와는 다른 면이기도 해. 난 끼어드는 거지."

그녀가 봉투를 가슴 가까이 움켜쥐고 있는 것으로 봐서 다 주지는 않을 수도 있다고 레일라는 생각했다.

"다들 바쁘고, 네가 막내이다 보니까 항상 널 챙기지 못했어. 레일라, 도움을 받을 거라고 나와 약속해 줘. 그곳에 다시 가서 내 돈을 버리면 안 돼. 이거 원래는 새로 태어날 내 손주를 위한 돈이었어. 앙뜨완이 필요할 때 주려던 돈."

"필요 없어, 언니." 레일라가 목이 메어 말했다. "그 돈 받을 수 없어."

말린은 봉투를 레일라의 무릎 위에 올려놓고 다시 플라스틱에 싸인 팔걸이의자로 자리를 옮겼다.

"네 거야. 집을 구하는데 계약금으로 쓰던가, 아니면 브리엔 월세를 대신 내주고 거기에서 당분간 맘 편하게 지내던가. 네가 여기 올 생각이었으면 벌써 왔을 텐데 그러지 않은 걸 보면 여기 머물 생각은 없는 거고."

레일라는 봉투를 소파에 내려놓고 핸드백을 어깨에 멨다. 그녀는 데이빗이 얼마나 자주 그의 형에게 돈을 줄까 궁금했다. 그리고 그럴 때마다 그렉이 얼마나 더 추락했는지도.

"진짜 안 받을 거야, 언니." 그녀가 말했다. 그리고는 가려고 일어섰다. "근데, 고마워."

말린은 그녀의 통통한 허벅지를 문지르고 있던 자신의 작은 손을 내려다보고 있었다.

"그게, 바로, 비올라 터너의, 고집 센 자존심이야." 말린이 말했다. "작년에 엄마가 뇌출혈을 일으켰을 때, 의사가 엄마한테 그 집에 혼자 계시면 안 된다고, 결국은 마비가 올 거라고 한 거 알고 있었니? 너도 알다시피 아래층에는 침실이 없어. 어떻게 잠은 잔다고 해도 화장실이 없고. 기동성이 손상된 상태에서 누군가 와서 보살펴 주지 않으면 안 되는 상황이었다고. 한 번 더 쓰러지게 되면 그게 마지막 추락이 될 거라고 하더라. 이미 신경손상도 있어서 그러면 정말 끝이라고. 그런데 엄마가 차차 오빠네로 이사를 하고 나서야 우린 그런 사실을 알았어. 그때는 이미 고통 때문에 거의 마비 상태였는데도 말이야. 엄마는 걸을 수 없다는 것보다도 집을 떠난 걸 더 슬퍼하셨어. 왜 조금 더 일찍 누군가에게 말하지 않으셨을까? 자존심 때문이야. 자존심이 너무 강해서 자기가 키운 열세 명의 자식들에게 조차 혼자서는 거동이 힘들다는 말을 못 하신 거지. 그렇게 심각한 줄 알았다면 너나 나는 가서 도와드렸을 텐데 말이야."

말린은 훌쩍거렸다. 눈물방울이 떨어져 그녀의 셔츠와 반바지에 동그란 무늬를 만들고 있었다. 레일라는 텔레비전 위에 놓여 있던 화장 티슈를 그녀에게 건넸다. 그리고는 의자 팔걸이에 걸터앉아 말린의 어깨에 손을 얹었다.

"돈은 꼭 갚을게."

"그런 건 생각하지 마. 그냥 슬롯머신에 다 날리지만 말아줘, 레일라. 제발. 만약 그런 일이 있다면 난 다시는 널 같은 시선으로 볼 수 없을지도 몰라."

레일라는 슬롯에서는 이 돈을 절대 안 날린다고, 혹여 날린다면, 그건 정식 룰렛 테이블에서일 거라고 생각했다. 그리고 그런 생각을 했다는 것이 부끄러웠다.

슬기로운 아내는
여호와께로서 말미암느니라

어깨에 누군가가 손을 얹어 차차를 깜짝 놀라게 했다.

"나예요." 티나가 말했다. "안으로 들어와요."

그녀는 작년에 러셀이 그랜드 캐니언에서 보내줘서 차차가 가끔 집에서 신는 모카신을 신고 있었는데, 신발에 비해 발이 매우 작아 보였다.

"지금 몇 시야?" 차차가 물었다.

"벌써 9시가 지났어요. 당신은 2시간 넘게 밖에 있었고요."

그녀는 아직 미트로프 몇 조각이 남아있는 접시를 한 손에 든 채, 다른 한 손을 차차를 향해 내밀었다. 차차는 자신 앞에 서 있는 작고 현명한 여자를 잠시 바라보았다. 양육의 본능만큼이나 이해하는 본능도 강했더라면.

그는 그녀의 손을 잡고 자리에서 일어나, 인쇄물들을 챙겨 그녀를 따라 안으로 들어갔다.

거실에 있던 그의 이불과 베개가 보이지 않았다.

"내 이불 어디 갔어?"

"손님방에 다시 갖다 놨어요." 티나가 말했다. 그녀는 그의 팔꿈치 바로 아래를 잡았다. "당신 오늘 밤에는 당신 침대에서 자게 될 거예요."

젊은 시절의 더 순수한 차차였다면 티나의 이런 행동이 안쓰러워 보였을 것이다. 자신과의 잠자리를 구걸하는 것 같아서 말이다. 그러나 결혼 생활 30년이 지난 지금, 차차는 너무나 잘 알고 있었다. 오히려 안쓰러워하는 건 자신이 아니라 늘 티나 쪽이었다는 것을. 자신의 심각한 코 고는 소리 때문이라도 그녀는 자신이 침실로 돌아오는 것을 바라지 않고 있을 것이다. 하지만 그녀는 자신이 정상생활로 돌아가길 원하고 있었다. 그녀는 자신이 그녀를 필요로 한다고 생각했을 것이다. 어쩌면 그랬을지도 모른다. 하지만 차차는 자신이 그러지 않았기를 바랐다. 어쨌든 오늘 밤엔 모른 척하고 지내기로 했다.

사실 침대가 그리웠던 건 사실이었다. 교통사고 이후, 기존에 쓰던 침대가 고문기처럼 느껴져서 새로 구입한 고급 침대였다. 침대에는 리모컨이 있어서 양쪽 매트리스의 단단함을 조절할 수 있었는데, 티나가 자는 쪽은 딱딱하게 그리고 그가 자는 쪽은 최대한 푹신하게 조절이 가능했다. 차차는 그간 티나가 침대 세팅을 바꿔 놓지는 않았을까 걱정하며 가운을 벗은 채 리모컨을 만지작거리고 있었다.

티나가 혀를 차는 소리에 차차가 고개를 들어 그녀를 바라보았다. 그녀는 침대 밑에 무릎을 꿇고 앉아 무언가를 요구하는 표정을 짓고 있었다.

"그 자세로 앉으면 허리 아픈 거 알잖아." 그가 말했다.

"몇 분이면 돼요. 그리고 지금 당신에게 필요한 거란 거 알잖아요."

"기도가 뭔지도 모를 때부터 기도를 시작한 사람이야. 내가 무슨 야만인인 것처럼 굴지 마."

차차의 말에 티나는 눈썹을 치켜뜨고는 예의 그 의문스러운 표정을 지었다. 그래서 그는 선수를 치기로 했다.

"너는 기도할 때에 네 골방에 들어가 문을 닫고 은밀한 중에 계신 네 아버지께 기도하라, 은밀한 중에 계시는 네 아버지께서 갚으시리라."(마태복음: 6장 6절)

티나는 눈썹을 떨구고는 인상을 찌푸렸다. 이내 반박할 만한 성경 문구를 생각해냈는지 다시 환한 인상을 지었다.

"집과 재물은 조상에게서 상속하거니와 슬기로운 아내는 여호와께로서 말미암느니라."(잠언: 19장 14절)

이 둘은 언제부터 이런 사람들이 되었을까? 그녀는 옆으로 움직여서 차차가 앉을 자리를 만들었다.

"그냥 이리로 내려와요." 그녀가 말했다.

그의 성경 구절이 더 좋은 선택이었다는 것은 티나도 알고 있었다.

"그냥 혼자 머릿속으로 기도드리고 싶으면 그렇게 해요."

작은 양보를 받아들이기로 하고 차차는 침대에서 내려왔다. 무릎을 꿇는 행위 자체는 그렇게 고통스럽지 않았지만 그 자세로 앉아 있는 것은 다른 문제였다. 필요한 버팀과 그에 따른 근육 조절이 힘들었다. 흐릿한 불빛 속에서 티나의 입술이 움직이는 것을 볼 수 있었다. 그 역시 기도를 하기 위해 눈을 감았다. 그때였다. 갑자기 앨리스의 얼굴이 떠올랐다. 자신이 그녀의 사무실을 빠져나올 때 그녀 얼굴에 어리던 표정이. 죄책감이 밀려왔다. 기도를 해야 하는 상황에서 그녀를 떠올리고, 그녀에게 던졌던 말들을 생각하다니. 그는 용서를 구하는 기도를 해야겠다고 생각했다.

차차는 짧고 진실한 기도를 선호했다. 다른 사람들의 기도가 도대체 왜 그렇게 오래 걸리는지 이해할 수 없었다. 과잉된 간구가 문제라고 그는 생각했다. 그는 기도할 때 긴 리스트를 들고 와 이것저것 요청하는 기도를 한 번도 한 적이 없었다. 특히 '구하라, 그러면 너희에게 주실 것이오.'라는 구절은 항상 불편하게 느껴졌다. 자존심 때문이었을 수도 있고 아니면 그저 평범한 야망 때문이었을 수도 있지만 차차의 기도는 주로 "감사합니다."와 "잘못했습니다."로 이어졌다.

처키의 첫 번째 부인 이벳에게 바람둥이 창녀라고 부른 것 잘못했습니다. 저에게 허락해 주신 모든 건강보험에 감사합니다.

하나님이 우리에게 어떤 은혜가 필요한지 알고 계신다면 그리고 언제 그 은혜를 내려주실지도 아신다면 계속 상기시킬 필요는 없지 않은가? 이게 티나가 믿는 방식과 그가 믿는 방식의 많은 차이점 중 하나였다.

〈나는 예수님이 그 주류에 계심을 압니다. 당신이 원하는 것을 그에게 말해주오.〉는 검둥이들이 탬버린을 들고 만든 노래 중 가장 말도 안 되는 것이라고 차차는 생각했다. 하지만 티나는 그 노래를 사랑했다. 반면에 그는 〈주 음성 외에는 더 기쁨 없도다. 날 사랑하신 주 늘 계시옵소서.〉 같은 찬양을 더 좋아했다. 왜냐하면 이런 찬양이야말로 하나님을 항상 지지하는 것에 대한 진정한 아름다움과 좋은 점들을 일깨워주기 때문이었다. 무언가를 요구하면 바로바로 보내주는 그런 하나님이 아니라 말이다. 그건 패스트푸드점이나 홈쇼핑에서 '바로 주문하세요.' 같은 문구와 다를 바 없는 것이라고 차차는 생각했다.

티나와 그는 AME(아프리칸 감리교) 교회예배가 끝나면 이런 가벼운 종교적인 토론을 하곤 했다. 티나가 배신을 하고 펜테코스트파교회(노래하고 춤추는 교회)로 옮겨 가면서 그 자리를 춤과 노래가 상당 부분 대신하게 되었지만 말이다. 차차가 그곳에서 깨달은 것은 티나의 모든 행위들이 그냥 남들에게 보여주기 위한 것은 아니었다는 것이다. 그래서 더 당황스러웠다. 아무도 보고 있지 않아도 그녀의 종교적 열정은 한결같았다. 그리고 이런 면에서 그는 그녀를 따라갈 수 없었다. 그는 줄곧 이 문제로 수세에 몰려야 했다.

그가 옆을 돌아보니 그녀는 아직 기도에 심취해 있었다. 두 손을 꼭 모은 채 입술을 여전히 움직이고 있었다. 그래서 그도 눈을 다시 감고 여느 때와 같은 기도를 올렸다. 주기도문에 몇 가지 감사 메시지를 붙여.

건강, 가족, 일자리, 융자금을 다 갚아가고 있는 것, 군인 아들이 안전한 것, 이 모두에 감사합니다.

그리고 그는 덧붙였다.

자신의 온전한 정신에 감사합니다.

그는 자신이 온전하지 않다는 것을 알았지만, 온전하다고 말을 하는 것이, 진짜로 온전해지기 위해 제일 현명한 방법이라고 생각했다. 티나가 마침내 움직이는 걸 느끼고 차차는 두 손을 매트리스 위에 얹어 중심을 잡은 뒤 힘겹게 일어섰다. 티나는 그의 어깨를 톡톡 다독였다. 어린아이를 병원에 데리고 가기 위한 꼬드김에 속은 느낌이었다. 그는 이곳에서 잘 수 없다고 생각했다. 자신을 오줌도 못 가리는 유아 취급하는 이 여자와 같이 말이다.

티나가 안방 화장실에서 나왔을 때 차차는 베개를 가슴에 껴안은 채 가운을 다시 입고 있었다. 그녀는 너무 실망스럽다는 눈빛으로 그를 바라보았다.

"제발, 여보." 그녀가 말했다. "다시 침대로 들어가요."

그녀는 물 한잔과 혈압 약을 그에게 내밀었다. 그는 이번 주 내내 약을 먹지 않았었다. 약 먹는 것을 새까맣게 잊고 있었다는 사실에 그는 깜짝 놀랐다. 티나의 돌봄이 그의 일상적인 웰빙에 얼마나 큰 영향을 미치는지 보여주는 또 하나의 증거였다. 물론 사태를 이렇게 만든 건 차차 자신이었다.

그가 이렇게 세팅을 한 거였다. 그녀에게 직장을 그만두라고 거의 금지령을 내리다시피 했었다. 그녀가 돌보기에 집착하는 여자로 변해간 건 결국 그의 부추김이 만들어 낸 것이었다. 물론 그것이 그를 상남자로 만들어 준 것도 사실이었다. 모든 일을 해낼 수 있었던 그의 아버지처럼. 그런데 지금 그는 자신이 어린아이 같이 느껴졌다. 스스로 만든 철창 안에 갇히게 된 것이다.

차차는 약을 먹고 물을 마시고 침대로 돌아가 누웠다. 둘이 살아오는 내내, 티나와 차차는 침대 위에서 항상 스푼 자세를 유지했다. 물론 여러 요인들에 의해 이 시스템이 방해를 받은 적도 있었다. 침대로 뛰어드는 아이들, 몸이 아프거나 쑤실 때, 너무 더운 여름날 밤, 말다툼들. 하지만 둘 사이의 암묵적인 합의는 불이 꺼지면 언제나 그렇듯 스푼 자세가 시작된다는 것이었다.

차차는 오늘 밤 어떻게 하면 스푼 자세를 피해 잠을 잘 수 있을까를 궁리하고 있었다. 그때 티나의 엉덩이가 예의 그 자리를 찾아 차차의 골반 바로 앞까지 밀고 들어왔다. 거의 스푼 자세였다. 자세를 완성하는데 필요한 마지막 한 가지는 자신의 팔로 그녀의 허리를 감싸 안는 것뿐이었다. 차차는 망설였다. 티나는 그의 이런 망설임을 저항, 아니면 외면이라고 받아들일 게 분명했다. 그녀가 그를 위해 매일 헤어라인에 뿌리는 에이본 하이쿠 향수 냄새가 났다. 갱년기를 겪은 후부터 그녀는 매일 밤 머리를 싸매고 자는 번거로움을 덜기 위해 실크 베갯잇을 사용하고 있었다.

그때 예측 못 한 일이 벌어졌다. 발기가 된 것이다. 차차는 따끔거리며 얼얼한 자극을 느꼈을 때 화장실에 가야겠다고 생각했다. 그러나 아니었다. 그것과는 다른 다급함이었다. 진정한 다급함. 티나는 관심이 있어서라기보다는 그저 습관적으로 자신의 엉덩이를 조금씩 움직여 최적의 장소를 찾고 있었다. 결국 발기는 수그러들지 않았다.

얼마 전까지만 해도 섹스는 티나와 차차의 인생에서 중요한 부분이었다. 그는 티나의 지극한 신앙심이 그녀의 성적 욕구를 쫓아버리지 않은 것에 대해 하나님께 감사하곤 했었다. 차사고가 난 후 엉덩이를 치료하는 동안 그가 가장 선호하는 자세가 너무 힘들고 고통스러웠던 차차는 앨리스에게 그것에 대한 불만을 토로한 적이 있었다. 그때 그녀는 그렇게 말했었다.

"욕구에 대한 문제가 아니고 단순히 작동에 관한 문제라면 둘이 원만한 해결방안을 찾을 수 있을 거예요. 크리스토퍼 리브가 낙마 사고 후에도 행위를 할 수 있었다면, 당신 정도는. 알죠? 무슨 얘긴지?"

그는 불량품의 단순 오작동 문제로 그녀의 마음을 심란하게 했다는 사실이 한없이 부끄러웠다. 티나는 모든 것에 대해 긍정적이었고, 둘은 금세 원만한 해결방법을 찾을 수 있었다.

비올라가 자신의 집으로 들어온 후, 차차는 어머니가 옆방에 계신데 잠자리를 갖는 것이 불편하게 느껴졌다. 그녀의 하루 일정이 워낙 들쑥날쑥했기 때문에 자고 있는지 깨어있는지 알 수 있는 방법이 없었다. 애로우집의 복도 길이는 지금 자신이 살고 있는 집 복도 길이의 반도 안 되었고, 비올라와 프란시스의 방은 남자아이들 방과 붙어 있었다. 하지만 차차는 부모님이 잠자리를 갖는 소리를 한 번도 들은 적이 없었다. 두 사람이 부부싸움을 할 때, 프란시스의 바리톤 목소리가 그토록 크게 들렸음에도 말이다.

차차와 티나가 마지막으로 섹스를 한 지 2달이 되어갔다. 티나는 그에게 더 가까이 다가왔고, 차차는 정말 할 수 있을지도 모른다고 생각했다. 어쩌면 섹스가 둘 사이의 문제를 해결하는 데 도움이 될 수도 있었다. 적어도 그가 잠을 자는 데에는. 차차가 그녀의 허리에 팔을 두르자 티나는 자신의 손을 그의 손 위에 살포시 올려놓았다. 사고 후 여러 시행착오 끝에 그들이 발견한 것은, 스푼 자세가 잠잘 때 뿐만 아니라 그들이 수월하게 섹스를 하는 데에도 가장 적합한 자세라는 거였다.

여성 상위가 좋을 것 같다는 티나의 말에 시도한 적이 있었는데, 작은 여자치고는 무게가 있어서 흥분이 최고조에 달했을 때 엉덩이가 부서질지도 모른다는 공포감을 느껴야 했었다. 결국 스푼 자세가 둘의 최선의 선택이 되었다. 그는 티나의 플란넬 파자마에 손을 넣고 그녀 배에 남은 스마일 모양의 맹장수술 자국을 부드럽게 만지작거렸다. 티나는 차차 쪽으로 몸을 더 가까이 움직여 등을 아치 자세로 만들었다. 그녀도 이것이 둘의 문제를 일거에 없애버릴 수 있다는 생각을 하고 있는 것 같았다. 차차는 전략적으로 임하고 싶었다. 다급하게 더듬거나 움직이면 모든 것을 망칠 수도 있었다. 그는 그녀의 가슴이나 엉덩이 중 어느 곳을 만질까 저울질하고 있었다. 그때, 티나의 손이 그의 사각팬티 속으로 들어와 그의 발기된 곳을 움켜잡았다. 너무 빨랐다. 준비가 덜 된 상태였기에, 발기되었던 그의 물건이 순간 원래대로 되돌아가 버렸다. 차차는 그제야 참고 있던 숨을 내쉬었다. 행여 티나가 다시 살려내려 할까 봐 멀찌감치 떨어져 누웠다.

"여보." 그녀가 말문을 열었다. 그녀의 목소리는 희망에 차 있었다.

"잘 자." 차차가 말문을 열었다. 잔뜩 성질이 난 목소리였다. 그는 조금 더 떨어져 누우며 무릎을 위로 올려 스푼 자세를 확실하게 깨버렸다.

그렇게 쉽게 해결되는 건 없었다.

브리엔이 예스라고 답하기를

"좋은 아침~, 바비." 브리엔이 말했다. 그녀는 아이를 들어올려 기저귀 냄새를 맡고는 손가락으로 젖어있는지 재차 확인했다. 마지막으로 기저귀를 갈아줬을 때 그대로였다. 브리엔은 아이 옷을 입히느라 전쟁을 치르기 전에 아침부터 챙겨야겠다고 생각했다.

그녀의 근무시간은 보통 늦게까지 이어졌다. 반대로 바비가 잠자리에 드는 시간은 일렀기 때문에, 브리엔은 가능하면 일찍 일어나 아이와 귀중한 시간을 보내려고 노력했다. 오늘 그녀는 평소보다 1시간 늦은 7시에 일어났다. 어젯밤에 새벽 2시까지 로브와 영상 채팅을 한 탓이었다.

브리엔이 바비를 소파에 내려놓자마자, 바비는 리모컨을 찾아 빨간 전원 버튼을 눌렀다. 제일 찾기 쉽고, 자신이 원하는 것을 얻기 위해 바비가 누를 줄 아는 유일한 버튼이었다. 브리엔은 바비에게서 리모컨을 집어 들고는 PBS로 채널을 돌렸다. 〈도니〉를 방송하고 있었다. 이 프로그램의 주인공은 상상력이 풍부하고 하얀 피부에 머리가 하나도 없는 네 살배기 아이였는데, 브리엔이 좋아하기엔 너무 징징거렸다. 반면 바비는 그 아이를 사랑했다. 바비가 이 프로그램을 접한 2달여 전부터, 브리엔은 귀한 아침 시간의 상당 부분을 그 아이의 시끄러운 모험을 참아내며 보내야 했다.

그녀는 커피를 마시기 위해 머그잔에 물을 가득 채워 전자레인지에 넣고는 유리문에 희미하게 비친 자신의 모습을 바라보았다. 눈 밑은 부어 있었고, 어젯밤 헤어 래핑 하는 걸 까먹고 자는 바람에 머리는 한쪽으로 찌그러져 있었다. 브리엔은 늦게까지 영상 채팅을 한 것에 대한 부작용이라고 생각했다. 평상시 혼자 집에 있을 때는 외모에 별로 신경을 안 썼지만, 영상 채팅을 할 때는 그 너머에 있는 사람에게 흐트러진 모습을 감추기 위해 적지 않은 노력을 기울여야 했다. 로브는 심지어 브리엔의 망가진 모습을 이미 본 적 있었는데도 말이다. 요즘은 둘 사이의 모든 것이 새롭게 느껴졌다.

어젯밤 그와 어색하기 짝이 없는 화상 섹스를 한 후, 로브는 그녀에게 느닷없이 동거를 제안했다. 그녀는 단칼에 거절했다. 그녀의 감정을 천천히 움직이고 쌓은 후 제대로 된 프러포즈를 하지 못하고, 큰 계기도 없이 그냥 그는 그 말을 내뱉어 버린 것이다. 둘이 고작 몇 주 전부터 다시 잘 지내기 시작했다는 이유만으로. 그런 면에서 로브는 여전히 직관적인 센스라고는 찾아볼 수 없는 어린아이 같다고 브리엔은 생각했다.

둘은 대학 때 같은 계획들을 세웠었다. 간호학 학사를 따고 공중위생학 석사를 거쳐 병원 관리자가 되는 것이 그들의 꿈이었다. 양쪽 부모 네 명의 재산을 모두 합친 것보다 더 많은 돈을 벌겠다는 포부도 가졌었다. 아기가 있어도 가능한 일이었다. 왜냐하면 그 당시 로브는 이미 대학 4학년을 거의 마친 상태였으니까. 하지만 그는 망설였다. 아빠가 될 준비가 되었는지 확신이 없다고 했다. 그래서 그녀는 모든 것을 홀로 떠안아야 했다. 바로 대학원 진학이 어려울 수도 있다는 생각이 들자, 그녀는 당장 면허 실무 간호사 자격증을 따기 위해 야간대학에 등록했다. 그녀는 미시건에 남아서 동네 양로원에서 일하든지, 아니면 다른 시간제 일자리를 찾아서라도 학사학위를 마치고 싶었다. 하지만 바비가 태어나자 그건 너무 벅찬 일이 되어버렸다. 아이를 돌볼 사람도 필요했고, 시간제 일자리로는 그녀가 필요한 만큼의 돈을 벌 수 없었다. 어쩔 수 없었다. 그녀는 디트로이트로 돌아갔다.

바비가 태어나고 몇 달 후, 로브는 시카고에 있는 대학의 공중위생학 석사과정에 합격했다고 알려왔다. 그의 아들 인생에 일부가 되고 싶다는 말도 덧붙였다. 큰 문제는 없었지만, 오롯이 혼자서 감당해야 했던 그 몇 달간의 시간을 브리엔은 결코 잊을 수 없었다. 그녀의 삶에서 가장 혹독하고 어두운 시간들이었다. 브리엔은 로브를 용서할 준비가 아직 안 되어 있었다. 오늘 새벽 그와 화상 채팅을 하는 내내 브리엔은 혼란스러웠고, 때때로 치밀어 오르는 짜증을 감추기 위해 잠시 웹캠에서 자신의 모습을 숨겨야 했었다. 브리엔은 로브를 향해 단도직입적으로 말했다. 당신은 나를 원하는 게 아니라, 아들과 관계를 형성할 수 있다는 사실에 흥분되어 있는 거라고.

"맙소사, 브리엔. 난 내가 뭘 원하는지 알아." 그가 말했다. "공동 양육권을 달라고 한 게 아니고, 너에게 다시 여자 친구가 되어달라고 한 거야."

로브는 브리엔에게 그녀의 삶의 기반을 뿌리째 뽑아 들고 임대료가 지금보다 두 배는 비싸고, 아이를 키우는 데도 훨씬 많은 비용을 지불해야 하는 시카고로 이사를 오라고 말하고 있었다. 더군다나 둘 사이에는 아이가 있었다. 그것까지 감안할 때, 그의 '여자 친구'라는 어휘 선택은 터무니없이 무책임하게 들렸다. 그녀는 'NO'라고 말했지만 그는 그 말뜻을 잘 이해하지 못했다. 그녀는 생각해보겠다고 다시 대답했다.

"이리 와서 네 의자에 앉아, 바비." 브리엔이 아들을 향해 말을 건넸다. 아이가 아직 어려 혼자서는 의자에 앉지 못하는 것을 알면서도 그녀는 항상 이렇게 말하곤 했다. 바비는 무릎까지 흘러내려 주름이 생긴, 도니가 그려진 파자마 바지를 입고 그녀를 향해 비틀거리며 걸어왔다. 그녀는 아이를 들어 올려 유아용 식탁 의자에 앉혔다. 아이의 어깨너머 다이닝룸 창문을 통해 레일라가 걸어 올라오는 것이 보였다. 레일라는 브리엔을 못 본 듯했다. 레일라는 한 손으로 묶음머리를 만지고 셔츠를 잡아당겨 매무새를 고치고 있었다.

브리엔은 순간 도망치고 싶었다. 집을 방문한 여호와의 증인들이나, 아니면 참견하기 좋아하는 임대인을 피할 때처럼 아들을 안고 침실로 숨고 싶은 강한 충동을 느꼈다. 그러다가 우연히 그녀는 레일라의 손에 맥도날드 봉투가 들려있는 것을 보았다. 여호와의 증인이나 임대인들은 자신의 아침을 들고 찾아와 주지는 않았다. 브리엔은 그들도 그래야 한다고 생각했다. 브리엔은 그녀가 문을 두드리기를 기다렸다.

"일찍 왔네." 그녀가 말했다.

"이거." 레일라는 음식이 들어있는 봉투를 그녀에게 건넸다. "오렌지 주스를 차에 두고 왔네. 잠깐만 기다려. 가지고 올 게."

"믹다나! 믹다나!" 바비가 맥도날드라고 말하는 것 같았다. 그는 손뼉을 치며 먹고 있던 라이스 시리얼을 옆으로 밀어냈다. 이제 고작 18개월 된 아이가 자주 먹어보지도 못한 음식과 이렇게까지 사랑에 빠질 수 있다니 브리엔은 무섭기까지 했다.

레일라가 돌아오자, 브리엔은 그녀의 발랄해 보이는 표정을 면밀히 관찰했다. 브리엔은 그녀의 단호한 입모양에서 레일라가 눈빛을 밝게 유지하려고 노력하고 있다는 것을 알 수 있었다.

"일찍 왔네." 브리엔이 다시 말했다. "아침 고마워."

"몇 시간 전에 일어났는데 맥모닝이 생각나서. 알지, 그럴 때? 그래서 같이 먹으려고 사 왔어. 맥도날드에서 먹을 만한 게 또 맥모닝밖엔 없잖아."

그녀는 무언가 원하는 게 있었다. 브리엔은 그녀의 입에서 질문이 나오는 걸 냄새로 맡을 수도 있을 것만 같았다. 뭔가 원하는 게 있지만 내 기분을 먼저 살피는 거라고 브리엔은 생각했다.

"지지, 나 장난감." 바비가 말했다. 아이는 의자에서 앞으로 몸을 기울여 음식이 들어있는 봉투를 잡아당겨 뒤집었다. 일회용 케첩과 잼이 테이블 위로 떨어졌다.

"아이고. 맥모닝엔 장난감이 없어, 아가야. 해피밀에만 있는 거야."

브리엔은 레일라가 바닥에 떨어진 일회용 케첩을 주워 아이의 머리에 비비는 것을 보았다. 아이는 킥킥거리며 웃었다.

"차차 삼촌 집에서 있을 파티, 이야기 들었죠?" 브리엔이 물었다. "외숙모 말로는 엄마한테 연락이 안 된대."

레일라는 잉글리시 머핀에 잼을 발라 그 위에 소시지를 다시 얹었다.

"통화했어. 음식을 좀 가지고 오라고 하던데. 바비를 돌보는 동안, 여기서 마카로니 치즈를 좀 만들어 가면 될 것 같아."

그녀는 이렇게 본인의 집에서 할 수 있는 것들도 이곳에서 할 핑계를 찾는 것을 좋아했다.

"음식 가지고 장난치지 마, 바비야." 브리엔이 말했다. 아이는 그녀의 말을 무시한 채 기름진 해시브라운을 손으로 쥐어짜서 동그란 모양의 볼로 만들고 있었다.

"네가 애기 때 너는 오트밀을 얼굴에 바르곤 했는데." 레일라가 말했다. "할머니는 네가 그러는 걸 보시고는, 저 애 지금 뭐 하는 거니? 누가 애한테 얼굴에 습진이라도 생겼다고 했어?"라고 하시곤 했는데."

브리엔의 웃음은 짜증스럽고 다분히 형식적이었다.

"요즘 어떻게 지내?" 브리엔이 물었다. "주말엔 뭐 했어?

"잘 지내." 레일라가 대답했다. "어젯밤엔 말린 이모네 집에 들러서 잠깐 놀다 왔고. 넌 여기 있었니? 아니면, 시카고 다녀왔어?"

브리엔은 입에 있던 소시지 비스킷을 마저 씹어 삼키고 오렌지 주스를 한 모금 마셨다.

"여기 있었어. 목요일에 다시 가기로 했고."

"가면 어디서 묵어?"

"엄마!"

"엄마, 뭐? 그냥 궁금해서 그래. 아무리 성인이라도 네가 어디에서 뭘 하고 있는지 정도는 엄마가 알고 있어야 할 거 아니야. 그리고 그건 누구에게나 필요한 거야. 상식적으로 생각해봐도."

브리엔은 엄마가 요즘 어디에서 무엇을 하고 있는지 알지 못했다. 아마 아는 사람이 없을 것 같았다.

"바비는 로브랑 같이 지내고, 난 친구 타니네 집에서 지내."

"타니가 누구지? 난 타니라는 친구 기억에 없는데."

"보면 엄마도 알 거야." 브리엔이 말했다. "나랑 이스턴 미시건에 같이 다녔으니까. 키 크고, 피부는 밝은 편이고, 주근깨 있고."

바비는 그의 해시브라운 볼이 지루해진 듯 유아용 식탁 의자의 양 옆을 잡고 앞뒤로 움직이기 시작했다. 그 모습이 마치 폭풍우가 몰아치는 가운데 망대에 갇혀있는 뱃사람 같았다. 레일라는 아이를 의자에서 꺼내 안고는 엉덩이를 토닥거렸다.

"기저귀 갈아줘야 해." 브리엔이 말했다. "어젯밤에 목욕은 시켰는데, 아직 기저귀는 못 갈았어."

"너 나가고 나면 내가 갈아 줄게." 레일라가 말했다. "왜 아침마다 보모가 할 법한 수고를 하려고 성화인지 모르겠네. 안 그래도 된다니까.”

브리엔은 그 ‘수고’가 일종의 아침 의식이며, 아이와 떨어져서 상당히 긴 시간을 보내야 하는 엄마로서, 아이에게 자신이 없어서는 안 되는 존재라는 걸 느끼게 해주고 싶어서라고 굳이 설명하지 않았다.

그녀는 레일라 맞은편에 앉아 전자레인지에 표시된 시간을 확인했다. 친구 타니는 자신의 엄마에 대한 이야기를 자주 하곤 했는데, 두 사람은 마치 친구 사이인 듯 느껴졌었다. 브리엔과 레일라의 나이 차이가 그들에 비해 적었지만, 둘 사이에 존재하는 격식은 브리엔이 성인이 되고도 없어지지 않았다. 레일라는 브리엔의 농담을 알아듣지 못하기 일쑤였고, 로맨스에 대한 이야기를 나누기에는 어색했으며, 불필요한 간섭은 멈추지 않았다.

“보모 이야기가 나와서 말인데.” 레일라가 말했다. “너한테 이 돈 돌려주고 싶어.”

그녀는 브래지어 속에서 20달러 지폐 두 장을 꺼내 테이블 위에 내려놓았다. 브리엔은 테이블에 놓인 돈을 보며 직감했다. 엄마가 원하는 것이 큰 것이란 것을. 그녀는 엄마가 차에서 브래지어에 돈을 넣는 모습을 상상했다. 그리고 아무 일 아닌 듯 다시 꺼내 드는 연습을 하는 모습을. 창피했다.

“내가 도와주는 것에 대한 돈을 원했으면 너에게 달라고 했을 거야." 레일라가 말했다.

"그냥 필요할 거 같아서. 돈은 항상 필요하니까." 브리엔이 말했다. "로브가 5월에 졸업하면 KPMG라는 회계 법인에서 컨설팅 일을 하게 될 것 같아. 아주 큰 곳이야. 특별 보너스를 받았다고 이번 달에 돈을 조금 더 보내 왔고."

사실 브리엔은 로브와 특별 보너스가 한 문장 안에 있는 것이 부자연스러웠다. 대학 시절에도 비디오 게임에 너무 많은 시간을 보내던 얼빠진 소년이 드디어 성인이 된 것이었다.

"컨설팅? 공동위생 석사과정을 밟고 있는 게 아니었어?"

"맞아. 컨설팅도 관련된 일이야."

"그래?" 레일라가 말했다. "어쨌든, 너한테 물어볼 말이 있어. 샤워하러 들어가기 전에 말하는 게 좋겠다."

브리엔은 드디어 올 것이 왔다는 생각을 했다. 그녀는 눈썹을 치켜뜨고 두려움 대신 관심 있는 표정을 지으려 노력했다.

"생각을 좀 해 봤는데, 넌 학사학위를 마치고 간호사 자격증을 따고 싶어 하잖아? 그리고 난 요즘 야간 일을 하고 있고."

브리엔은 엄마가 야간근무를 하고 있다고 주장하고 있다는 걸 까맣게 잊고 있었다. 물론 믿지 않았다. 밤새워 일하고 12시간 동안이나 아이를 돌본다는 게 현실적으로 불가능해 보였다.

"밤에 일하고 낮에는 바비를 돌보며 하루를 보내다 보면, 내 집에서 보내는 시간이 거의 없거든. 그래서 말인데, 내가 여기로 이사를 오는 게 어떨까? 그러면 임대료를 아끼고 넌 다시 학교에 다닐 수 있잖아? 안 그래?"

"난 조만간 다시 학교로 가고 싶다고 한 적 없는데?"

레일라는 혼란스러운 듯 눈살을 찌푸렸다.

"그러지 않았니? 갈 수 있으면 최대한 빨리 학교로 돌아가 정식 간호사 자격증을 따고 싶어 했잖아? 그게 네 계획 아니었어? 평생 실무 간호사로 살 수는 없잖아, 브리엔?"

"평생? 아직 2년도 채 안 됐어, 엄마."

그녀는 엄마를 향해 소리라도 지르고 싶었다. 정작 본인은 대학에도 안 갔으며, 애로우 집을 떠나 더 이상은 할아버지와 할머니의 도움을 받지 못하게 되자 얼마나 버거워했는가. 그리고 상기시켜 주고 싶었다. 자신이 가진 것이라고는 얼마 안 되는 돈 몇 달러와 엄격한 비밀의 소용돌이를 마음 깊이 숨겨둔 그런 엄마밖에 없다는 것을. 브리엔은 화장실에 가야 한다며 자리에서 일어섰다.

그녀는 화장실 세면대에 기대어 서서 엄마의 현재 상황을 정리해 보려고 애썼다. 엄마는 일자리를 잃었을 확률이 높았다. 어쩌면 카지노에서 돈을 다 날리고 집에서 퇴거를 당했을지도 모른다. 구조가 필요할 만큼 심각한 상황일까? 그렇다면 딸이 아닌 그 누가 그녀의 자존심을 건드리지 않은 채 생명줄을 내려 줄 수 있겠는가? 브리엔은 돌아서서 거울 속에 비친 자신의 모습을 바라보았다. 엉망이 된 머리와 부어오른 눈을 빼더라도 그녀는 자신의 얼굴에서 엄마의 넓은 이마와 잘 알지도 못하는 아빠의 피부색을 볼 수 있었다. 브리엔은 군복을 입은 버넌의 사진을 본 적이 있었다. 자신의 자그마한 엉덩이와 다이아몬드처럼 생긴 작은 귀는 아빠에게서 물려받았다는 걸 알고 있었다. 하지만 그것이 그녀가 아빠에 대해 알고 있는 전부였다. 그것이 전부라는 건 너무 부족한 것임에 틀림없었다.

레일라는 일을 이렇게 만들고 싶지는 않았다. 그녀는 솔직할 계획이었다. 하지만 문을 들어서는 순간 겁을 먹고 말았다. 그녀가 브리엔을 위해 호의를 베풀겠다고 말하는 편이 자신이 얼마나 절실한 상황인가를 알리는 것보다 나을 거라는 생각이 들었다. 그럼 설령 브리엔이 거절하더라도 원망하지는 않을 수 있을 테니까. 레일라는 브리엔이 자신의 제안을 받아주길 하나님께 빌었다.

브리엔이 다시 돌아왔을 때, 그녀는 'NO'라고 답할 것이다. 레일라는 알고 있었다. 그녀의 딸은 할 수만 있다면 엄마를 집에 들이려 하지 않을 거라고.

그녀는 브리엔처럼 온화한 성품의 자식이 주어졌다는 것에 늘 감사했었다. 그녀는 브리엔을 키우면서 벌을 준다고 협박하거나, 올바른 행동을 강요할 일이 별로 없었다. 조그마한 죄책감 정도로도 브리엔은 항상 올바른 선택을 했었다. 지금 이 순간 적당한 말을 생각해낼 수 있다면, 브리엔의 노우를 예스로 바꿀 수도 있다고 그녀는 생각했다.

레일라가 입을 열어 말을 꺼내려 하자 브리엔이 먼저 불쑥 말을 내뱉었다.

"나 시카고로 이사 가, 엄마. 로브랑 함께 살려고."

레일라는 아무 말도 할 수 없었다.

"오늘 집주인에게 이야기하려고 해. 1일 날 또 임대료를 내는 게 낭비인 것 같아서. 집주인도 허락할 거야. 2주 전에 사전통지를 하지 않았다고 문제를 삼지는 않을 거야."

브리엔은 말을 잠시 멈추고 레일라를 쳐다보았다. 왜 자신에게도 사전통지를 하지 않았느냐고 엄마로부터 책망을 당할지 모른다고 생각했다.

"만약 원하면 다음 달 임대료를 내고 한 달 동안 여기 있어도 돼. 로브가 사는 집으로는 안 들어갈지도 몰라. 이사 비용 내는 게 아까워서 아마 가구도 다 두고 갈 것 같고. 엄마가 팔아주면 좋고 아니면 그냥 가져도 돼."

바비는 레일라에게 안겨 어느새 잠이 들어 있었다. 그는 한 손으로 그녀의 셔츠 칼라를, 다른 한 손으론 그녀의 가슴을 잡고 있었다. 모유 수유를 할 적부터 남은 아이의 습관이었다.

"왜 내 집이 없다고 생각하니?" 레일라가 물었다. 그녀는 손자를 깨우지 않으려고 속삭였지만 목소리에는 사나움이 배어 있었다. "바비는 누가 돌볼 건데? 응?"

브리엔은 큰 숨을 들이마셨다. 그녀는 엄마가 무너질 수도 있다고 생각했다. 그 사실에 그녀는 공포를 느끼면서도 이상하게 정신은 더 또렷해지고 몸은 새롭게 충전이 되는 느낌을 동시에 받고 있었다. 훗날 그녀는 이 순간을 그녀가 진정한 어른이 된 날로 기억하게 될 것이었다.

"내가 돌볼 거야, 엄마. 적어도 내가 그곳에서 간호사 일을 찾을 때까지는. 간호사 일을 찾고 나면 로브하고 같이 또 방법을 찾아보면 되고."

"너와 로브가 방법을 찾는다고?" 레일라가 말했다. "그렇겠지. 그런데 네 인생은? 네 인생을 그냥 이렇게 버리고 도망칠 수는 없는 거야, 브리엔. 여기서 넌 좋은 직장이 있고, 무료로 아이를 돌봐 줄 사람도 있어. 요즘 경기가 어떤지 너도 알잖아? 일자리가 그냥 하늘에서 떨어지진 않아."

"내 인생은 이곳에 있지 않아, 엄마. 그저 일자리가 있을 뿐이지. 난 그저 이곳에서 일을 하고 있을 뿐이라고, 그것도 아주 많이. 대학 때 친구들도 이곳엔 없어. 고등학교 친구들과는 할 이야기도 없고."

브리엔은 손등으로 눈물방울을 닦았다.

"그래서 로브가 널 돌본다고 하던? 그래서 넌 그동안 네가 스스로 이뤄낸 일들을 다 내팽개치고 남자 밑에 가서 숨겠다는 거야? 그 말을 믿고? 그동안 터무니없이 너한테 한 게 아무것도 없는데도? 나도 너희 아빠와 그렇게 시작했는데 결국 잘못되었다는 거 너도 알잖아? 스스로 돈을 벌지 못해서 난 갇혀 있었던 거야. 아니, 너와 내가 갇혀 있었지. 네 아빠 날 형편없이 때렸어. 차차 삼촌이 우리를 데리러 오지 않았다면 우릴 죽였을 수도 있었다고. 아니면 내가 그를 죽였던지! 그게 남자에게 의존하고 사는 삶의 끝이야! 알겠니, 브리엔?"

레일라는 바비가 놀래서 잠에서 깨는 것을 보고서야 자신이 소리를 지르고 있다는 걸 깨달았다. 아이는 잠에서 깨어 엄마 쪽을 바라보았다. 엄마는 울고 있었다. 그래서였을까. 바비 역시 갑자기 울기 시작했다. 브리엔은 테이블 너머로 아이를 레일라의 품에서 빼앗았다.

레일라는 버넌이 자신을 학대했다는 것을 브리엔에게 말한 적이 없었다. 기나긴 그 저녁 시간 동안 브리엔을 무릎에 앉히고 소파 한쪽 구석에 앉아 부어서 닫힌 눈과 터진 입술로 차차를 기다렸던 날을. 버넌이 집으로 다시 돌아올까 봐 공포에 떨어야 했던 그 날들을. 그녀는 그저 서로 성격이 안 맞았다고 말했다. 그래서 헤어졌다고. 그녀의 형제들에게도 다른 말은 말아 달라고 부탁했었다.

"엄마, 그만 가는 게 좋겠어." 브리엔이 말했다. 알아듣기 힘들 만큼 겨우 뱉어낸 말이었다.

"가라고? 바비는 어쩌고?"

"내가 볼 거야." 브리엔이 말했다.

레일라의 시선이 방안을 떠돌았다. 마치 지금의 상황을 도울 수 있는 무언가를 찾기라도 하려는 듯.

"미안해, 브리엔. 소리 지를 생각은 아니었어. 그리고 오늘 바비는 내가 볼게. 못 볼 이유 없잖니? 안 그래? 넌 일하러 가야 하잖아. 로브가 버넌하고 같다는 말은 아니었어. 난 그저⋯."

그녀는 딸이 문 쪽으로 걸어가 자신을 위해 문을 열어주는 모습을 지켜보았다. 텔레비전에서는 도니가 미니 소방차를 타고 놀이터를 뱅글뱅글 돌고 있었다. 기쁨의 환호성을 내지르며.

"그만 가." 브리엔이 말했다. "지금 당장."

그래서 레일라는 그곳을 나왔다.

용감하거나,
적어도 자신 있게

차차는 앨리스에 대한 꿈을 꾸었다. 아내를 옆에 두고서, 섹스를 시도하려다 실패한 그 고급스런 침대에 누워 그녀에 대한 꿈을 꾼 것이다. 차차는 이번 주 처음으로 밤새 잠을 잘 수 있을 것 같았다. 섹스에 대한 꿈은 아니었다. 하지만 그가 꿈에서 깨어났을 때, 그것과 비슷한 효과를 가져다주었다. 그는 그녀의 스틸사진이 나열되어 있는 듯한 꿈을 꾸었다. 첫 번째는 그가 그녀를 마지막으로 보았을 때처럼 그녀가 올림머리에 팔이 드러난 옷을 입고 책상 뒤에 앉아 있는 모습이었다. 그다음 그녀는 보라색 소파에 앉아 요염한 미소를 짓고 있었는데, 한순간 연보라색 란제리를 걸친 채 소파에 기대 누워 있는 모습으로 바뀌어 있었다. 불편해 보였지만, 차차를 흥분시키기에 부족함이 없는 카탈로그에서나 볼 수 있을 법한 모습이었다. 차차는 훤히 드러난 앨리스의 엉덩이를 향해 손을 뻗었다. 그리고 손가락이 그녀의 엉덩이에 막 닿으려는 찰나 그는 꿈에서 깨버리고 말았다. 꿈에서 깬 차차는 고개를 돌려 창가 쪽을 바라보았다.

창문턱에서 환하게 빛이 나고 있었다. 유령이 거기에 있었다. 차차는 순간 유령에게 말을 걸어보라고 했던 로니의 조언이 떠올랐다.

"이봐?" 그가 말을 걸었다. "대체 나한테 원하는 게 뭐야?"

그는 자신의 행동이 터무니없게 느껴졌다. 창문턱에 앉아 있는 둥근 형체와 대화를 나누기에 그는 자신을 너무 심각하게 받아들이는 타입이었으니까. 그는 티나를 찔렀다. 그녀는 움직이지 않았다. 그는 그녀를 밀쳤다. 어쩌면 너무 세게. 하지만 그녀는 그저 "네, 저기 카운터 위에 있어요."라고 중얼거리고는 돌아누울 뿐이었다. 차차는 그녀를 그냥 자게 내버려두기로 했다. 그는 자신의 유령을 의식하며 바른 자세로 누웠다. 그리고는 꿈에 대해 그리고 꿈을 깼을 때 생긴 발기 증상에 대해, 이 모든 것이 무슨 의미일까 생각했다. 그는 꿈에서조차 배우자에 대한 부정의 경계선을 끝내 넘지 못한 자신에 짜증이 났다. 앨리스와 꿈속에서 고작 12세 관람가 버전을 찍고 오다니. 이런 쪽에서 그는 항상 자신을 실망시켰다. 그가 조금만 용감했다면, 아니면 적어도 자신 있게 굴었다면 그의 인생은 180도 달라질 수도 있었을 텐데 말이다. 돈을 더 벌었을 수도, 어쩌면 더 많은 존경을 받았을 수도 있었다.

80년대 후반, 차차가 노동조합에서 알고 지내던 두 명의 흑인 트럭 운전기사가 그에게 사업을 제안한 적이 있었다. 트럭 몇 대를 구입해서 외주사업을 하자는 것이었는데, 그땐 너무 리스크가 커 보였다. 차차는 그들의 제안을 거절했다. 지금 생각해 보면 왜 그런 바보 같은 판단을 했는지 알다가도 모르겠다. 자식들은 이미 다 컸고, 필요한 은행 융자금액은 그리 큰돈이 아니었는데도 말이다. 그때 프란시스는 이미 병을 앓고 있었는데, 차차는 조만간 자신이 가장이 될지도 모른다는 생각에 보다 안정적인 생활을 선호했던 것 같기도 하다. 그로부터 20년이 지나 기름값이 폭등하고 일자리가 사라지고 있을 때, 그 둘은 존경스러운 금액에 사업을 넘겼지만 차차는 여전히 크라이슬러의 일꾼이었다. 그의 젊음을 믿을만하고 안정되게 만들어 주었던 그의 이런 성격은 어느새 딱딱하게 굳어버려 고집 세고 불쌍한 것이 되어 있었다. 티나는 그를 불쌍하게 여겼다. 아마 앨리스도 다르지 않을 것이다. 차차는 어쩌면 둘 중 한 명의 의견은 바꿀 수 있는 시간이 있을지도 모르겠다고 생각했다.

차차는 유령을 등지고 돌아누웠다. 대신 그는 티나의 얼굴을

보고 있었다. 그녀는 마치 기도를 하는 사람처럼 두 손을 볼 밑
에 포갠 채 평온한 얼굴로 잠들어 있었다.

— * —

티나는 6시 반쯤 일어나 옷을 입고 비올라가 잘 있는지 확인
했다. 차차는 그냥 자는 척하며 침대에 누워 있었다. 7시 15분
이 되자 초인종이 울리고 앤드류의 우렁찬 목소리가 들려왔다.
그는 차차가 비올라의 물리치료와 병원방문을 위해 고용한 의
료운송서비스 업체에서 일하는 젊은 레바논 청년이었다. 그는
앤드류가 노인들을 상대하는 데 두려움을 가지고 있는 젊은이
들한테서 종종 나타나는 증상인 필요 이상의 큰 목소리로 비올
라에게 이런저런 설명을 하는 소리를 듣고 있었다.
"할머니, 셋까지 세고요, 제가 할머니를 들어 올릴 거예요."
비올라의 휠체어에서 나는 끽소리, 문이 닫히는 소리와 함께
그들은 사라졌다.

— * —

앨리스의 사무실 밖 차 안에 앉아서, 차차는 곰곰이 상황을
되짚어 보았다. 지금이 정기상담 예약시간인 것은 맞다. 하지

만 지난주 자신의 돌발 행동이 예약을 취소시키지는 않았을까? 앨리스는 그의 예약시간을 다른 사람에게 줘버렸을 수도 있었다. 그리고 또 무슨 말을 할지에 대한 조금 더 심각한 문제도 있었다. 사실 오늘 그는 앨리스에게 자신의 감정을 솔직히 말하고 무슨 일이 일어나는지 그냥 지켜보기로 마음먹었다. 비교적 어렵지 않은 계획이었지만 또 어떻게 진행해야 하는 걸까? 그는 다른 터너가(家)의 형제들과는 달리 새로운 사람에 대한 설렘과 거짓된 삶에 대한 불안감보다는 그의 섹스와 식사가 정확히 어디서 오는지 알 수 있는 안정적인 로맨스를 더 중요하게 생각했다.

일곱 명의 터너 남자들 중 4명은 혼외 자식이 있다고 주장했다. 더욱이 터너가의 비대해가는 품으로 들어오기 위해 기다리는 다른 아이들이 어딘가에 더 있을 거라는 농담도 하곤 했다. 그 누구도 이들을 사생아라고 부르지 않았고, 아빠의 도리를 거부하지도 않았다. 물론, 적어도 유전자 검사 결과가 나온 후에는 말이다. 어쨌든 이 아이들은 터너가 남자들의 나약함을 보여주는 살아있는 증거물이었다. 차차는 적어도 이런 나약함을 느껴본 적이 한 번도 없었다.

"찰스, 당신이 올 줄 몰랐어요." 앨리스가 말했다.

진심이었을까? 그녀는 사무실 문턱에 서 있었는데, 평소보다 왠지 더 꾸민 듯 보였다. 다소 제멋대로이던 그녀의 눈썹은 메이크업 펜슬 같은 것으로 단장한 듯 보였다. 어쩌면 손질을 했는지도 모르겠다. 그녀는 민소매 블라우스에 무릎 바로 아래로 떨어지는 흑백 물방울무늬 치마를 입고 있었는데, 그녀가 치마를 입은 것은 처음 보는 일이었다. 다리는 최근에 면도한 듯 매끈했고, 로션을 발라 윤기도 났다. 차차가 볼 때 오늘 그녀의 외모는 미리 계획된 추가적인 노력의 산물임이 분명해 보였다.

"미안하지만 지금 볼 일이 있어서요." 그녀는 말했다. "같이 밖으로 나갈래요?"

카운터를 지키고 있던 여자의 두 눈에 차차가 느끼는 만큼의 놀라움과 수상쩍음이 어려 있었다. 그는 의자에서 일어나 앨리스를 따라 복도로 나아갔다.

안내직원이 들을 수 없는 거리에 이르자 앨리스가 차차에게 조용히 말을 건넸다.

"지금 볼 일이 있는 건 아니에요, 찰스. 그냥 사무실 밖에서 이야기를 좀 하고 싶었어요. 당신이 예약시간에 안 올 줄 알았거든요. 그런데 와줘서 고마워요. 커피나 한잔 할까요?"

"커피요?" 그는 말했다. "좋아요."

"됐어요, 그럼." 앨리스가 말했다. "그랜드 리버와 파밍턴 사이에 커피숍이 있거든요. 전 제 차를 가지고 갈 테니까 그곳에서 만나요."

"알았어요."

이건 둘 사이의 새로운 시작일 수도 아님 끝일 수도 있다고 차차는 생각했다. 엘리베이터를 기다리는 동안 앨리스는 핸드폰을 보면서 그와 딱 한 번 눈을 마주쳤다. 그녀는 모든 것이 정상인 척했다. 그들이 하는 행동이, 그들이 의사와 환자 관계가 아니라 동료인 것처럼, 마치 둘의 사이를 볼 때 커피 한 잔 정도는 새롭거나 흥미로운 일이 아닌 것처럼.

나는 너희에게 이르노니 여자를 보고 음욕을 품는 자마다 마음에 이미 간음하였느니라.

믿음직스럽고 현실적인 마태오. 죄악은 이미 시작되고 있었다. 차차에게는 자기 합리화가 필요했다. 그래, 시작된 김에 끝까지 가 보자고.

그들은 빈 엘리베이터에 올라탔다. 둘 사이에는 불편한 침묵이 흐르고 있었다. 차차는 즉시 대화를 시작해서 사과 문제를 우선 해치우고 싶었다. 하지만 그녀는 건물 밖으로 나가는 게 더 급해 보였다. 그녀에게서 시트러스 향 향수 냄새가 났는데, 이것도 처음 있는 일이라고 차차는 생각했다.

영화에서는 여자가 원하지 않아도 그녀에게 키스하는 것이 항상 쉬워 보였다. 여주인공은 가만히 서서, 키스를 원할 땐 지그시 눈을 감고, 원하지 않을 땐 그저 눈을 크게 뜬 채 남자주인공의 입술을 받아들이면 그만이었다. 현실은 그보다 복잡했다. 차차가 앨리스에게 키스를 하기 위해 앞으로 몸을 내밀었다. 그는 눈을 감고 있었기에 그녀의 눈 속에 이는 충격과 혼란을 보지 못했고, 그녀가 몸을 움직여 그의 키스를 결사적으로 피하고 있는 것도 느끼지 못했다. 그의 입술이 그녀의 이마를 스쳤다. 그녀에게서는 소금 맛이 났다.

"하나님 맙소사." 그녀가 말했다.

만일 버튼을 눌러 이 엘리베이터 안에서 흔적도 없이 사라질 수만 있다면 차차는 그렇게 하고 싶었다. 엘리베이터가 1층에 멈춰 섰다. 문이 열리자 앨리스가 내렸고 차차가 뒤따라 내려섰다. 어느새 그녀는 빠른 걸음으로 로비를 가로지르고 있었다. 차차는 지금 그녀가 자신으로부터 도망치고 있는 것인지 또 자신이 그녀를 계속 쫓아가야 하는 것인지 궁금했다. 그는 걸음을 늦췄다. 그녀가 저만치 걸음을 멈추고 문 앞에 서서 그를 기다리고 있었다. 밖으로 나가자마자 차차는 미안하다고 했지만 사실 미안하다고 느끼지는 않았다. 앨리스는 아이가 귀에서 물을 뺄 때처럼 머리를 빠른 속도로 흔들어 댔다. 너무나 완강한 부정이었다. 잘못하다간 머리가 떨어져 나갈 것만 같았다.

"당신이 혼동했던 거예요. 이 일은 없던 걸로 해요. 아무 일도 없었어요. 파밍톤과 그랜드리버 사이에 있는 커피숍에서 봐요." 그녀가 말했다.

불륜은 일어나지 않을 것이다. 그는 둘의 관계가 이제 영영 망가졌다는 생각에 두려웠다. 도대체 무슨 생각을 한 걸까? 그녀가 사무실 엘리베이터에서 자신의 키스를 받아들이고 자신과 함께 자신의 SUV 뒷좌석으로 가서 섹스를 할 거라고 생각한 건가? 차차는 자신의 머리를 세게 후려치고 싶었다. 생각이 짧았던 게 아니라 아예 생각 자체가 없었던 것. 그것이 문제였다. 그는 자신만만해 보이고 싶었지만 오히려 이상한 늙은이가 되어 버린 것이다.

커피숍에서 그녀는 이미 음료를 한 손에 들고 앉을 자리를 찾고 있었다. 그곳은 가구로 가득 찬, 무직자들과 사업가들이 종일 앉아 있는 그런 곳이었다. 앨리스가 가짜 벽난로 앞에 있는 팔걸이의자 2개를 차지하고 앉았다. 차차는 더 이상 커피를 마시지 말아야 했기에 주문을 하지 않고 그녀와 합류했다.

"이봐요, 앨리스." 그가 말했다. "내가 엘리베이터에서 왜 그랬는지 모르겠어요. 잠을 통 못 자서…."

앨리스는 다시 고개를 흔들었다.

"우리 그 이야기 안 하면 안 돼요, 찰스? 그 이야기는 안 했으면 좋겠어요."

그녀는 그의 반응을 기다리지 않고 빠르게 말을 이어나갔다.

"누가 봐도 지난주 우리 대화가 너무 나쁘게 끝났어요. 행여 그 일로 사과는 안 해도 돼요. 나도 하지 말아야 할 말들을 많이 했으니까요."

"난 사과해야겠어요." 차차가 말했다. "당신 부모님 이야기는 정말 하지 말았어야 했어요. 그리고 소리도 지르지 말았어야 했고."

"그렇지만 저도 당신의 좌절감을 이해해요." 앨리스가 말했다. "몇 개월간 쌓아온 당신의 신뢰와 공유를 15분 만에 제가 저버렸어요. 너무 프로페셔널하지 못했어요. 당신은 그것보다 나은 대우를 받았어야 마땅해요."

"고마워요." 차차가 말했다. 그는 대화에 완전히 몰입할 수 없었다. 그의 뇌가 조금 전 자신의 키스 시도를 반복적으로 재현하고 있었기 때문이다.

"그 일 때문에 저도 제 심리치료사와 이야기를 했어요. 그는 제 멘토이기도 하고요." 앨리스가 말했다. "이야기 끝에 얻은 결론은, 저희 둘 다 제가 당신 치료하는 걸 그만두는 게 좋을 것 같다는 거예요."

"그렇군요." 차차가 말했다. "알겠어요." 자신을 잘라버리는 것이 그녀에게 기쁜 일인지 슬픈 일인지 알 수 있는 방법이 없었다.

"그리고 그때 내가 왜 그런 식으로 행동했는지에 대해 조금이라도 설명하는 게 좋을 것 같았어요. 당신은 그 이유를 들을 자격이 있으니까요, 찰스. 왜냐하면 제 행동이 당신에게만 국

한된 것이었거든요."

"뭐가 나한테만 국한된 거라는 거죠? 우리가 만들어낸 우정
이요? 아니면 당신이 내 유령에 대해 보인 왔다 갔다 한 반응들
말인가요?"

앨리스는 얼굴을 찡그렸다. 만지작거릴 책상 위 볼펜이 없어
서 그녀의 손은 공중에서 파닥이고 있었다.

"둘 다요." 그녀가 말했다. 그녀는 커피를 한 모금 길게 마셨
다. "당신에 대해 더 알고 싶었어요. 그래서 의도적으로 제가
갖고 있는 프로토콜을 몇 가지 어겼고요. 그중 유령에 대한 이
야기가 가장 두드러지는 것도 사실이에요."

차차는 자신이 그녀에 대해 처음부터 가졌던 의혹이 사실이
라고 생각했다. 그녀는 자신의 작은 문화적 관음증을 위해 자
신을 이용한 것이었다. 리스크가 없는 사회경제적 슬럼가 탐방
을 위해서 말이다.

"그렇지만 제가 당신에 대해 관심을 가진 건 제 부모가 백인
이어서는 아니었어요." 앨리스는 말을 이어갔다. "여긴 디트로
이트잖아요, 찰스. 그리고 전 성인이고요. 저도 흑인을 알만큼
은 알아요. 무슨 뜻인지 알죠?"

"알 것도 같군요." 그가 대답했다.

"그리고 당신이 흑인이어서도 아니었고요. 하지만, 당신의
배경과는 관련이 있었어요. 그때는 그게 정확히 뭔지 저도 솔

직히 몰랐어요. 거스랑 대화를 나누기 전까지는 말이에요. 제 심리치료사요. 멘토."

"그래, 그게 뭐였는데요?" 차차가 물었다. "내가 그렇게 흥미로운 사람은 아닐 테고."

진실이 드러나면 그것은 젖은 밀가루 반죽처럼 끈적인다. 그것의 대부분은 듣는 사람이 소화하는 과정에서 사라지고 만다. 하지만 일부는 떨어져 나가고 부풀어 올라서 우리가 미처 몰랐던 더 크고 더 중요한 사실들을 일깨워 주기도 한다. 앨리스는 차차가 상상한 것보다 더 큰 이야기를 해 주었고, 그 이야기는 차차가 둘 간의 모든 히스토리를 다른 눈으로 보게 해 주었다.

그러니까 십 년도 더 전에, 앨리스가 서른한 살 때, 그녀는 자신에게 자궁섬유종이 있다는 사실을 알게 되었다. 혹을 더 이상 자라지 않게 하려고 최고의 실력을 갖춘 의사들이 노력을 기울였고 심지어 제거 수술도 받았지만, 그럼에도 불구하고 혹은 집요하게 그녀의 몸속에서 다시 생겨나고 자라서 고통은 더 심해졌다. 의사들은 자궁절제술 만이 그녀가 건강을 되찾을 수 있는 유일한 방법이라고 말했다. 그녀는 결국 수술을 받았고, 아이를 낳을 수 없는 몸이 되었다. 아이를 낳을 수 없게 되어서였을까. 앨리스는 그녀의 생부모에 대해 알고 싶다는 욕구가 생겼다. 그녀는 자신이 누구의 유전자를 받았는지, 혹시 형제는 있는지, 그리고 자신의 DNA에 또 어떤 결함들이 숨어있고 추후에 어떤 질병으로 나타날지 미리 알고 싶었다. 그녀의 양부모는, 차차가 온라인에서 보았던 것처럼 60년대에 인종차별 철폐를 위해 버스나 기차를 타고 남부를 돌아다니며 인권운동을 벌였던 자유의 기수(Freedom Rider) 출신이었다. 그들은 수많은 방문과 몹시 관료적이었던 절차를 모두 밟고 나서야 그녀를 미시시피의 한 작은 고아원에서 입양할 수 있었다. 스무 살이 될 때까지 그 정도의 설명이면 충분했지만, 앨리스는 더 많은 것을 알고 싶었다. 하지만 추가 정보를 찾기란 쉽지 않았다. 군청 직원들, 잭슨 지역 기록청 직원들, 그리고 몇몇 목사들까지 동원해 알아본 결과, 그녀는 7명의 형제 중 막내였으며 그들은 그녀가 태어난 지 얼마 되지 않아 모두 죽었다는 사실이었다.

"그 누구도 전화나 편지 상으로 그들이 어떻게 죽었는지 알려주지 않았어요."

앨리스가 말했다. "그래서 제가 직접 그곳으로 가서 알아보기 시작했죠. 마트에서 사람들을 만나고 교회 예배가 끝날 때를 기다렸다가 질문을 했어요. 다행이었던 건, 나이가 있으신 분들 중 많은 사람들이 제 가족을 기억하고 있었어요. 그런데 무슨 이유에선지 그들에게 어떤 일이 일어났는지 말하기를 꺼렸어요. 마치 약속이나 한 듯 모두가. 가까스로 이미 은퇴한 군청직원의 전화번호를 알아내서는 그에게 전화를 했어요."

그녀는 그 노인을 가까운 식당에서 만나 점심을 같이 했다고 말했다.

노인은 그들이 사망했을 때 장남의 나이는 열다섯 살이었고 막내 여자아이는 두 살이었다고 했지만 거기까지였다. 그 노인도 더 이상은 말하기를 꺼려했다. 앨리스도 그대로 물러설 순 없었다. 그를 압박하기 시작했다.

"그들은 모두 차사고로 죽었어요." 앨리스가 말했다. "차가 다리 위에서 통제력을 상실한 채 아래로 떨어진 거죠. 저와 저의 생부를 제외한 가족 모두가 타고 있었대요. 그 사고가 있은 후 생부는 저를 교회에 있는 한 여성한테 맡기고 그 동네를 떠났고요. 듣는 내내 힘들었어요. 너무 슬픈 이야기라서. 그래도 왜 동네 전체가 무슨 끔찍한 비밀이라도 숨어있는 것처럼 굴었는지 설명할 수 없었어요."

비밀은 사실에 근거한 것이 전혀 아니라 떠돌던 소문들이 세월과 함께 사실처럼 굳어진 경우였다. 노인은 그때 그 가족에게 일어났던 일을 마저 설명하기 시작했다. 그 당시 생모는 운전을 할 줄 몰랐기 때문에 장남이 운전석에 앉아 있었다고 했다. 장남은 여러 번 가출을 시도했었는데, 그때마다 항상 멀리 못 가고 돈이 떨어져 돌아오거나, 농장에 일손이 필요했던 아버지에게 잡혀 와 두들겨 맞고 또 일을 했다고 했다. 소문의 중심은, 그 장남이 차를 일부러 다리에서 추락시켰다는 것이었다. 소문을 뒷받침할만한 건 없었지만, 그 소문은 30년이 지난 지금까지도 계속된 것이었다.

미시건으로 돌아와서도 앨리스는 종종 그들에 관해 생각하고 있는 자신을 발견하곤 했었다. 낡은 차에서 탈출하지 못한 채 토사로 가득한 호수에 파묻힌 자신의 형제와 엄마에 대한 생각을. 그녀는 이 장남이란 인물에 대해 생각했다. 너무 어린 나이에 주어진 책임이 끔찍이도 무거워서, 그것으로 인해 절실해졌을 어떤 가능성이 있지나 않을까 하는. 그렇게 거대한 가족 안에 갇혀있는 것이 인간의 정신에 어떤 영향을 미칠지 생각했다. 그 후 몇 년이 흘러, 13형제의 장남이자 환각을 보는 환자 찰스 터너를 만나고서야, 그녀는 자신의 오빠와 비슷하고 복잡한, 거미줄의 중심에 있는 사람과 대화를 나눌 수 있는 기회를 얻었다고 생각했다.

"그럼 당신은 지금까지, 내가 장남으로 사는 게 힘든 나머지 혹시 살인 충동을 느끼지는 않는지 알고 싶어서 나를 도와주고 있는 척 연기를 하고 있었다는 거예요?"

앨리스는 움찔했다. 차차의 입에서 흘러나온 말이 너무 잔인하게 들렸기 때문이었다. 물론 차차도 그 사실을 모를 리 없었다.

"동일한 경우라고 말하고 싶지는 않아요, 찰스. 중요한 건 제가 당신으로부터 관심을 끌 만한 것을 발견했고, 그래서 제 개인의 이익을 위해 당신에게 필요한 것을 이용했던 거예요. 그러지 말았어야 했는데도 말이에요. 이젠 안하기로 결정했어요."

앨리스가 사과를 할 때마다 두 사람이 친구 사이로 남을 가능성은 점점 더 희박해져 갔다. 차차는 그녀가 다시는 자신을 볼 생각이 없다고, 그래서 이토록 솔직할 수 있는 거라고 생각했다.

"그런데 정말 그렇게 생각해요? 내가 환각을 보고 있다고?"

앨리스는 자신의 아랫입술을 깨물었다. 그리고는 손을 머리 위로 올려 올림머리에서 빠져나온 머리카락을 쓰다듬었다.

"전 지금 의사로서 말을 하고 있는 게 아니에요."

"알아요, 나도." 차차가 말했다. "그건 이제 다 끝났어요. 그냥 당신이 어떻게 생각하는지 알고 싶을 뿐이에요. 당신을 고발하려는 게 아니라."

차차는 팔걸이의자에 앉아 있는 게 불편했다. 등받이가 너무 각이 져 있었고 자리가 깊지 않았다. 그의 배가 아래로 처지고 그 때문에 무릎은 너무 벌어져 있었다.

"난 정말, 제가 유령에 대해 당신에게 뭐라고 말해줘야 할지 모르겠어요."

"그냥 직감적으로 어떤지 알고 싶은 거예요."

앨리스는 깊은숨을 내쉬며 어린아이처럼 볼에 바람을 집어

넣었다.

"직감적으로요?"

"그래요. 직감적으로."

"난, 당신이 유령의 존재를 실제로 믿었다고 생각해요. 하지만 그 유령을 진짜 없애고 싶어 했는지는 잘 모르겠어요."

차차가 말을 하려 하자 앨리스가 손을 들어 입을 막는 듯한 제스처를 취했다.

"난 당신이 가족들로부터 많은 존경을 받는 사람이라는 걸 알고 있어요. 하지만, 존경받기 위해서 당신은 또 많은 것들을 포기해야 했을 거예요. 친구도 그렇고, 자기만의 개성이랄까, 특별함 같은 것들을요. 그건 일종의 상실감일 거예요. 난 당신의 유령이 당신을 평생 괴롭혀 온 것도 사실이지만, 동시에 자신이 특별한 선택을 받았다는 느낌을 주는 건 아닐까 생각해요."

"내가 특별하다고 느끼게 해 주지 않아요. 잠도 못 자는데. 난 원치 않는다고요."

"당신 말을 들어보면, 당신 아내는 교회 생활을 통해서 삶의 목적을 찾고 있는 것 같아요. 그런데 당신은 어떠세요, 찰스? 당신의 삶의 목적은 뭐죠? 당신의 삶을 앞으로 나가게 하는 동력이요? 당신에게는 그 유령이 있어요."

"난 지금도 유령이 진짜라고 생각해요." 그가 말했다.

"찰스, 당신은 지금 잘못된 것에 집중하고 있어요. 진짜든 아니든 그게 중요한가요?"

가정에 기초한 질문이란 걸 알고 있었기에 차차는 나중에 홀로 궁리해 볼 마음으로 별다른 반응을 보이지 않았다. 정작 그가 걱정하는 것은 앨리스가 지금 커피 잔을 버리려고 자리에서 일어났으며, 가방에서 무언가를 찾고 있었는데 그것이 아마도 그녀의 자동차 열쇠일 것이란 거였다. 차차는 용감할 수 있는 마지막 기회라고 생각했다.

"엘리베이터에서 일어난 일에 대해 미안하지 않아요. 물론 당신에게 달려든 건 미안하지만, 우리 사이에 무언가 있다는 생각에는 변함이 없어요."

앨리스는 미소를 지었다. 하지만 그뿐이었다. 차차는 그녀가 다른 종류의 사람이었다면 자신의 팔을 토닥거리는 제스처 정도는 취했을 거라고 생각했다.

"당신의 감정을 하찮게 여기지 않아요, 찰스. 하지만 제가 우리 관계를 이용하지 않았다면 애초에 당신한테 그런 감정 따위는 생기지 않았을 거예요. 그리고 그거 알아요? 그 어떤 환자보다도 당신에게 제 자신에 대한 이야기들을 많이 했다는 거요. 제가 드릴 수 있는 친밀함은 여기까지예요."

그녀는 핸드백에서 명함을 꺼내 그에게 건넸다.

"당분간 상담을 쉬고 싶다고 해도 아무도 뭐라고 하지는 않겠지만, 제 생각에는 계속 상담을 받는 게 좋을 것 같아요. 제 멘토 거스의 연락처예요. 그가 저보다 더 똑똑하고 더 유머러스해요. 당신과도 잘 어울릴 것 같고요."

차차는 명함을 셔츠 주머니에 찔러 넣었다. 그는 이미 더 외로워져 있었다.

확실한 한 가지

그녀는 더 이상 혼자 애로우에 머물고 있는 자신을 신뢰할
수 없었다. 그녀에게는 말린의 돈이 있었고, 큰방에서 보내야
하는 시간은 너무 길었다. 결국 모터시티에 가게 될 거라고 레
일라는 생각했다.

만약 브리엔이 변덕스러운 딸이었다면, 이 모든 것이 덜 아
팠을 것이다. 아귀다툼 끝에 화풀이하듯 문을 닫아버리는 것이
둘 사이의 오랜 관행이었다면, 레일라는 아침에 있었던 일이
별것도 아니라 생각했을 것이다. 다른 다툼에서 그랬듯이 조만
간 화해하고 곧 제자리로 돌아올 거라고. 하지만 쌀쌀맞은 문
자 몇 개를 제외하고 그녀는 한 번도 레일라에게 그녀의 분노

나 실망감을 말한 적이 없었다. 레일라는 이제 알 수 있었다. 브리엔이 그녀와 연을 끊을 수도 있는 아이였다는 것을. 하루아침에 모든 연락을 끊고 떠나버릴 수 있다는 것을. 지금까지 레일라는 자신에 대한 진실을 브리엔이 보지 못할 거라 생각했다. 설령 가족들이 자신을 실패사례로 치부한다고 해도 그녀는 그 사실을 모를 거라고. 그만큼 브리엔은 순진함을 간직한 아이였다.

데이빗은 레일라에 대한 진실을 알고 있었고, 그녀를 애로우에서 보고도 도망치지 않았었다. 그래서 그녀는 그에게 전화를 걸었다. 다운타운에서 그들이 처음 마주쳤던 날, 데이빗은 그녀를 슬로우즈라는 바비큐 식당에 데려가고 싶어 했다. 레일라는 데이빗에게 슬로우즈에서 점심을 사 주겠노라고 제안했다. 그는 점심 먹을 시간은 안 되지만 조금 일찍 만나면 커피 정도는 가능하다고 했다. 그들은 웨인스테이트 근처에 있는 값비싼 빵과 예쁜 야외 좌석이 있는 베이커리에서 만나기로 약속을 정했다.

— * —

막상 그가 앞에 앉아 있으니, 그녀는 자신의 터무니없는 제안을 어떻게 꺼내야 할지 난감했다. 주변을 정리하는 동안 그의 집에서 잠시 지내도 되겠냐고 물어볼 참이었다. 브리엔의 집에서 나와 차를 달리며 가쁜 숨을 몰아쉬고, 생각하고, 어떻게 할지 결정하기 위해 잠시 차를 멈췄을 때는 나쁘지 않은 아이디어라고 생각했다. 그와 함께 있으면 카지노에 가지 않을 것 같았다. 하지만 다른 형제들과 머물게 된다면 유혹을 이겨낼 자신이 없었다.

일단 그녀는 시간을 끌었다. 비올라의 돌아오는 파티에 대해 이야기하고, 많은 형제들이 여러 곳에서 모이게 될 거라고 말했다. 그녀의 입은 뇌의 별다른 노력 없이도 잘 움직였다. 그렇게 몇 분이 지났을 때 그녀는 데이빗이 자신을 보고 있지 않다는 것을 알아챘다. 그는 의도적으로 그녀가 아닌 다른 것들을 보고 있는 자신을 인식시켜 주고 싶다는 듯 쇼를 하고 있었다. 그의 시선이 그들에게 그늘을 제공하고 있는 파라솔을, 두 테이블 옆 바닥에 놓여있는 개밥그릇을, 한 블록 위에서 라이온스 티를 입고 구걸을 하고 있는 노인을 향하고 있었다. 레일라는 무슨 안 좋은 일이라도 있냐고 그에게 물었다.

데이빗이 그의 메신저 가방을 테이블 위에 올려놓고 천에 싸여있는 길쭉한 무언가를 꺼내 들었다. 그러나 천을 벗기지는 않았다. 벗길 필요가 없었다. 그녀는 지금 이 순간으로부터 둘의 관계를 구원할 수 있기를 바랐다. 조금 후 일어날 끔찍한 일에서 자유로울 수 있기를.

그가 천에 싸여있는 물건을 어떻게 손에 넣게 되었는지 알수 없었다. 하지만 그가 말을 시작하기도 전에 그녀를 보는 그의 시선이 그녀를 사람에서 환자로, 연인에서 잘못된 만남으로 여기고 있음을 느낄 수 있었다. 그녀는 모든 것을 잃었지만, 이것만은, 그녀와 데이빗 사이에 이제 막 움트기 시작한 이것만큼은, 그녀에게 남겨져야 한다고 속으로 되뇌고 또 되뇌었다.

그는 물건을 천에서 꺼내지 않았지만 설명은 해 주었다.

그렉 같은 형과 너무도 너그러운 엄마를 둔 데이빗 가든 하이어는 이스트 사이드에 있는 전당포들이 익숙할 수밖에 없었다. 두 해 전 여름 그는 어머니 집에서 걸어서 갈 수 있는 모든 전당포에 들러, 6년 전 크리스마스에 찍은 그렉의 사진을 돌리며 그와 거래를 안 하겠다는 약속을 얻어냈었다. 그렉이 가지고 오는 물건은 다 훔친 것이니 거래를 하면 안 된다고. 순진한 요청이었고 결과를 예측하기도 어려웠지만 다른 방법이 없었다. 그는 어제 그 전당포들을 다시 들렀었다.

그레고리 시니어는 데이빗의 어머니와 결혼을 조건으로 디트로이트 시내에 있는 세컨드 침례교회(Second Baptist Church)에서 세례를 받고 기독교인으로 다시 태어났다. 하지만 가톨릭 뿌리가 깊은 텍사스 남동쪽에서 이주한 그는 죽기 전까지 그의 가톨릭 십자가상 목걸이를 차고 있었다. 데이빗은 목걸이를 아버지와 함께 묻기 원했지만 기념품을 간직하려는 어머니의 집착은 대단했다. 목걸이는 결국 살아남았고, 벽난로 선반에 놓인 그레고리 시니어의 제일 잘 나온 사진과 함께 전시되었다. 그렉이 너무 절박해져서 훔쳐가 주길 기다리며.

몇 명의 전당포 주인들은 그렉을 기억하고 있었다. 전당포계의 월마트로 불리는 체인스 아 어스의 주인인 베트남계 노인도 그렉을 돌려보냈다고 했다.

"목걸이가 너무 약해 보였다더라고." 데이빗이 설명했다. 그는 레일라의 오른쪽 길가에 대고 말했지만 레일라는 그의 얼굴을 빤히 쳐다보고 있었다. 특이하고 품격 있게 생긴 그의 코와 두터운 입술을.

데이빗은 전당포를 다 돈 것 같아 마지막으로 들른 체인스 아 어스 쇼 윈도우 앞에 서 있었다. 잠시 후 가느다란 눈썹에 머리를 젤로 빗어 넘겨 포니테일을 한 젊은 여자가 뒷방에서 걸어 나왔다. 그녀는 쇼 윈도우에 등을 진 채 데스크톱 앞에 앉더니 그 옆에 노트북을 놓고 이베이에 로그인을 시도했다.

"아무도 원하지 않는 물건은 어떻게 하는지 항상 궁금했었거든. 그래서였는지, 그냥 거기 서서 그녀가 하는 일을 계속 쳐다보고 있었어." 데이빗이 말했다.

그녀는 노트북에서 폴더 하나를 열었다. 칼 사진으로 가득 찬 폴더였다. 그녀는 이번에는 데스크톱 컴퓨터를 이용해 비슷한 칼을 팔고 있는 판매상들을 찾았다.

"그 칼을 본 적이 있었어. 그래서 그 여자가 돌아설 때까지 유리창을 두드렸지. 어디서 났는지 물었고, 그 여자는 칼을 가져온 사람을 나한테 설명해줬는데, 바로 당신이었어."

레일라는 소리를 냈다. 울먹임도 한숨도 아닌 소리를.

"화가 났어. 폭발하기 일보 직전이었지." 데이빗이 말했다. "그리고 내가 바보처럼 느껴졌고. 그래도 난 그녀에게 이런저런 질문 몇 가지를 더 했어. 당신이 확실한지 확인하고 싶었으니까. 그러자 그 여자가 당신의 이름이 또렷이 새겨진 그 플루트 케이스를 꺼내와 보여주더군. 더 이상은 나도 부정할 수 없었어."

데이빗은 그의 거실 바닥을 상상하려 노력했다. 차가운 바닥 위에 앉아 한없이 가라앉은 호흡을 느끼며 깊이 명상에 빠져있던 순간을. 하지만 그는 그럴 수 없었다. 대신 그가 떠올린 것은 태국 푸껫의 찜통더위였다. 데이빗은 젊었을 때 트로이와 타사카라는 퀸즈에서 온 해군과 셋이서 태국으로 여행을 간 적이 있었다. 텔레비전에서 방송하고 있는 탁구경기에도 질리고 그렇다고 창녀를 찾아 나서기에는 겁이 났던 세 사람은 방콕을 떠나 푸껫에 가기로 의기투합을 했었다. 그곳에 가서 드넓은 해변을 배경 삼아 친절한 호주 여성들과 술을 마실 요량으로. 그들이 푸껫에 도착했을 때, 배를 가지고 있던 한 남성이 다가왔다. 푸껫도 좋지만 근처에 있는 섬으로 조금만 더 들어가면 더 좋은 해변과 더 친절한 호주 여성과 싱하 맥주를 무한정 마실 수 있는 곳이 있다는 말에 넘어가 그 남자의 배에 올라탔던 기억이 났다. 그날 밤 나머지 일들은 데이빗의 기억에 그저 희미하게 남아있을 뿐이었다. 하지만 다음날 늦게 방콕으로 돌아왔을 때 반은 흑인이고 반은 일본계 동양인이었던 타사카가 아버지에게 드리기 위해 오키나와에서 구입한 칼이 없어졌다며 속상해하던 기억만큼은 또렷하게 남아있었다. 데이빗은 타사카가 그 칼로 맥주를 따며 자랑했던 모습이 떠올랐다. 자신들이 술에 취해 있을 때 배 주인이 훔쳐갔을 거라고 생각했던 것도 기억했다. 그런데 어제 그 칼을 본 것이다. 20년 전에 트로이가 아무 이유 없이 훔쳤던 그 칼을. 어쩌면 트로이는 칼을 팔아서 빚을 갚으려고 했었는지도 모르겠다. 트로이 터너는 그저 나쁜 개자식이었던 것이다.

"그리고 당신이 그걸 전당포에 맡긴 거야. 왜냐하면 그게 당신이 사는 방식이니까. 안 그래?" 데이빗이 물었다. "전당포에 이것저것 맡긴 게 한두 번이 아닐 테고."

그는 드디어 그녀를 쳐다보았다. 그녀는 아무 말도 하지 않았다.

"우리 이제 이거 그만 해야 할 것 같아. 이게 뭔지는 나도 모르겠지만." 그가 말했다. "난 더 이상 안 할 거야."

레일라는 검지와 엄지 사이에 있는 살을 꼬집었다. 갑자기 어지러웠기 때문이었다.

"하고 싶은 말 없어? 아무 말도?"

그녀는 하고 싶은 말이 많았다. 그동안의 실수들, 그녀가 그동안 잘못 살아온 모습들 때문에 하루아침에 돌아서는 게 힘들다고, 그렇지만 요즘 정말 뭔가 달라졌다고, 오늘 아침 딸아이한테 거짓을 말해 둘 사이에서 무언가를 끊어 버렸지만 그때도 그렇고 이 순간에도 조금씩 나아지고 있다고. 그녀는 그저 약간의 시간이 필요하다고 말하고 싶었다. 약간의 시간만 있으면 이 모든 상황으로부터 자신을 꺼낼 수 있을 거라고.

"생각을 바꿔달라고 구걸이라도 했으면 좋겠어?"가 그녀가 한 말이었다. 자신이 강하게 보이길 바랐다. "거짓말과 구걸은 이제 안 해."

그녀는 그가 이쯤에서 떠났어야 했다고 생각했다. 하지만 그는 아직 그 자리에 앉아 있었다.

"우리 형 그렉은 97년부터 헤로인을 쓰기 시작했어." 그가 말했다. 그는 마치 중재자 같은 얼굴을 하고 있었다. 눈은 연민으로 가득 차고 입은 권위적인 모양으로 굳게 닫혀있었다. "우리 엄마는 형에게 계속 기회를 주셔. 기회를 주고 또 주시지. 난 당신에게 그런 사람이 될 수 없어."

"당신에게 그렇게 해달라고 부탁한 적 없어!"

레일라가 소리쳤다. 너무나도 큰 소리였다. 데이빗은 주위를 둘러보았다.

"이렇게 미친 사람처럼 굴지 마, 레일라. 언성을 높일 필요는 없잖아. 난 그저….".

"난 미치지 않았어. 여기 미친 사람은 없다고. 당신은 지금 내가 아닌 사람을 나라고 하고 있잖아. 그래 나 문제 있어, 하지만 난 성인 여자라고. 우리 엄마 집에서 이미 이야기했었잖아. 난 당신이든 누구든 날 구해달라고 한 적이 없다고."

"그래, 그런데 당신은 그 집에 살고 있고 그걸 아무도 모르고 있지."

"결국 그런 거였어? 난 가는 게 좋겠어." 레일라가 자리에서 일어섰다. 그녀는 의자 등받이에 걸려있던 핸드백을 잡아당겼다. 그녀가 그에게 자신을 구해달라고 말하기 일보 직전이었다.

"미안. 내가 미안해. 그렇게 가지 마." 데이빗이 말했다. 그는 반쯤 일어섰다.

"당신이 내게 도움을 받으려 한 것처럼 느꼈다는 게 아니야. 그런데 난 그냥 그런 사람이야. 당신이 뭘 필요로 하는지도 상관없이. 난 당신의 문제를 해결하려고 할 거야. 그건 문제잖아, 그렇지 않아? 난 이제 그러고 싶지 않아. 그리고 당신과 더 이상 시간을 보내고 싶지 않다는 건 아니야, 그러고 싶어, 근데 난 그냥…"

"뭐? 내 문제가 다 해결되면 전화할까? 난 마약중독자가 아니야, 데이빗. 이것들은 아무도 안 쓰는 물건들이었어. 전당포에서 받아준 것도 놀라울 정도로. 네 형처럼 우리 엄마 집에 들어가서 텔레비전을 들고 나오지도 않고 지갑에서 현금을 훔치지도 않아, 난."

데이빗이 일어섰다. 천에 싸였던 물건을 가방에 넣고 입을 꼭 다문 채 비참한 미소를 지었다. 그녀는 그의 완벽한 치아와 사랑스러운 얼굴을 다시 볼 수 있을까?

"사실 당신은 우리 형과 아주 똑같은 사람이야." 그가 말했다. "어쩜 더한 사람이지. 왜냐하면 당신은 자기 자신이 얼마나 엉망인지조차 아직 모르고 있으니 말이야."

그의 말이 저주처럼 그녀의 어깨에 내려앉았다. 한 가지는 확실해졌다. 그녀를 구할 수 있는 건 이제 자신밖엔 없다는 것. 되찾을 일자리도, 용서하는 딸아이도, 큰방에서 벗어날 방법도, 그리고 아름다운 명상을 하는 남자도, 그녀에게는 아무것도 없었다.

"왜 우리 엄마 집 지하에서 나와 섹스를 한 거야?" 그녀는 물었다. "내가 당신 형과 같다면 내가 처음 퇴거당했다고 말했을 때 날 떠났어야지?"

데이빗은 다시 한번 그녀 너머로 길가를 바라보았다. 레일라에게 그 모습은 그의 43년 인생 모두를 탈진한 듯 보이도록 했다. 그는 레일라를 향해 고개를 돌리고는 어깨를 으쓱했다.

"나도 몰라." 그가 말했다. "근데 그러지 말았어야 했어. 이 모든 걸 하지 말았어야 했어. 아주 오랜만에 내가 한 일 중에 최악의 선택이었어."

"꺼져, 이 자식아." 레일라가 말했다. "넌 날 알지도 못 해." 그가 돌아서 가는 동안 그녀는 자리에 앉아 있었다. "꺼져버리라고, 이 나쁜 자식아!" 이번엔 더 크게 소리를 질렀다. 이렇게 하든지 울든지 둘 중 하나였다. 그를 잃는다는 생각에 울고 싶었지만, 그러면 자기 연민에 빠지는 것에 불과했다. 이러는 편이 그녀 자신을 위해 더 나았다.

— ＊ —

데이빗은 햄트램크에 있는 트로이의 집으로 쳐들어가서 그 집 인간들과의 모든 인연을 끊을 생각이었지만, 차를 돌려 대신 벨비에어로 향했다. 그쪽 고속도로 부근에 그렉이 자주 들렸던 포드 서비스 센터가 하나 있었다. 작년 2월 데이빗은 흡사 쓰레기 더미에서 먹이를 찾고 있는 까마귀처럼, 거기서 더러운 눈에 묻힌 고철을 찾고 있는 그렉의 모습을 발견했었다. 그런데 오늘은 길 끝 모퉁이에 있는 교회에서 부근에 있는 공터 쓰레기를 다 정리했는지 달라 보였다. 잔디는 깨끗했고, 그렉 같은 사람들이 뒤질만한 폐허도 없었다.

데이빗은 홀콤 쪽으로 차를 돌려 어머니 집 근처를 기어가듯 가고 있었다. 그는 길에서 그렉을 마주친다면 그의 작업용 밴으로 그를 받아버릴 생각이었다. 하다못해 차에서 내려 그의 얼굴에 펀치를 날리겠노라고 다짐했다. 어떻게 해서든 그를 지워버리고 싶었다. 그는 집들 주변을 살피며 늙지 않은 나이에 아주 오래된 코트를 입고 있는 사람을 찾았다. 하지만 어디에도 그렉은 보이지 않았다. 다행이었다. 형을 찾았다 하더라도 그는 아무 짓도 못 했을 게 뻔했다. 만일 그렉이 요구했다면 돈을 빌려줬을지도 모를 일이었다. 만화책 히어로를 멋지게 그리던, 너무나 쿨했던 형의 모습이 그를 영원히 노예의 덫에 가둬놓은 것이었다. 그의 어머니도 같은 이유일 거라고 데이빗은 생각했다. 어릴 적 명랑하고 정원 일도 곧잘 도와주던 사랑스럽던 아들에 대한 추억을 잊는다는 건 어쩌면 불가능한 일이었을 테니까. 그래서 지금도 현실을 무시하고 끊임없이 용서하고 계신 거라고.

　그는 길 건너에 차를 세웠다. 차창 유리를 통해 그의 어머니가 맥네어 씨와 함께 공터 정원에 서 있는 게 보였다. 두 사람은 데이빗이 이름을 알지 못하는 식물들을 들여다보고 있었는데 서로 손을 잡고 있었다. 햇살이 어머니의 검은색 가발에 반사되고 있었다. 어머니의 손을 맞잡고 있던 맥네어 씨의 손이 어머니의 허리에 얹혀졌다. 어머니와 맥네어 씨. 벳씨 가든 하이어와 맥네어 씨. 데이빗은 자신이 그 노인의 이름을 모르고 있다는 걸 깨달았다. 이름이 있을 거라는 생각조차 해 본 적이 없었다. 노먼 맥네어. 데이빗은 노먼 맥네어가 그의 아내의 장례식 때부터 자신의 어머니를 맘에 두고 있었다는 사실을 모르고 있었다. 노먼 맥네어의 아내 알린은 흑인 가족이 운영하고 있던 코난트 가든에 있는 장례식장에서 40년 동안 일했다. 노먼과 프란시스 터너에게 크라이슬러에서 운전기사로 일할 수 있는 자리를 구해 준 것도 바로 알린 그녀였다. 물론 장례식장 주인의 인적 네트워크를 활용한 것이기는 했지만 말이다. 그녀는 서코태시(옥수수 콩 요리)를 몹시 좋아했었다. 벳씨 가든 하이어는 그녀의 장례식이 끝난 후 마련된 식사자리에 서코태시를 가지고 온 유일한 손님이었다.

데이빗은 그의 안전벨트 버클을 풀었지만 내리지는 않았다. 차에서 내릴지 아니면 자신의 집으로 돌아갈지 결정할 수가 없었다. 몇 분이 지나고서야 그는 차에서 내렸다. 그가 길을 반쯤 건넜을 때 그렉이 눈에 들어왔다. 형이 정원에서 아버지의 오래된 멜빵바지를 입고 초록색과 붉은색 양배추 위로 상체를 구부리고 있었다. 그는 입에 작은 시가를 물고 잡초를 뜯고 있었다. 그렉이 뭐라고 중얼거리자 놀랍게도 정원에 있던 두 사람이 웃음을 지었다. 마치 편한 친구들처럼. 그는 분노보다 당황스러움을 느꼈다. 마치 자신의 가족이 아닌 다른 가족의 사적

인 순간을 훔쳐본 것 같았다. 데이빗은 그의 밴으로 돌아가 햄
트램크로 향했다.

시간을 벌기 위한 도박

오전 10시의 카지노는 오후 10시 때와는 완전 다른 모습이었다. 창이 없어 항상 밤 같은 분위기를 자아내는 카지노의 조명 불빛에도 불구하고 아침 식사를 끝내자마자 카지노를 찾은 사람들의 표정에서 나타나는 우울함은 감춰지지 않았다. 오전 10시에 재미로 카지노를 찾는 사람은 없었다. 그들은 만회하고, 죄를 지우고, 잊으려고 오는 것이다.

10달러와 20달러 지폐가 대부분이었던 레일라의 두꺼운 돈 꾸러미는 그녀 핸드백 속 아버지의 파이프 옆에 놓여 있었다. 말린의 돈이 그녀의 마지막 동반자였다. 도박꾼들의 속설 중에 '잃는 게 두려운 돈은 새 돈을 벌지 못한다.'는 말이 있었다.

오전 10시에는 최소 베팅 금액이 더 낮았지만 도박꾼들 사이의 동지애 또한 그러했다. 레일라는 카지노를 돌며 누군가 먼저 룰렛 테이블에 앉기를 기다렸다. 딜러와 단둘이 플레이를 하는 것은 너무 외로웠다. 딜러들은 바텐더들과는 달리 사람들의 고해성사 같은 대화에 참여하지 않았다. 희끗해지는 짧은 머리를 한 남자가 테이블에 자리를 잡자 레일라도 그를 따라 함께 자리에 앉았다. 그는 그녀를 향해 고개를 끄덕여 형식적인 인사를 건넸다. 돈을 따려고 오는 갬블러들이 주로 사용하는 인사법이었다. 950달러로 10달러 미니멈 베팅 플레이를 하면 100번은 할 수 있었다. 그녀는 돈을 따는 것에는 관심이 없었다. 그녀는 시간을 벌기 위해 도박을 하고 있었다. 이것 말고는 지금 생각나는 게 아무것도 없었기에.

터너 형제들의 고향

차차는 아버지가 음주운전을 한 적이 한 번도 없다고 주장했다. 하지만 프란시스 터너는 그의 허벅지 사이에 맥주를 모셔 두고 운전하는 사이사이, 차가 빨간불에 걸릴 때마다 한 모금씩 몰래 들이켰다. 그는 살면서, 대형트레일러를 몰 때조차도, 한 번도 안전벨트를 착용한 적이 없었다. 그를 본보기로 삼는 것은 어리석은 일이란 걸 차차도 잘 알고 있었다. 그럼에도 불구하고 그는 이스트사이드에 있는 편의점에 들러 6개짜리 맥주 2꾸러미를 샀고, 그중 하나를 따서 아버지와 같은 방법으로 집까지 운전을 하고 갔다.

그는 회사로 다시 돌아갈 수도 있었지만 앨리스가 떠난 후에도 커피숍에 남아 있었다. 의사가 마시지 말라던 커피를 두 잔이나 마시며 그가 지금 느끼고 있는 치욕과 버림받음을 논리적으로 정리해 보려 했다. 지난 수년간 어떤 여자로부터 관심을 받고 있다고 느꼈던 적이 있던가. 아마 그 때문이었을 것이다. 처음으로 용기를 내서 느낌대로 행동해 보려 했던 것이 그를 바보로 만든 것이다. 티나의 예측이 맞았다. 앨리스는 차차에게 골칫거리가 되어버렸다. 그녀가 자신을 더 이상 환자로 받지 않겠다고 선언한 것에 대해서는 그녀를 탓하지 않았다. 둘 다 문젯거리를 만들었고, 신뢰를 저버렸으며, 각자의 이해관계에 의해 행동했으니 말이다. 하지만 그는 두 사람이 적어도 친구로는 남을 수 있을 거라고 생각했었다. 하지만 앨리스는 그를 매우 개인적인 이야기 보관소나, 누구에게도 들리지 않게 소리를 지를 수 있는 땅굴쯤으로 이용하고는 떠나버린 것이다. 카페인 탓에 초조해진 차차는 회사에 갈 생각도, 그의 아내와 엄마가 있는 집으로도 가고 싶지 않았다. 대신 그는 진짜 집으로 향했다.

폐교된 초등학교 옆, 농구장 길 건너 램버트 거리에 차를 세웠다. 사람 머리만 한 잔디 덤불이 농구장 아스팔트 바닥을 뚫고 나와 있었다. 차차는 시동을 끄고 맥주 한 캔을 더 땄다.

이곳은 프랜시스 터너의 음주 아지트였다. 차차가 숨어 들어 갔던 집이 50야드도 채 안 떨어진 곳에 있었다. 하지만 이제는 잡초만이 무성한 공터뿐이었다. 그날 그곳에서 있었던 일에 대한 그 어떤 증거나 답도 남아 있지 않았다. 심지어 집이 그곳에 있었다는 흔적조차도 말이다. 추억이 깃들어 있는 건물들이 하나씩 없어질 때마다 차차는 힘들어했었다. 새로운 건물이 그 자리를 메우지 못해서 마치 그 자리에 처음부터 아무것도 없었던 것 같은 느낌이 들 때면 더욱 그랬다. 그러나 시간이 그에게 일깨움을 주었다. 기억이란 시각적인 자극 없이도 되살아나고 작동하는데 아무런 문제가 없다는 것을 말이다.

그는 결근한다는 소식을 회사에 알리지 않았다. 회사에서 집으로 전화가 갔을 것이고 티나는 이미 그의 무단결근에 대해 알고 있을 것이다. 차차는 핸드폰 전원을 껐다. 지난 몇 주 동안 티나에 대한 애정을 가졌던 적이 있었던가. 아니면 그녀를 향한 분노의 감정을 제외한 다른 어떤 감정이라도 말이다. 차차는 다른 어떤 감정도 떠올릴 수 없었다.

그는 애로우집이 안전할 거라는 환상 같은 것은 없었다. 그의 어머니가 이사를 나온 후 지난 몇 달간 집의 상황은 더 악화되어 있었다. 그가 매일 읽는 신문에 하루가 멀다고 등장하는 범죄현장은 이곳과 매우 가까운 곳이었다. 여기라고 다르지는 않을 것이다. 그도 그 정도는 알고 있었다. 자신의 차가 사람들의 시선을 끌 거라는 것도 알고 있었다. 아마 한물간 비밀경찰 정도로 보였을 것이다. 차차는 맥주를 한 모금 더 들이켰다. 맥주를 마시면 마실수록 그는 더 안전하다는 느낌이 들었다. 어머니 집 옆에 있던 다른 집들은 이미 없어진 지 오래여서 애로우집의 옆모습과 뒷모습을 제대로 볼 수 있었다. 여자아이들의 방과 남자들 방 그리고 부모님 방의 창문들, 나중에 증축된 차고, 초록으로 무성해진 뒤뜰까지. 이젠 다 가치 없는 것들이었다.

차차는 큰방에 들어가야 한다는 걸 알고 있었다. 자신의 공포와 맞서야 한다는 것을. 그런데 막상 아무 일도 일어나지 않으면 어찌한단 말인가? 용기를 내서 그곳에 갔을 때 그 어떤 특별한 진실이 없다는 것을 알게 되는 것보다는 차라리 매일 소파에서 몇 시간씩 새우잠을 자며 살아가는 게 나을 것 같다는 생각도 들었다. 만일 방안에 네 벽면과 트윈 침대 외에 아무것도 없다면 앨리스의 말은 옳은 것이 되고 그는 더 큰 바보가 되는 것이었다. 그는 맥주를 더 들이켰다.

차차가 취하는 데는 항상 오랜 시간이 걸렸다. 그의 부족함이 없는 몸무게와 터너 유전자 탓이었다. 그는 캔 맥주 6개를 마시고서야 종일 아무것도 먹지 못했다는 걸 깨닫고는 근처 그라시옷 거리에 있는 핫도그 가게로 향했다. 그는 핫도그와 프렌치 프라이를 사서 돌아와 이번에는 터너 하우스 바로 앞에 주차를 했다.

은색 닷지 차저를 탄 두 남자가 지나가다가 차를 잠시 세우고는 그 광경을 치켜보고 있었다. 닷지 차에서 흘러나오는 베이스의 묵직한 음향 때문에 차차의 시트도 덩달아 들썩거렸다. 차차는 미소를 짓지 않은 채 그들을 향해 고개를 끄덕였다. 그들도 고개를 끄덕이고는 이내 차를 몰고 사라졌다. 차차는 맘이 편했다. 이곳은 열세 명의 첫 세대 터너 형제들과 그 후 두 번째 세대가 태어나고 자란 고향이었다. 그의 얼굴이 아직 이곳 사람들에게는 어떤 의미가 있을 것이다.

업(Up)

　많은 시간이 지났지만 레일라는 여전히 궁핍하지 않은 상태였다. 오히려 그것과는 거리가 멀었다. 그녀는 같은 테이블에서 두 시간이나 플레이하고 있었다. 그녀와 처음 같이 자리를 잡았던 그 남자와 오가는 이야기도 없이 단둘이서. 그녀는 가능하면 시간을 오래 보내기 위해 10달러나 20달러를 베팅하는 것으로 시작했다. 칩이 왔다 갔다 하기는 했지만 사라지지는 않았다. 그건 좋은 일이었다. 계획한 대로 시간을 더 오래 보낼 수 있을 테니까. 하지만 정적은 그녀에게 찾아오지 않았다. 그녀 옆에 있는 남자는 웃기를 거부했고, 테이블에 교대로 들어오는 딜러들은 지극히 업무적이다. 이른 시간의 카지노는 너무 조용했다. 70대 노인들이 지키고 있는 슬롯머신들의 요란한 기계음도 카지노의 공허함을 채워주지 못했다. 점심때가 되자 사람들이 조금씩 모여들기 시작했지만 한 곳에 오래 앉아 있는 사람들이 아니었다. 몇 번 베팅하고는 금세 자리를 털고 일어서는 부류들이어서 레일라는 긍정적인 분위기를 테이블에서 유지할 수 없었다. 정적이 찾아오지 못하니, 그녀가 오늘 그리고 그동안 저질렀던 잘못들이 뇌리를 맴돌았다. 자기혐오를 치워둘 곳은 그 어디에도 없었고, 후회를 숨길 곳도 없었다. 레일라는 만일 정적이 찾아오기만 한다면 이 모든 시련을 막아줄 수 있을 거라 생각했다. 점심으로 뷔페를 먹기 위해 잠시 휴식 시간을 가졌을 때 그녀 수중에는 여전히 875달러가 남아 있었다. 손실 75달러. 나쁘지 않은 성적이었다.

점심을 먹고 레일라는 조명으로 반짝이는 기다란 크랩스 테이블에 앉았다. 평상시 같으면 그녀에게는 맞지 않는 장소였다. 하지만 그곳의 플레이어들이 가장 쾌활해 보였고 레일라는 그게 마음에 들었다. 물론 돈을 따는 게 의미 없는 날이었다는 것도 영향을 미쳤을 것이다.

그녀는 룰렛 테이블로 다시 돌아왔다. 크랩스 테이블보다 작았고 사람들 또한 그리 활기차지 않았다. 그래서 레일라는 그들을 바라보지 않았다.

그녀는 아웃사이드와 흑색 더블제로에만 베팅을 했는데 200

달러를 땄다. 기쁨 같은 건 없는 승리였다. 그녀는 가지고 있던 돈 1,075달러 전부를 칩으로 교환했다. 대부분 20달러와 50달러짜리였는데, 단위가 커지니 칩 무더기가 너무 작아 보여 그녀는 조금 놀라고 말았다. 그녀는 웨이트리스를 불러 칵테일을 주문했다. 마이타이 한 잔. 그리고 또 한 잔을. 칵테일과 같은 색의 20달러짜리 분홍 노랑 칩을 혐오스러운 눈으로 쳐다보았고, 잠시 후 50달러짜리 초록색 칩이 그 자리에 대신 놓여졌다. 가슴이 매우 작아 보이는 한 여성이 그녀 옆에 서서 그녀의 칩 더미가 커져가는 것을 보며 탄성을 내질렀다. 마치 홀로 있던 늑대가 손쉬운 사냥감을 발견하고는 무리 떼에게 알리는 것 같았다. 사람들이 모여들었지만 그녀는 그들 앞에서 승리자 역할을 하고 싶지 않았다. 구경꾼들에게 창피와 충격을 주고 싶었다. 그녀는 800달러 전부를 브리엔의 번호 27번에 베팅했다.

또 이겼다.

"세상에!" 가슴 작은 여자가 레일라의 등을 토닥이며 소리쳤다.

감독관이 와서 그녀의 승리를 승인했고 딜러는 그녀에게 칩을 건넸다. 너무 오랫동안 만져보지 못한 100달러짜리 칩을 받아 든 순간 레일라의 머릿속 계산기는 작동되지 않았다. 구경꾼들은 그녀가 이제 어떻게 할지 기다리며 조용해졌고, 그들의 시선에 레일라는 속이 메슥거렸다. 웨이트리스를 불러 물 한 병을 주문하고 다음 라운드에서는 빠지기로 했다.

"타락하려면 이게 제일 좋은 방법이겠지. 안 그래요?"

뒤에서부터 날아온 목소리에 레일라는 깜짝 놀랐다. '카지노에서는 칩에 등을 돌리지 않는다.'는 그녀의 법칙 중 하나를 어겨가면서까지 레일라는 스툴에 앉은 채 몸을 돌려 뒤를 보았다. 30대의 백인 남성이 그녀 뒤에 서 있었다. 옆 가르마를 한 금발의 남성은 이곳과는 어울리지 않는 비싸 보이는 양복과 넥타이를 매고 있었다.

"전 당신을 모르는데요." 레일라가 대답했지만 그녀의 목소리에는 질문을 하는 듯한 억양이 가미되어 있었다.

그는 눈을 가늘게 뜨고 그녀를 보았다. 겉으로 보이기 위한 농담조의 말 너머로 그의 얼굴에서는 형언할 수 없는 극심한 불행과 위로를 필요로 하는 자의 절실함이 느껴졌다. 레일라는 자기도 모르게 몸을 다시 테이블 쪽으로 돌렸다. 그녀의 것을 지키기 위해서라기보다 무시무시한 불행을 피하고 싶은 본능으로.

"제 진짜 이름은 모르겠지만." 그가 말했다. "내가 같은 스토리를 여러 번 이야기해 준 기억은 있을 거예요. 그때는 자크라고 했었죠. 제 이름이."

사실이었다. 레일라는 자크라는 이름을 기억했다. 룰렛 공이 도는 모습을 향한 그의 집착을 기억했고 그의 전처가 막 태어난 딸아이를 못 보게 한다는 이야기를 기억했다. 레일라는 그를 향해 고개를 끄덕였다. 하지만 딱히 할 말이 없었다.

"당신이 말하는 건 들어 본 기억이 별로 없어요." 그는 계속 말했다. "그런데 이제 알겠네요. 당신 완전 프로네요. 그렇죠? 저 같아도 그만두고 싶지 않을 것 같아요."

그는 레일라를 향해 한쪽 입꼬리를 추켜올리며 미소를 지었다. 그의 불행이 구취처럼 레일라의 오감을 공격했다.

"전 이만 가려고요." 그녀는 그렇게 말하고는 작은 단위 칩들을 더 큰 단위로 교환해 핸드백에 밀어 넣었다. 자크의 눈이 그녀의 칩들을 뒤쫓아 가 그녀의 핸드백 주위를 잠시 서성거렸다가는 다시 그녀의 어깨너머로 힘차게 볼이 돌아가고 있는 휠에 고정되었다. 자크는 그녀의 의자 뒤에 너무 바짝 붙어있었다. 그가 한발 물러나는 수고를 해주어야만 그녀가 테이블에서 벗어날 수 있을 만큼 움직이기가 어려웠다.

"또 봐서 반가웠어요." 그가 말했다. "승리하신 거 축하드리고요."

그는 그녀를 향해 손을 들었다. 그녀는 악수를 청하는 동작이라고 짐작했다. 하지만 그의 손바닥이 구호금을 바라는 목사나 로우파이프를 청하는 농구코치처럼 천장과 평행선을 이루고 있었다. 그가 친선 칩을 원하고 있었다. 레일라는 그에게 칩을 줄 생각이 없었다.

그녀는 제크의 손을 그냥 지나쳐 테이블에서 빠져나왔다. 그녀는 칩들을 현금으로 바꾸고 주차요원에게 차를 받아 모터시티를 떠났다.

— * —

그녀가 애로우집 진입로로 자신의 차를 몰고 들어오자 자동차 헤드라이트가 만든 거꾸로 된 피라미드 모양의 빛을 제외한 모든 바깥세상이 어둠 속으로 빨려들었다. 길에 남아 있던 두 개의 가로등마저 깨지거나 전구가 나간 듯 꺼지고 보이질 않았다. 레일라는 이런 일은 과거에도 지금에도 항상 있는 것이라고 생각했다. 시에서 관리를 소홀히 하는 동안 디트로이트의 많은 동네가 위험천만한 어둠 속에 존재하고 있었으니까. 그녀는 혹여 사람이나 동물들이 갑자기 길로 뛰어들까 봐 천천히 차를 움직였다.

이런 어둠 속에서 뒷문을 찾겠다고 헤매는 건 어리석고 위험한 짓인 것 같아서 그녀는 집 앞에 차를 세우고 정문을 향해 뛰어갔다.

처음과 마지막

차차는 등을 밀어오는 강한 힘에 놀라 잠에서 깼다. 그는 큰방 문에 기대어 잠을 자고 있었다. 문 아래 틈새로 약한 불빛이 기어들어 오더니 방문 손잡이가 돌아갔다. 순간 심장은 미친 듯이 뛰고 몸은 얼어버렸다. 그는 아직 술에 취한 상태였기에 더욱 강하게 되살아난 자신의 유령과 대면할 수 있는 상태가 아니었다. 잠시 후 뒷걸음질 치는 발자국 소리가 들려왔다. 이대로 가버리는 건가? 하지만 그런 생각을 하는 것도 잠깐, 무언가가 자신이 등을 기대고 있던 방문을 거칠고 강하게 부딪혀왔다. 차차는 문에서 튕겨지듯 떨어져 방바닥에 나뒹굴었다.

레일라가 큰방의 불을 켜자 문 오른쪽 조금 떨어진 곳에 차차가 아기 자세를 한 채 쓰러져 있었고 방바닥 중간엔 맥주 캔 두 개가 서로 입을 맞대고 있었다.

"맙소사!" 그녀가 말했다. "누구세요? 누가 계신 거예요?"

문에 부딪힌 허리는 욱신거렸고, 불은 너무 밝은 탓에 차차는 눈을 뜰 수가 없었다. 발자국 소리가 그에게로 다가왔다. 차차는 그 발자국이 자신에게 도착하기도 전에 심장마비로 죽을 수도 있겠구나 생각했다. 자신의 바보 같은 공포심 때문에 흔적도 없이 사라질지도 모른다고.

"차차 오빠예요? 세상에. 오빠, 레일라예요. 다쳤어요?"

그의 입에서 신음 소리가 새어 나왔다. 그의 뇌는 똑바로 일어나 앉으라고 지시했지만 몸은 이를 거절하고 있었다. 레일라는 핸드백을 바닥에 떨어뜨리듯 내려놓고는 그의 이마에 손을 얹었다. 그러자 그가 자신의 손으로 그녀를 밀쳐내고는 그녀에게 등을 지고 돌아누웠다.

"열 같은 거 없어, 나." 그가 말했다. "너 때문에 놀라서 죽을 뻔했잖아. 티나가 보낸 거니?"

레일라는 그를 부축해 겨우 일으킨 다음 우선 침대 맡에 앉혔다. 맥주 냄새가 코를 찔렀고, 밖으로 삐져나온 속옷 자락은 땀으로 젖어 있었다. 그녀는 차차의 이런 모습을 본 적 없었기에 그가 너무 걱정스러웠다. 그 바람에 자신이 발각되었다는 사실조차 까맣게 잊고 있었다.

"토할 것 같아요? 화장실에 데려다줘요?"

"그래 봤자 맥주 몇 캔이야." 그가 말했다. "토하긴 뭘 토해. 아깝게."

차차는 드디어 눈을 뜰 수 있었다. 눈을 뜨고 바라본 레일라는 자신만큼이나 힘들어 보였다. 그녀의 눈꺼풀은 부풀어있었고 눈 아래쪽 가장자리는 충혈이 된 상태였다. 그녀는 상체를 구부리고 있었는데 마치 탈진상태인 것처럼 보였다. 한마디로 말해, 다된 사람처럼 보였다. 살도 빠진 듯했고.

"물을 조금 가져다줄게요." 그녀가 말했다. "아래층에 컵이 있을 거예요."

방에 홀로 남겨지자, 침대 밑에 숨어있는 더플백 2개와 서랍장 모서리에 쓸쓸하게 걸려있는 가죽재킷이 차차의 눈에 들어왔다. 남은 맥주 2캔을 주머니에 찔러 넣고 차가 잠겼는지 확인한 것까지는 기억났지만 집에 어떻게 들어왔는지는 잘 기억나지 않았다. 차차는 방 안을 잠시 둘러보고서야 지팡이를 차에 두고 온 것을 깨달았다. 무릎은 아팠고 바지 앞쪽에는 무언가 더러운 것들이 묻어있었다. 지팡이 없이 계단을 기어 올라온 듯했다. 그는 포치로 기어오르지는 않았기를 기도했다.

레일라가 종이컵에 담긴 미지근한 물 한 잔을 갖고 돌아왔다. 차차는 물을 손에 조금 덜어서 얼굴에 문지르고는 나머지를 한 번에 꿀꺽 들이켰다.

차차는 더플백이 여기 있으면 안 된다고 생각했다. 무슨 이유인지 궁금했지만, 레일라에게는 그냥 티나가 보냈느냐고 재차 묻기로 했다.

"아니요." 그녀가 말했다.

"그럼 여기서 뭘 하는 거야? 마치 누군가 여기서 살고 있는 것 같은데."

그는 비판적으로 보이지 않으려고 어깨를 으쓱했다.

하지만 그녀는 고개를 끄덕이며 갑자기 울기 시작했다.

"거의 한 달이 다 되었어요." 그녀가 말했다. "집에서는 퇴거 당했고, 직장에서는 정직을 먹었어요. 도박 때문에요."

그녀는 어린 소녀 때처럼 엉엉 울었다. 너무 심하게 울어서 얼굴은 벌게지고 몸은 휘청거렸다. 티나가 그녀를 돌봐주던 시절, 그녀는 비올라가 자신을 벼룩시장에 데리고 가지 않았다는 이유로, 또는 버니스와 산드라가 그녀를 여자아이들 방에서 밀쳐내고 문을 닫아버렸다는 이유로 이렇게 심하게 울곤 했었다. 차차가 그녀를 미조리에서 데리고 올 때, 버넌이 그녀를 향해 주먹을 날리고 그녀의 멱살을 잡아 벽에 던져버렸다는 이야기를 하면서도 그녀는 이렇게 울었었다. 차차는 조금 화가 나기도 했지만 자신의 직감을 따르기로 했다. 그녀 등에 손을 얹어 그녀를 위로했다.

"그리고 브리엔은 제가 그 아이를 가만두지 않는다고 절 협

오해요. 제 죄책감과 헛소리로 그 아이를 망치고 있어요. 그리고 트로이 오빠 친구와 같이 잤는데 이제 절 증오해요. 저도 제가 싫어요, 차차 오빠. 제겐 아무것도 없는데 이젠 그게 너무 지쳐요. 너무 끔찍해요."

"레일라, 그렇게 말하지 마." 그가 말했다. "조금만 진정하고 숨을 깊게 쉬려고 노력해 봐."

그녀는 말을 멈췄지만 몸은 여전히 들썩거리고 있었다.

"너한테 화난 거 아니야." 그가 말했다. 화가 났든 안 났든 지금 그녀에게 별 상관없을 것도 같았지만. "그래서 집으로 돌아온 거잖아. 그러라고 집이 있는 거고, 안 그래? 별일 아니야. 오빠가 도와줄게. 나머지는 우리 같이 생각해 보자."

그 말에 레일라는 고개를 저으며 더 크게 울기 시작했다.

"아니에요." 그녀가 말했다. "전 더 이상 도움을 받고 싶지 않아요, 차차 오빠. 제가 해결할 거예요. 그래야 해요."

"그래." 그가 말했다. "네가 해결하렴. 그런데 내 말은, 네가 느끼는 만큼 그리 최악은 아니라는 거야."

자신도 망가지고 있었음에도 불구하고 아버지의 역할로 빙의하는 것은 그에게 너무 자연스러웠다. 이것은 축복이자 부담이었다. 그는 1967년 여름을 기억했다. 디트로이트에 큰 화재들이 일어나기 전 찬란하고 아름다웠던 레일라의 여름 그 시절을. 같은 가족, 같은 집, 같은 동네, 그리고 같은 디트로이트라는 이름의 도시에서 자랐지만 레일라의 경험들은 자신의 그것과는 사뭇 달랐을 게 틀림없었다.

레일라의 숨소리가 마침내 느려졌다. 그녀는 가슴이 편해지는 것을 느꼈다. 이것이 마지막 고해라고 그녀는 스스로에게 다짐했다. 아무것도 변하는 것 없이 사람들에게 자신의 문제를 이야기하는 건 더 이상은 그만두고 싶었다. 그녀는 차차의 어깨에 머리를 기댔다. 셔츠 밑으로 느껴지는 그의 피부는 부드럽고 축축했다. 너무 울어서 귀가 먹먹했다. 그녀는 단 한 명, 정말 알지 못했으면 했던 그 사람이 지금 이곳 큰방에서 자신과 같이 있다는 사실이 신기하게 느껴졌다. 그리고는 조금 전 바닥을 나뒹굴고 있던 맥주 캔과 문 앞에 쭈그리고 있던 오빠를 다시 생각했다. 그녀가 갑자기 자세를 고쳐 차차를 똑바로 보고 앉았다.

"잠깐만요." 그녀가 말했다. "그런데 오빠는 여기서 뭐 했던 거예요?"

"나? 음, 난…" 차차가 말하기 시작했다.

"주 중에 왜 여기서 술에 취해 있는 건데요?" 레일라가 물었다. 그녀는 손등으로 코를 훔쳤다.

무언가 적절한 답을 찾으려는 듯, 몇 초 동안 방안 구석구석을 둘러보던 차차가 어깨를 으쓱했다.

"말해주기 싫은 거예요?" 그녀가 말했다. 그녀는 그가 지팡이도 없이 술에 찌든 채 밤 10시에 여기 있을 이유를 상상할 수 없었다. 집안의 가장이자 늘 반듯한 모범생이었던 그가 말이다.

"뭐가 말하고 싶지 않다는 거야?" 그가 물었다. "그냥 생각할 게 조금 있었어. 요즘 스트레스받는 일이 좀 많아서."

그는 말하지 않을 생각이었다. 그녀는 자신의 문제를 다른 사람들에게 쏟아부었고 그들은 그녀가 문제를 해결할 수 있도록 도와주었지만 정작 그녀를 신뢰하지는 않았다. 항상 그랬고 모두가 그랬다. 그녀가 자신의 물음에 답할 수 있다는 것을 그들은 생각지도 못했다.

"불 좀 꺼줄래?" 그가 말했다. "눈이 아파."

레일라는 불 스위치를 껐다. 너무 어두워진 탓에 핸드폰을 켜들고 침대로 돌아와 앉았다. 차차가 웃었다.

"왜요? 왜 웃어요?"

"네 전화." 차차가 말했다. "네가 여기 처들어왔을 때 네 핸드폰 불빛을 보고 그 유령인 줄 알았거든. 빌어먹을. 핸드폰을 유령으로 착각하다니."

그는 다시 한번 껄껄 웃고는 마무리로 트림을 했다. 칠리 핫도그와 맥주 냄새가 뒤섞여 있었다.

"어제 말린 언니 만났는데, 언니가 오빠와 그 유령에 관해 이야기하던데요."

그녀가 말했다.

"그 아이가 뭘 알아? 나한테 화났다고 전화도 안 받아놓고."

"오빠가 어제 왜 형제들에게 전화했는지 프란시 언니가 이야기해 줬대요."

"그래?" 차차가 말했다. "아, 맞다. 네가 어제 전화했을 때 내가 기분이 좀 안 좋았었어. 화냈지? 그러지 말았어야 했는데. 네가 여기 살고 있다는 걸 알았다면 내가…"

"오빠가 화를 냈겠죠, 엄청. 하지만 이해해요. 원래 여기 있으면 안 되는 거였고, 제가 몇 주 동안이나 전화를 안 받았으니까요."

"어쨌든, 이 집과 관련해서 결정된 건 아무것도 없어." 그가 말했다. "그런데 네가 여기 있으니까 알겠지만 어머니는 여기로 돌아오실 수 없어, 레일라. 안전하지 않아. 계단도 너무 가파르고, 현관문 앞에는 램프도 없고."

"엄마는 돌아가실 거예요." 레일라가 불쑥 말을 던졌다. 말이 나오자마자 다시 회수할 수 있으면 좋겠다고 그녀는 생각했다. 사실이었지만, 사실이라고 해도 입 밖으로 내기에는 너무 고통스런 말이었다. 차차는 아무 말도 하지 않았고 레일라는 그녀가 방금 한 말을 무효로 만들기 위해 생각에도 없는 말을 꺼냈다.

"그 유령에 대해 이야기해 줄래요." 그녀가 말했다.

"너도 알잖아. 모두가 아는데."

"아니요, 전 잘 몰라요. 전 모르는 것 투성이에요, 오빠. 제가 확실하게 아는 건 아빠가 오빠 말을 안 믿으셨다는 것밖엔 없어요."

"젠장, 이젠 어머니도 안 믿는다고 주장하고 계시니." 차차가 말끝에 혀를 찼다. 그가 처음으로 이 이야기를 앨리스에게 했을 때를 기억했다. 그 당시에는 사람들이 부모님이 처음에 어떻게 만나셨는지를 말하거나 첫 아이의 탄생에 얽힌 이야기를 할 때처럼 자신의 말에 대한 활기찬 확신이 있었다. 그것은 그의 근원에 관계된 이야기였으니까. 하지만 만일 자신의 이야기가 진실이 아니라고 판명 난다면, 그는 대체할 수 있는 이야기를 찾지 못할 수도 있다는 것을 깨달았다.

"내 심리 치료사 앨리스는 내가 특별하다고 느끼고 싶어서 이 유령을 붙잡고 사는 거래." 그가 말했다. "그런데 첫째, 난 특별하다고 느낄 필요성을 모르겠어. 난 평범한 게 괜찮으니까. 그리고 둘째, 내가 왜 이런 말을 지어내겠어? 무슨 이득을 보겠다고."

창문을 통해 윙윙거리는 소리가 희미하게 들리는가 싶더니 꺼졌던 가로등에 불이 들어왔다. 차차와 레일라는 디트로이트 전기회사의 뜻하지 않은 호의로 만들어진 주황색의 불빛 아래 앉아서 자신들의 연약한 모습을 고스란히 드러내고 있었다.

"아직도 의사를 만나고 있는지는 몰랐어요." 그녀가 말했다. "비싸다고 하지 않았어요?"

"비싸." 차차가 말했다. "그리고 더 이상은 안 가. 그래서 여기에 오게 된 거야. 환각을 보고 있는 거라고 해서 내가 화를 냈거든. 그랬더니 날 다른 의사에게 보내버리더라고. 그래서 또 화가 났지. 그래서 맥주 몇 캔 사 들고 여기로 온 거야."

"큰돈을 썼을 텐데 전혀 도움이 안 되었어요?"

차차는 침대 안쪽으로 더 들어가 벽에 기댄 자세로 앉았다. 그녀는 그가 심리치료사에게 어떤 비밀을 털어놨을지 상상조차 하기 어려웠다. 그녀의 조카였지만 그녀와 거의 동갑내기였던 그의 아들들은 큰 탈 없이 성장했고, 티나와 그의 관계는 그녀가 본 그 어떤 부부의 것보다 탄탄했다. 프란시스와 비올라의 관계를 포함해서 말이다.

"아니야. 도움은 됐어, 앨리스가." 차차가 말했다. "말했다시피 요즘 스트레스가 많았는데, 그런 것들은 도움이 됐어."

"다행이네요."

"네 주 종목이 뭐니?"

"주 종목이요? 제가 도박할 때 하는 게임 말이에요?"

그는 고개를 끄덕였다.

"그 이야기는 하고 싶지 않아요, 오빠. 아무 의미 없어요."

"근데 너 오늘 밤에도 카지노에 갔었잖아." 그가 말했다. "너한테서 담배 연기 굴뚝 냄새가 나서 단박에 알겠어."

그가 그런 것을 알아차린다는 것이 그녀에겐 놀라웠다.

"룰렛이요."

"슬롯이 아니고? 난 여자들은 슬롯을 좋아하는 줄 알았는데."

"아니에요, 전." 레일라가 말했다. 그녀는 얼굴을 찡그렸다. "컴퓨터랑 노는 건 싫어요. 이거도 칩도 못 받잖아요. 요즘은 코인이 안 나오고 무슨 영수증 같은 게 나오거든요."

차차는 모터시티, 그릭타운, 그리고 MGM 같은 카지노에 레일라와 다른 여자 형제들을 데리고 뷔페를 먹으러 갔던 게 기억났다. 그때 레일라가 게임을 하는 걸 본 적이 있었던가? 아닐 것이다. 만약 한 번이라도 실전을 치르고 있는 그녀를 보았다면 그녀의 중독성을 금세 알아차렸을 것이다.

"말린 언니가 어젯밤에 돈을 좀 줬어요. 그런데 '아무리 해도 이길 수 없다'는 그런 말 알죠? 오늘이 제 인생에서 유일하게 돈을 좀 날리고 싶은 날이었는데 무슨 짓을 해도 돈이 안 없어지더라고요. 그래서 2천 달러 정도가 생겼는데, 가질 자격이 없어요, 전. 그래도 말린 언니에게 돈은 갚을 수 있겠네요."

"그 누구도 그냥 가질 자격이 있는 사람은 없어, 레일라." 그가 말했다. "누군가의 호의라면 또 모를까. 우리가 할 수 있는 건 조금 주신 것에 하나님께 감사드리고 앞으로 나가 바르게 살면 되는 거야."

"어쩜. 꼭 올케언니가 말하는 것 같아요."

차차는 어깨를 으쓱했다.

"그 유령이 어떤 특정 시간에 나타나는지 생각해 본 적 있어요?"

"그럼." 그는 벽에 기댄 채 눈을 감았다. "밤 12시에서 새벽 3시 사이."

레일라는 핸드폰에서 시간을 확인했다.

"벌써 11시 30분이에요."

"알아."

"매일 밤 보는 거예요?"

"응."

"그럼 오늘도 나타날 수 있고 나도 보게 되는 거예요?"

"아마도 그렇지는 않을 걸. 어젯밤에 티나는 별다른 느낌이 없었대. 내가 바로 옆에서 그 난리를 치고 있었는데도 말이야. 티나가 느끼지 못한다면 나만 볼 수 있는 게 아닌가 싶어. 왜냐하면 보는 거보단 느낌이 더 이상하거든."

"하지만 티나는 같은 핏줄이 아니잖아요." 레일라가 말했다. 어릴 적, 모든 형제들이 다 독립해 집을 떠나고 자신만 홀로 집에 남겨졌을 때, 그녀는 핏줄이라는 개념에 대해 생각하게 되었다. 그녀가 가족들 사이에 공인된 모든 농담을 모른다고 해도 로니, 네티, 그리고 퀸시가 추억하는 애로우를 이해하지 못한다고 해도 상관없었다. 그들의 핏줄에는 같은 피가 흐르고 있었으니까. 프란시스 터너가 아기 브리엔을 품에 안았을 때, 브리엔은 그의 심장 뛰는 소리를 들었을 것이다. 그것은 프란시스뿐만 아니라 그 위로부터 이어져 온 모든 터너가 사람들의 피의 근원이었다. 레일라에게 핏줄은 여전히 중요한 것이었다.

"그 유령이 처음 나타났을 때 우리 가족 모두가 봤다고 했잖아요." 그녀가 덧붙였다.

"그럴 수도 있고 아닐 수도 있어."

"혹시 엄마가 뭔가 알고 있으면서 말씀 안 하시는 거라고 생각하세요?"

"어머니는 뭔가 알고 계신 게 확실해, 레일라."

"어쩌면 아무것도 모르는 척하는 게 오빠를 보호하는 거라고 생각하시는 건 아닐까요?"

그는 레일라가 떠났으면 했다. 망령이든 천사든 환각이든 그게 무엇이든 혼자서 보게 내버려 뒀으면 했던 것이다. 그녀는 그의 실험에 또 하나의 변수를 제공하고 있었다. 그녀가 유령을 볼 수 없다면 그건 또 무슨 의미가 되는 걸까? 아이들이 상상 속 친구에게 매달리듯, 그가 유령에 한평생 매달려 살았다는 것을 받아들이는 것. 그렇다 치더라도 자신의 작은 레일라에게까지 발각되는 건 용납하기 어려웠다. 차차는 마음의 준비가 되어있지 않았다. 자존심, 자존심, 그놈의 자존심. 그 자존심이란 것이 그를 망가뜨리겠다고 협박하고 있었다.

그때 갑자기 밖에서 굉음이 들려왔다. 아주 가까운 곳에서. 누군가 침입하는 소리 같지는 않았다. 창문이 깨지는 소리 같은 건 아니었다. 자동차 추돌사고 같은 소리도 아니었다. 그건 마치 높이 쌓아놓은 접시들이 바닥에 쓰러져 박살이 나는 소리 같았다. 길거리엔 아무도 보이지 않았다. 큰방의 창문을 통해서는 포치 안쪽은 볼 수 없었고 단지 지붕만 보였다. 그런데 그곳에서 나오는 그림자가 집 진입로에 어른거리고 있었던 것이다.

"누군가가 포치에 있는데." 차차가 속삭였다. "화분을 엎은 것 같아."

"어떻게 해요, 오빠? 오빠, 총 있어요?"

"총? 넌 내가 총하고 어울린다고 생각하니? 그러는 넌 있어? 여기서 혼자 지내는 건 너잖아."

"경찰에 연락해야겠어요." 레일라가 핸드폰을 꺼내 플립을 열자 방안이 빛으로 채워졌다. 지금 같은 상황에서는 반갑지 않은 불빛이었다. 차차가 핸드폰을 빼앗아서 플립을 닫아 버렸다.

"잠깐 기다려 보자. 그냥 술 취한 사람일 수도 있어. 술 취한 이웃을 경찰에 신고하는 건 예의가 아니잖니. 아마 알아서 갈 거야. 아래 방범문을 부수지는 못할 거고."

레일라는 자신의 거칠어진 숨소리를 통제해 보려 노력했지만 차차만큼 태연해 보일 수는 없었다. 그녀는 최근에 본 이 동네에 관한 뉴스와 소문들이 떠올랐다. 집으로 가던 14세 소녀가 90년대 모델 승용차를 탄 두 명의 남성에게 납치되어 트렁크에 갇힌 채 근처 빈집으로 끌려가 강간을 당한 후 그곳에 버려졌다는 이야기와 작년 2월 볼드윈 인근 지역에서 경찰과 인질범 간의 총격전 끝에 여섯 살 꼬마 아이가 살해되었다는 이야기들이었다. 그녀는 여전히 거친 숨을 몰아쉬고 있는 자신이 바보처럼 느껴졌다.

분명 누군가가 포치에서 무거운 보폭으로 움직이고 있었다. 발자국 소리가 위층에 있는 차차와 레일라에게도 또렷이 들릴 정도였다. 그가 발끝 또는 주먹으로 문을 쾅하고 쳤다. 또 하나의 빈 화분이 포치 바닥 위로 떨어져 산산조각이 났다.

"누군가 집에 있다는 걸 알면서 저러는 걸 수도 있잖아요." 레일라가 말했다.

정체불명의 사내는 그 후에도 한동안 포치 위를 쿵쾅거리며 부산하게 오갔다. 그렇게 몇 분이 지났을 때, 그가 갑자기 유쾌한 멜로디의 휘파람을 불기 시작했다. 레일라는 그 멜로디가 왠지 귀에 익었지만 어디에서 들었는지 기억해 낼 수 없었다. 그러나 차차는 그 노래를 알고 있었다, 심지어 가사까지도.

이 기차는 영광을 향해 달려갑니다, 이 기차는
이 기차는 영광을 향해 달려갑니다, 이 기차는
이 기차는 거짓말쟁이, 사기꾼, 술꾼들을 태우지 않습니다.

이 기차는 영광을 향해 달려갑니다, 이 기차는

레일라는 오빠의 몸이 갑자기 움찔하는 것을 느꼈다. 그가 침대에서 일어났다.

"난 더 이상 이러고 있지 않을래." 그가 말했다. "피곤해."

그녀가 막을 겨를도 없이 그는 이미 방을 나가 힘들게 계단을 걸어 내려가고 있었다. 프란시스 터너는 둘이서 낚시를 가거나, 축구게임에 데리고 갈 때, 또는 혼자서 정원을 가꿀 때 그 노래를 흥얼거렸었다. 트로이는 프란시스에게 가사를 물어볼 생각조차 한 적이 없었지만, 살면서 내내, 특히 신경 쓰이는 일이 있을 때는 이 멜로디의 휘파람을 불곤 했었다. 데이빗에게 얻어맞은 눈이 아팠다. 그는 부은 눈을 만지작거리느라 잠시 소동을 멈춰야 했다. 그때 현관문이 열리고 덧문이 열리더니 차차가 분노에 찬 눈으로 집에서 나오는 게 보였다.

"넌 유령이 아니야! 네가 아닌 걸 알아! 그러니 날 좀 내버려 둬!"

트로이는 이 말이 무슨 의미인지 채 해석할 시간이 없었다. 왜냐하면 문을 나온 차차가 마치 레슬링 선수처럼 어깨를 낮춘 자세로 자신을 향해 돌진해 오고 있었기 때문이었다. 트로이는 좀 전에도 데이빗을 진압하는 데 실패했었다. 경찰의 수치였다. 그의 긴 국수 가락 같은 손과 발은 경찰인 그에게도 너무나 빠른 것이었다. 그렇지만 차차는 묵직하고 단단했으나 느렸다. 트로이는 디트로이트 경찰국에서 훈련받은 대로 돌진해 오는 차차의 어깨와 목 사이를 강하게 내리눌렀다. 차차는 바닥으로 쓰러졌다. 트로이는 그를 엎드린 자세로 돌린 후, 무릎으로 그의 등을 찍어 누른 다음 그의 팔을 뒤로 힘껏 꺾었다. 수갑을 채울 수 있는 진정으로 완벽한 자세였다.

"오빠 엉덩이! 트로이 오빠, 차차 오빠 엉덩이 부서져!" 레일라가 소리쳤다.

"엉덩이는 무슨 엉덩이? 형이 나한테 살인 태클을 하려 했다고. 알아?"

트로이가 맞받아 소리쳤다. 그는 취해 있었다. 그것도 많이. 차차가 숨넘어가는 소리를 냈다.

"숨을 못 쉬잖아! 너, 미쳤어?"

트로이의 무릎과 손은 차차의 말을 듣지 않았다. 몹시 단호했다. 그를 죽일 생각은 물론 아니었지만 형을 놓아줘서는 안 된다는 경찰로서의 본능이 발동하고 있었다.

차차는 숨을 들이마시려고 노력했다. 포치는 더러웠고 깨진 테라코타 화분 조각들은 그의 볼을 찌르고 있었으며 흙먼지는 그의 혀를 뒤덮었다. 차차는 트로이의 숨구멍에서 나는 술 냄새를 맡을 수 있었다. 더 놀래야 했다고, 그는 생각했다. 더 놀래야 했는데, 그러지 않았다고. 화도 나지 않았다. 적어도 아직은. 그는 초자연적인 무언가와 직면하려고 애로우를 찾았었다. 하지만 정작 그가 만난 건 자신을 배신하고, 다치게 하고, 혼란스럽게 하는 형제들뿐이었다. 그냥 형제도 아니었다. 자신의 아이들이 태어나기 전까지 그가 직접 키웠던 어린 형제들이었다.

"널 우리 집으로 데려가려고 온 거야. 네가 안 돼 보여서." 트로이가 레일라를 향해 말했다. "데이빗에게 이야기 들었어. 너희 둘이 몰래 붙어 다니면서 딴짓 한 이야기며, 네가 이 빈집에서 마약 중독자들처럼 숨어 살고 있는 이야기며, 이 이야기 저 이야기 전부 다."

"오빠, 완전히 미쳤구나." 레일라가 말했다. "차차 오빠 풀어줘. 안 그러면 경찰을 부를 거야."

차차는 트로이가 웃는 소리를 들었다. 영화 속 악당 같은 가식적인 웃음이었다. 그 바람에 그의 등에 느껴졌던 압력이 조금 느슨해졌다. 차차는 꺾인 팔을 풀고는 몸을 옆으로 굴려 트로이에게서 벗어난 다음 포치 난간 쪽으로 재빠르게 기어갔다. 그는 일어서서 주먹을 쥐고 할 수 있는 데까지 자신을 보호할 준비 자세를 취했다. 하지만, 트로이는 더 이상 그를 쫓아오지 않았다.

"데이빗이 한 말이 사실인지 보려고 왔는데, 밖에 차차 형 차가 있더라고. 그래서 생각한 건, 안으로 들어가서 형하고 얘길 좀 하려고 했어. 아무도 형한테 있는 그대로 말하는 사람이 없잖아, 안 그래?"

트로이가 차차가 서 있는 쪽을 쳐다보았다. 울고 있는 것이 확실했고 그의 멍든 눈은 더 부풀어 올라서 마치 윙크를 하려고 한쪽 눈을 감은 것처럼 보였다. 그때 가로등이 꺼졌다가 다시 켜졌다. 그 때문에 레일라는 그들이 12시가 넘은 밤에 포치에서 소동을 부리고 있다는 사실을 비로소 깨달았다. 그녀는 차차에게 가서 서 있는 것을 부축해야 한다고 생각했지만 꼼짝도 하지 않았다. 트로이는 포치 계단 난간에 기대어 앉았다. 그는 손을 들어 손가락으로 차차를 지목하듯 가리켰다.

"눈이 오는 날, 형이 나를 밖에 나가 있게 했어요. 왜 그랬어요?"

"너랑 그런 이야기 안 할 거야." 차차가 말했다. "내게 뭘 원하는지도 모르겠고."

"차차 오빠 좀 그냥 내버려 둬." 레일라가 트로이를 향해 말했다.

데이빗이 그 칼 때문에 트로이와 한판 했다는 것을 알 수 있었다. 그는 트로이가 대답할 수 없는 답을 들으러 햄트램크에 갔을 것이다. 트로이는 20년 전이나 지금이나 자신이 그 칼을 왜 훔쳤는지 설명할 수 없었을 것이다. 하지만 레일라는 오빠의 동기를 쉽게 상상할 수 있을 것 같았다. 원인은 질투나 자존심에 있을 것이고, 행위 자체는 장난으로 포장되었을 가능성이 높다. 타사카라는 해병이 여자들에게 인기가 더 많았을 수도 있고, 더 똑똑했을 수도, 아니면 그냥 트로이의 마음에 들기에는 너무 현란한 사람이었을 수도 있을 것이다. 그녀는 트로이 오빠도, 차차 오빠도, 그리고 자신도, 하나같이 불쌍한 사람들이라고 생각했다. 답을 찾으려는, 존중을 받으려는, 또는 자기 머릿속에 쥐꼬리만큼의 정적이라도 찾으려는 그들의 노력은 애처로웠다.

자동차 한 대가 집 앞 도로 위를 지나가자 세 사람은 동시에 그 차를 쳐다보았다. 하지만 누구도 안으로 들어가려고 움직이지 않았다.

"내가 원한 건 팀 신발이랑 저지뿐이었어요. 그게 다였어요."

"하나님, 무슨 신발?" 차차가 말했다. 그는 입에 있는 흙을 뱉어냈다. "난 너와 레일라가 원하는 건 다 사줬어. 많지 않은 돈을 쪼개서 살 수 있는 건 다."

트로이는 고개를 심하게 젓더니 마치 어지러운 듯 손을 관자놀이에 갖다 댔다.

"아니야, 형. 형이 날 추운 밖으로 내쫓았어. 처키랑 토드는 따뜻한 집에 있는데 나는 밖에서 기다리게 했다고."

"맙소사." 레일라가 말했다. "트로이 오빠, 제발 그만할 수 없어? 그딴 건 이제 잊어버려."

"아니, 아니. 그냥 이야기하게 둬." 차차가 레일라를 향해 말했다. 물론 트로이도 듣기를 바라면서. "다들 내가 뭔가 자기에게 빚을 졌거나, 무슨 짓을 했다고 생각해. 대체 내가 무슨 짓을 했는지 들어나 보자. 말 해, 트로이. 네가 하고 싶은 말을 해봐."

막상 허락이 떨어지자 트로이는 무슨 말을 하고 싶었는지 확신이 서질 않았다. 데이빗이 그에게 펀치를 날리고 얼마 지나지 않아 질리언이 집에 들어 왔다. 그녀는 그에게 약을 발라주지도, 위로 따위를 선사하지도 않았다. 대신 자신이 무슨 짓을 해서 데이빗과 싸우게 되었으며, 무슨 싸움을 걸어 데이빗이 자신을 때렸는지 물었다. 그를 사랑한다는 여자마저도 그가 의견충돌에서 옳은 쪽에 서 있을 거라고 믿지 않았다. 그녀는 왜 그런 사람과 함께 있는 걸까? 그는 집에서 나와 차에서 헤네시 코냑 1/5병을 마시고 이곳으로 차를 몰았다. 동생을 구하고 더 큰 사람이 되기 위해. 이건 사실이었다. 하지만 집 앞에 주차되어 있는 형의 차를 보는 순간 그 잘난 정의감마저도 꼬리를 내리고 말았다. 그는 그저 약하고 술에 취해 있을 뿐이었다. 차차 형은 직접 또는 간접적으로 트로이의 삶에서 가장 실망스러운 상황들의 원인 제공자였다. 그리고 이것도 사실이었다.

"형 때문에 제가 다시 이곳으로 돌아온 거예요, 알아요? 디트로이트로요. 형을 돕고 싶었어요."

"뭘 돕고 싶었는데?" 레일라가 말했다. 트로이는 레일라를 보며 얼굴을 찡그렸다. 금방이라도 속을 비워낼 것처럼 그의 입술이 떨렸다.

"차차 형에게 말하고 있잖아! 형 때문에 이곳에 온 거야, 형을 도우려고. 여기서 엄마랑 살기까지 했잖아."

"그건 오빠가 독립할 수 있을 때까지 그런 거잖아." 레일라가 되받았다. "거짓말하지 마."

트로이는 그녀를 무시했다.

"형은 남의 말을 안 듣는 게 문제예요. 이 집 문제만 해도 그래. 그냥 질리언에게 공매받게 하자고 했잖아요. 그런데 안 된다고 했죠. 형 생각이 아니니까 좋은 생각이 아니라는 거잖아요. 그래서 형 몰래 하려고 했어요, 제가요. 그거 알아요, 형?"

차차는 너무 많은 것을 한꺼번에 느끼고 있었다. 분노. 트로이를 한 대 때리고 싶었다. 아주 세게 두들겨서 정신을 차리게 하고 싶었다. 환멸. 앨리스는 자신이 장남이자 가장으로서 형제들로부터 많은 존경은 받고 있다고 했다. 친구는 없을지언정. 그런데 이제 보니 존경 또한 존재한 적이 없었다. 그리고 마지막으로 혼란. 자신이 정말 그토록 형제들에게 고집 세고 융통성 없는 사람이었던가? 자신을 속이면서까지 자신의 말을 거역할 정도로? 이런 감정들이 안에서 소용돌이치고 있었다. 그는 다 포기하고 싶었다. 얼른 은퇴해서 집을 팔아버리고 1/13이 아닌, 1/1이 되고 싶었다. 어디론가 도망치듯 이사라도 하고 싶었다. 그는 더 이상 자신의 인생을 이들을 위해 헌납하고 싶지 않았다.

"난 아무 문제도 없었어." 트로이가 레일라를 향해 말했다. "그런데 네가 데이빗하고 자면서 모든 게 꼬여버렸다고. 그런데 그거 알아? 난 네가 데이빗이랑 자든 말든 상관 안 해. 아무 상관없다고. 그런데 대체 무슨 짓을 한 거야, 어? 그 자식한테 무슨 짓을 했기에 우리 가족 모두가 독이라고, 너랑 나랑 쓰레기라고 지껄이는 거냔 말이야. 우리 둘 다 도움이 필요하다고. 내가 빌어먹을 나쁜 놈이라고! 그 자식은 자기 형 마약중독도 어떻게 못 하면서 말이야. 그런데 너 때문에 우리가 그 자식보다도 못한 인간들이라고 생각하잖아."

레일라는 일어서서 엉덩이에 묻은 먼지를 털어냈다.

"난 도움이 필요했을 뿐이야." 레일라가 말했다. "그런데 오빠 좀 봐! 다 큰 남자가 울면서 달려와서 차차 오빠에게 답을 찾고 있잖아. 마치 차차 오빠가 아버지라도 되는 것처럼. 아버지는 돌아가셨어. 돌아가신 지 오래되었다고! 오빠의 개 같은 인생을 탓하려거든 오빠 자신한테나 하라고. 알았어?"

트로이도 일어섰다. 포치 난간에 기대야 설 수 있을 만큼 몸이 휘청거렸다.

"넌 이 집에서 불법 거주나 하고 있었잖아. 거지 같이 말이야!"

레일라가 그를 향해갔다. 두 사람은 코가 거의 닿을 정도로 가깝게 서 있었다. 그의 입에서 악취가 났지만 그녀는 개의치 않았다.

"오빠 이 집을 팔려고 뭔가 구린 짓을 하려던 거 아니었어? 뭘 계획했는지는 모르지만 오빠가 나보다 나은 건 없어. 그렇게 생각했다는 것만으로도 역겨워."

— * —

그들은 서로를 향해 소리치고 있었다. 차차는 그들을 떨어뜨려 놓아야 한다는 걸 알았지만 망설였다. 이런 상황에서 둘을 떨어뜨려 놓는 건 어릴 적 그들이 싸울 때 자신이 개입했던 것과 너무 비슷했다. 그들은 더 이상 어린아이가 아니지 않은가. 그래서 그는 잠시 앉아서 둘을 지켜보기로 했다. 레일라가 굽히지 않는 모습을 보며 차차는 조금 대견하다는 생각을 했다. 한편으로는 이 둘은 그의 최초의 자식들이었는데, 자신이 그들을 잘못 키운 것 같아 마음이 무거웠다. 자신의 자식들은 잘 자라 주었지만 그것은 어디까지나 티나의 힘이었다. 의심의 여지가 없었다. 어쩌면 그가 이런 책임을 감당하기에는 너무 어린 나이였는지도 모르겠다. 트로이와 레일라 두 사람에게 바람직한 형태와 모습을 만들어주기에는. 그는 그냥 실패한 것이다.

차차는 실패에 진절머리를 쳤다. 갑자기 피곤이 몰려왔다. 육체적으로 이미 탈진한 상태였다. 그는 그냥 여기 포치에서 바로 잠들 수도 있을 것 같았다. 길게 뻗은 포치를 보면서 정말 한쪽 모퉁이로 가서 잘까도 생각했다.

그 순간 그의 유령이 나타나 있었다. 그의 유령이라기보다는 새로운 모습의 유령이었다. 헐렁한 바지와 러닝셔츠를 입은 삐쩍 마른 남자가 서 있었다. 그리고 그 위에 차차가 너무나 잘 알고 있는 푸른빛이 비치고 있었다.

"저거 보여?" 차차가 속삭이듯 말했다.

레일라와 트로이는 싸움에 열중하고 있었다.

"저기! 바로 저기! 보이냐고?"

귀신은 기지개를 켜듯 두 팔을 머리 위로 들어 올리고 그늘진 입을 열어 하품을 했다. 마치 유령으로 차차 앞에 나타나는 것이 피곤하다는 듯. 더 중요한 일이 있다는 듯. 유령이 차차를 향해 한 발 다가왔다. 트로이와 레일라는 이 상황이 전혀 안중에도 없는 것 같았다.

"조용히 해. 조용하고 저것 좀 봐." 그가 말했으나 그들은 그의 목소리를 듣지 못했다. 유령이 세 발자국을 더 다가왔다. 차차는 세상에서 가장 센 펀치를 맞은 듯 숨을 쉴 수 없었다. 그리고는 끝났다.

— * —

차차를 먼저 본 건 트로이였다. 눈 한쪽으로 차차가 입을 벌린 채 몸을 앞으로 숙이고 있는 모습을 보았다. 귀를 차차의 입 가까이 댔다. 아직 숨은 쉬고 있었다. 볼을 살짝 쳤는데도 그는 의식을 되찾지 못했다. 트로이는 겁먹지 않으려 노력했다. 술이 갑자기 깨는 것을 느꼈다.

"젠장." 그가 말했다. 차차의 팔을 자기 어깨 위로 둘렀다. "병원으로 가야 해."

"911에 연락할까?"

트로이는 출동 소요시간과 교차로를 생각했다. 동료 긴급대원들이 오늘 밤 이 주소로 오는 일에 의무를 다할 것이라고 믿지 않았다.

"아니, 우리가 차로 가야 해. 빨리."

차차의 몸이 죽은 사람처럼 축 늘어져서 더 무거웠기 때문에 차까지 가는 게 쉽지 않았다. 두 사람은 차차를 SUV 뒷좌석에 태웠다. 트로이는 레일라를 뒤에 끼어 앉게 했다.

"계속 숨을 쉬고 있는지 확인해." 그가 명령했다.

백미러를 통해 레일라가 차차의 어깨를 흔들고 팔 아래쪽 물렁살을 꼬집는 모습이 보였다. 차차는 신음 소리를 냈지만 깨어나지 않았다.

"자꾸 괴롭혀 봐야겠어." 레일라가 말했다. "일어날 거야."

트로이는 비상경고등을 켜고 그라시오 거리를 빠른 속도로 달렸다. 자신의 잘못이라고 확신했다. 차차를 진압했을 때 너무 세게 몰아붙였을지도 모르고, 가슴을 너무 압박했을지도 모른다. 도대체 왜 그런 짓을 한 걸까? 인정받으려고? 차차가 깨어난다 해도, 트로이는 자신이 터너 가족에서 영영 파문당할 것이라고 생각했다. 토하고 싶은 욕구가 다시 생겼다.

"여기 물병이 있어." 레일라가 말했다.

뚜껑을 열어 병에 든 물 대부분을 차차의 얼굴에 쏟아부었다. 이것으로도 차차를 깨우지 못하자 그녀의 입에서 끔찍한 신음 소리가 새어 나왔다.

"정말 큰 문제라도 생기면 어떻게 해?" 레일라가 말했다.

트로이는 아무런 대답도 할 수 없었다. 병원에 도착하자 그는 차를 응급실 앞에 세우고 도움을 청하러 안으로 뛰어 들어갔다.

응급요원들이 그를 들것에 올리자마자 차차는 눈을 떴다.

"잠깐만요, 깨어났어요!" 레일라가 말했다. 하지만 그들은 이미 차차를 병원 안으로 데리고 들어가고 있었다.

"좀 괜찮아요, 오빠?" 레일라는 소리치듯 물었다.

차차는 온몸이 아팠다. 하지만 육체적인 고통 말고는 그 어떤 느낌도 없었다.

차차는 정신이 든 상태였고 말도 했다. 딱히 심장마비 증상

468

도 없었기에 응급실 스텝들은 그를 휠체어에 태워 간호사들 앞에 세워 놓았다. 두 사람은 응급실 안으로 들어가서 차차를 보고 싶었지만 그럴 수 없었다. 트로이가 배지를 휘둘러보았지만 소용이 없었다. 트로이는 배지를 다시 집어넣었다. 건방지게 굴었던 것을 사과하고 친절하게 다시 요청을 했지만 허사였다. 둘은 응급실 대기실에 앉아 기다렸다. 한눈에 봐도 차차보다 훨씬 심각해 보이는 사람들로 즐비했다. 목 옆으로 상처가 나서 피 묻은 거즈를 테이프로 붙이고 있는 청소년. 어깨에 끔찍하게 검푸른 멍이 든 아이. 고름이 가득 찬 부은 발을 나이키 슬리퍼에 끼워 넣고 있는 노인. 신음 소리를 내며 코를 훌쩍이는 젊은 여성까지. 트로이는 티나에게는 전화하지 말라고 레일라에게 간청했다. 그녀 또한 너무 죄스러웠기에 그의 말에 따랐다.

차차는 물을 마시며, 자신에게 무슨 일이 있었던 건지 기억하려 애쓰고 있었다. 그때 키가 크고 수염이 멋진 남자 간호사가 그에게 다가왔다.

"어떻게 된 거예요? 아드님이 환자분께서 기절하셨다고 하셨잖아요?"

"아들이 아니고 동생입니다. 기절했는지는 잘 모르겠어요. 제가 그걸 보고, 그러니까 술도 좀 많이 마셨고, 요즘 통 잠을 못 잤거든요."

간호사는 차차가 도착한 후 이미 두 번이나 겪은 과정을 정확히 다시 반복했다. 눈에 의료용 플래시를 비추고, 목과 귀를 확인한 다음 심장박동 소리를 듣고 일어나더니 팔짱을 끼고 인상을 찌푸렸다. 그리고는 다시 심장박동 소리를 들었다.

"기절했을 수도 있어요. 피로와 탈수 때문이었을 수도 있고요. 일단 아이브이를 하나 꽂고 잠시 체액 보충을 하는 게 좋겠어요. 그리고 몇 가지 혈액 검사도 해보는 게 좋을 것 같고요. 혹시 모르니까요."

차차는 복도를 지나 창 없는 감방 같은 곳으로 옮겨졌다. 그곳에는 개인병실을 배정받을 만한 질병이 없어서 집에 가도 된다는 승인을 기다리고 있는 사람 여섯 명이 침대에 눕거나 푹신한 의자에 앉아 있었다.

차차는 동생 퀸시가 자신과 통화할 때 히스테리라는 단어를 썼던 걸 기억했다. 그는 이 정체불명의 히스테리가 자신을 죽이는 일은 없어야 한다고 생각했다. 더 이상 귀신 때문에 잠 못 자는 일이 있어서는 안 된다고. 차차는 수면제를 먹기로 결심했다. 그 나이에 혈압약과 종합비타민만 먹고 사는 것도 기적 같은 일이었고, 당분간 약 하나 정도 추가한다고 큰일이 나진 않을 테니까. 사실 차차는 유령의 정체를 알아내고 뭔가 결론을 내야 한다는 생각에 수면제는 고려한 적이 없었다. 하지만 유령이 움직이며 위험을 가할 수도 있는 인간의 형체로 나타난 이상, 차차는 더 이상 고집을 피우지 않기로 했다. 차라리 자고 있을 때 유령에게 죽임을 당하는 게 낫겠다고 생각했다.

"오빠, 뭐 본 거 있어?" 레일라가 트로이에게 물었다. "유령 같은 거 말이야?"

"아니." 트로이가 대답했다.

"차차 오빠가 말하는 불빛 유령과 그냥 유령의 차이가 뭐야? 남쪽 흑인 유령인 거야? 루씰 이모랑 올리비아 이모가 돌아가셔서 유감이야. 살아계셨다면 이런 옛날이야기는 훤히 꿰고 계셨을 텐데."

그녀와 트로이가 죄책감을 감당하는 방법은 매우 달랐다. 트로이는 가만히 앉은 채 가능하면 아무 말도 하지 않으려 노력했다. 하지만 레일라는 끊임없이 재잘거리면서 긴장감을 감추고 있었다. 트로이는 지난 1년간 그녀가 했던 말보다 오늘 밤 더 많은 말을 뱉어내고 있다고 생각했다.

레일라는 트로이가 불쌍하다고 생각했다. 그가 오늘 포치에서 보인 행동은 너무 황당하고 분명 잘못된 것이었으며 심지어 파괴적인 투정과도 같았지만, 결국에는 차차에게 사랑을 구애하는 것과 다름없었기 때문이었다. 차차가 유령과 특별한 순간을 나누는 동안-그녀는 유령이 진짜이기를 간절히 원했다- 자신은 그런 트로이를 찍어 누르고 깎아내리느라 혈안이 되어 있었다. 그녀는 10대 때 트로이가 붐 박스를 혼자 차지했던 것까지 끄집어내서 그가 얼마나 이기적인 인간인지 각성시켰다. 그의 전처 카라에게는 비겁한 바람둥이였으며-카라는 정말 딱 그렇게 말했었다- 새 여자 친구 질리언을 정서적으로 학대하고 자기 뜻대로 조종하려 한다고 비난했다. 그 순간에는 이런 추한 말들이 통쾌하게 느껴졌지만 그녀가 이렇다 저렇다 할 자격이 없는 말들임에는 분명했다. 물론 트로이도 가만있지는 않았다. 그가 반박으로 건넨 그녀가 실패자이고 거짓말쟁이며, 데이빗과 자신의 우정을 망쳐버렸다는 말은 레일라에게는 용서하기 어려운 것이었다. 사과를 받고 싶지도 않을 만큼. 형제들 간의 싸움이란 원래 이렇게 서로에게 상처를 남긴 채 항상 무승부로 끝나는 건지도 모르겠다고 레일라는 생각했다.

남자 간호사가 밖으로 나와 차차가 괜찮을 것 같다는 소식을 전했다. 수액을 다 맞고 나면 집에 가도 될 것 같다고.

트로이는 앉은 자리에서 고개를 푹 숙였다. 안도감이 너무 깊었던 나머지 그는 어지럼증을 느껴야 했다. 지난 4시간 동안, 공포가 그의 목을 조르고 있었다. 차차에게 정말 무슨 일이 일어날 것만 같은 공포. 자신이 그런 차차에게 돌이킬 수 없는 손상을 입혔다는 공포. 만약 차차가 정말 잘못되기라도 했다면 트로이는 그 공포로부터 영원히 헤어 나올 수 없었을 것이다. 트로이에게 사랑, 섹스, 우정에 대해 프란시스의 부실했던 설명을 메워 주었던 사람이 바로 차차였다. 고등학교 마지막 댄스파티를 앞두고 콘돔을 사러 같이 가 주었던 사람도 차차였다. 트로이는 그 전에 동정을 잃었지만 차차의 그런 행동은 트로이에게는 큰 의미였다. 그의 전처 카라가 딸 카밀을 데리고 독일에 간다고 했을 때 양육권을 포기하라고 했던 것도 차차였다. 아이는 엄마와 있는 것이 더 좋다고. 그리고 그의 말이 맞았다.

트로이는 자신에게 무언가가 주어졌을 때 그것에 좀처럼 만족감을 느끼지 못했다. 직업도 그랬고, 선물도 마찬가지였으며, 심지어 여자도 그랬다. 하지만 딸 카밀만큼은 달랐다. 그리고 오늘 차차가 괜찮을 거라는 소식이 주어졌을 때도 트로이는 더할 나위 없이 만족스러웠다. 트로이는 갑자기 카밀이 보고 싶어졌다. 그 아이는 자신에게 있어선 최고의 성과물이었다. 그는 집으로 가야겠다고 생각했다. 인터넷으로 비행기 표를 찾아보고 가능한 한 최대한 빨리 카밀을 보러 떠나기로 했다. 조만간 있을 비올라의 파티에서는 아직 형제들을 만날 면목이 없었다.

새벽 5시 30분쯤, 간호사가 차차를 태운 휠체어를 밖으로 끌고 나왔다. 지팡이가 없었기 때문에 차까지 걸어가지 못하게 했다.

— * —

트로이는 애로우를 향해 천천히 차를 몰았다. 새벽녘 길가는 텅 비어 있었고, 동쪽 하늘에서는 새로운 날을 밝힐 빛의 정체가 조금씩 드러나고 있었다.

"이렇게 조심스럽게 운전하지 않아도 돼, 트로이. 난 괜찮아."

트로이가 가속페달을 아주 조금 더 세게 밟았다. 백미러를 통해 둘의 눈이 마주쳤다.

"차차 형." 그가 말했다. "저 행복하질 않아요. 그거예요. 그냥 행복하지 못한 거. 레일라 말로는 내가 형한테 모든 잘못을 돌린대요. 맞는 말이에요. 제가 어제 거기 가서 왜 막 부수고, 그런 바보 같은 짓을 했는지 모르겠어요. 술에 취했고, 데이빗하고 싸운 것에 화나 있었어요. 질리언과도 헤어지게 될 것 같아요."

"그래." 차차가 말했다.

트로이는 애로우집 진입로로 들어서기 위해 속도를 줄였다.

"그러니까, 제가 그러니까 하고 싶은 말은요. 형을 탓하지 말았어야 했어요. 포치에서 바보 같은 짓도 말았어야 했고요. 형을 바닥에 쓰러뜨린 건 정말 해선 안 되는 거였어요. 제가 바보였어요. 특히 형 몰래 집을 팔려고 했던 것도요."

그는 집 앞에 차를 세웠다.

"죄송해요, 형. 모두 다 사과드릴게요."

그렇게 그는 사과를 했다.

"고맙다, 트로이." 차차가 말했다. "그렇게 말해줘서 고마워."

트로이는 깨진 화분을 쓸어냈고, 레일라는 큰방에서 그녀의 물건을 챙겨 집 밖으로 나왔다. 당분간 차차 오빠 집에서 머물 생각이었다.

진짜 군인아저씨의 귀환
(1945, 봄)

프란시스가 종교를 멀리하고 8개월이 지났을 무렵, 유럽의
전쟁은 끝났고 그의 두꺼운 입술을 소유한 보딩하우스의 정부
오델라 위더스는 유부녀였다는 사실이 드러났다. 프란시스는
금형공장에서의 긴 하루를 끝내고 집으로 돌아가고 있었다. 워
크웨이로 들어서자 오델라가 움푹 파인 얼굴과 구릿빛 머리카
락을 가진 군복을 입은 한 남자와 다 찌그러져가는 포치에 앉
아 있는 모습이 보였다. 일등병 데니스 위더스가 흑인사회뿐
아니라 전국적인 전쟁영웅이 되어 이탈리아에서 돌아왔던 것
이다. 오델라는 자신의 남편과 자신의 정부(情夫)를 아주 캐주
얼하게 소개했다. 마치 파티에서 또는 교회에서 만난 두 남자

를 인사시키듯.

"아칸소요? 그럼 이곳엔 혼자 온 거예요?"데니스의 억양은 야구 해설위원처럼 딱 떨어지고 활기찼으며 남쪽 냄새라고는 전혀 찾을 수 없었다. "당신 열여섯 살도 안 돼 보이는데?"

프란시스는 오랜만에 그의 2인실에서 잠을 잤다.

그녀를 잃고 나서, 그는 맥네어를 제외하고는 오델라가 그의 유일한 친구였음을 깨달았다. 자신에 대한 그녀의 부정은 그를 슬프게 했다. 여자는 그럴 수 없다고 생각했다. 사랑하는 남자를 접어서 넣어 놓고 그의 이름을 더 이상 입 밖으로 꺼내지 않는 것. 데니스가 돌아온 지 1주일이 지나고 프란시스가 평범한 2인실 임차인으로 돌아갔을 때, 그는 오델라에게 침구를 찾으러 가서 그녀에게 물었다. 언제부터 남편 기다리는 걸 포기했는지를.

"당신이 저 문으로 들어왔을 때부터."오델라가 말했다. "떠난 지 이미 1년 반이 지났었고 그는 편지도 없었어. 단 한 번도. 남쪽에서 훈련받을 때도 말이야. 난 그가 죽었거나 아니면 날 버렸거나 둘 중 하나라고 생각했어. 그렇게 하고서도 아내가 기다려 주길 바라면 안 되는 거잖아."

"그런데도 그를 다시 받아줬잖아."프란시스가 말했다.

"그렇다고 용서한 건 아니야."

데니스 위더스가 왜 편지를 한 번도 하지 않았는지 알 것도 같았다. 생각했던 것보다 자신 앞에 놓인 현실이 더 참혹하다면, 자신의 여자에게 무엇을 말할 수 있을까? 몇 번의 술 파티와 밤 생활을 즐긴 후 프란시스는 현실을 바라보게 되었다. 여기저기 스며있는 혼잡함과 정직하지 못한 장사꾼들, 그리고 특권층만 받아주는 식당들이 즐비한 디트로이트는 외롭고 등골 빠지는 도시라는 현실을. 여자에게 이런 실망감과 두려움을 알리기엔 분명 용기가 필요했다. 프란시스는 그의 아내를 생각했다. 그녀는 두 번째 기회를 주는 것에 대해 오델라 위더스처럼 열린 마음을 가지고 있지 않은 강단 있는 여자였다. 자신의 비종교적인 시간이 끝에 다다랐다는 걸 그는 알 수 있었다.

그만둬야 할 때
(1945, 봄)

해롤드 조겟츠는 어느 5월 목요일 아침에 그의 하이체어에 서 떨어졌다.

에텔 조겟츠는 아침에 보통 토스트 한 조각 이상을 먹지 않았지만, 그 날 아침 그녀는 "오늘은 비스킷이 어때, 비올라?"라고 말했다. "네가 여기 와서 비스킷은 한 번도 만든 적이 없는 것 같아."라고도 했고. 그래서 비올라는 식료품 저장실에서 밀가루를 찾고 있었다. 그녀가 생각하기에 적합한 장소가 아닌 에텔이 원하는 장소에 물건을 돌려놓느라 비올라는 2주 정도의 적응 기간이 필요했다. 그리고 할 줄 모르는 음식을 위해 언니들이 적어준 레시피 쪽지들을 앞치마 주머니에 넣고 다녔다.

다행스럽게도 비스킷은 비올라가 할 줄 아는 요리였다. 조금의 밀가루와 쇼트닝, 베이킹파우더, 그리고 약간의 소금이면 충분했다. 그녀가 밀가루와 밀가루 체를 들고 저장실을 나오고 있을 때였다. 갑자기 '쿵' 하는 소리가 들려왔다. 비올라는 소리가 난 곳을 직감하고 황급히 해롤드에게 달려갔다. 이미 에텔 조겟츠가 그곳에 서 있었다. 해롤드가 그의 하이체어에서 떨어질 때, 그녀는 아들에게 등을 돌린 채 식당 테이블에 앉아 남은 커피를 마시는 중이었다. 이게 다였다. 비올라의 얼굴로 따귀가 날아왔다. 그녀가 주인인 자신보다 더 늦게 나타난 죄였다. 만약 그녀가 에텔보다 먼저 해롤드에게 도착했다면 상황이 달라졌을까? 비올라는 그녀의 따귀를 되돌려주고픈 마음이 간절했다. 아이는 관자놀이 부근에서 피를 흘리며 자지러지게 울기 시작했고 에텔은 그런 아이를 보며 어찌할 바를 몰라 했다. 비올라는 그녀를 향해 도움의 손길 따위는 내밀지 않겠노라고 다짐했다. 물려받은 코트와 핸드백을 집어 들고, 비올라는 그곳에서 나와 버렸다.

첫 번째 버스가 그녀를 위해 멈춰 섰다. 낮에 운행하는 버스는 흑인 가정부에게 제공할 자리가 있었다. 비올라는 허리를 곧게 펴고 뒷좌석에 앉아 에텔 조겟츠에게서 벗어나게 되면 얻을 것 같았던 안도감을 찾고 있었다. 하지만 불가능한 일이었다. 다친 아이도 걱정되었지만 무엇보다 자신의 계획이 수포로 돌아갈까 두려웠다. 그녀는 떠나야 했다. 오마하나 클리블랜드로 가서 홀로 설 수 있을 때까지 오빠들의 도움을 받아야 했다. 아칸소는 이제 끝이었다. 그렇다. 클라이드나 제임스 아니면 조시아에게 전화를 해서 데리러 와 달라고 하던지, 조금 모아 둔 돈으로 기차를 타던지 결단을 내려야 했다. 그녀에게는 결혼반지가 없었다. 이 상황에서는 아쉬운 점이었다. 그녀의 좋은 의도에 대한 증거 같은 게 없었다. 좋은 엄마이기 전에 좋은 아내가 되려 했었고, 착한 여자로서 남편의 소식을 기다리려고 했다는 증거 같은 게 없었다. 비올라는 버스 창을 통해 밖을 바라보았다. 그녀의 할머니 할아버지가 묻혀있는 곳은 아니었지만 앞으로 그녀가 가게 될 그 어느 곳보다 버지니아와 가까운 곳이었다. 풍요로운 흙과 활기 넘치는 나무들. 들꽃이 만개한 작은 길들이 있는.

비올라는 두 번째 버스를 타기 위해 도로 옆에서 기다리고 있었다. 조겟츠의 집을 일찍 나온 적이 없었기에 두 번째 버스가 종일 운행하는지 아니면 흑인들을 일자리로 운반하는 시간에만 운행하는지 알지 못했다. 소변이 급했지만 그사이 버스가 지나갈까 봐 자리를 떠날 수도 없었다. 20분이 지나도 버스가 오지 않자, 비올라는 길에서 30미터 정도 떨어진 곳에 서 있던 큰 히코리 나무 뒤로 가 스타킹에 오줌을 지리는 것만은 막아야겠다고 생각했다.

일을 마치고 길로 돌아와 보니 그녀가 서 있던 자리에 패커드 승용차 한 대가 서 있었다. 비올라는 자신의 심장이 낮게 방망이질치고 있는 것을 느꼈다. 에텔 조겟츠가 한 번도 보지 못한 그의 남편을 보내 도망 간 가정부를 잡아 오라고 했을지도 모를 일이었다. 그런 생각만으로도 그녀는 차로 가까이 다가서기가 꺼려졌다. 아이가 생각보다 많이 다쳤을 수도 있다. 만에 하나 아이가 죽기라도 했다면 사태는 더 끔찍해질 것이다. 그녀를 방치 죄로 고발하거나, 뭔가 더 심한 죄를 뒤집어씌울 수도 있을 테니까. 젊은 흑인 여성이 가정부 역할에 소질이 없다는 것을 누가 믿어주겠는가? 그녀의 유일한 죄는 복잡한 식료품 저장실에서 물건을 빨리 찾지 못한 것이라고 하면 사람들은 과연 뭐라고 할까?

도망칠 수도 없었다. 여기서 그녀의 샷건하우스까지는 10킬로나 가야 했고, 이 길이 그곳으로 가는 유일한 길이었다. 비올라는 젖은 버팔로 잔디를 밟으며 차로 향했다.

흑인 남성이 패커드 승용차 운전석에 앉아 있었다. 다른 승객은 없었다. 차에 탄 사람은, 한때 남편의 후원자였고 자신의 외아들과 같은 이름을 가진 찰스 윌리엄 터프츠 목사였다. 그가 조수석 창문을 열었다. 얇은 챙이 있는 검은색 모자를 쓰고 양복 위에는 회색 울 코트를 입고 있었다.

"젊은 터너 부인 아니세요." 그가 말했다. "운송수단이 열렬하게 필요해 보이는데, 아닌가요?"

비올라는 고개를 끄덕였다. 자신을 집으로 데려다만 준다면 목사의 설교쯤은 견딜 수 있을 것 같았다.

목사는 특별히 갈 곳이 없는 사람처럼 보였다. 운전하는 내내 장갑 낀 두 손을 운전대에 얹고 40킬로를 한 번도 넘지 않으며 운전했다. 비올라는 그가 고급차를 보호하느라 이렇게 운전을 할지도 모른다고 생각했지만 갈 곳이 없어 보이는 건 마찬가지였다.

"고용주로부터 해고를 당했나 보군요." 그가 말했다. "유감입니다. 그런 상황은 언제나 불행하죠."

"해고요?" 그녀가 말했다. "왜 그렇게 생각하시죠?"

"얼굴에 부푼 자국이 있어요, 터너 부인. 손에 있는 손가락 숫자와 같은."

터프츠 목사는 그렇게 말하면서 장갑 낀 손으로 자신의 볼 부위를 매만졌다. 그는 오늘 아침 면도를 안 했다는 사실에 놀라워하면서 "우리 같은 피부색에 붉은 기가 생길 리 만무하지만 맞으면 부풀어 오르는 거야 다 똑같으니까요."라고 말했다.

비올라는 아무 대꾸도 하지 않았다. 한시라도 빨리 에텔 조겟츠를 머릿속에서 지우고 싶었다. 그녀에게 뺨을 맞고 난 후 비올라는 스스로에게 약속했었다. 이곳에서 있었던 굴욕은 자신만의 몫으로 남겨 놓기로. 그리고 그녀는 평생 그 약속을 지켰다. 터프츠 목사의 차가 집으로 가는 중간지점인 주유소를 막 지나고 있었다.

"저를 위해 설명할 필요는 없어요, 터너 부인." 터프츠 목사가 말했다. 그리고 잠시 뜸을 들인 뒤 다시 말을 이었다. "곧 북쪽으로 가시겠군요? 지금쯤이면 프란시스가 그곳으로 가족을 불러들일 계획을 세웠을 테니까요."

"아니요." 비올라가 말했다. "프란시스한테 연락 못 받았어요, 목사님. 한번 편지가 오고 그 후론 소식이 없었죠. 전혀요."

그는 그녀를 비웃는 것이었을까? 터프츠가 마을에 도는 소문을 못 들었을 리 없었다. 적어도 그녀에게 해고당할 일자리가 있었다는 소식을 알고 있었다면.

"그리고 이런 말씀 유감스럽지만, 목사님께서 그이가 떠나는 걸 부추기지 않으셨다면 그는 아직 여기에 있었을 거예요."

터프츠 목사는 인내심 가득 찬 얼굴로 '네가-뭘-좀-몰라서-말인데'라는 미소를 지어 보였다. 계산된 눈을 반짝이며, 설교할 때 가장 중요한 부분을 말하기 바로 전 짓던 그 미소를.

"틀린 말은 아니군요." 그가 말했다. "하지만 제가 아내에게 연락을 끊으라고 부추긴 적은 없는 것 같네요. 기억하실지 모르지만, 프란시스가 떠나기 전에 제가 추천서를 써 줬습니다. 만일 그가 그 추천서를 활용했다면 지금쯤 당신의 가족이 함께 있으리란 걸 믿어 의심치 않고요."

그 역시 틀린 말은 아니었다. 비올라는 오빠들을 떠올렸다. 과연 누가 자신의 탈출을 도와줄 수 있을까. 또다시 남자에게 자신의 운명을 맡겨야 한다는 것이 그녀를 분노케 했다. 그녀는 이곳을 떠나고 싶었다. 그리고 당장 이 차에서 내리고 싶었다. 그녀는 목사를 다시 바라보았다.

"그런데 왜 떠나라고 하셨죠? 그 사람 어머니가 조금씩이지만 꾸준히 돈을 보내고 계셨잖아요. 그리고 목사님은 그 돈의 절반을 꼬박꼬박 챙기셨고요."

"비올라 부인, 그런 수탁조건 같은 건 당신이 신경 쓸 일이 아니라고 말하고 싶군요."

"제가 신경 쓰는 건, 목사 준비를 하던 남자와 결혼했는데 그가 갑자기 북쪽으로 떠났다는 거예요. 뭐가 되려는지도 모르면서 말이에요. 목사님 밑에 있지 않았나요? 목사님 교회를 돌보면서, 예배 준비를 하면서요. 그런데 지금은 어떻게 되었죠? 창피한 줄 아셔야 해요."

콧구멍이 살짝 씰룩거리는 것을 빼고 목사의 얼굴에는 움직임이 없었다. 그는 교회를 찾는 사람들이 그들의 불안정한 감정을 극복할 수 있도록 미셔너리 침례교회의 가르침을 주는 것을 자신의 소명이라고 믿었다. 자신의 교회를 흑인사회를 대표하는 영적 또는 지적 기둥으로 만들겠노라고. 그는 자신이 아칸소에서 '미셔너리'를 교회 이름에 적용시킨 최초의 흑인 목사였으며, 백인 지역에 있는 미셔너리 침례교회 못지않은 신도들을 이끌고 있다고 자부했다. 터프츠 목사는 자신의 분노를 감출 수 있을 때까지 기다렸다. 잠시 후 그가 비올라 터너에게 물었다.

"혹시 부인도 유령을 본 적이 있나요?"

· 5장 ·

다섯 번째 주

(2008, 봄)

끝이 가까이 왔을 때

나이 어린 바보를 용서하는 일은 쉬웠다. 하지만 이토록 어리숙하고 멍청한 늙은 바보라니. 티나는 자신이 너무 오랫동안 바보로 살았다는 것이 분했다. 마이크 목사라면 분명 용서를 주문했을 것이다. 지구상에 어떤 남자도 결함이 없는 사람은 없으며, 결혼이란 이해를 바탕으로 성장하고 더 깊어지는 것이라고. 티나는 더 이상은 이런 말들을 믿을 수 없을 것 같았다. 차차가 부정을 저질렀다는 사실 그 자체가 무엇보다 가슴 아팠지만, 그로 인해 *그가* 보인 행동의 변화들이 티나로서는 더 감당하기 힘들었다. 그가 그녀에게 이토록 많은 변화들을 요구하기에는 너무 많은 세월이 흘렀다. 만약 서른 살 때, 아니 마흔일곱, 심지어 5년 전 자신이 쉰다섯 살 때 이와 같은 일이 있었어도 그녀는 용서하고 조정하고 잊으려고 최대한 노력하며 살았을지도 모른다. 그러나 예순 살이 된 지금, 이 모든 것은 너무나 성가신 일이었다. 만족스러운 그녀의 삶에 일어난 귀찮은 딸꾹질 같은 일이었다.

전날 아침 병원에서 전해 들은 비올라의 병세는 걱정을 넘어 비참한 수준이었다. 그녀는 바로 차차의 직장에 전화를 걸어 그에게 소식을 전하려 했다. 하지만 그는 직장에 없었다. 병가를 낸 것도 아니었다. 시간이 지나도 그는 집에 돌아오지 않았고 자신의 전화는 재깍 음성메시지로 넘어가 버렸다. 해질녘 부엌 잡동사니 서랍에서 운 좋게 앨리스 로스먼의 전화번호가 적힌 쪽지를 찾았다. 앨리스 로스먼. 차차의 심리치료사. 티나는 무슨 말을 할지 정하지도 못한 채 다이얼을 돌렸다. 정 안되면 셜리브라운의 노래 가사라도 인용해야 하나? '여자 대 여자, 당신도 사랑에 빠져 봤다면….' 그동안 이런 경우에 놓였던 많은 친구들에게 자문역을 자처해 왔었다. 직감으로 남편의 부정을 알아채고 그 증거를 찾아다니는 과정에 있는 여인들 말이다. 티나는 그들에게 상대방 여자와 대면할 생각일랑은 접어두라고 충고했었다. '하나님께서 시간이 되면 다 해결해주실 거야.' 이런 말도 안 되는, 경건한 조언들을 날리면서 그냥 모르는 척하라고. 너무 바보 같은 짓이었다. 전화벨이 울리고 또 울렸지만 앨리스는 끝내 전화를 받지 않았다. 티나는 전화기를 내려놓고 부엌 싱크대 위에 놓여있던 시계를 쳐다보았다. 7시를 가리키고 있었다. 만일 차차가 그녀와 함께 있는 거라면 이 시간에 사무실에 있을 리 없다고 티나는 생각했다. 속절없는 시간이 흘러갔고, 그날 밤 차차는 끝내 집으로 돌아오지 않았다.

다음날 이른 아침, 그녀는 차차의 작은 책상에 앉아 그의 인쇄물들을 훑어보았다. 그가 유령을 다시 보기 시작한 날 이후, 그녀는 흐트러져 있는 그의 인쇄물들을 정리해 주곤 했지만 한 번도 읽어볼 생각은 하지 않았다. 그녀가 인쇄물들을 집어 들고 읽기 시작하자 제목에 오타가 섞여 있는 엉터리 웹사이트들이 금세 눈에 들어왔다. 차차는 도대체 얼마나 미쳐 있었던 걸까? 인쇄물을 반쯤 읽었을 때 그 안에 사진 한 장이 숨겨져 있었다. 앨리스 로스먼의 사진이었다. 그녀는 자유로워 보이는 두 명의 백인 사이에 서 있었다. 백인 여성은 흰머리가 드문드문 보이는 곱슬머리 단발에 뿔테 안경을 쓰고 있었고 머리가 벗겨진 남성은 하늘색 남방에 초콜릿색 카디건을 입고 있었다. 양쪽 어깨가 훤히 드러난 검은색 오프 더 숄더 드레스를 입고 있는 앨리스 로스먼을 감안할 때 두 사람 모두 좀 더 차려입었어야 했다고 티나는 생각했다. 앨리스는 생각보다 예쁘지 않았다. 티나는 그렇게 생각했다. 머리카락은 건강해 보였지만 단정하지 못했고, 이마에 있는 기름기가 카메라 플래시를 반사

시키고 있었다. 자신과 닮지도 그렇다고 많이 다르지도 않았다. 키는 자신보다 훨씬 커 보였지만 가슴은 자신보다 확실히 작았으며 피부색은 자신과 비슷했다. 몸매가 더 좋은 것도 아니었다. 티나는 그렇게 생각했다. 10년 전쯤부터 티나는 몸이 불어나기 시작했었다. 그 후 교회에서 산책 그룹을 만들어 꾸준히 운동을 하고 있었기에 4킬로그램 안에서 더 찌지도 빠지지도 않는 안정적인 몸무게를 유지하고 있었다. 물론 앨리스는 더 젊어 보였다. 눈 밑에 처짐도 없었고 입가에 웃음 때문에 생기는 보기 싫은 주름도 없었다. 옷도 조금 더 패셔너블해 보이긴 했다. 티나는 사진을 더 가까이 보며 앨리스가 입은 것이 드레스인지 아니면 셔츠와 스커트인지를 살폈다. 폐경기 열감을 겪어보면 그녀도 더 헐렁한 옷을 입을 수밖에 없을 것이라고 티나는 생각했다. 사진이 인쇄된 종이를 접고 또 접어 자신이 앉아있는 2인용 소파 팔걸이에 올려놓았다. 자신의 심리치료사 사진을 가지고 있는 사람이 또 있을까? 티나는 차차가 구글을 정신없이 뒤져 발견한 사진을 인쇄해서 '유령리서치파일'에 숨기는 모습을 상상해 보았다. 적어도 숨기려면 조금 더 조심했어야 했다.

지난 30여 년 동안 한 달에 두 번씩 트럭을 타고 장기출장을 다녔던 차차는 본인이 원한다면 백 번이고 천 번이고 바람을 피울 수 있었다. 그리고 만일 그랬다면, 티나는 그것이 연애나 사랑이 아닌 한 번의 실수였기를 바랐을 것이다. 그 누구에게 말할 가치도 없고 자신의 친구들에게도 절대 이런 말은 안 했겠지만, 티나는 사실 사람이 하룻밤 정도는 선을 넘어설 수도 있다고 생각했다. 육체적인 나약함에 굴복할 수도 있다고. 그렇다고 해서 이런 일을 자백하거나 억지로 끄집어내서 자식을 낳고 인내와 사랑으로 삶을 꾸려온 두 사람의 인생을 망가뜨릴 필요는 없다고 생각했다. 로니가 꼭 그랬었다. 타지에서 일하면서 바람을 피웠던 로니는 그 사실을 캘리포니아에 있던 아내에게 고백하려 했다. 그 당시 티나는 로니를 극구 말렸었다. 운좋게 결혼해준 그 똑똑한 여자에게 그런 말을 꼭 할 필요는 없다고. 만약 로니가 그녀의 말을 들었더라면 두 사람은 이혼하지 않았을 수도 있었다. 그런 고백은 이기적인 행동일 뿐이라고 티나는 생각했다. 하지만 차차가 저지른 것은 실수가 아니었다. 그것은 엄연히 감정적이면서도 뭐랄까 달리 말하자면 그러니까 '지적인 부정 행각' 같은 거였다. 이것을 어떻게 용서할 수 있겠는가?

현관문이 열리고, 차차가 마치 발에 스프링이 달린 듯한 걸음걸이로 거실로 들어왔다. 자기만족에 빠져 실실 웃는 얼굴을 쳐들고. 하지만 오래가지는 못했다. 책상에 앉아 있는 티나를 보고는 이내 얼굴을 일그러뜨렸다. 티나는 그가 덩치 큰 어린아이 같다고 생각했다. 덩치가 크고, 뚱뚱하고, 아이 같은, 바람둥이라고. 잠시 후 레일라가 따라 들어왔다. 두 사람은 마치 깡패들에게 잡혀가서 두들겨 맞고 마약을 하다 차 밖으로 내동댕이쳐진 모습을 하고 있었다. 티나는 그가 동생을 데리고 오고 싶었을 거라고 생각했다. 예상 가능한 이 끔찍한 대면을 늦춰줄 수 있는 사람이 있다면 그는 누구라도 동원하고 싶었을 테니까. 티나는 평소 분노에 앞서 예의를 중요하게 생각하는 사람이었지만 오늘만큼은 누구도 그녀의 막말을 막을 수 없는 상황이었다. 티나는 그에게 가장 상처를 줄 수 있는 말을 찾았다.

"어머니 암이시래요." 티나가 말했다.

"뭐라고요?" 레일라가 깜짝 놀라 되물었지만 티나는 그녀의 말에는 일언반구 대꾸도 없이 차차의 반응을 살폈다. 티나는 지금 자신과 차차 사이의 가장 중요한 법칙 하나를 어겼다. 가족에 관한 큰일은 차차에게 먼저 의논하고, 그의 방법과 절차에 따라 나머지 가족들에게 알린다. 그 누구에게도 미리 발설하지 않는다.

"지금 뭐라고 했어요, 언니?" 레일라가 다시 물었다. 그녀는 더플백을 거실 바닥에 떨어뜨렸다.

차차의 얼굴이 다시 한번 일그러졌지만 티나는 무시했다.

"지난번 병원에 갔을 때, 어머니가 겨드랑이가 아프다고 하셨거든요. 의사가 붓기가 보인다고 초음파를 해보는 게 좋겠다고 했고요. 오늘 갔더니 임파선에 종양이 있다고 하더라고요.

악성이면 빨리 퍼질 수 있다고."

"종양이요?" 레일라가 재차 물었다. "아직 확실한 건 아니죠? 조직검사 같은 걸 해 봐야 하는 거 아니에요?"

차차는 관자놀이를 문질렀지만 여전히 말은 하지 않고 있었다.

"아마 지금 깨어 계실 거야, 레일라." 티나가 그녀를 향해 말했다. "들어가서 의사들이 뭐라고 했는지 그리고 어머님이 의사에게 뭐라고 하셨는지 직접 물어봐."

"네. 그렇게 할게요." 레일라가 이내 눈앞에서 사라졌다. 둘사이의 날카로운 공기를 알아챈 듯 보였다.

— * —

사람이 다른 한 사람의 심장 소리를 진정으로 이해할 수 있을까? 티나는 가능하다고 생각했었다. 그런데 어디서부터 잘못된 걸까? 차차가 그녀에게서 가장 가까운 쪽 2인용 소파 팔걸이에 걸터앉았다. 그 바람에 접어놓았던 앨리스의 사진이 바닥에 떨어졌다. 티나는 허리를 숙여 종이를 주우며 차차 바지에 묻어있는 흙과 그에게서 나는 맥주, 먼지, 그리고 곰팡이 냄새를 주시했다. 그녀는 먼저 말하기를 거부했다. 예전에 시누이들과 더 가깝게 지내던 때, 특히 프란시와 네티가 그녀를 놀려댔었다. 자신들의 오빠가 아무리 잘못을 저질러도 티나는 오빠에게 책임 묻는 일을 정말 못한다고.

"언니는 너무 쉽게 무너져요." 네티가 말했었다. "우리도 오빠를 사랑하지만, 한 번쯤 개집에 넣고 고생 좀 시켜야 잘못을 뉘우치고 반성하는 그런 남자라니까요, 우리 오빠는."

티나는 그렇게 하지 못했다. 어떤 여자들은 정말 남편을 개집에 넣기도 한다고 들었다. 그리고 또 어떤 여자들은 그냥 참다 포기한다고.

차차가 그녀의 팔뚝을 만졌다.

"왜 진작 어머니 얘길 안 했어? 알았으면 어제 같이 갔을 텐데. 정말 몰랐어."

"당신 정말 미친 거예요?" 티나가 그의 손을 내쳤다. "지금 내가 당신한테 뭔가 설명해야 하는 상황이에요?"

"아니, 그냥 난…" 그가 다시 말하다 멈췄다. "암은 심각한 거잖아, 티나."

"누가 그걸 몰라요? 당신은 내가 완전 바보라고 생각하죠?"

"그렇지 않아, 티나."

차차는 일어서서 주머니에 손을 찔러 넣고는 한숨을 내쉬었다. 마치 어떻게든 이 상황에서 빠져나가고 싶어 보였다.

"어제 외박해서 미안해. 전화라도 했어야 했는데. 하지만 아무 일도 없었어, 아무 일도. 하나님께 맹세코."

"하나님까지 팔 필요는 없어요. 당신과 나는 '아무 일'이라는 말에 대한 정의가 많이 다른 것 같으니까."

"어제 엄마 집에서 잤어." 차차가 말했다. 그는 돌아서서 레알라가 들어간 방문 쪽을 가리켰다. "레일라에게 물어봐. 어제 같이 있었어, 밤새도록. 거기서 지내고 있기에 데리고 온 거고. 지금 좀 복잡해서 지낼 곳이 필요하대서."

티나는 의자에서 벌떡 일어나 차차의 가슴 높이로 눈을 맞췄다.

"상관없어요, 상관없다고요! 누가 우리 집에 머무는 것에 대해 내가 뭐라고 한 적 있어요? 당신 어제 회사에도 안 갔죠? 전화했었어요. 그리고 종일 전화도 안 받았고." 티나는 말을 이어가기 전에 큰 숨을 들여 마셨다. "앨리스를 만나러 갔었어요?"

차차의 입이 떡 벌어졌다. 질문의 의도를 알았기 때문이었다.

"갔었어. 만났고. 하지만 그게 다야. 아무 일도 없었다고. 그냥, 조금 해결할 일들이 있었어. 그리고 무엇보다도 혼자 있을 시간이 필요했고. 그래서…"

티나가 웃었다.

"혼자 있을 시간? 혼자만의 시간이 필요했다고요? 당신 항상 혼자 있잖아요. 유령에 대해 고민해야 해서 혼자 있고, 잠도 혼자 자고, 어머니와 날 도와주는 것도 형제들과 다툼 때문에 생각해야 해서 빠져야 하구, 앨리스랑 무슨 대화를 나눴는지도 혼자만 알아야 하잖아요. 무슨 사춘기 아이가 엄마 피하는 것처럼 굴면서 말이에요. 그런데 난 당신 엄마가 아니에요. 알았어요? 내 나이 육십에 더 이상 당신 밑에서 등신처럼은 안 살아요."

티나는 자기 가슴을 쳤다.

"당신이 힘들다고 내게 굴욕을 줄 권리는 없는 거예요. 들어주겠다고 했잖아요, 도와주겠다고. 그런데 당신이 날 밀어냈잖아요."

"그래, 알았어." 차차가 말했다. "우선 흥분을 조금 가라앉히자. 어머니 신경 쓰시니까 우리 나가서 이야기할까?"

그는 뒷마당 데크로 나가는 유리문 앞으로 걸어가 티나에게 오라는 손짓을 했다. 티나는 접힌 사진을 집어 들고 유리문으로 걸어가 그의 가슴팍에 사진을 내던졌다.

"마태복음: 5장 28절." 그녀가 말했다. "무슨 내용인지는 당신도 알 거예요."

티나는 그렇게 말하고는 밖으로 나갔다.

차차는 접힌 종이를 집어 들어 펼쳤다. 앨리스 로스먼이 그의 가족과 함께 자신을 쳐다보고 있었다. 순간 그는 모든 걸 항복하고 마테오의, 그러므로 예수의 품 안에서 자신이 진정 부정을 저질렀음을 고백할까도 생각했지만, 그의 본능은 어떻게 해서든지 상황을 되돌리고 싶어 했다. 차차는 티나를 따라 밖으로 나갔다.

"이게 바로 우리 문제야, 티나. 당신은 이제 내가 사람으로도 안 보이는 거 같아. 그저 가르침의 대상이고, 항상 죄책감을 느끼며 살아야 하는 문제아처럼 날 본다고."

"또 머리 굴리시는군…."

"내가 마치 구원을 덜 받은 사람처럼 취급하지만, 그게 진정한 믿음의 태도는 아니잖아. 당신이 종일 교회 사람들하고 보내는 걸 좋아하고 난 그렇지 못하다고 해서 내가 불신자는 아니잖아. 내가 악마가 되는 건 아니라고."

"종일은 고사하고 당신 요즘 교회에 아예 안 나오잖아요. 믿음이 없어서가 아니고 당신이 교회 사람들보다 잘났다고 생각해서. 그 모든 사람들보다도요. 그런 사람이 자신이 왜 유령을 보는지는 어째서 모르죠? 교회나 나한테 책임을 돌리면 가만있지 않을 테니까 다른 핑곗거리를 찾는 게 좋을 거예요." 그녀는 등을 돌려 데크 반대쪽으로 걸어갔다. 차차는 그녀를 뒤쫓았다.

"책임을 돌리는 게 아니야." 그가 말했다. "서로한테 필요한 것들을 주자는 거라고."

믿을 수 없다는 표정으로 티나가 돌아섰다.

"서로한테 필요한 거요? 꼭 그 여자 의사한테 들은 거 같네요. 난 내 인생 대부분을 당신이 필요로 하는 걸 해주면서 보냈어요. 심지어 당신이 요구하지 않는 것도요. 내가 그렇게 하느라 얼마나 많은 노력을 해야 했는지 당신은 한 번도 생각해본 적 없죠? 지난번 잠자리를 하려다 당신 몸이 말을 안 들어서 잘 안되니까 당신 얼마나 나한테 힘든 행세를 했는지 알아요? 마치 그게 내 탓인 양요? 근데 어쩌죠. 갱년기 이후로 난 매일 그래요, 매일이요! 그런다고 내가 당신 탓하고 이상하게 군 적 있어요? 없잖아요? 난 내 탓을 해요. 당신이 아니라 내 문제라고. 그래서 호르몬 약도 먹어 보고 교회 여자들한테 이상한 윤활제 같은 거 받아 오고 한다고요. 왜요? 거기 여자들은 그런 거 쓰기에는 너무 고귀하다고 생각하죠, 당신은? 틀렸어요. 다들 그렇게 살아요. 나도 그렇고요. 난 노력했어요. 당신을 소유하기 위해서가 아니라 당신을 위해서요. 난 당신을 사랑하니까요. 근데 당신은 그냥 다 저절로 되는 줄 알아요, 그 모든 게.”

“티나, 내가 그러니까…” 차차는 뭔가 말하려 했다. “당신한테 그런 뜻으로 말한 건…”

“근데 정말 창피한 건, 내가 아직도 당신이랑 자고 싶어 한다는 거예요. 이렇게 다 늙어서도. 어젯밤도, 그 전에도, 많은 밤들을요. 이런 나 자신이 정말 창피해요. 정말.”

그녀는 손으로 입을 막았다. 그렇게 하면 흐르는 눈물을 막을 수 있기라도 한 듯. 차차는 더 이상 아무 말도 해서는 안 된다는 걸 알았다. 그냥 팔을 걷어 주삿바늘 자국을 보이고 어젯밤 병원에 실려 갔던 일로 연민을 구해 볼까? 하지만 차차는 그렇게까지 구차해지고 싶지는 않았다. 그녀가 유리문 쪽으로 걸어가더니 그 앞에 잠시 멈춰 섰다.

"어머니는 돌아가시고 계세요. 더 이상 응급조치 같은 걸로는 어머니를 이곳에 붙잡을 둘 수 없다고요. 그런데 당신은 어머니와 말도 안 하고 있어요. 그게 문제예요, 무엇보다도 그게. 가능하면 병원이 아니라 여기 함께 있으면서 보내드리고 싶은데. 그게…."

티나는 끝내 말을 마치지 못했다. 그녀는 차차를 밖에 두고 안으로 들어갔다.

— * —

레일라와 비올라는 미동도 없이 침대 끝자락에 앉아 두 사람의 대화를 엿듣고 있었다. 차차와 티나가 데크로 나가서 더 이상 소리가 들리지 않자 두 사람은 비로소 허리를 폈다. 레일라가 비올라를 다시 침대에 눕혔다. 비올라는 언뜻 보기에도 많이 말라 있었다. 평상시에 발목을 조이고 있던 당뇨환자용 양말이 지금 보니 발목 위에서 헛돌고 있었다. 삐걱거리던 침대 스프링도 가벼워진 비올라의 무게에 더 이상 소리를 내지 않았다. 레일라가 방으로 들어왔을 때, 비올라는 침대 끝에 온몸으로 버티고 앉아 밖에서 일어나고 있는 말다툼의 내용을 들으려 애쓰고 있었다. 힘에 부쳐서 몸은 떨리고, 머리는 한쪽으로 기울어진 채로.

"왜 일어나 계세요, 엄마?" 레일라가 말했다. "목에 그렇게 힘주고 있으면 아프지 않아요?"

"안 아파. 진통제 주사 엄청 세게 맞아서." 비올라가 말했다. "더 센 약을 좀 달라고 애원할 땐 그렇게 모른 척하더니, 죽을 때가 되니까 뭉텅이로 주더라고."

거실에서 쿵쾅거리는 발자국 소리가 들리더니 차고 문 닫히는 소리가 들려왔다.

"의사들이 뭐래요, 정확히?"

"임파선에 암이 생겼대. 폐도 좀 안 좋고."

레일라는 침대와 창문 사이에 놓인 작은 의자에 앉았다. 각종 로션과 매니큐어를 들어 레이블을 읽는 척했다.

"그래서 엄마는 뭐라고 하셨어요?"

비올라는 눈을 껌벅거리다 하품을 했다.

"거기 너무 춥더라고. 말린이 항암 치료받았을 때 기억나니? 치료를 시작하자마자 몸이 반쪽이 되더니 다시 불어났다가 또 다시 반쪽이 되고. 난 그걸 견딜 몸이 안 되잖아."

레일라는 고개를 끄덕였다. 그녀는 어머니의 말에서 과장된 공포의 뉘앙스를 자주 느끼곤 했었다. 항상 많은 터너 아이들 중 하나를 잃어버릴지 모른다는 상상을 하거나, 아니면 자신이 오래 살기 어려울 거라는 생각을 하시는 듯했다. 그런데 정말 끝이 코앞에 다가왔을 때 어떻게 대처해야 하는 건지 레일라는 확신이 서지 않았다.

"그래서 더 센 약을 받아 오셨어요?" 그녀가 말했다. "그다음은요?"

"그다음?"

"네."

"다음은 없어. 암은, 너무 오래 걸려. 치료한다고 나을 거라는 보장도 없고. 난 치료 같은 거 안 받을 거야. 난 안 해."

비올라는 눈을 감고 이불 밑에서 발가락을 움직였다. 진통제 때문에 기분이 좋았다. 물론 정신이 나갈 정도는 아니었다. 아주 오랜만에 밝은 모습을 보일 정도로는 충분한 양의 약이었다. 레일라는 침대에 올라가 비올라 옆에 누웠다. 비올라의 입꼬리가 올라갔다. 미소처럼 보였다.

차차가 레일라와 브리엔을 미조리에서 구해 왔을 때, 그들을 이 집으로 데리고 왔었다. 레일라는 바로 이 방에서 종일 잠을 잤고, 티나가 브리엔을 돌봐주었다. 비몽사몽 상태에서 브리엔이 우는 소리를 이 벽들을 통해서 들었지만, 그땐 꼼짝도 할 수 없었다. 약에 취한 듯했었다. 지금보다 훨씬 말랐던 때였지만 자신의 몸무게를 지탱할 수 없었다. 하지만 울지는 않았다. 그저 천장을 보며 자신이 왜 버넌과 결혼을 했는지 그리고 왜 다른 계획을 세우지 못했는지를 자책했다. 24시간을 꼬박 자고 일어나 그녀는 스스로에게 물었다. 이젠 어떻게 하지? 그녀는 스물두 살이었지만 생각나는 유일한 답은, '일해서 딸아이를 키워.'였다. 그때 목표를 좀 더 크게 잡을 걸 그랬다. 이곳에 다시 돌아와 보니, 목표를 너무 낮게 잡은 대가가 너무 크다는 걸 깨달았다.

"죽는 게 무섭지 않으세요?" 그녀가 물었다.

비올라는 코를 찡그리고는 몸을 살짝 움직였다. 조금 떨어져 누우려는 것 같았지만 상반신을 움직일 힘이 없는 탓에 그저 꿈틀거리는 시늉을 할 뿐이었다. 비올라가 비난의 눈빛을 하고 레일라를 쳐다보았다.

"너한테서 담배 냄새나. 당구장 같은 냄새. 언제부터 담배 피운 거야?"

"저 담배 안 피우는 거 아시잖아요, 엄마. 어제 담배 피우는 사람들 옆에 있어서 그래요. 샤워를 아직 못했거든요."

"담배랑 술 중에 뭐가 더 나쁜지 모르겠다. 너희 아버진 술을 드셨었지."

"그거 모르는 사람 있어요."

"네 아버진 항상 걱정이 많았어. 걱정 때문에 취했지, 맨날. 직장에서, 집에서, 길가에서. 심지어 일어나지 않은 일에도 그

504

렇게 걱정하셨어. 천당과 지옥 걱정까지. 시간 낭비였어."

"다른 이야기해요, 엄마." 레일라가 말했다. "말린 언니 마지막으로 보신 게 언제예요?"

"얼마 전에 들러서 장갑을 주고 갔어. 레이스! 무지 예쁘긴 했는데, 내가 레이스 장갑을 어디다 쓰겠니? 그냥 침대 밑에 던져 놨다. 트로이도 왔었고. 네 지문도 받아갔니? 내 지문을 받겠다고 왔었는데 거짓말을 하더라. 왜 그랬는지는 모르겠고. 그 아이는 정말 거짓말을 잘 못해."

레일라가 침대 밑을 보았지만 장갑은 없었다. 다행이었다. 레이스 장갑 선물이라니. 엄마에게 너무 잔인한 행동이라고 생각했다. 비올라의 손은 너무 구부러지고 손톱은 너무 두꺼워져 레이스 장갑을 착용할 수 없었다. 트로이에 대한 이야기는 전혀 이해할 수 없었지만, 그에 대한 이야기도 잘못 기억하신 거였으면 좋겠다고 레일라는 생각했다.

"네 아빠 말이다." 비올라가 말했다. "술 사는 데 돈을 좀 덜 썼으면 걱정할 거리가 조금 덜 했을 텐데."

"어쨌든 나중엔 술을 끊으셨잖아요." 레일라가 말했다. "술 못 끊는 사람도 많아요, 엄마. 쉽지 않은 일이에요."

"젠장." 비올라가 말했다. 그리고는 양옆을 둘러본 후 속삭이듯 말을 이었다. "끊기는 뭘 끊어. 의사가 간이 끝장날 수도 있다고 했는데, 정말 끊었을까?"

비올라는 목이 간지러운지 컥컥 소리를 냈다.

"어느 날, 차차한테 아버지 미행을 해 보라고 했지. 그랬더니 아니나 다를까, 여전히 술을 퍼마시고 있더라고. 다시 한번 술 마시는 꼴 보이면 내 손으로 죽여 버리겠다고까지 했는데 말이야. 그러려고 했어, 진짜."

레일라는 팔꿈치를 구부려 머리를 그 팔 위에 얹었다.

"그게 무슨 말이에요, 엄마? 그거 아니잖아요. 아빠 스스로 끊고 싶어 하셨어요. 그리고 끊으셨고요. 빈 플라스크 병을 들고 다니시던 거 기억나는데."

"끊은 게 아니라니까!" 그녀는 레일라를 쏘아보았다. "그냥 술을 끊으면 죽을 것 같으니까 우리를 속인 거지. 그런데 운 좋게도 간이 살아남은 거야. 그러니까 너도 당장 담배 끊어. 병들기 전에."

레일라는 아버지에 대한 자신의 마지막 환상이 죽어버린 것 같았다.

비올라는 담배 파이프와 맥주 살 돈에 대한 이야기들을 혼자 중얼거렸다. 그리고 레일라가 알아듣지 못한 족발 이야기도. 다른 터너 형제들이었다면 비올라가 모르핀을 이겨내고 정신을 놓지 않도록 이런저런 질문세례를 했겠지만 레일라는 그녀가 더 이상 무엇을 위해서든 애쓰는 게 불필요하다고 생각했다. 잠시 후 코에서 나는 낮은 윙윙거리는 소리가 비올라가 잠들었음을 알려주었다. 레일라는 침대에서 돌아누워 바닥에 있는 핸드백에서 전화기를 꺼내 들었다. 부재중 전화는 없었다. 누군가에게 전화를 걸어 프란시스 터너의 알코올 중독에 대한 진실을 말해주고 싶었지만 그녀 말고는 아무도 관심이 없을 것 같았다. 한 남자가 자신의 치명적 결점을 물리친 신화를 그냥 그렇게 두는 게 좋을 것도 같았다. 그녀는 대신 브리엔에게 전화를 걸었다. 바로 음성사서함으로 넘어갔다. 무슨 메시지를 남겨야 할지 몰랐다. 그녀는 전화를 끊었다.

— * —

거실에서 차차는 머리를 손에 묻고 앉아 있었다. 레일라가 나와 옆 소파 팔걸이에 걸터앉았다.

"티나 언니 괜찮을 거예요." 그녀가 말했다.

차차는 어깨를 으쓱하고 말했다. "이야기하고 싶지 않다."

"알았어요." 레일라가 말했다. 가려고 일어섰는데 차차가 그녀의 팔을 잡았다. 그의 눈이 붉게 충혈되어 있었다. 레일라는 차차가 울었다는 것을 상상할 수 없었다.

"어머니 이야기 아무한테도 하면 안 돼. 난 아직 준비가 안 되었다." 그가 말했다.

"오빠, 나머지 열한 명의 자식들에게 엄마가 죽어가고 있단 걸 말하지 말라고요? 그건 불공평해요."

"잠깐만. 어머니가 돌아가신다고 누가 그래? 그냥 시간이 좀 필요할 뿐이야. 약물 치료받으시면 돼. 어머닌 원래 드라마틱한 면이 있으시잖아."

레일라는 다시 자리에 앉았다. 엄마가 다시 깨어나 둘의 대화를 엿들으려 애써 몸을 일으키고 계실 것 같았다. 그녀는 목소리를 낮췄다.

"엄마는 돌아가실 거예요, 차차 오빠. 오빠가 생각하시는 것보다 더 빨리요. 가서 물어보세요. 엄마도 그렇게 말씀하실 거예요. 암 때문만이 아니라 이제 떠날 준비가 되신 거예요. 엄마 연세에 더 이상 살겠다고 싸우지 않으면 끝난 거라고 봐야 해요."

차차가 갑자기 자기 다리를 내려쳤다. 그 바람에 레일라는 움찔했다.

"젠장, 어쨌든 간에 아무에게도 말하지 말라고. 알겠니? 무슨 계획이라도 생길 때까지는 말하지 마. 그럴 거라고 널 믿어도 되겠니?"

그의 집에 얹혀사는 신세라 레일라는 거절할 위치가 아니라고 생각했다.

다재다능한 도둑들

The Turner House

차차는 당신 없는 1초, 1초는 자신에게는 상실감일 뿐이라고 티나의 바로 앞에서 말해주고 싶었다. 하지만 그의 아들 처키가 방문 앞을 굳게 지키고 있었다. 작고 땅땅한 그의 몸뚱이가 팔짱을 낀 채 문지방에 박혀 있었다. 작은 눈과 가는 코를 가진 그의 얼굴은 자신보다는 티나에 가까웠다. 처키는 문 앞에 서서 의도적으로 무관심한 척하고 있었다. 사랑하지 않았다면 아들을 향해 주먹을 날렸을 거라고 차차는 생각했다.

"네가 이렇게밖에 할 수 없다는 걸 나도 알아." 차차가 말했다. "하지만 엄마와 이 상황을 해결할 수 있게 날 들여보내 줘야 해."

"그냥 며칠만이라도 엄마를 내버려 두시면 안 돼요, 아버지?" 처키가 말했다. "그냥 며칠이면 돼요."

"벌써 하루하고 반이 지났어! 아빠나 할머니 누구한테도 어딜 간다고 말도 없이 집을 나갔다고, 네 엄마가."

"여기 계실 거 아셨잖아요."

"그게 무슨 상관이야! 내가 할머니 약이나 병원 예약 내용에 대해서 아는 게 하나도 없는 걸 알면서 네 엄마는…"

"레일라 고모한테 전화해서 다 말씀하셨어요. 그러니까 할머니도 아직 아무 문제 없으신 거고요."

이것은 대드는 것인가? 차차는 그렇다고 생각했다. 정말 한 대 치고 싶었다.

"내가 들어가면 날 한 대 치기라도 할 거니? 그런 거야? 한쪽 편만 들면 안 되는 거야, 처키. 더욱이 내 말은 들어보지도 않고서."

처키가 팔짱을 풀고 차차 어깨에 손을 얹었다. 차차는 아들이 자신을 진짜 치려는 줄 알고 움찔할 뻔한 것을 가까스로 참았다.

"지금은 엄마가 아버지를 안 보시겠대요. 대단한 일 아니에요? 그 긴 시간 동안 두 분이 살면서 엄마가 하루 이상 아버지에게 화내신 적 없으시잖아요."

"나도 대단한 거 알아. 내 아내에 대해서 네가 이야기해 줄 필요도 없고. 내가 여기까지 왜 왔겠니? 우리가 널 만든 거야. 그

거 기억해라. 당분간 여기서 지내고 싶다면 상관없지만 일단 말은 해야 해, 둘이."

집안에서 처키의 아들 이세야가 소리를 지르자 누군가 바로 달래주는 소리가 들렸다. 공개적으로 바람을 피운 아내와 이혼 경험이 있는 처키는 남녀관계에 있어서 자신이 도덕적으로 우월하다고 믿고 있었다. 토드였다면 그는 자신에 협조했을 거라고 차차는 생각했다. 자신과 판박이인 토드였으면, 이틀 후면 그녀가 사람들을 초대한 파티가 열린다는 것과 집에 그녀가 없으면 결국 힘든 건 할머니라는 것을 그녀에게 상기시켰을 것이다. 하지만 토드는 먼 사막에서 더 먼 사막으로 떠날 준비를 하면서 훈련을 받고 있었다. 여러모로 안타까울 뿐이었다.

"엄마가 아버지를 용서할지 말지 걱정하시는 거잖아요, 지금." 처키가 말했다. "그런데 왜 아버지가 이렇게 흥분하시는지 이해를 못하겠어요." 그는 문 안으로 들어가 문을 조심히 닫아버렸다. 사실 꽝하고 닫은 것과 차이가 없었다.

— * —

차차가 집으로 돌아왔을 때, 다 부서진 은색 렉서스가 집 진입로에 서 있었다. 차 아래서는 기름이 새서 바닥을 적시고 있었고 조수석 쪽 대각선 모양으로 깊이 팬 상처에서는 찌그러진

쇠와 부서진 플라스틱이 덜렁거리고 있었다. 차는 캘리포니아 자동차 번호판을 달고 있었으며 싸구려로 선팅된 창문은 각기 다른 높이로 열려 있었다. 차차는 집 앞쪽 길에 차를 세우고 집으로 들어가다 차량 운전석 창으로 빠끔히 안을 들여다보았다. 음식 찌꺼기가 그대로 묻은 햄버거를 쌌던 종이들이 뒷좌석 바닥을 덮고 있었고, 조수석에는 카세트테이프가 쌓여있었다. 머리에 바르는 러스터 핑크 로션의 인공적인 향이 차차의 코를 찔렀다. 이 모든 쓰레기의 주인공은 로니였다.

새로운 빛을 머금기라도 한 듯, 레일라가 어제와는 전혀 다른 모습으로 부엌에서 요리를 하고 있었다. 차차가 안으로 들어서자 그녀는 요리 주걱을 내려놓고는 목에 팔을 감아 안으며 그를 반겼다.

"로니 왔지?" 차차가 물었다.

"도착한 지 한 시간 정도 되었는데 엄마가 너무 좋아하세요." 그녀가 속삭였다. 근데 약간 취한 것 같아서 제가 뭘 좀 만들어 주려고요."

"어머니 얘긴 안 한 거지?"

"맙소사. 안 했어요. 그러니까 들어가서 인사나 하세요. 엄마 방에 있으니까."

— * —

"나는 영광이라는 도시를 꿈꿨다, 너무도 밝고 공평한. 성문에 들어서면서 나는 거룩함을 외쳤다, 천사들은 모두 나와 나를 반겼다."

누군가 방에 있는 모든 베개를 이용해 비올라를 일으켜 앉혀 놓았다. 화려한 검은색 터번을 머리에 두른 그녀는 눈을 지그시 뜨고 노래에 빠져있었고, 검버섯 덮인 볼 위로는 눈물이 흐르고 있었다. 그녀의 오른손은 여섯 번째 자식의 손 위에 가볍게 얹혀 있었다.

로니의 앙상한 팔다리는 팔걸이의자에 파묻혀 있었고, 그의 검은색 가죽 야구모자는 그의 눈썹 아래까지 기울어져 있었다. 콧수염은 오래된 빗자루처럼 듬성듬성 자라 있었고, 눈썹은 거꾸로 그린 체크 마크처럼 보였다. 로니의 다리는, 그의 트레이드마크인 다리 떨기에 홀린 듯, 감색 트레이닝복 안에서 바삐 움직였다. 그의 아기 같이 작은 치아는 여기저기 깨져 있었다. 하지만 그의 목소리는 이 모든 결함들을 만회하기에 충분한 수준이었다.

"그들은 나를 맨션에서 맨션으로 옮겼다, 그리고 오, 내가 본 광경들. 그리고 나는 말했다. 나는 예수님을 보고 싶다고, 모두를 위해 죽은 그분을."

그들은 시간 속에 갇혀 있었다. 차차는 문턱에 조용히 서 있었고, 비올라는 눈을 감고 노래를 감상했으며, 로니는 코러스를 시작하기 전 한 템포 쉬며 창밖을 보고 있었다. 차차가 상상조차 하기 어려운 방법으로 로니와 비올라는 그들만의 소통을 하고 있었다. 레일라가 들어와 이 마력을 깨트리기 전까지.

"계란요리 했어요, 엄마. 아주 조금요. 그리고 베이컨도요. 로니 오빠, 오빠 것은 부엌 가스레인지 위에 있어. 차차 오빠는 문지방에 서서 뭐해요?"

"형!" 로니가 그제야 형을 발견하고는 일어나 그의 오른손을 들어 올려 엉성한 경례를 올렸다.

"형, 비즈니스 캐주얼 바지에 오피스 룩, 완전 샤프해 보이는데요."

"차차 왔구나." 비올라가 말했다. 그녀는 자세를 바로 잡으려 노력하면서 손으로 얼굴에 흐른 눈물을 닦았다. "어디 갔었니? 본 지가 너무 오래된 거 같아."

그녀는 그에게 손을 내밀었고, 차차는 마지못해 그 손을 받아 고개를 숙이고 그녀 이마에 살짝 입을 맞췄다. 그녀를 몹시 필요로 했을 때 그녀가 자신을 저버렸던 것을 기억이나 하고 있는지, 차차는 궁금했다.

로니가 빠른 걸음으로 다가와 차차의 등을 치며 요란스럽게 반가움을 표했다. 레일라는 손을 내저으며 그들을 복도 밖으로 몰아냈다.

"그나저나 차는 왜 그렇게 엉망이니? 기름도 새고." 차차가 물었다.

"오하이오에서 뭔가에 부딪쳤어요. 깜빡 조는 바람에. 걱정 마세요. 형은 어떻게 지내셨어요?"

로니는 부엌으로 들어서자마자 나무로 된 조리 스푼으로 계란을 떠 입에 쑤셔 넣었다.

"난 좋아. 여기까지 운전해서 온 거야?"

"네." 로니가 말했다. 그는 베이컨을 반 토막 내서 다시 입에 넣었다. "우리가 통화하고 나서 형수님이 전화를 했어요. 엄마가 많이 아프시다고요. 그 소식도 있고 형 소식도 있고 해서 바로 출발했어요. 제가 이야기했던 그 호손에 사는 여자 릴리에게 돈을 빌렸어요. 우리 다시 만나요, 형. 어디까지나 제 생각이지만요."

차차는 전화로 로니에게 100달러를 주기로 했던 것이 기억났다. 그 필사적인 전화통화들이 먼 옛날 일처럼 느껴졌다.

"마일스 가족은 금요일에 비행기로 온대요." 로니가 말했다. "우리 딸내미들도 같이 오고요. 저랑 차 타고 오기 싫대요. 듀크는 오클랜드에서 올 거예요. 혼자 온다는 것 같아요."

터너들이 쳐들어오고 있었지만 차차는 숨을 곳이 없었다. 조만간 이곳에 모여든 형제들은 그를 판단하고 그에게 온갖 달갑지 않은 충고들을 퍼부을 것이 뻔했다. 유령의 집 거울에 그를 비춰보며 그가 믿는 사실들을 흉측하게 일그러진 모습으로 뒤

바꿔 온 집을 가득 채우려 할 것이다.

로니는 나머지 베이컨을, 티나가 제일 아끼는 머그잔에 든 커피와 함께 한입에 해치웠다. 그리고는 손을 트레이닝복 바지에 문질렀다.

"이제 뭐 하실 거예요? 아직 날이 밝은데."

"글쎄."

"여기 돌아오면 제가 제일 먼저 하고 싶은 게 뭔지 아시죠?"

차차는 알고 있었다. 바로 애로우 거리를 구경하는 일. 차차는 로니와 함께 밖으로 나갔다.

— * —

"남자 코트니 기억하세요? 번개를 연상시키는 라임그린 점프 슈트를 입고 이스트사이드를 활보하고 다녔었잖아요, 왜."

"코트니라는 이름을 가진 남자는 난 몰라."

"왜 아시잖아요, 애로우 갱단을 만든 놈이요? 오래는 못했지만. 편의점에서 망치로 강도짓을 하려다가 인생 종친 놈이요. 기억 안 나세요? 완전 약에 취해서는 망치라니, 참. 가게 직원이 총으로 얼굴을 쐈잖아요.

"저런."

"테리 랜돌프는 기억하세요? 타이론이라는 쌍둥이 동생이 있었는데 빚을 좀 졌었거든요. 타이론이 빚을 안 갚으니까 빚쟁이들이 대신 테리를 죽인 거예요. 목을 잘랐어요. 아마 농구장에서 그랬을 거예요. 73년이었던가."

"그때는 처키가 태어났을 때였고 난 일하느라 바빴어."

"그랬죠. 그럼 리디아 오세지가 경찰 총에 맞은 건 기억하시겠죠, 당연히? 경찰이 피셔 거리에서 강도를 쫓고 있었는데 리디아가 장을 보고 모퉁이를 돌아 나오자 경찰이 그대로 쏴버렸잖아요. 강도인 줄 알고요."

"로니, 그냥 조용히 가면 안 될까? 누가 죽었고, 누가 총에 맞았고 이런 이야기 하지 말고 조용히 가자고."

"그래요, 그럼. 미안해요, 형. 제가 원래 옛날 이야기하는 걸 좋아하잖아요."

로니는 손으로 그의 무릎에 드럼 치는 동작을 하며 창밖을 내다보았다. 그에게 거리는 살아 있다는 것을 차차도 알고 있었다. 노상방뇨를 하고, 벽돌을 주우러 다니고, 밴드의 리드싱어로 활동하던 로니는 차차보다 사교적이고 짓궂었으며 호기심이 많았다. 그렇기에 그는 도시 곳곳에서 친구뿐만 아니라 적을 만들며 그의 청년기를 보냈었다. 너무 빨리 저세상으로 떠나버린 사람들을 떠올리는 것이 그에게는 존경의 표시였지만 차차에게는 우울함 그 자체였다.

"유령 일은 얼추 정리가 된 거죠?"

"왜 그렇게 생각해?" 차차가 물었다.

"레일라가 그러던데요, 형하고 뭐 특별한 '경험'을 했다고요. 그 후로 형 코 고는 소리에 집이 떠내려간다고."

"너무 많은 일이 한꺼번에 생겨서 뭐가 어떻게 된 건지 나도 몰라. 지금은 그거 신경 쓸 때도 아니고. 잠은 다시 자고 있어. 그건 맞아."

차차는 그날 이후 수면제를 복용하고 있었다. 때문에 여전히 유령이 찾아오고 있는지 알 수 없었지만 자신이 아직 숨 쉬고 살아있다는 게 유령이 오지 않았다는 증거이길 바랐다. 그는 앨리스의 주요 가설이 틀렸음을 증명하겠다고 결심했다. 유령의 존재를 빌어 자신의 삶의 목적을 정의할 만큼 그는 불쌍한 인간이 아니었다.

"내가 통제할 수 없는 것에 한없이 매달릴 수는 없는 노릇이 잖아."

"잘된 것 같아요." 로니가 말했다. "그 심리치료사 집에는 또 가셨어요?"

"내가 왜 그 여자 집에 갔었다고 생각하니? 난 그런 적 없어. 레일라가 이상한 말을 퍼트리는구나. 잘 알지도 못하면서."

로니는 자신의 사타구니를 끌어당기더니 으쓱거렸다.

"저 같으면 집으로 갔을 텐데. 집으로 가서 둘만 알 수 있는 비밀 같은 걸 만들었을 거예요. 전 그랬을 거예요. 특히 형처럼 평생을 착하게 살았으면 더더욱요. 사진 있으세요?"

"있어. 아니, 이젠 없어." 차차는 더 이상의 대화를 차단하기 위해 라디오를 켰다.

— * —

차고가 사라지고 없었다. 차차와 로니가 얘로우집에 도착해 보니 누군가 알루미늄으로 만들어진 간이 차고를 통째로 훔쳐가 버린 것이었다. 차고가 있었던 자리의 벽돌이 15년은 더 깨끗해 보이지 않았더라면 차고가 있었는지도 모를 지경이었다.

"염병할 자식들!" 차차가 소리를 내지르고는 차를 몰아 뒤쪽으로 돌아갔다.

로니는 휘파람을 불었다. 기발한 스텔스 기술이라도 사용한 듯, 노인네가 썼을 법한 잡동사니 더미를 제외하고 흔한 지문이나 그 어떤 증거도 찾기 어려워 보였다.

"불과 이틀 전에 왔을 때도 멀쩡했는데." 차차가 말했다. 부엌문 손잡이를 돌려보니 아직 잠겨 있었다.

"누군가 재능을 낭비하고 있는 것 같은데요." 로니가 말했다. "이건 거의 은행털이범 수준이잖아요. 한두 명이 한 것도 아닌 것 같고요. 고작 고철을 훔치려고 말이에요. 이쪽 펜스로 넘긴 것 같아요. 차라리 펜스를 자르지, 도구도 있었을 텐데."

"경찰은 도대체 뭘 하고 있는 거야? 맥네어 씨는 또 어디 있고? 집 일부가 도난당하는 것도 막지 못하면 내가 돈을 줄 것 같아?" 차차는 동물의 썩은 시체를 먹는 짐승처럼 남겨진 쓰레기 더미 주위를 맴돌고 있었다. 그가 성인기저귀 박스를 냅다 발로 찼다. 박스가 너무 쉽게 부서졌다. 차차는 자신의 옻칠한 나무지팡이로 싸구려 알루미늄 워커 의자를 두들겼다.

"망할 놈의 자식들!"

"형, 진정하세요. 그러다가 엉덩이 또 나가겠어요."로니가 말했다. 그는 이 사이에 낀 뭔가를 꺼내면서 말했다. "어차피 집을 은행에 넘기신다면서요."

"그런 말 한 적 없어, 난! 누가 그런 말을 해! 바로 며칠 전에 레일라랑 트로이하고 여기 왔었다고. 내가 언제. 한 달에 거의 700달러를 꼬박꼬박 내고 있는데, 젠장."

"형, 우리 보험은 있어요?"로니가 물었다. "이런 건 보상이 되지 않을까요?"

"이 빌어먹을 놈의 자식들!"

차차는 좀처럼 화를 누그러뜨리지 못했다. 로니는 서서 그런 형의 모습을 지켜보았다. 둥글고 볼품없는 형이 욕설을 퍼부으며 허공에서 손을 휘젓고 있었다. 로니는 혹시나 형이 화를 참지 못해 심장마비라도 일으키는 게 아닐까 잠시 걱정했지만, 남자의 감정 분출을 막는 스타일이 아니었기에 그냥 계속하게 놔두었다. 로니의 시선이 모퉁이에 서 있는 차로 향했다. 불필요하게 너무 오래 머물러 있었다. 로니는 시선을 다시 거두고 하나님께 잠시 감사의 기도를 했다. 그가 아는 하나님은 차차의 하나님보다 개방적이고 편안했다. 그는 자신이 더 처절하게 추락하지 않게 해 주심에 감사했다. 어둠을 보호막 삼아 다 쓰러져가는 차고를 훔칠만한 그런 상황까지 가지 않도록 한 것에 대해.

영향력

The Turner House

　레일라는 브리엔의 지정 주차공간에 서 있는 이삿짐 트럭을 보고 딸이 부른 것이 아니길 간절히 바랐다. 이틀밖에 안 지난 상황이었다. 벌써 이삿짐 트럭을 불렀다는 건 너무 극단적이고 상황을 더 이상 되돌릴 수 없다는 걸 의미했다. 그녀는 지정된 주차 공간이 아닌 다른 곳에 차를 세우고 트럭을 향해 걸어갔다. 트럭 뒤로 돌아가 보니 차는 아직 비어 있었다. 작은 안도감이 밀려왔다. 그러기도 잠시, 아파트 계단 위에 로브가 바비를 안고 서 있는 모습이 보였다. 바비가 그녀를 알아보고는 알은체를 했다.

　"지지, 지지, 이리 와." 그는 권위적인 어른 목소리를 흉내 내고 있었다.

그녀는 손자를 향해 손을 앞으로 뻗고 계단을 한걸음에 달려 올라갔다. 로브에게는 무례함을 면할 정도의 시선만을 건넨 채.

"안녕하세요, 어머니." 로브가 먼저 인사를 해왔다.

"안녕, 로브."

그는 아이를 레일라에게 넘길지 말지 고민하는 듯 보였다. 마치 자신에게 그런 선택의 여지가 있는 것처럼. 그는 레일라에게 손자를 넘겨주기까지 5초 정도의 시간을 더 망설였다. 레일라는 바비에게 뽀뽀를 하고, 아이가 움찔할 정도로 꼭 안아준 후 다시 로브에게 아이를 건넸다.

"브리엔은 안에 있어요." 로브가 말했다.

로브는 레일라보다 2, 3센티 정도 키가 컸다. 그의 매끈한 피부는 중간 갈색이었고, 눈은 실제보다 그를 천진한 사람으로 보이게 하는 둥근 연갈색 모양을 하고 있었다. 사람들이 그에게 오랫동안 화를 내는 것이 익숙지 않을 것 같았다. 두꺼운 눈썹 아래 보이는 그의 반짝이는 눈빛은 사람을 용서하게 만드는 힘이 있었다. 하지만 레일라는 바비가 태어났을 때 그의 부재를 용서할 수 없었다. 그리고 로브 부모가 보인 위선적이고 자찬으로 가득한 모습 또한 잊지 않았다. 로브가 마음을 바꿔 아빠가 되길 원한다고 선언했을 때, 그의 부모는 그로스 포인트에 있는 자신들의 집에서 늦은 베이비 샤워 파티를 열었다. 레일라는 말린, 프란시, 네티, 그리고 티나와 함께 파티에 참석했었는데, 미안한 기색은커녕 벽에 걸린 하나도 아닌 두 개의 로매어 비어든 작품을 슬쩍 언급하던 그들의 부르주아적인 모습을 잊을 수 없었다. 막내아들이 아빠가 되기로 한 걸 마치 용감한 업적이라도 되는 듯 떠벌리고, 최초의 태만은 간데없이 호화스런 관심과 애정으로 치장하던 그들의 행동은 터너 여자들이 참아내기에 역겨운 모습이 아닐 수 없었다. 그런 분위기 속에, 프란시가 농담 한마디를 건넸었다. 포인트 시스템이 생기기 전에는 흑인들이 그로스 포인트에 집을 사고 싶어도 살 수 없었는데 세월이 참 좋아졌다고. 프란시 언니의 매우 프란시다운 멘트였다. 로브 부모는 무표정한 얼굴이 되어 잠시 프란시를 쳐다보고는 이야기의 주제를 다른 곳으로 돌렸던 기억이 난다. 레일라와 브리엔을 제외한 나머지 여자들은 1시간을 못 버티고 파티를 떠났다. 그녀는 그런 기억들을 억누르고 그의 어깨를 잡았다.

"고마워, 로브." 그녀가 말했다. "다시 보니 반갑네."

아파트 내부 풍경은 얼마 전 그녀의 퇴거 날을 연상케 했다. 짐을 쌀 시간이 충분히 주어지지 않을 때 생기는 혼란. 여기저기 널려진 옷더미들과 소파에 싸여있는 그릇들 그리고 찢어버린 서류들로 넘쳐나는 쓰레기통. 빨리 떠나야 한다는 압박감에 짐을 싸는 내내 물건을 분실하거나 잘못 버려 영원히 찾을 수 없을 것 같은 불안감을 느껴야 했다. 분홍색 트레이닝복에 흰색 스포츠브라를 입은 브리엔이 더플백을 끌다시피 들고 복도를 지나 부엌으로 가고 있었다. 그녀는 결국 끙 소리를 내며 가방을 바닥으로 떨어트렸다.

"오늘 이사 나가는 거니?"

"응." 브리엔이 대답했다. "집주인한테 3시까지 열쇠를 넘겨야 해."

레일라는 자신의 핸드폰을 보았다. 이미 11시였다. 로브가 아이를 돌보느라 돕지 못한다면, 집을 4시간 안에 비운다는 건 불가능한 일이었다. 브리엔은 어디에선가 장난감으로 가득 찬 플라스틱 수납함을 들고 나와 문밖에 놓고는 로브를 향해 가져가라고 소리쳤다.

"내가 좀 도와줄까?" 레일라가 물었다. "빨리 이사 나가는 건 좀 잘하거든, 내가."

브리엔은 그녀의 재미없는 농담을 알아차리지 못했다.

브리엔은 어깨를 으쓱이며 말했다. "아니. 우리가 하면 돼. 어쨌든 고마워."

"로브가 트럭을 몰고 가고 넌 차로 따라가는 거야? 오늘 밤에?"

"응. 열쇠 반납하고 바로 떠날 거야."

"그래." 시선을 피하는 브리엔에 레일라는 마음이 불편했다. "토요일 할머니 파티에는 올 수 있는 거니?"

"아마 못 갈 거야. 요즘 너무 자주 장거리를 다녔더니 바비가 힘들어해. 정리할 것도 많고."

"할머니 아프신 건 알지?"

"알아."

"정말 아프셔. 많이. 네가 마지막으로 봤을 때보다 훨씬 더 심하게."

브리엔은 소파 앞에 무릎을 꿇고 앉아 빨래 바구니에 들어있는 수건을 꺼내 그릇들을 싸고 있었다. 그녀는 수건에 싼 그릇들을 다시 박스에 조심스럽게 담았다.

"혹시 조금 기다려주면 안 될까? 이틀 후면 파티인데. 끝나고 일요일 아침에 가면 안 되겠니?"

브리엔의 손이 멈췄다.

"3시에 열쇠 반납하고 어두워지기 전에 시카고로 떠날 거야." 마치 주문을 외우듯 그녀가 똑같은 말을 반복했다.

"그래, 알았어."

그녀는 핸드백을 열어 브리엔에게 주려고 챙겨놓은 1,000달러를 꺼냈다.

"이거 받아."

돈을 내밀었지만 브리엔은 움직이지 않았다. 레일라는 소파 팔걸이에 돈을 내려놓았다. 브리엔은 다시 접시 싸는 일에 몰두했다. 로브가 바비를 안고 들어왔다가 브리엔이 바닥에 앉아 있는 모습과 레일라의 무력한 표정 그리고 소파에 놓인 돈을 보고는 발길을 돌렸다.

"제발 받아줘, 브리엔."

"날더러 저걸 받으라고?" 그녀는 턱으로 돈이 있는 쪽을 가리켰다.

"그래. 왜 안 되니? 시카고까지 가면서 빈손으로 가는 거 보고 싶지 않아서 그래. 네가 꼭 가야 한다면 네 결정을 지지할게. 그렇지만 빈손으로 가면 안 돼. 혹시 돈이 필요할 때가 있을지도 모르잖아."

레일라는 누군가와 동거를 할 때, 특히 그 누군가가 남자라면, 수중에 아무것도 없이 함께해서는 절대 안 된다는 말도 더하고 싶었지만 그러지 않았다.

"저 돈 어디서 난 건데, 엄마? 말린 이모가 준 돈 아니야?"

"이모 돈도 일부 포함되어 있어."

"맙소사." 브리엔이 혼잣말을 했지만 레일라는 그 소리를 들을 수 있었다.

브리엔은 입술을 깨물고는 다시 짐을 싸기 시작했다.

바비를 안고 로브가 다시 나타났다.

"죄송해요." 로브가 말했다. "방에 들어가서 짐을 좀 쌀게요.

시간이 없어서요. 죄송해요." 그는 거실에 어지럽게 놓여있는 물건들을 피해 침실로 들어가 문을 닫았다.

브리엔이 일어서서 돈을 집어 레일라에게 내밀었다.

"엄마는 내가 엄마 중독에 종속되길 바라지. 그게 엄마가 원하는 거니까. 그런데, 엄마. 난 싫어. 난 이 돈 받을 수 없어. 어디서 온 돈인지 아니까."

지나치게 논리적인 말투였다. 구글에서 보았을 수도 있고 아니면 지난번 이야기했던 타니라는 여자아이나 로브에게서 들었을 수도 있었다. 어쨌든 그런 말투가 브리엔의 입에서 나오는 게 자연스럽지 않게 느껴졌다. 레일라는 돈을 나눠서 반은 핸드백에 넣고 나머지 반은 브리엔에게 다시 내밀었다.

"그럼 몇백 달러라도 가져가. 트럭하고 네 차 기름값만 해도 그 정도는 필요할 거야. 너한테 바라는 거 아무것도 없어. 정말 맹세코."

브리엔은 넘쳐나는 쓰레기를 커다란 검은색 쓰레기봉투에 담았다. 중간에 종이 몇 장을 더 작게 찢기 위해 멈추기도 했다.

"내가 미안해, 브리엔. 지난번 아침 일은 진심으로 미안해. 모든 것을 잃었다는 사실이 너무 창피해서 너에게 솔직하게 말하지 못했어. 그런데 나 지금은 괜찮아. 적어도 당분간은. 그리고 내가 너한테 했던 말들, 다 진심은 아니었어."

이 말을 하기가 너무 어려웠다. 용서를 비는 것에 익숙하지 않은 건 트로이뿐이 아니라고 레일라는 생각했다.

"그럼 이건 어때요?" 브리엔이 말했다. "엄마가 GA에 가겠다고 약속하면 돈을 받을게."

레일라는 브리엔이 온라인으로 자신이 가지고 있는 문제에 대한 해결책을 찾고 있는 모습을 상상할 수 있었다. 브리엔은 문제 해결에 항상 적극적이었다. 리스트를 만들고 문제들을 하나씩 해치워나가는 그런 타입이었다. 레일라는 그녀의 날 선 말 뒤에 숨은 자신을 향한 사랑에 집중하려 했지만 면목이 없는 건 매한가지였다. 어떻게 브리엔이 모든 협상 카드를 쥐고 있단 말인가? 그 사실도 그녀를 서글프게 했다. 엄마로서 딸에게 돈을 주고 있는데, 거의 바치다시피 하고 있는데도 레일라에게는 아무런 권한이 없었다. 그 어떤 영향력도.

"GA는 도박중독자 모임이야, 엄마." 브리엔이 말했다.

"나도 알고 있어. 전에 가본 적도 있고. 그런데 잘 모르겠어. 조금 더 찾아봐야 할 것 같아. GA 말고 내게 더 맞는 뭔가가 있을 수도 있잖아. 가겠다고 해놓고 지키지도 못할 걸 너한테 약속하고 싶진 않아. 나 이제 거짓말 안 할 거야."

브리엔은 고개를 저으며 못 믿겠다는 듯 웃었다.

"그래, 알았어." 그녀가 말했다. "그럼, 지금 엄마가 한 가지 해줄 게 있어. 엄마가 해줄 수 있는 유일한 일이지만, 싫다고 해도 어쩔 수 없는 일이고.

"그게 뭔데?"

"버넌 그린에 대해, 그리고 미조리에서 엄마와 나의 삶에 대해 처음부터 끝까지 기억나는 건 다 이야기해 줘. 모두 다. 그럼 돈을 받을게."

불합리한 요구는 아니었다. 오히려 딸아이가 자신에게 요구할 수 있는 가장 어려운 일 중의 하나가 이 정도의 질문이라는 것이 더 서글펐다. 어느 부모가 자식의 뿌리가 되는 이야기를 부정하고 함구하겠는가? 그런데도 왜 자신은 브리엔은 이 문제에 대해 몰라도 상관없을 거라고 생각했을까? 아무리 그 끝이 잘못되었을지언정, 브리엔을 이 세상에 나오게 한 것이 하룻밤의 잘못된 불장난은 아니지 않은가? 버넌과 자신은 정식으로 결혼한 부부였다. 그리고 브리엔은 아직도 남편의 성을 달고 살고 있었고.

다른 사람을 보호한다는 명분하에 하는 행동은 사실 자신을 보호하기 위함일 때가 더 많다. 딸을 위해 버넌을 다시 세상 밖으로 가져오는 데 세 시간 정도가 걸렸다. 그가 트랙에서 허들을 넘는 모습을 처음 본 그 순간부터, 마지막 날 그가 얼어붙은 빗속에서 졸고 있던 모습까지. 레일라는 지난 이십여 년간 잊고 살았던 세세한 일들까지 이야기해 주었다. 그의 첫 자동차가 1980년 형 컷틀러스 슈프림이었다는 것과 레일라가 군청 예식 때 입었던 무릎까지 내려오는 가슴패드가 달린 페일핑크

원피스까지. 다시는 말하고 싶지 않은 이야기였기에 가능하면 천천히 그리고 자세히 그녀에게 말해 주었다. 이야기를 하며 모녀는 옷을 개서 가방에 넣고, 물건을 싸서 박스에 담고, 온갖 잡동사니들을 정리해 나갔다. 3시가 되었을 때, 브리엔은 엄마와 디트로이트로부터 떠나갈 모든 준비가 끝나 있었다.

버리든지 잡고 있든지

유령과 사람 중에 집에 무게를 더하는 것은 과연 어느 쪽일까? 사람들은 집의 벽돌 하나하나에 그리고 시멘트에 가치를 부여하고, 융자금 입금 기일을 맞추는 것에 자신들의 신분을 기꺼이 연결시킨다. 공기가 차가운 겨울밤에 엄마들은 아기를 안고 모든 방을 돌아다니며 찬 공기가 새어 들어오지는 않을까 점검한다. 습하고 더운 여름에 아빠들은 포치에 앉아 걱정하고 피곤해하면서도 가족과 자신을 보호할 지붕이 있다는 것에 감사한다. 아이들은 더러운 손으로 벽지에 자국을 내고, 중요한 물건 또는 자신이 숨을 곳을 찾아다닌다. 우리는 집에서 살고 죽으며, 집으로 돌아가는 것을 꿈꾸고, 내가 사라지면 그 집을 누가 이어받을지를 고민한다. 차차의 가족도 다르지 않다는 것을 그는 알고 있었다. 얘로우가에 있는 집은 그들에게 변하지 않는 마스코트였고, 허물어져 가는 외관은 터너 가족의 갑옷과 같았다. 하지만 시간이 지날수록 집은 무너져가고 있었다. 지하실엔 곰팡이가 피고, 벽에는 석면이 숨어 있었으며, 차고는 누군가에게 도난당한 상태였다. 이런 모든 것이 집을 버릴 때가 된 것을 의미한단 걸 그는 알고 있었다. 허물어져 가는 이 도시의 버려진 수많은 집 중 하나로 이 집을 두고 돌아서야 한다는 것을 그는 알고 있었다. 하지만 집을 어찌해야 하는지 그리고 어머니의 병을 어찌해야 하는지는 차차에게 간단한 해결방안이 있는 일들이 아니었다. 두 상황 모두, 그의 본능은 손에 꼭 움켜쥐고 있으라고 말하고 있었다. 하지만 그러기 위해서 어떤 대가를 치러야 하는 걸까?

비올라가 스스로 죽기를 바란다면 어떻게 그걸 말릴 수 있을까? 마찬가지 이유로 집이 결국 붕괴될 운명이라면 그것에 맞서 싸울 필요가 있을까? 로니와 뒷마당에 있을 때 그가 느꼈던 것은 분노가 아니라 사실 무력함이었다. 그의 자제력은 어디로 갔을까? 차차에게 자제력을 갖는 것은 쉬운 일이었다. 이는 그가 권위적이거나 에고가 강해서가 아니었다. 이리 떼나 까마귀 떼와 마찬가지로 무리 지어 사는 집단에겐 질서가 필요했다. 그가 자제력을 잃는 것은 집단에 부여된 근본적인 질서를 파괴

하는 것과 같았다. 전두엽에 생긴 큰 흠결 같은 거라고. 하지만 하룻밤 사이에 집 일부가 사라질 수 있는 세상에 살면서 자신의 충동에 충실하고 한 번쯤 자유를 찾아 미치는 게 뭐가 문제가 되겠는가?

목요일 아침이 되자 러셀과 산드라, 그리고 버니스가 도착했다. 러셀은 두 번째 게스트 룸을 차지했고 여동생들은 프란시의 집으로 갔다. 그날 밤 마일스, 듀크, 그리고 퀸시가 조카들 무리를 데리고 나타났다. 의외로 여성스러워진 여자아이들과 얼간이에서 늠름한 청년이 된 남자아이들까지 모이자 집은 풀하우스를 이뤘다. 티나만 나타나지 않았다.

형제들은 한 명씩 또는 커플을 이뤄 비올라의 방으로 줄 서서 들어가 그녀를 만났다. 그녀와 앉아 텔레비전을 보고, 음식도 먹었다. 그리고 그녀가 이 세상에 들여온 인간들이 이 세상에서 무엇을 하고 살고 있는지, 그녀에게 일러주었다. 모두 애로우에 가서 도난당한 현장을 사찰하고 싶어 했다. 차차는 그들에게 차를 내주었다. 같이 가지는 않았다. 금요일 밤에는 손님들이 차차네 집에 모여 카지노 뷔페를 먹으러 출동했다. 차차와 레일라는 당연히 가지 않았다. 그녀는 피곤하다는 핑계로 비올라를 살피지도 않고, 잔다는 인사도 없이 일찍 잠자리에 들었다. 차차는 모든 공기 매트리스에 바람을 채우고 이부자리를 찾아, 소파와 바닥에 간이 잠자리를 만들었다. 저녁 8시였다.

— ＊ —

늙은이들은 고통에 익숙한 게 정상이었다. 비올라는 이 사실을 알고 있었다. 늙은이가 가슴 통증, 겨드랑이 욱신거림, 쿡쿡 찔리는 듯한 말 안 듣는 다리에 대해 이야기하는 걸 듣고 싶어 하는 사람은 없었다. 젊은이들은 노인들의 통증을 막을 수는 없었기에 나이를 먹으면 언젠가는 더 이상 통증이 성가시지 않은 시점이 온다고 생각했다. 이기적인 생각이었다. 비올라는 의사에게 더 강한 약을 투여하게 한 것이 자신이 이번 생에서 만들어낸 마지막 의미 있는 승리라고 생각했다. 자신 몸에서 일어나고 있는 현상에 대해 자신의 의견을 말했다는 것이 그녀는 자랑스러웠다. 이건 더 이상 싫고, 저건 더 필요하다고 말한 것이. 하지만 약이 강하면 강할수록 부작용이 따라왔다. 고통이 가장 작을 때 그녀의 생각은 가장 희미해졌다. 하나의 생각을 합리적인 과정을 통해 끝까지 가져간다는 것이 마치 맨손으로 물고기를 잡는 것처럼 어려웠다. 하지만 약 기운이 떨어지고 고통이 돌아오면 그녀의 정신은 매우 뚜렷해졌다. 지금 그녀는 자신의 모든 몸뚱이를 느낄 수 있었다. 고통이 그녀를 잠에서 깨웠다. 애로우에서 떠난 뒤로 시간을 신경 쓰지 않고 살고 있었지만 참담하게도 눈을 가리는 고통이 올 때까지 약 30분 정도 남은 것으로 그녀는 추정할 수 있었다. 고통에 대한 두려움이 죽는다는 것에 대한 두려움보다 커졌던 시점을 그녀는 기억할 수 없었다.

다행히 누군가가 방에 있었다. 아들이 고개를 가슴에 떨구고 팔걸이의자에서 졸고 있었다. 아버지가 죽을 때만큼 늙어 보이는 아들이. 비올라는 뭔가를 기억했다.

"3년 남았다, 차차."

"뭐라고 하셨어요?" 그는 손으로 입을 닦으며 말했다.

"네 아버지는 예순여섯에 돌아가셨다. 3년만 더 있으면 네가 더 오래 사는 거야. 할아버지보다도 더."

그녀는 차차를 제외한 나머지 자식들의 나이를 기억하지 않았다. 그녀의 나이 열여덟 살 때 샷건하우스 거실에 있는 침대에 차차와 같이 누워 잠을 청했던 모습을 잊을 수 없었다. 올리비아와 루씰 언니는 거실에 있는 또 다른 침대에 살고 있었다. 남편이 영영 떠났다고 생각하며 보낸 그 기나긴 시간에 그녀는 열여덟 살이었다.

차차가 이미 나눠진 어머니의 약을 그녀의 손에 얹어 드렸다. 사이드 테이블에 있는 물컵을 들어 빨대를 그녀 입 가까이 가져다 댔다. 그녀는 고마운 마음으로 그의 눈을 보았지만 그는 시선을 돌렸다. 비올라는 또 무언가를 기억해냈다. 차차의 질문에 차마 대답할 용기가 없어서 마음에 의혹을 남긴 채 그를 그냥 돌려보냈던 것을. 비올라는 약을 먹지 않고 손에 들고 있었다.

"네 처는 자니?"

"나갔어요." 차차가 말했다. "처키네 갔어요. 저와는 말을 안 하고요."

"그랬구나." 또 다른 질문을 하는 게 두려웠다. 그냥 약을 먹고 고통에서 자유로워져 생각이 어디론가 날아가게 두고 싶었지만 죄책감이 그녀를 가로막았다.

"다시 돌아올 거야." 잠시 시간이 지나고 비올라가 말했다.

"어머니, 어쩌면 안 오는 게 좋을지도 몰라요. 저도 잘 모르겠어요."

이렇게 이야기를 하는 게 힘들었다. 둘은 이런 상황에 익숙하지 않았다.

"루씰하고 올리비아 이모가 옛날 시골집에서 가꾸던 작은 농장 기억나니? 언젠가 여름에 내려갔었잖아."

"네, 기억나요." 차차가 말했다. "제가 수컷 소젖을 짜려고 했잖아요. 발길질에 머리가 안 터진 게 다행이에요."

비올라는 미소를 지었다. 침대에 똑바로 앉고 싶었지만 그럴 수가 없었다. 손에 알약들을 쥐고 있었는데 모든 힘이 소진되는 것만 같았다.

"난 유령을 본 적이 없다는 걸 네가 알았으면 좋겠다, 차차." 그녀가 말했다.

그녀의 아들은 의기소침해 보였다.

"난 평생 유령을 본 적이 없었지만, 본 사람을 알기는 해."

차차가 고개를 들었다.

"네 아버지가 보셨어, 유령을." 그리고는 한 마디 덧붙이는 걸 잊지 않았다. "난 아니고."

비올라는 이 사실을 어떻게 말해야 할지 혼란스러웠다. 그녀가 조겟츠 집에서 뛰쳐나와 터프츠 목사의 차를 타고 집으로 가던 그 날, 아칸소를 떠나겠다고 결심했던 그 날에 대해. 그녀는 그 이야기를 할 수 없었다.

"아버지가 유령을 보셨다면 왜 아니라고 말하신 거예요?" 차차가 물었다. "왜 제게 대놓고 거짓말을 하신 거냐고요?"

"네가 만족하고 살길 원하셔서. 네 아버지는 평생 만족하고 살려고 노력하셨어. 물론 행복하셨지. 외아들인 네 아버지에겐 너희 형제들이 있었으니까. 그런데 그 유령이 네 아버지 영혼을 망가뜨렸어, 차차."

비올라의 입이 말라갔다. 축축한 그녀 손에 쥔 알약들은 서로 들러붙고 있었다. 빨리 먹지 않으면 차차가 약을 버려야 할 수도 있었다. 그녀가 견딜 수 없는 낭비였다.

"너희 아버지는 모두를 사랑했다, 자기 자신만 빼고. 자기 자신에 대해 한 번도 만족하지 못하셨지."

자신의 말을 머릿속에서 돌려보고 있는 차차의 모습을 그녀는 지켜보았다. 자신 말고 프란시스 터너의 슬픔을 아는 사람이 있다면, 그건 그의 맏아들 차차가 유일할 거라고 비올라는 생각했다.

"엄마 삼촌 중에 프랜드라는 이름을 가진 삼촌이 있었던 거 아니?" 그녀가 말했다.

"그게 본명이셨어. 넌 만난 적 없지만. 하긴 사실 나도 직접 만난 적은 없고. 사람들 말이 유령이 그 삼촌을 버지니아에서부터 따라왔다고 하더라고. 네 할아버지가 벽돌 쌓는 일자리를 구해주셔서 삼촌이 말을 타고 아칸소로 오기로 되어 있었대. 근데 프랜드 삼촌이 유령에게 뭔가 잘못을 했든지 빚을 졌든지 했나 봐. 결국 삼촌은 멤피스랑 파인블러프 사이 어느 도랑에서 발견되셨지. 무덤만큼이나 깊었다고 하더라고. 얼굴을 봤을 때 말에게 차인 것처럼 보였는데 삼촌 말은 근처 나무에 묶여 있었다더라고. 그런 유령이 조심해야 하는 유령이야, 차차. 너랑 네 아버지가 보는 유령은 널 해치치 않는 유령인 것 같다. 네가 해치게 두지 않으면."

차차는 고개를 떨어뜨린 채 손에 든 물 컵을 톡톡 치고 있었다. 유령을 내버려 두고 그래서 그냥 미스테리로 남기고 집착을 버릴지, 아니면 계속 캐낼지를 차차가 고민하고 있다는 걸 비올라는 알 수 있었다.

한 1분이 지나고 그는 빨대를 다시 한번 비올라의 입 가까이 가져갔고, 그녀는 약을 삼켰다. 약효가 오를 때까지는 항상 기다림의 시간이 필요했다. 이때 고통은 참을 만했다. 곧 사라지리란 걸 알고 있었기에.

낡은 바지를 입은 노인

차차는 유령과 마지막 투쟁을 벌이기 위해 비올라의 방에서 나왔다. 삼촌이 그랬듯 희생자가 되지는 않을 것이다. 그리고 아버지가 그랬듯 평생 수면제를 먹으며 유령의 존재를 숨기려 하지도 않을 것이다. 그는 깨어있는 상태에서 유령이 뭘 원하는지 알아내야 한다고 마음먹었다. 로니와 앨리스 둘 다 대면을 권유했었다. 드디어 차차는, 술기운을 빌리지 않고서도 그럴 준비가 되어 있었다. 그는 침대에 바른 자세로 앉기 위해 베개를 조절하고, 불을 끄고, 순간순간 졸기도 하면서, 파란 불빛이 나타나기를 기다렸다.

새벽 2시. 마침내 기다리던 유령이 나타났다. 이번에는 유령에게서 빛이 나지 않았다. 차차에게 매우 가까이 와 있었다. 대략 1미터 정도 떨어진 곳에. 가까운 거리 때문에 차차는 유령의 특징을 좀 더 자세히 볼 수 있었다. 수염이 입가를 넘어 길게 나 있었다. 그것은 차차를 보며 이를 보였는데 웃는 모습인지는 알 수 없었다. 앞니 사이에 틈이 있었다. 확인된 것이다.

"당신은 진짜가 아니에요, 아버지. 당신은 죽었어요." 제삼자에게 알려주듯 차차는 이렇게 말했다. 죽은 건지 산 건지 유령 스스로가 모르지는 않을 테니 말이다.

유령은 프란시스가 관에 입고 들어간 스트라이프 무늬 양복과 석류색 넥타이를 하고 있지 않았다. 그는 프란시스와 연관짓지 못할 복장을 하고 있었다. 한껏 추켜올린 낡은 갈색 바지에 러닝에 가까운 흰색 티셔츠를 바지 안에 넣어 입고 있었다. 그의 가슴은 노인처럼 처져 있었고, 몸은 말라 있었다. 그의 젖꼭지가 러닝셔츠에 비춰 보였다.

"그 밑에서 나와." 유령이 말했다. "숨은 줄 알지만 난 다 보여. 난 한 번도 숨지 않았어."

유령의 목소리는 조용했지만 근엄했다. 차차가 기억한 것보다는 좀 더 시골스럽기도 했다. 그의 눈은 차차가 앉아있는 침대 아래로 향해 있었다. 차차는 침대 밑에 무엇이 있을지 궁금했지만 움직일 수 없었다.

"당신이 뭘 원하는지 알고 싶어요." 차차가 겨우 말을 꺼냈다. 말을 하고 보니 말도 안 되는 질문 같았지만, 사실 뭐라고 해야 할지 알 수 없었다.

유령은 대답하지 않았다. 그는 양말과 신발을 신고 있지 않았다.

"빨리 나와 이제." 유령이 말했다. "넌 자존심도 없어? 모르는 척하는 거야, 지금?"

유령이 웃고 또 웃었다. 그 모습에 차차는 순간 화가 났다. 자신을 비웃는 걸까? 얼굴은 프란시스였지만 고음에 콧소리가 들어간 웃음소리는 전혀 다른 사람 같았다. 유령은 벽에 기대어 계속 웃었다.

"당신은 진짜가 아니에요." 차차가 말했다. "내가 집 밑에 들어가 있을 때 듣고 싶었던 말을 하고 있잖아요." 그는 말이 나오고서야 그가 이런 생각을 한단 걸 알 수 있었다.

"내가 그 밑에 있는 걸 알고 계신 거죠, 그렇죠?" 차차가 말했다. "제가 집 밑에 있는 걸 알면서도 절 웃음거리로 만드셨어요. 왜 그러셨어요?"

유령은 허리를 구부리고 왼쪽 발을 긁었다. 발톱이 너무 더러워 보였다. 그는 아직도 침대 밑을 바라보며 웃고 있었다.

"누구도 네 생각하는 사람 없어." 유령이 부드러운 투로 말했다. 고개를 저었다. "사람들은 자기 일로 바빠. 그러니까 어서 거기서 나와. 늦었어."

차차는 유령이 침대 밑에 있는 무언가를 보고 있는 모습을 보고 있었다. 숨을 안 쉬고 있다는 걸 깨닫고 큰 숨을 쉬었다. 갑자기 건강이 걱정된다는 생각이 들었다. 어쩌면 유령이 그를 데리고 천당이든 지옥이든 데리고 가려고 온 것일 수도 있다고 생각했다. 그는 이렇게 빨리 죽을 생각이 전혀 없었다, 아버지보다도 빨리. 영화에서 나오는 것처럼 이곳에 있으면 안 된다고 불빛을 따라 떠나가라고 할까 생각했다. 하지만 유령이 자신이 만들어낸 허구라고 할지라도, 차차에게 이런 말을 할 권리는 없다는 생각이 들었다.

"그래, 그럼. 네 맘대로 해." 유령이 말했다. 그가 침을 뱉었지만 아무것도 나오지 않았다. "난 네가 이렇게 비겁한지 몰랐어."

그때 갑자기 방문이 열렸다. 차차가 고개를 돌려 그쪽을 바라보니 늦은 시간임에도 불구하고 로니가 베개를 찾으러 들어온 것이었다. 차차가 창가 쪽으로 다시 고개를 돌렸을 때 유령은 이미 사라지고 없었다. 처음으로 유령이 다시 돌아와 주길 기도했다.

북쪽으로 갈 수 있도록
(1945, 여름)

The Turner House

그날 아침 부모님 집으로 돌아가면서 프란시스에게는 뭔가 비종교적이고 히스테릭한 면이 있다고 터프츠 목사가 말했다. 남편이 유령을 본다고 말했었고 더 심한 건 유령은 하나님이 보내신 거라고 주장했다는 것이다. 프란시스가 떠나서 무책임하게 연락 없는 게 놀랍지 않다고 그는 말했다. 기차에서 내리자마자 부패에 굴복했을 거라고 목사가 말했다. 터프츠는 비올라를 위로하려 했다. "너무 속상해할 필요 없어요." 그가 말했다. "당신은 현명하고 매력적이어서 돌봐줄 좋은 남자를 다시 만나게 될 거예요." 비올라는 처음으로 터프츠 목사의 말이 사실이길 바랐다. 그녀는 유령에 대해서는 관심이 없었다. 그저 더 이상 기다릴 수 없다는 걸 알뿐. 가정부로 지낸 짧은 시간에 대해 평생 말하지 않았듯이, 그녀는 그날 차에서 들은 말 또한 아무에게도 하지 않았다. 목사는 자신의 오른손에서 장갑을 벗고 그녀의 허벅지에 손을 얹었다. 겉으로 보기에는 별 의도 없는 위로의 행동으로 보일 수 있었겠지만 비올라는 그의 뜨거운 손가락 끝에서 느껴지는 갈망을 알 수 있었다. 손을 치워버려야 한다고 생각했지만 그녀는 그렇게 하지 않았다. 그의 손가락이 그곳에 머물게 했고, 오히려 허벅지를 약간 움직여 그의 손이 닿고 싶어 하는 곳과 맞닿을 수 있도록 했다. 나머지 한 손으로 목사는 나무가 울창한 자갈밭으로 차를 몰았다. 그리고 그는 나머지 장갑 하나를 벗고 모자를 데쉬보드 위에 올려놓았다. 그녀는 그가 가까이 오길 기다리지 않았다. 그녀가 그에게 다가갔다. 비올라는 무엇을 기대했는지 알 수 없었다. 목사가 그녀를 돌봐줄 좋은 남자가 될 것이라고 생각할 정도로 그녀는 순진하지 않았다. 아마 오빠들 사는 곳으로 갈 차비 정도를 보태줄 수는 있겠지만 그녀가 돈을 달라고 할 리는 없었다. 그녀는 그저 외로웠고, 자기 것이 아닌 삶에 갇혀있다고 느꼈다. 프란시스가 그녀를 배신하고 버렸기에, 그녀도 그를 배신하고 싶었다. 그녀는 열여덟 살이었고 살면서 그날이 최악의 날이 될 것이라고 믿었다.

그렇지 않았다. 그 첫 번째 날 길에서 그녀를 기다렸듯이 며칠 후 그녀가 심부름을 하고 집으로 돌아가던 길에 터프츠 목사는 그의 패커트를 타고 한산한 길가에서 그녀를 기다리고 있었다. 그는 문을 열었고 그녀는 다시 차에 올라탔다. 그 후로 그녀는 귀갓길에 가능하면 먼 길로 돌아가 그가 밖에 나와 담배라도 피우고 있을까 하는 생각으로 터프츠 목사의 포치 앞을 지나갔다. 둘은 많은 말을 하지 않았고 그녀는 다행이라고 생각했다. 사랑에 굶주린 그녀가 그의 손길을 원했던 만큼 그녀는 그가 말하는 걸 싫어했다. 그의 말투는 가끔 프란시스를 연상케 했고, 그럴 때마다 그녀의 수치심은 4배로 뛰어올랐다. 일을 마치고 집에 돌아올 때마다 다시는 먼 길로 돌아오지 않겠다고 다짐했지만, 항상 그 각오는 며칠을 가지 못했다. 그는 그녀를 자극하고 동시에 구역질 나게 했다. '선택의 여지가 없는 여자는 남자가 와서 자신을 파멸시키길 기다리는 것이다.' 수년 후 비올라는 자신의 딸들에게 이 교훈을 전했다.

— * —

조겟츠의 가정부 일을 그만두고 정확히 한 달 후, 프란시스가 샷건하우스 문 앞에 나타났다. 야위고 더러운 몰골로. 떠날 때보다도 더 형편없는 옷차림을 하고. 시간은 한낮이었다. 비올라는 차차와 집에 단둘이 있었다.

"내가 잘못했어." 그가 말했다. "하지만 괜찮은 일자리도 구해놓았고 그래서 가족을 데리러 왔어. 이제는 떠나지 않아."

'나도 잘못했어!'라고 소리치고 싶었지만 비올라는 그러지 않았다. 남편에게 말해서 좋을 일이 아니었다. 프란시스를 집으로 들어오게 하고 아들을 그의 품에 안겨 주었다. 그는 버스를 타거나 여기저기서 차를 얻어 타 가며 남쪽으로 돌아왔다. 남편 아내 그리고 아들 이렇게 세 가족이 기차를 타고 북쪽으로 갈 수 있도록. 긴긴 여행을 한 남편을 위해 그녀는 물을 떠다 따뜻하게 데워서 그를 목욕시키고 아들은 낮잠을 재웠다. 그리고는 비올라와 프란시스는 샷건하우스의 앞방에서 아주 천천히 사랑을 나누었다.

그들은 각자 배신에 대한 자세한 사안들을 공유하지 않은 채 서로를 용서했다. 두 사람은 남은 일생동안 그 몇 달의 시간을 속죄하며 살아가게 될 것이었다. 서로를 배신한 죄뿐만 아니라 희망을 버렸던 것을. 새롭게 태어나는 아이들은 함께 머물며 함께 행복해야 한다는 또 하나의 약속이자 헌신이 되었다. 그리고 둘은 자주 행복하기도 했었다.

잃어버린 소명

The Turner House

프란시스 같은 소년이 유령을 보는 데는 이유가 있었다. 가난한 집안에 태어난 죄로 너무 젊은 나이에 아버지를 땅에 묻었고 어머니는 떠나 계셨다. 두 분 다 잃고 얼마 되지 않아 유령이 보이기 시작했다. 창백한 얼굴에 바지를 끌어올려 입고 맨발인 유령이. 프란시스는 아버지를 본 적이 없었고 사진도 없었기에, 이 유령이 아버지라고 확신할 수는 없었지만, 그렇지 않다고 생각할 이유도 없었다. 아버지에 대한 갈망이 한없이 깊었던 그였기에 어떻게 다시 찾아왔냐고 물을 엄두도 낼 수 없었다. 만일 유령을 간청해서 저세상에서 불러올 수 있다면, 어린 프란시스는 그것을 해낸 것이다. 유령은 그날 이후 매일 밤, 프란시스 앞에 나타났다. 항상 사람의 모습은 아니었고, 때론 어둠에서 푸른 불빛으로 그에게 다가왔다. 중재를 원치 않았기에 그는 유령 이야기를 그 누구에게도 하지 않았다. 한 사람의 유령은 다른 사람의 소중한 손님일 수 있는 법이다.

스무 살에 결혼을 하고 첫째 아이의 아빠가 된 프란시스는 목회자가 되길 원했다. 스스로를 학자라고 믿고 자신의 교회를 실용주의와 현대적 신자를 위한 공간이라고 외치던 터프츠 목사, 늙어가는 3명의 집사들을 대신할 시기가 왔음에도 불구하고 프란시스의 자질을 의심했다. 정기 교육을 거의 받지 못한 프란시스였기에 당연하기도 했다.

"진정 하나님의 부름을 받은 것인지, 내가 시키는 대로 하는 건지 어떻게 확신하지?"

간단한 질문이었기에 프란시스는 성경의 정확한 구절을 인용해 간결하고 열렬한 맹세로 대답할 수 있었지만, 대신 지난 10년 동안 자신을 찾아오는 유령에 대해 이야기했다. 그는 유령을 다니엘의 고문이자 마리아의 보호자였던 가브리엘 대천사에 비유했다. 그는 자신이 교회에 있는 게 마땅하고, 겸손한 신자들을 이끄는 것에 혼신을 다할 것이라 설명했다.

옳은 답이 아니었다. 터프츠 목사는 미신을 좋게 보지 않았으며, 저세상으로부터의 방문객은 그 미신에 속하고 있었다. 성경에 나오는 유령은 별개의 문제였다. 목사는 복잡한 내용을 무시한 채 센세이션한 대목에 의지하는 흑인교회의 경향을 혐오했다. 프란시스의 말을 고민해보겠다고 했으나, 그는 그러지 않았다. 일주일이 지나 터프츠 목사는 디트로이트에 있는 목사에게 보내는 추천서를 프란시스에게 건네며 북쪽에서 더 좋은 삶을 설계해 보라고 조언했다.

디트로이트에서 첫날밤부터 남은 그의 삶 동안 프란시스는 유령을 다시 보지 못했다. 그의 삶에 목적의식을 주었던 유령의 살도 머리카락도 다신 볼 수 없었다. 왜 그랬는지 많은 시간 고민해 보았다. 만일 유령이 진정 아버지의 영혼이라면, 어쩌면 묻혀 계신 곳에서 너무 멀리 떨어져 디트로이트까지 못 오시는 걸 수도 있다고 생각했다. 아니면 프란시스 시니어를 죽음으로 몰았던 가난한 농부의 삶으로부터 그는 더 이상 보호받을 필요가 없어진 것일 수도 있었다. 어떤 이유든, 그의 결론은 같았다. 이곳 디트로이트에 유령 따위는 살지 않았다. 그의 장남이 유령을 보고 그와 싸웠음을 주장했을 때, 프란시스는 믿기를 거절했다. 그의 유령은 축복이었지 두려움의 대상이 아니었기 때문이었다.

가족과 합류한 프란시스는 다시 아칸소로 돌아가지 않았다. 그리고 뭔가 더 위대한 일-설교를 하고, 그들을 이끌고, 일은 많이 하지만 돈은 적게 버는 그런 일-을 한다는 소명은 유령과 함께 아칸소에 두고 왔거나 처음부터 그의 소명이 아니었다고 느껐다. 장례식이나 여름휴가철에는 비올라와 아이들을 처형들이 있는 클리블랜드에 떨궈주고, 그들이 남쪽으로 향할 때쯤 프란시스는 디트로이트로 돌아왔다. 백인 중산층의 이주, 정부가 후원한 블랙보텀과 파라다이스 밸리의 파괴, 공장들의 폐업, 마약 등. 디트로이트에서 일어나는 일에 대한 그의 불만은 꾸준했다. 그러나 그럼에도 불구하고 그는 디트로이트를 사랑했다. 그 안에서 변해간 자신의 모습은 사랑하지 않았을지언정.

터너 가족의 댄스

터너 하우스 파티만한 파티는 어디에도 없다. 단세포 생물처럼 아주 작은 양의 원료로도 형태를 바꾸고 재생할 수 있다. 아무리 많은 음식을 준비해도 저녁 9시면 동이 나지만 술은 절대 떨어지지 않는다. 아이들은 탄산음료와 사탕에 취해 지하실에서 미니 자전거를 타거나 스크린으로 비디오게임을 한다. 모두가 일어서서 서로 장난치고 밀치며 황홀한 놀이들을 이어간다. 그들이 잠시 멈추는 이유는 음료수를 더 받아오거나 화장실에 가야 하는 것밖엔 없다. 만일 장난감이 하나도 없을 경우에는-차차의 지하는 장난감 묘지 기능도 하고 있기 때문에 그럴 리는 없지만- 12세 미만의 터너가(家)의 구성원들은 옛 맨손 놀이에 돌입하게 된다. 모두 팔짱을 끼고 연결되어 누군가 토할 때까지 빠르게 빠르게 도는 놀이, 누군가 넘어져서 머리에 혹이 날 때까지 어둠 속에서 하는 숨바꼭질 놀이, 아니면 그냥 어른이 내려와 조용히 하라고 호통 칠 때까지 하는 온 힘을 다해 소리 지르기 놀이. 어른들은 도미노나 각종 카드놀이를 한다. 매번 서로에 대한 가장 잊지 못할 에피소드들을 이야기하면서 마치 처음 듣는 것처럼 크게 웃어젖힌다. 그들은 원샷을 하고, 새로 참석한 남자 친구를 불편하게 하며, 이웃으로 하여금 경찰을 부를까 고민하게 한다. 결국 아이들을 지하에서 끄집어내 재우고 어른들이 그 자리에서 각자 어린 시절에 듣던 다양한 음악에 맞춰 춤을 춘다.

하지만 우선은 준비가 필요하다. 퀸시는 남자 형제들과 그들의 성인 아이들을 차차의 거실에 모아 놓고 여자 형제들에게 스피커폰으로 전화를 건다. 계획을 짜기 위한 통화. 이것은 티나의 부재가 낳은 절차였다. 차차는 마치 자기 집이 아니고 자기가 주선하는 파티가 아닌 것처럼, 그저 계획을 따랐다. 차차는 티나 없이 그날 있을 끊임없는 술과 농담과 피할 수 없는 다툼을 맞이할 자신이 없었다. 그에게 필요한 건 앞으로 결혼 생활을 어떻게 해야 할지 생각할 수 있는 혼자만의 시간이었다. 하지만 터너 하우스의 파티는 혼자만의 시간을 용납하지 않았다.

퀸시, 러셀, 마일스, 그리고 루크는 집에서 나가더니 정육점

을 개업해도 될 만큼의 축산물 팔다리를 들고 들어왔다. 캘리
포니아 사람이 다 된 마일스와 듀크는 카네아사다 스테이크를
하기 위해 고기 양념을 하고 닭고기를 라임쥬스와 맥주에 쟁여
두었다. 남쪽 남자 퀸시와 러셀은 반바지 세트와 파나마모자로
옷을 갈아입고 바비큐 립에 바를 양념 소금 준비에 들어갔다.
로니는 집을 뒤져 음악을 찾아냈다. 일부 조카들은 성인이 되
었음을 주장이라도 하듯 첫 번째 술 심부름에 나섰다.

차차는 침실로 숨어 들어가면 누군가에 의해 발견되기 전까
지 얼마나 버틸 수 있을까 궁금해하며 마당에서 아이스박스에
묵은 곰팡이를 씻어냈다. 로니는 차고 박스 안에 쌓여있는 카
세트테이프와 LP 판들을 추려내기 위해 차고 문을 열었다. 그
는 차차에게 말을 걸지 않았고 차차는 그런 그가 고마웠다. 자
기 집에서 포로가 된 느낌이었다. 차차는 이 파티가 티나나 비
올라를 위한 것이 아님을 그제야 깨달았다. 누군가의 가정이
풍비박산 나고 있음에도 불구하고 가족들 모두 자신의 집에서
파티를 준비하고 있다는 게 그에게는 존경의 결핍이라고 여겨
졌다. 이건 분명 티나와 차차가 자랑스러워하던 그들의 문호개
방정책의 부작용이었다. 그들은 '내 집이 네 집이다'를 너무 액
면 그대로 받아들이고 있었다. 그들은 보증금도 임대료도 내지
않는 집주인들이었다. 모임은 사랑에 대한 표현이었고 비행기
표까지 끊어가며 차차의 집에 쳐들어온 것은 차차에 대한 그들

의 선물임이 분명했다. 하지만 차차는 기습을 당한 느낌을 떨칠 수 없었다.

꼬치에 꽂은 두 개의 소시지를 양손에 들고 코로나 맥주를 양옆 셔츠 주머니에 찔러 넣은 마일스가 집 뒤쪽에서 나타났다.

"이른 전리품이에요." 그가 말하며 차차에게 꼬치 하나를 건넸다. 차차는 쫄깃한 소시지 껍질과 안에 들어있는 매콤한 고기가 주는 즐거움을 느낄 수 없었지만 그냥 꼬치를 받아먹었다. 역사적인 관점에서 볼 때 차차는 분명 소시지를 좋아했으니까. 코로나 맥주는 그의 주머니에 넣고 나중에 마시기로 했다.

"형." 마일스가 말했다. "집 철거하는 걸 좀 알아봤는데요. 팔지 말고 철거해서 땅만 갖고 있다가 나중에 다시 짓던지 하면 어떨까요? 덜 복잡하잖아요. 그리고 그 편이 동네 미관상으로도 나쁘지 않고요."

"오늘은 그냥 파티 준비하는 데 집중하자." 차차가 말했다. "다들 즐거운 시간을 보낼 수 있게."

"전 벌써 너무 즐거운데요, 형. 소시지와 맥주가 있는데 뭐가 더 필요하겠어요. 그냥 저도 고민하고 있다고요. 철거하는데 한 8천 달러가 든다더라고요. 게다가 융자금도 다시 협상을 해야 하고요. 쉬운 일은 아니죠."

"누가 뭘 철거해?" 듀크가 말했다. 그는 술배를 앞세우며 집에서 느긋하게 걸어 나왔다. "집?"

마일스와 듀크는 항상 패키지처럼 붙어 다녀서 얘로우가 사람들은 둘이 한 살 터울의 형 동생이 아니라 쌍둥이라고 생각하는 사람도 있었다. 차차는 그들의 빌트인 우정을 부러워하면서도 의심했다. 둘은 평생 서로 '덤 앤 더머'를 연기하며 철들기를 거부할 듯 보였다.

듀크는 차차를 쳐다보며 그가 답하기를 기다렸다.

"철거하는 일은 없어." 차차가 말했다.

"다행이네요." 듀크가 말했다. "왜냐하면 제가 계산기를 좀 돌려봤는데요."

계산기 누르는 시늉을 하며 그가 말했다.

"저도요." 마일스도 말했다. "제 말이 그 말이었어요. 8천 달러 정도면…"

"1인당 3,075달러!" 듀크가 마일스의 말을 끊으며 말했다. "형제 모두가 1인당 그 돈만 내면 융자를 다 갚을 수 있어요. 우리 다 성인인데 설마 1인당 3천 달러 낼 돈도 없겠어요?"

"나한테는 그건 큰돈인데." 차고에 있던 로니가 대화에 끼어들었다. "고정수입이 얼마 안 되어서." 그는 음악이 들어있는 박스에서 시선을 돌리지 않았다.

마일스와 듀크는 서로 약간 놀란 표정을 지으며 킥킥거렸다.

"러셀 형 말에 의하면 그건 완전 돈 낭비래." 마일스가 말했다. "차고 도난당한 거 보고 자긴 돈을 낼 수 없단다."

"파티를 시작하기 전에 이 얘기를 끝내는 게 좋겠어요." 듀크
가 말했다. "술이 들어가기 전에 그리고 여자애들 와서 감성적
으로 굴기 전에요."

"말린 누나가 없는 자리에서 뭐든 결정하면 완전 끝장날 걸."
로니가 그들에게 걸어오며 말했다.

"말린 누나 이제 무섭지 않아요." 마일스와 듀크가 합창했다.
하지만 그건 거짓이었다.

"가서 러셀 형하고 퀸시 형 데리고 올게요." 듀크가 말했다.

차차는 더 이상 견디기 힘들었다. 여기가 그의 집이란 것도,
결국엔 그의 서명 없이는 아무 일도 할 수 없다는 사실도 중요
하지 않았다. 물론 잘못된 생각이었지만, 트로이가 왜 그냥 혼
자 일을 저지르고 결과만 형제들에게 통보하려 했는지 이해할
수 있을 것 같았다. 뒷마당에서 고기가 익고 있고 여자 형제들
이 도착하기 전인 이 진입로 원탁 모임에서는 그 무엇도 결정
할 수 없었다. 그는 형제들을 뒤로 한 채 현관문으로 가서 주머
니에 있던 코로나를 현관 테이블에 꺼내 놓고 차 열쇠를 손에
들었다. 라디오 볼륨을 크게 틀고 그는 그곳에서 빠져나왔다.
동생들이 그를 부르는 소리가 어렴풋이 들렸다.

— * —

차차가 도망갔다는 소식이 전해졌을 때, 마일스, 듀크와 러셀은 차차를 잡아서 집으로 끌고 오자고 했지만 레일라와 로니가 그들을 막으며 그냥 파티를 하자고 설득했다. 비올라를 위한 파티였으니까. 차차가 떠나고 얼마 후 말린이 도착했다. 말린과 레일라는 비올라를 목욕시키고 그녀가 가장 좋아하는 색의 옷을 입혔다. 노란색 원피스에 노란색 슬리퍼 그리고 갈색 가발 위에 씌워진 노란색 모자까지.

"이렇게까지 안 해도 되는데." 말린이 그녀의 손톱에 분홍 칠을 하고 레일라가 발에 로션을 바르는 것을 보고 비올라가 다시 말했다.

"거실로 나가는 건데 뭘 이렇게까지 해." 하지만 거울에 비친 곱게 꾸며진 자신의 모습을 보고 비올라는 미소를 지었다.

말린이 복도에서 레일라의 팔꿈치를 잡아 그녀를 세웠다.

"오늘 엄마 약을 얼마나 드신 거야, 레일라? 눈도 못 맞추시잖아. 잘못 드린 거 아니야? 티나 언니한테 전화해서 물어볼까?"

"언니, 엄마 암이시래. 그래서 약은 필요하다고 하시면 원하는 만큼 드리고 있어."

"그랬구나."

"차차 오빠는 아직 형제들에게 얘기할 준비가 안 되었다고 하고 엄마도 그러신가 봐. 아니면 언니한테 말씀하셨을 텐데."

말린이 레일라를 끌어안았다.

"말씀하고 싶지 않으시면 그리하시게 해야지." 말린이 말했다.

"하지만 멀리서 온 가족들도 마지막 인사는 해야 하지 않을까?"

"마지막 인사를 원치 않으실 수 있어. 죽고 있다는 걸 사람들이 아는 순간 정말 죽음이 느껴지거든. 나도 아플 때 그랬어."

"하지만 언니는 죽지 않았잖아."

"하지만 난 여든두 살도 아니었어."

레일라는 말린이 안보는 사이에 그녀가 빌려준 950달러를 그녀 핸드백에 넣어두었다.

다른 여자 형제들이 호일에 싸인 쟁반과 접시를 들고 나타났다. 티나가 없으니 음식 종류에 일관성을 찾을 수 없었다. 프란시는 먹음직스럽지 않은 화이트 크림소스와 빵가루가 뿌려진 채식 라자냐를 준비했다. 버니스는 감자 샐러드와 마카로니 치즈 그리고 계란 요리를 들고 왔다. 네티는 이번에 인도에 갔을 때 레시피를 알게 된 치킨 브리아니를 만들어 왔는데 쌀이 너무 말라보였다. 그녀의 손은 아직도 헤나 문신으로 꾸며져 있었다.

"신혼여행 같았는데 너무 더웠어! 거의 5분에 한 번씩 길거리에서 물을 사서 마셔야 했거든. 라울은 걱정했는데 난 별 탈

없더라고."

말린의 아들 앙뜨완은 그의 아내와 새로 태어난 딸아이 그리고 바나나 푸딩을 대동했다. 몇 번 더 초인종이 울렸고, 그때마다 사람들은 유난을 떨며 서로를 반겼다. 집주인이 없는 관계로 레일라는 입구 자리를 뜨지 못하고 손님들을 맞이해야 한다는 압박을 느꼈다. 그녀는 초인종이 울릴 때마다 브리엔과 바비 아니면 로브라도 문밖에 서 있기를 바랐다. 버넌에 대해 기억할 수 있는 모든 것을 브리엔에게 말했고 브리엔은 그 대가로 300달러를 받아줬었다. 물론 그게 브리엔이 다시 자신을 믿어준다는 걸 의미하지는 않았다. 우선은 자신을 고쳐야 할 대상, 피해야 할 골칫거리로 인식하는 브리엔의 생각을 멈추게 하는 게 급선무였다. 하지만 레일라는 알고 있었다. 그런 변화를 위해서는 시간이 필요하다는 것을.

— * —

"지금 아버지 집으로 출발하는 중이었어요." 처키가 문턱에 서서 말했다. 손에는 뭔가가 담긴 큰 냄비를 들고 있었다.

"누구랑? 너하고 엄마?"

"저랑 에세아요. 방금 차에 태웠어요. 엄마는⋯."

"그래? 일단 잠시 안으로 들어가자꾸나." 차차는 숨을 들이

쉬며 배를 납작하게 만들어 처키와 문틀 사이를 비집고 집 안으로 들어갔다.

"아버지! 그냥 그렇게 들어가시면… 에이 모르겠다." 처키는 말하고 문을 닫았다.

티나는 처키의 거실 소파에 앉아 TV 채널 편성표에서 볼만한 프로그램을 찾고 있었다. 차차가 들어서자 그녀는 놀라지도 안 도하지도 않았다.

"재미있는 게 뭔지 알아요, 당신?" 티나는 그에게 시선도 주지 않은 채 말을 건넸다.

그는 대답하지 않았다. 재미있는 게 무엇일지 그저 두려웠다.

"모두들 우리 두 사람이 화해를 해야 한다고 생각해요. 이렇게 늙었는데도 화해를 꼭 해야 한다고. 그래서 말인데, 우리 꼭 그러지 않아도 되잖아요. 37년이나 같이 살았어요. 대부분 행복했고. 그 정도면 분명 평균은 넘은 거니까."

"티나, 앨리스에 대해서는 혼란스러웠을 뿐이야. 다른 건 없어. 그저 혼란스러웠어. 미안해."

티나는 고개를 저었다.

"앨리스보다 더 큰 문제가 뭔지 알아요? 우리 서로 가족 말고는 공통점이 남은 게 있어? 나랑 당신 사이에, 뭐가 있어? 내가 좋아하는 걸 당신은 좋아할 생각도 안 하잖아. 우습다고 생각하지. 뭐 그래도 괜찮아요."

"괜찮지 않아. 당신을 행복하게 만드는 것들을 내가 비웃는 건 괜찮지 않아."

"그리고 우리는 더 이상…." 티나는 이어 말했다. "서로 닿는 것도 부담스러워 하잖아요. 복도에서 부딪치는 정도도 말이야. 아무것도 없지. 어쩜 우린 드디어 서로에게서 사이가 멀어진 걸지 몰라."

그녀는 그를 똑바로 쳐다보았다.

"당신이나 나나 모든 게 잘 되면 살아야 할 날이 한 20년 남았어요. 그게 다야. 그리고 우리는 떠나는 거야. 앞으로 20년 동안 내가 당신이 원하는 걸 줄 수 없으면 가서 그걸 찾도록 해. 나도 그렇게 할게요."

차차가 티나 곁에 와 앉았다. 자신이 원하는 게 무엇인지 짐작은 할 수 있었다. 프란시스의 유령에 대해 전날 비올라가 해준 말을 기억했다. 자기 아버지의 비밀스러운 불행에 대해서. 그는 그 불행을 물려받고 싶지 않았다. 유령이 밤에 찾아오는 것은 받아들일 수 있었지만 후회로 가득 찬 삶은 받아들이고 싶지 않았다. 트로이를 떠올렸다. 그는 차차와 나이 차이가 20살이나 나지만 그의 삶은 이미 불행으로 꼬여 있었다. 오늘 아침 그는 티나가 얼마나 똑똑한 여자인지 새삼 깨달았다. 그녀에겐 터너 사람들에게 없는 사회성이 있었다. 그가 집을 나왔을 때 파티는 시작도 안 했지만 티나의 빈자리는 이미 느껴지고 있었다. 그녀가 없으니 어쩐지 모두가 하나라는 정신이 느껴지지 않았고, 차차는 그동안 티나의 능력을 간과하고 있었음을 새삼 깨닫게 되었다.

차차가 자신의 손을 그녀의 손 위에 얹었다. 그녀는 손을 치우지 않았다. 가짜 엉덩이 수술을 받기 전에도, 받은 후에도, 외풍이 심했던 아파트에 살 때도, 복근을 자랑하던 옛날 옛적에도 그는 그녀에게 키스를 했었다. 그는 티나에게 입을 맞췄다. 그녀도 그에게 키스를 했다. 옛날만큼 잘하지는 못했지만 그래도 좋은 키스였다.

— * —

공식적인 파티 타임. 파티가 시작되면 각자 하던 일을 멈추고 거실에 나와 가족의 통합을 보여주는 것이 그들의 전통이었다. 식탁에 모두 앉기에는 사람이 너무 많아서 각자 손으로 무릎으로 접시를 받치고 벽에 기대어 또는 양반다리를 하고 바닥에 앉아 식사를 했다. 다 먹은 일부 사람들은 빨리 자리를 벗어나기도 했다.

뒷마당 데크에서는 4명의 터너 남자들이 시가를 피우며 헤네시 양주와 하이네켄 맥주를 마시고 있었다.

"이길 수 없는 게임이야. 백인은 여자를 뽑지 않을 거고, 흑인은 아무도 안 뽑을 테니까. 흑인 후보조차도 말이야."

"그래도 버락 오바마 캠프로 여기저기서 후원금이 들어오고 있다니까 뭔가 낌새는 있는 거 아닌가?"

"세이브 더 칠드런도 여기저기서 후원을 받지만 그렇다고 흑인들한테 우리 집에 와서 저녁 한 끼 먹자는 백인은 없어."

"앙트완, 목에 있는 문신은 뭐야?"

"뭐처럼 보여요?"

"라훌, 아직도 포드 거리에서 그 편의점 하고 있어?"

"뭐처럼 보이는지 말하면 후회할 걸. 그게 말이야…."

"아니, 작년에 팔아 치웠어, 너무 귀찮아서."

"너희 젊은 애들은 왜 목에다 문신을 하는지 난 정말 모르겠더라. 이렇게 처지기 시작하면 얼마나 이상해 보이겠니?"

"목에 문신이 있으면 진짜 일자리를 찾기 어려울 텐데."

"주먹이에요, 듀크 삼촌. 조 루이스의 팔과 주먹이요. 다운타운에 있는 그 조각상이랑 같은 거예요."

"아, 뭔지 알 것 같다. 그래도 아직 그 동네 아파트는 갖고 있는 거지?"

"어 있어. 2년 전에 팔까 생각했었는데 안 그러길 잘했지. 요즘 은행 빚 못 갚아서 집 잃는 사람들 때문에 임대가 모자라잖아. 슬픈 일이기도 하지만…."

"그렇지, 그래도 어쩌겠어. 그럴 땐 머리를 약간 옆으로 돌리고 모른 척할 수밖에."

"슬플 일도 많다. 예전 디어본 시장 허버드가 자기 구역에는
절대로 검둥이들이 살 수 없게 하겠다고 한 말 기억 나. 텔레비
전에 나와서 얘기했잖아! 백인들은 신이 나서 그를 계속 당선
시켰지. 지금 봐. 너랑 네 아랍 친구들이 다 집주인이 되었잖아.
아름다운 일이지."

"그거 말하려 한 게 아닌데. 아주 큰 거시기 하나가 목에 그려
진 것 같은데, 내가 보기엔."

"난 그저 임차인일 뿐이니까."

"하나도 안 웃겨요, 듀크 삼촌. 하나도요."

"그리고 아랍 사람이 아니라 인도 사람이야. 뭐 신기한 건 사
실이지만."

레일라가 데크로 나와 허리에 손을 얹었다. 파티는 티나와 차
차 없이도 잘 돌아가고 있었다. 물론 브리엔이 없이도. 완전히
행복한 건 아니었지만 그래도 비참하거나 불행하진 않았다.

"이제 남자들 얘기 그만하고 들어와요." 그녀가 말했다. "DJ
로니가 지하에 음악 세팅을 다 해 놨어. 다들 내려가서 춤 안 추
면 로니 오빠가 울지도 몰라."

터너가(家) 사람들은 잘 추든 못 추든 모두 춤추기를 좋아했
다. 선천적으로 미련한 몸뚱이를 가진 러셀마저도 70년대 소울
음악을 들으면 리듬에 몸을 맡긴 채 흔들었다. 레일라와 언니

들은 조카들에게 허슬 춤을 선보였다. 노래 3곡이 끝날 때까지 춤동작을 꼼꼼하게 재현하며 스텝을 가르쳤다. 네 번째 노래가 나오자 기적처럼 모두 한 몸이 되어 스텝을 밟고, 쉼표를 찍고, 빙빙 돌며 춤을 완성시켰다. 여기서 끝났을 수도 있었지만, 차차의 지하실에서는 깊은 땅굴 속에서나 날 듯한 흙냄새가 풍겼다. 몸의 열기는 이 흙냄새를 더 진하게 했고, 사람들은 자신들이 숨어있는 벙커에서 춤과 음악에 점점 심취했다.

9시쯤 되어서 말린이 비올라를 모시고 나왔다. 잠에서 깬 그녀는 방금 복용한 약 탓에 찬란하고 노란 햇빛 같은 모습이었다. 춤추던 식구들은 위층으로 올라와 생일 축하 대화를 나누고 케이크를 잘랐다. 젊은 층의 과민증일지 모르겠으나 한 조카의 주장도 있었고, 터너 사람들의 커뮤니케이션 스타일에 대한 실랑이가 있은 후, 키친타월을 이용해 누가 언제 말할 건지를 정하기로 했다. 말린은 레일라에게 시작하라고 북돋았다.

레일라는 키친타월을 두 손으로 쥐어짜며 큰 평면 TV 앞에 서서 무슨 말을 할까 고민하고 있었다. 그때 차차와 티나가 거실로 들어왔다. 누군가가 휘파람을 불었고, 누군가는 박수를 치며 환영의 소리를 외쳤다.

"티나 터너가 돌아왔습니다, 신사 숙녀 여러분! 티나 터너!" 너무 많이 써먹은 재미없는 농담을 듀크가 날렸다.

"오빠가 먼저 말하세요." 레일라가 말했다.

차차는 소파 팔걸이에 걸터앉아 고개를 저었다. 그는 레일라가 열네 살 때 비올라의 생일파티에서의 그녀 모습을 떠올렸다. 아주 심각한 표정으로 티나가 사준 플루트를 불고 있었는데 그녀의 뻣뻣한 몸에서 흘러나온 음악에는 자연스러운 매력이 있었다.

"오늘은 막내가 첫 타자로 올라가." 그가 말했다. "어서."

"네 그럼…전 열세 번째 형제로서 항상 언니 오빠 모두를 우러러보며 살았어요. 지금까지 살면서 닮고 싶다는 생각을 언니나 오빠 한 분 한 분을 대상으로 한 번쯤은 한 것 같아요. 그런데 이제는 그냥 제가 되고 싶어요. 잘 모르겠어요. 중요한 건 전여기 계신 모든 분을 사랑한다는 거예요. 터너 가족인 게 너무자랑스럽습니다. 그리고 사랑합니다. 엄마, 생일 축하드려요."

비올라는 고개를 끄덕이며 미소를 지었다.

다음은 로니 차례였다. 그는 키친타월을 두 손가락으로 꼬집으며 거실을 둘러보았다. "죽음에 대한 이야기로 모두를 슬프게 하고 싶진 않아요."

"근데 할 거잖아, 그치?"

"그러고 싶지 않다고 했잖아요. 하지만 다들 옛 동네에 가 보셔서 우리 집에 어떤 일이 일어났는지 아실 거예요. 가족 모두속상하시겠지만, 이걸 생각해 보세요. 제가 살아있어요. 제가요!"

"하나님이 만드신 기적이지."

"맞아요, 기적이에요. 너무 자세한 얘기는 생략하겠습니다. 하지만 세월이 지나고 우리 모두가 불평할만한 일이 차고 도난 사건 정도라면, 우린 매우 운이 좋은 사람들인 거지요. 엄마에게 감사해요."

프란시가 급하게 일어나 키친타월을 손에 쥐었다.

"그 말을 바로 이어받아서 우리 아빠가 이 여인을 얼마나 사랑했는지에 대해 이야기해 볼까요? 너무나 큰 사랑이었지요. 어릴 적 우리가 레메이와 맥 사이에 있는 집을 임대하고 살았을 때가 기억나요."

그렇게 정말 구체적인 내용의 일화들까지 꺼내기 시작했다. 수줍음을 많이 타는 손주들과 자리를 어색해하는 새로운 가족 멤버들까지 모두들 그렇게 한마디씩 남겼다. 농담은 결국 천박한 수준까지 이르렀고 몇몇은 혀 꼬부라진 소리를 내기도 했다. 사랑은 단단하고 불편한 모습, 그리고 애정 어리며 진실한 모습 사이에서 왔다 갔다를 반복했다.

시간이 지나며 각자의 방법으로 파티를 즐기고 싶어 안절부절못하는 사람들이 생기기 시작했다. 하지만 그 누구도 자리를 뜨지 않았다. 아직 비올라가 말할 차례가 남아 있었다. 그녀는 모두 한마디씩 하고 거실이 조용해지길 기다리는 것 같았다. 서두를 이유가 없었다. 1분, 1초가 더 지나갈수록 그녀의 생각은 또렷해졌고 하고픈 말은 그녀의 뇌리에 새겨졌다. 수십 년 전 그 샷건하우스에서 벗어나고 싶어 했던 갈망과 셋이서 북쪽으로 왔던 기억을 그녀는 떠올렸다. 그때는 이 도시가 어떤 모습일지 그리고 자신에게 이렇게 많은 사랑에 대한 수용력이 있을지 전혀 알 수 없었다. 그녀는 자식들을 동등하게 돌보지 못했고, 그것의 옳고 그름을 생각할 여유 또한 없었다. 자식들은 각자 자신의 일부분이었다. 지금 어떤 말을 할지는 중요하지 않았다. 자식들이 그녀 삶의 증거니까. 자식들의 자식들 그리고 그들의 자식들 또한 마찬가지일 거라고 그녀는 생각했다. 자식들은 그녀의 생각을 채웠고, 마음에 짐이 되었으며, 지난 64년 동안 그녀에게서 너무 많은 것들을 원했다. 그리고 그걸 주기 위해 기울였던 노력은 그만한 가치가 있었다. 그저 그런 목사의 사모님이 되는 것보다는 훨씬 더 큰 가치였다.

그녀는 품위를 지키며 힘과 자부심에 대해 이야기할 것이다. 작은 농담도 곁들이면서. 그리고 모두는 사랑받고 있다는 느낌으로 충만해질 것이다.

더 나은 것들을 위하여
(1951, 여름)

프란시스는 암염 갱으로 돌아갔다. 도심 깊은 곳에서 마른 바다 냄새를 맡을 수 있는 그곳으로. 하루하루 노동의 시간을 견디기 위해 마음속에서 눌러야 할 것들은 이미 억누른 상태였다. 그는 비올라와 차차 그리고 조금 후면 태어날 프란시만을 생각했다. 처음에는 오델라 위더스의 하숙방보다 더 번잡스럽고 볼품없는, 블랙보텀 지역 엘름우드 거리에 있는 공동주택에 살았다. 프란시스가 일하러 나가 있는 동안 비올라는 자기 아이들과 동네 아이들을 돌보며 약간의 돈을 벌었다. 그녀는 쥐, 망가진 배관, 형편없는 난방, 길거리를 점령한 무례한 경찰들, 그리고 건물 뒤에서 올라오는 하수구 악취에 대해 불평하지 않았다. 함께만 있다면, 그녀에게 이 모든 것은 일시적인 불편사항일 뿐이었다. 그렇게 4년을 그곳에서 살았다. 크라이슬러에서 얻은 일자리는 프란시스에게 허리를 펼 수 있는 자유와 햇살을 돌려주었다. 그들은 레메이와 맥 거리 사이에 위치한 석탄 난방이 되는 집으로 이사를 했다. 백인들이 하루가 멀다고 떠나가던 동네 끝자락의 임대건물이었다.

그들이 애로우가 6257번지로 이사한 여름은 유난히 습했다. 얼마 전에 내린 비 탓에 집 앞마당에는 물이 고여 있었다. 터너 가족은 집 앞 인도에 모여 집을 한눈에 바라보았다. 집은 그들이 지금까지 살아온 그 어느 곳보다 더 넓은 공간을 약속하고 있었다. 프란시스가 잠긴 현관문을 열자 당시 일곱 살이었던 차차가 계단으로 뛰어 올라가더니 중간에 있는 방이 남자들의 방이라고 소리쳤다. 그 후 그 방은 40년 동안 남자아이들의 방이 되었다. 러셀을 임신한 지 5개월 째였던 비올라는 퀸시의 손을 잡고 부엌과 지하실, 그리고 화장실을 점검했다. 그녀는 위층 복도를 지나며 자축의 의미로 짧은 춤을 추기도 했다. 프란시스는 프란시를 안은 채 포치에 그대로 남아 있었다. 그는 어린 딸에게 미소를 지어 보였다. 그리고는 자신이 희망을 품는 것을 기꺼이 허락했다.

"그저 놀라울 뿐이다"

    소설 『터너 하우스』는 미국의 공업도시 디트로이트를 삶의 터전으로 삼아온 터너 일가족에 관한 이야기이다. 아버지 프란시스 터너와 어머니 비올라 터너 그리고 그들의 열세 명의 아이들이 이야기의 중심에 서 있으며, 제목에서 유추할 수 있듯이 '집'이 소설의 중요한 모티브가 된다.

    하지만 『터너 하우스』가 집을 둘러싸고 벌어지는 사건과 그에 따른 가족 구성원간의 대립과 내밀한 갈등 관계만을 그린 소설일 것이라는 섣부른 예상은 이내 보기 좋게 빗나가고 만다. 작가 안젤라 플루노이는 생동감 넘치는 캐릭터 묘사와 가히 폭발적이라고 불러도 좋을 만큼의 풍부한 이야깃거리로 가족소설 『터너 하우스』를 독자들이 전혀 예상할 수 없는 시간대와 장소로 이끌고 간다. 열세 명의 아이들 중 장남 차차가 어린 시절에 겪었던 작은 해프닝을 보여주는 장면은 순간 50년의 시간을 건너뛰어 60대에 접어든 그가 대형트럭을 몰고 폭풍우가 몰아치는 밤 고속도로를 내달리는 장면으로 이어지는가 하면, 휘황찬란한 카지노의 룰렛 테이블 앞에 앉아 있는 막내 레일라의 긴장된 얼굴은 다시 60년이 넘는 세월을 거슬러 올라가 아버지 프란시스 터너와 어머니 비올라의 젊은 시절로 옮아간다. 가족소설이 이토록 다이내믹하고 서사적 힘을 가질 수 있다는 사실이 그저 놀라울 뿐이다.

작가는 소설 속 주요 캐릭터들은 물론 주변 인물들조차 허투루 다루는 법이 없다. 각각의 등장인물들을 애정 깊은 시선으로 바라보며 그들의 삶에 진한 존경심을 표한다.

2차 세계대전이 막바지로 치닫던 1944년, 프란시스 터너는 돈을 벌기위해 아칸소의 작은 시골마을에서 대도시 디트로이트로 건너온다. 그곳에서 프란시스의 꿈이 어떻게 파괴되고 삶은 어디까지 비루할 수 있으며 사랑은 스스로를 어떻게 배반하는가를 묘사하는 대목은 마치 영화 속 한 장면처럼 생생하다. 어린 차차를 홀로 키우기 위해 백인 주인집의 가정부 일을 시작한 비올라가 출근길 버스에 초점 없는 눈으로 앉아있는 모습은 책의 마지막 장을 덮은 뒤에도 머릿속에서 좀처럼 지워지지 않는다. 도박중독자가 되어 모든 것을 잃은 레일라가 자신에게 찾아온 사랑을 놓치지 않기 위해 애쓰는 모습은 애잔함을 넘어 서글프며, 늙은 부모를 대신해 어린 동생들을 돌보느라 고군분투하는 장남 차차의 모습은 우리네 모습과 너무 닮아 있어 당황스럽기까지 하다.

『터너 하우스』는 가족소설이며 동시에 집에 관한 이야기이다. 하지만 작가는 '가족과 집'이라는 다소 소소한 소설적 소재를 놀라운 솜씨로 증폭하고 확장해 한 가족의 역사를, 나아가 디트로이트로 대변되는 미 대도시의 몰락 과정을 보여준다.

『터너 하우스』는 슬픈 사랑 이야기이기도 하다. 실패한 삶에 대한 자기반성의 기록이고, 동시에 가혹한 상황 속에서도 인간적 품위를 잃지 않기 위해 노력하는 인간본성에 대한 헌시이기도 하다.

차차 앞에 홀연히 나타나 그를 죽음 직전까지 몰고 간 유령의 정체는 과연 무엇일까? 주택담보 대출금을 갚지 못해 공매 처분될 위기에 놓인 터너 하우스의 운명은 또 어떻게 될까? 디트로이트에서 새로운 인생을 꿈꿨던 프란시스는 다시 가족의 품으로 돌아올 수 있을까?

미처 다 밝힐 수 없는 매력적인 이야기들이 소설 속에서 독자들을 기다리고 있다. 부족한 번역이지만 부디 작가의 진심이 이 소설을 읽는 독자들에게 오롯이 전해질 수 있기를 희망한다.

터너 하우스

초판 1쇄 발행 | 2017년 8월 15일

지은이 | 안젤라 플루노이
옮긴이 | 문동식·엄성은
펴낸곳 | 주식회사 시그니처
출판등록 | 제2016-000180호
주소 | 서울시 마포구 큰우물로 75 1308호(도화동, 성지빌딩)
전화 | (02)701-1700
팩스 | (02)701-9080
전자우편 | signature2016@naver.com
ISBN 979-11-958839-5-0 03840

값 15,000원